U0743505

高职高专国家示范性院校"十三五"规划教材

经济法原理与实务

主　编　陈会玲　姚晓征
副主编　郭海虹　李　曦　来保卫　张海峰
主　审　韩文飞

西安电子科技大学出版社

内 容 简 介

　　本书共 13 章，主要包括经济法基础理论、公司法律制度、合伙企业法律制度、个人独资企业法律制度、破产法律制度、合同法律制度、工业产权法律制度、市场运行法律制度、税收法律制度、证券法律制度、票据法律制度、劳动法律制度、经济仲裁与经济审判法律制度等内容。

　　本书可供高职高专院校经管类专业及其他院校相关专业使用，也可作为相关从业人员从业资格考试、岗位培训的教材或参考书。

图书在版编目(CIP)数据

经济法原理与实务/陈会玲，姚晓征主编. —西安：西安电子科技大学出版社，2016.9(2017.10 重印)
高职高专国家示范性院校"十三五"规划教材
ISBN 978-7-5606-4241-3

Ⅰ. ① 经…　Ⅱ. ① 陈…　② 姚…　Ⅲ. ① 经济法—中国—高等职业教育—教材
Ⅳ. ① D922.290.1

中国版本图书馆 CIP 数据核字(2016)第 188904 号

策　　划　李惠萍　毛红兵
责任编辑　马武装　田秦婉
出版发行　西安电子科技大学出版社(西安市太白南路 2 号)
电　　话　(029)88242885　88201467　　　邮　　编　710071
网　　址　www.xduph.com　　　　　　电子邮箱　xdupfxb001@163.com
经　　销　新华书店
印刷单位　陕西大江印务有限公司
版　　次　2016 年 9 月第 1 版　　2017 年 10 月第 2 次印刷
开　　本　787 毫米×1092 毫米　1/16　　印　张　22
字　　数　520 千字
印　　数　3001～6000 册
定　　价　39.00 元
ISBN 978－7－5606－4241－3/D
XDUP 4533001－2
如有印装问题可调换

前言

　　本书是供高职高专院校经管类专业及其他院校相关专业使用的经济法教材，也可作为相关从业人员从业资格考试、岗位培训的教材或参考书。通过本书的学习，可加强和提升读者的经济法理论知识和实务处理能力，为增强读者法律意识、依法从业的意识和能力，奠定良好基础。

　　本书坚持现代职业教育理念和职业能力本位原则，依据我国最新颁布实施的法律、法规及规章，根据高职院校经管类专业关于该课程的教学大纲要求，在坚持法律严谨性的基础上，立足教学实际，坚持易学、易懂、易教、现学、现用的活泼务实的风格与原则，在编写体例上进行了实操性创新：每章以"案例导入"营造情境，点拨读者带着学习目标进入正文学习；正文中，针对知识难点与重点设计了"典型案例"、"知识拓展"和"举例"，通过以案说法、知识拓展等让法律知识易学易懂；每节末尾，紧密结合本节所学内容设计"实训与练习"，实现师生互动、现学现用。全书重点阐述了经济法基础理论和公司法律制度、合伙企业法律制度、个人独资企业法律制度、破产法律制度、合同法律制度、工业产权法律制度、市场运行法律制度、税收法律制度、证券法律制度、票据法律制度、劳动法律制度、经济仲裁与经济审判法律制度等内容。

　　本书共分 13 章。其中，第一、六、十三章由陕西工业职业技术学院陈会玲老师编写；第二、五章由陕西交通职业技术学院姚晓征老师编写；第三、十一章由陕西工业职业技术学院郭海虹老师编写；第四、十二章由陕西工业职业技术学院来保卫老师编写；第七、十章由陕西工业职业技术学院张海峰老师编写；第八、九章由陕西财经职业技术学院李曦老师编写。陈会玲、姚晓征老师对全书进行了总体策划、统稿、修改，李曦老师负责全书的计算机整理和编辑工作。陕西工业职业技术学院工商管理学院院长韩文飞教授担任主审，为本书的撰写提出了大量的宝贵意见和建议。

本书在编写过程中，参考了兄弟院校有关教材资料以及相关文献，得到了诸多法律界专家的大力支持和帮助，在此一并表示诚挚的谢意！

由于编者水平有限，书中难免有疏漏之处，恳请各位同行、专家和广大读者批评指正。

编　者
2016 年 6 月于咸阳

目 录

第一章

经济法基础理论

//////////////////////////

    "经济法"一词早在 18 世纪就已在法国空想社会主义者摩莱里的名著《自然法典》中首先提出。现代意义上的经济法概念的使用与研究，是 20 世纪以后，由德国法学家进行的。经济法的概念是经济法学研究的首要问题，也是经济法立法、司法等活动的基础问题。现代意义上的经济法是指国家从整体经济发展的角度，对具有社会公共性的经济活动进行干预、管理和调控的法律规范的总称。经济法所调整的经济关系主要包括：主体组织关系、市场管理关系及宏观调控关系。

案例导入 📄

摧毁"索罗斯"们的如意算盘

    发端于泰国的亚洲金融风暴，在扫荡了东南亚各国之后，"金融大鳄"们流着口水将手伸向香港。1997 年至 1998 年间，"大鳄"先后对香港发动四次猛攻。特区政府坚决捍卫联系汇率，抵御炒家，打响港元保卫战。1998 年夏日一役，惊心动魄，双方杀得天昏地暗，数家欧美投资银行和对冲基金同时向香港汇市、股市和恒指期货市场发动车轮战，疯狂抛售港元和恒指期货，恒生指数很快直线暴跌到 6660 点。据称，当时外汇储备已损失了 80 亿美元，金管局有官员分析，"大势已去"。如果不采取行动，香港很可能在 5 天之内"断气"。8 月 7 日，董建华发表谈话表明特区政府捍卫联系汇率的决心："我们一定做得到！维持联系汇率将能确保香港的长远经济活力与利益，短期的痛苦可以接受"。

    依照索罗斯等国际炒家的如意算盘，香港金管局会采用扯高利率的老套子，并借此打压股市。利率抬高，股市势必下跌。恒指期货也会同步下滑，然后炒家便可在期货市场以较低的价格沽空恒指期货，汇市股市双双获利。但在生死关头，特区政府一改策略，董建华花了半个钟头做了一个他上任后最重要也是极富争议的决定：在 8 月 14 日至 28 日两周时间内，特区政府共动用近 1200 亿港元的外汇基金入市干预，在股票、期货市场与大炒家们展开了一次"世纪豪赌"，将恒生指数上拉 1169 点。特区政府在期指市场获利约 20 亿港元，最终成功击退炒家，投机者损失估计为 12 亿港元。

                        （资料来源：http://news.qq.com/zt/2007/hkhg10/topic_html/jrwj.htm）

    📖**点拨**：本案中，特区政府金融风暴前的"自由金融体系"成为"索罗斯"欲趁之机。风暴来袭，特区政府及时调整既有金融政策法规，将其掌握的外汇储备基金投入香港的股市以及汇市进行盈利型炒作，成功救市。正印证了"法的本质是统治阶级意志的体现"和"经济法就是一部政府干预社会经济生活的法律"这两点。本案例形象地展现了政府与市场的关系和经济法与市场经济的关系。市场经济的平稳有序发展，需要政府"有形之手"的适度干预和调控。通过本章的学习，将开启大家对经济法及其基本理论的初步认识，为后续学习奠定理论基础。

学习目标 ✍

知识目标：

1. 理解经济法的概念、调整对象、特点、基本原则、地位、作用；
2. 理解经济法律关系的概念、特征，经济法律责任的概念、特征；
3. 掌握经济法律关系的构成及其确立，经济法律责任的原则及类型。

能力目标：

1. 能初步判别社会关系是否属于经济法律关系；
2. 能应用经济法律责任的理论解释对经济违法行为的处理。

第一节　经济法的概念、调整对象和渊源

一、经济法的概念

经济法是国家基于公共利益需要对经济诸环节进行干预之法。经济法的概念是经济法与其他法律部门得以区分的标志，是其内在规定性的体现。

首先，经济法的产生是克服民法局限性的结果。

其次，国家经济职能的转变和新的需求，是促进经济法作为法律部门实现个性分化的外在动力。

再次，市场自主与国家干预的不分离，是确立经济法在法律体系中的现实地位及其未来发展趋势的基础。

知识拓展 📖

经济法的历史沿革

根据经济社会发展的需要，调整经济关系的法律规范历经了三个主要时期：奴隶制、封建制社会的"诸法合一，以刑为主"时期；自由资本主义的民法、商法时期；垄断资本主义时期。在第三个时期经济法出现并发展成为独立的法律部门。

自由资本主义时期资产阶级在政治上宣扬"自由"、"平等"、"天赋人权"等思想，在经济上确认市场在整个经济资源配置中的核心地位，奉行自由竞争主义。强调市场主体追逐私利是推动经济发展的动力，国家的职能也应作出相应的调整，对经济生活管得最少的政府是最好的政府，即所谓的"无为而治"。这一时期以调整平等主体之间经济关系为特征的民法和商法成为法律的主要形式；公共利益的价值被个体利益的价值所掩盖，没有得到应有的关注；即便是因需要而被提出来，公共利益也是仅依靠民商法内部制度的调整而得到保护。

资本主义经济危机的出现以及为满足资本的扩张需要而进行的战争，成为资本主义国家转变政府职能的动因，社会公共利益的需要迫切地显现出来。资产阶级从反省市场缺陷入手来论证国家干预经济生活的必要性，在立法上出现了以德国的战时法和美国的反危机对策法为代表的国家干预经济生活之法。国家干预这只"看得见的手"，对于市场而言，不但是必要的，而且是必需的。

二、经济法的调整对象

经济法的调整对象是指经济法所干预、管理和调控的具有社会公共性的经济关系。主要包括：国家规范经济组织过程中发生的经济关系，即市场主体法律关系；国家管理、规范经济秩序过程中发生的经济关系，即市场监督与管理法律关系；国家在干预、调控市场经济过程中发生的经济关系，即宏观调控关系。

（一）市场主体法律关系

市场主体法律关系主要调整国家与市场主体之间的法律关系，主要解决市场主体规格、准入、行为方式等问题，旨在维护社会主义市场秩序及交易安全。这方面的法律有公司法、合伙企业法、个人独资企业法、外商投资企业法等。

（二）市场监督与管理法律关系

国家对市场经济运行进行干预是经济法的重要调整方式，为了发挥国家培育市场的功能，为市场主体提供公平、安全的市场交易环境，国家在进行市场监督与管理方面进行了充分的立法。这方面的法律主要包括：产品质量法、反不正当竞争法、反垄断法、广告法、工业产权法、城市房地产法、消费者权益保护法、证券法、票据法、破产法、金融法、保险法、环境法、自然资源法等。

（三）宏观调控关系

此种经济关系的特点是国家对市场经济运行实行宏观调控，使经济各部门运行协调，使整个国家经济运行平稳。这方面的法律有财政法、税法、计划法、产业政策法、价格法、会计法和审计法等。

我国划分法律部门的主要依据是法律的调整对象与调整方法。其中，调整对象是主要的标准，而调整方法是辅助性的标准。

三、经济法的渊源

经济法的渊源是指经济法律规范借以存在和表现的形式。我国经济法的渊源有：
(1) 宪法；
(2) 法律；
(3) 法规(包括行政法规、地方性法规)；
(4) 规章(包括部门规章和地方政府规章)；
(5) 民族自治地方的自治条例和单行条例以及特别行政区的法律；
(6) 国际公约、惯例及我国签署的国际条约等。

实训与练习

实训目的：通过资料分析增强学生对经济法的概念、调整对象等经济法基础理论的理解，同时提升学生运用所学法律知识分析解决问题的能力。

背景资料： 央行对利率的调整属于货币政策，其目的有四点：稳定物价、充分就业、经济增长、平衡国际收支。请老师引导学生从近年来的房地产市场、股市等方面的变化情况，讨论分析央行的调息目的何在，央行的调息行为是哪种经济法律关系(调整对象)，央行调息对房地产市场、股市等会产生怎样的影响？

实训方法： 小组讨论法。

实训内容： 根据背景资料进行小组内部讨论并形成答案，小组代表进行汇报。教师对各组表现进行点评。

第二节　经济法的特征和基本原则

一、经济法的特征

基于对经济法概念及调整对象的理解，经济法的特征主要体现在以下五个方面：

(一) 易变性

为适应社会关系发展的需要，在稳定中寻求有针对性的变化，是法律规范形成的重要原则，也是法律规范生命力之所在。

(二) 公法和私法属性兼具

公法和私法在现代法的意义上，是以国家政治生活与市民社会二元论为前提，并以现代的法治国家思想为基础而产生的。但是，公法和私法的任何一种都无助于实现这一目标：一是避免政府过多地限制经济自由的危险，二是影响经济活动过程的全部内容。经济法正是横跨公法、私法两个领域，并产生了这两者互相牵连以致相互交错的规范。经济法在实施的过程中体现出较好的利益协调功能，实现社会利益与个体利益的平衡，突出社会利益优先的原则，但不以牺牲个体利益为代价，在法治理念的约束下反映了鲜明的控制国家行政权力的特点；不排斥个体利益，但又抑制脱离社会发展而片面强调个体利益的发展模式。因此，应该说经济法是以公为主、兼顾于私的法。

(三) 政策性与国家意志性

经济法是国家自觉参与和调控经济的重要手段。因此，其重要任务是实现一定经济体制和经济政策的要求，这就使得经济法具有显著的政策性特征。这主要表现在经济法随时根据国家意志的需要赋予政策以法的效力，并根据政策的变化而变化，在经济法的执法和司法力度方面，也无不受到政策的影响。

(四) 经济性

经济法直接作用于经济领域、并具有经济目的性，故经济法的经济性是不言而喻的。经济法的经济性的重要表现是经济法往往把经济制度、经济活动的内容和要求直接规定为法律。此外，经济法反映了经济生活的基本经济规律，并服务于经济基础，受经济基础的决定和制约。任何经济法律规范都不是立法者主观意志的随意编造，而是取决于客观经济条件是否成熟和客观经济形势是否需要。而且，经济法调整的手段主要是经济手段，即以经济规律和经济现实为依据而确立的具有经济内容的手段，这与行政、刑事手段不同。

（五）程序保障的非独立性和综合性

在我国，民法、行政法、刑法都有其独立的程序法，即民事诉讼法、行政诉讼法、刑事诉讼法。而经济法没有独立的程序法典与之对应。它在程序法的适用上，根据具体情况，相应地适用民事诉讼法、行政诉讼法、刑事诉讼法。故此，经济法具有程序保障的非独立性和综合性这一特征。

二、经济法的基本原则

经济法的基本原则是贯穿于经济法制全过程，并为经济法制和经济法规所确认和体现的总的指导思想和根本法律准则。

（一）经济管理与经济自由相结合的原则

经济自由与经济管理并不矛盾。经济自由超过必要限度，必然会导致市场负面效应的大量产生，例如垄断、不正当竞争等。同样，管得过死，也会让市场丧失活力。经济法贯彻国家在管理与协调经济运行方面的基本意志，就是要实现经济领域的管理与自由相结合，既要有自由，以激发活力，又要适度调控，以保障市场经济领域的秩序及经济发展的规模、结构、方向等。

（二）政府行为优位的原则

从公共利益出发是经济法与民法相区别的根本点。因此经济法在调整社会关系的过程中，应注意发挥其利益协调的功能。在公共利益与个体利益发生冲突时，应使个体利益服从于公共利益。

（三）责、权、利、效相结合的原则

经济法对经济关系的调整体现于确立经济主体间的经济权利和经济义务关系上，它的具体表现就是责、权、利、效相一致的关系。责是指法律要求经济主体必须履行的义务，以及不履行或不适当履行的法律后果；权是指法律赋予经济主体一定的职权和权利；利是指法律对经济主体的物质利益的确认和保护；效是指法律对经济关系的调整以提高经济效益和社会效益为出发点和归宿。

实训与练习

实训目的：通过资料分析增强学生对经济法的特征、基本原则等经济法基础理论的理解，同时提升学生运用所学法律知识分析和解决问题的能力。

背景资料：《中华人民共和国合同法》第52条规定"有下列情形之一的，合同无效：（一）一方以欺诈、胁迫的手段订立合同，损害国家利益；（二）恶意串通，损害国家、集体

或者第三人利益；(三) 以合法形式掩盖非法目的；(四) 损害社会公共利益；(五) 违反法律、行政法规的强制性规定。"国家利益优位原则体现在上述的哪款规定中？你是怎样理解的？

《中华人民共和国产品质量法》第47条规定"因产品质量发生民事纠纷时，当事人可以通过协商或者调解解决。当事人不愿通过协商、调解解决或者协商、调解不成的，可以根据当事人各方的协议向仲裁机构申请仲裁；当事人各方没有达成仲裁协议或者仲裁协议无效的，可以直接向人民法院起诉。"这一规定体现了经济法的哪个特征？

《中华人民共和国合同法》第61条规定"合同生效后，当事人就质量、价款或者报酬、履行地点等内容没有约定或者约定不明确的，可以协议补充；不能达成补充协议的，按照合同有关条款或者交易习惯确定。"第 63 条规定"执行政府定价或者政府指导价的，在合同约定的交付期限内政府价格调整时，按照交付时的价格计价。逾期交付标的物的，遇价格上涨时，按照原价格执行；价格下降时，按照新价格执行。逾期提取标的物或者逾期付款的，遇价格上涨时，按照新价格执行；价格下降时，按照原价格执行。"经济管理与经济自由相结合的原则在上述法律规定中体现出来了吗？你是怎样理解的？

实训方法： 小组讨论法。

实训内容： 根据背景资料进行小组内部讨论并形成答案、小组代表进行汇报。教师对各组表现进行点评。

第三节　经济法律关系

一、经济法律关系的概念

经济法律关系是指经济法主体在进行经济管理和经济活动过程中所形成的，由经济法加以确认的经济权利和经济义务关系。

经济法律关系不同于经济关系。经济关系是有经济内容的社会关系，是社会物质关系，它属于社会经济基础的范畴。经济法律关系是经过经济法律规范调整后的社会关系，是社会意志关系，属于上层建筑的范畴。社会经济关系只有受到经济法律规范的调整才能上升为经济法律关系。即经济关系是经济法的调整对象，经济法律关系是经济法调整一定经济关系的结果。

二、经济法律关系的构成要素

任何一种经济法律关系都由主体、内容和客体三个要素构成。缺少其中任何一个要素，就不能构成经济法律关系；变更其中一个要素，就不再是原来的经济法律关系。

（一）经济法律关系的主体

经济法律关系的主体也称经济法主体，是指享有经济权利，承担经济义务的当事人。一般而言，各方主体既享有经济权利又同时承担经济义务，具有权利主体和义务主体的双重身份。当然也有例外，例如，在赠与、捐助等特殊的法律关系中，当事双方的身份单纯为义务方和权利方。

【举例】　某公司赠与某职业院校一套先进的仪器设备。在这个赠与关系中，某公司作为赠与方，仅是义务方，即赠与某职业院校一套先进的仪器设备，而得不到相对等的仪器价值，即不享有获取仪器价值的权利。相应的某职业院校是单纯权利方，无需支付相应价款，即可获赠一套先进的仪器设备。

1. 经济法主体的范围

(1) 国家机关。

国家机关包括国家权力机关、行政机关和国家司法机关。作为经济法律关系主体的国家机关主要是指国家行政机关中的经济管理机关(财政税收部门、工商行政管理部门、审计部门、质量技术监督管理部门、物价部门、商标专利管理等政府经济管理部门)。

国家机关在经济法律关系中的职能主要是行使经济管理职能。但也不排除基于对经济关系调控的需要，国家机关以法人的身份直接参与经济法律关系的情形，即在某些特殊的情况下，国家也可作为主体参加经济法律关系，如发行国库券、政府采购、烟草专卖等。

(2) 企业和其他社会组织。

企业是经济法律关系主体中最为重要的一类。是以营利为目的从事商品生产、经营和服务活动的独立的社会经济组织。常见的企业组织形式包括：公司(有限责任公司、股份有限公司)、合伙企业(有限合伙企业、普通合伙企业、特殊普通合伙企业)、个人独资企业、外资企业(中外合资企业、中外合作企业、外商独资企业)等。其他社会组织主要是指事业单位和社会团体。

知识拓展 📖

社 会 团 体

社会团体是当代中国政治生活的重要组成部分。中国目前的社会团体都带有准官方性质。《社会团体登记管理条例》规定，成立社会团体必须提交业务主管部门的批准文件。业务主管部门是指县级以上各级人民政府有关部门及其授权的组织。社会团体实际上附属在业务主管部门之下。中国有全国性社会团体近2000 个。其中使用行政编制或事业编制，由国家财政拨款的社会团体约 200 个。在这近 200 个团体中，全总、共青团、全国妇联的政治地位特殊，社会影响广泛。还有 16 个社会团体的政治地位虽然不及上述三个社会团体，但也比较特殊。它们分别是：中国文联、中国科协、全国侨联、中国作协、中国法学会、对外友协、贸促会、中国残联、宋庆龄基金会、中国记协、全国台联、黄埔军校同学会、外交学会、中国红十字总会、中国职工思想政治工作研究会、欧美同学会。以上 19 个社会团体的主要任务、机构编制和领导职数由中央机构编制管理部门直接确定，它们虽然是非政府性的组织，但在很大程度上行使着部分政府职能。

此外，还有很多其他民间社团组织，例如行业协会、基金会、教育系统的各类学会等。

(3) 企业的内部组织和有关人员。

企业内部组织虽无独立的法人地位，但其有关人员根据经济法律规定参与企业内部的生产经营管理活动时，如实行内部承包经营责任制、实行内部独立经济核算等情况下，会形成相应的经济法律关系，而具有经济法主体的地位。

(4) 农村承包经营户、个体工商户和自然人。

这些主体参加经济法律关系，同国家经济管理机关或其他社会组织发生经济权利和经济义务关系时，就成为经济法律关系主体，如农村集体经济组织成员在依法同集体组织发生承包合同关系时；个体工商户或自然人同国家税务机关发生税收征纳关系时；经济交易中的合同关系等。

2. 经济法主体资格

经济法主体资格是指当事人参加经济法律关系，享受经济权利和承担经济义务的资格或能力。

依法成立的经济法主体，只能在法律规定或认可的范围内参加经济法律关系，超越法律规定或认可范围的，则不再具有参加经济法律关系的主体资格。例如企业的经营范围不能超过营业执照所载范围；注册资本金或人数不够就得变更企业组织形式；注册资本金不足法律规定最低限额，不能继续上市等。

经济法主体资格一般采用法律规定条件和规定程序的方式予以确认。

(二) 经济法律关系的内容

经济法律关系的内容，即为经济法主体依法享有的经济权利和承担的经济义务。

1. 经济权利

经济权利是指经济法主体在国家管理与协调社会主义市场经济运行过程中，依法具有的自己为或不为一定行为或者要求他人为或不为一定行为的资格。经济权利具有以下特征：

(1) 经济权利源于经济法律规范或规定，并得到国家强制力的保障；

(2) 经济权利是保障经济法主体实现其利益的法律手段；

(3) 经济权利与经济义务密切相关、相辅相成，以相应的义务为保证；

(4) 经济权利在内容上表现为其可做出或不做出一定行为，或者要求他人做出或不做出一定行为。

经济权利主要包括以下权利：

(1) 所有权。所有权指所有人依法对自己所有的财产享有的占有、使用、收益和处分的权利。

所有权具有排他性、绝对性，一件物品只能存在一个所有权。

所有权的占有、使用、收益、处分四项权能可以在一定条件下与所有人分离，这种分离是所有人行使所有权的一种方式。

典型案例

农贸市场易主后，石先生享有的摊位收费权该何去何从？

在多年前，石先生为白沙黎族自治县扶贫服务公司承建过荔枝基地、光雅市场等工程，但对方一直拖欠他的工程款近 53 万元。多次追讨无果，他最后同意了扶贫服务公司提出的意见，愿接受对方所属的光雅农贸市场的摊位收费权，以此抵偿债权。2002 年 3 月 29 日，白沙黎族自治县扶贫服务公司与石先生签订了一份《关于委托石怀同志代管代收光雅农贸市场摊位费协议书》。根据这份协议，扶贫服务公司"将光雅农贸市场摊位费收费权委托给石怀代管代收，时间为 14 年零 9 个月，即从 2002 年 1 月 1 日起，至 2016 年 9 月 30 日止，以此来还清所欠石怀的全部欠款及利息。"此后，石先生依照协议的约定，开始对光雅农贸市场的摊位收取摊位费。事情一直很平静，直至 2006 年 6 月 26 日，石先生突然接到一份来自法院的通知，如雷轰顶。通知是由白沙黎族自治县人民法院下发的，其中称：该院因执行县扶贫服务公司另外的欠款纠纷案件，执行庭委托海南亿能拍卖有限公司，将于7月6日公开拍卖光雅农贸市场。石先生担心，届时"收益权将因标的物拍卖，即所有权的转移而终止。"

（资料来源：http://www.lawtime.cn/info/minfa/qlccsyq/2006111643822.html）

【问题】　所有权的四项权能是否能分离？法院可否对光雅农贸市场进行拍卖？所有权易主，是否影响在先的合法受益权？怎么看待石先生的担心？

【分析】　按照前述的法律规定，所有权分为占有、使用、收益、处分四个权能，这四个权能在一定时间内是可以分离的。在本案中，白沙扶贫公司对光雅农贸市场摊位的所有权中，占有、使用两项权能已限时让渡给现有的摊位合法租用者；收益权也经合法方式限时让渡给了石先生；处分权仍属扶贫公司。

法院可否对光雅农贸市场进行拍卖。扶贫公司享有所有权的农贸市场，不论是被拍卖还是被协议转让，如果有法律依据(如本案中因另外的欠款纠纷将被法院执行)，是可以的，这是处分权的表现。

所有权易主，并不影响在先的合法受益权。由于所有权四个权能的可分离性，石先生已获得的收益权，即摊位收费权，如果确实是已通过合法协议方式在先获得的，就构成了对该摊位新的所有权人收益权的限制，也就是说，在所有权让度过程中，新的买受人享有的所有权在一定时期内已经不完整了，农贸市场摊位的收益权价值，在所有权整体被转让时，应在转让价值中适当地扣除。这体现的是法律对已经形成的合法合同关系的保护和尊重。此案中，石先生担心摊位收费权转移，是出于对"所有权"相关法律认识的不足。

(2) 法人财产权。法人财产权是指企业对所有人授予其经营管理的财产所享有的占有、使用、收益和处分的权利。

(3) 经营管理权。经营管理权是指企业对所有人授予其经营管理的财产所享有的占有、使用和依法处分的权利，以及由此产生的对企业机构设置、人事、劳动等方面的管理权利。经营管理权是企业进行生产经营活动时所产生的权利，通常是由非财产所有者享有和行使的权利。

(4) 经济职权。经济职权特指国家机关及其工作人员在行使经济管理职能时依法享有的权利。经济职权是具有隶属性质的权利，具有一定的行政权力性质。在国家机关及其工作人员依法行使经济职权时，其他经济法主体均应服从。经济职权对国家机关及其工作人员来说既是权利，又是义务，不得随意放弃或转让，否则便是违法。

(5) 债权。债权是指按照合同约定或法律规定在当事人之间产生的特定权利。债权是一种请求权，其义务主体是特定的。债权包括，合同之债、侵权之债、不当得利之债等。

(6) 知识产权。知识产权是指智力成果的创造人依法所享有的权利和生产经营活动中标记所有人依法所享有的权利的总称。包括专利权、商标权、著作权等。

2. 经济义务

经济义务是指法定义务人应当依照经济法的要求为一定行为和不为一定行为以满足权利人利益的责任。经济义务以法律规定为界定范围，不履行义务者要承担相应的法律责任，受到国家法律的制裁。

(三) 经济法律关系的客体

经济法律关系的客体是经济法律关系主体权利和义务所指向的对象。根据我国经济法律法规的有关规定，经济法律关系的客体包括物、经济行为和非物质财富。

1. 物

物是指能够为人控制和支配的、具有一定经济价值的、可以通过具体物质形态表现存在的物品，包括自然存在的物品和人类劳动生产的产品，以及固定充当一般等价物的货币和有价证券等。但并非所有的物都可以充当经济法律关系的客体，只有与经济法主体权利和义务相联系的物才符合经济法律关系客体的要求。从法律角度，物可以作多种划分，例如：生产资料与生活资料；流通物与限制流通物；特定物与种类物；动产与不动产等等。

2. 经济行为

经济行为是指经济法主体为达到一定经济目的，实现其权利与义务所进行的经济活动，包括经济管理行为、完成工作行为和提供劳务行为等。

知识拓展 📖

经济管理行为、完成工作行为和提供劳务行为

经济管理行为是指经济法主体行使经济管理权或经营管理权所指向的行为。例如：经济决策行为、经济命令行为、审查批准行为、监督检查行为等。

完成工作行为是指经济法主体的一方利用自己的资金和技术设备为对方完成一定的工作任务，而对方根据完成工作的数量和质量支付一定报酬的行为，是相对长期、大型、技术含量高的工作，例如：合作开发房地产，建设高速公路，研发新产品等。

提供劳务行为是指一方为对方提供一定劳务或服务满足对方的需要而对方支付一定报酬的行为。作为经济法律客体的经济行为，仅指具有法律意义，即实现权利和义务的行为往往是一次性的、简单的交易。例如：去酒店住宿、用餐、看演艺等。

3. 非物质财富

非物质财富主要包括智力成果、荣誉、经济信息。

智力成果也可称为精神财富或精神产品。智力成果是指经济法主体从事智力劳动所创造取得的成果，如科学发明、发现，技术成果，艺术创作成果，学术论著等。智力成果本身不直接表现为物质财富，但可以转化为物质财富。智力成果作为经济法律关系的客体，其法律表现形式主要为商标、发明、实用新型、外观设计、专有技术、文学、艺术和科学作品等。

荣誉是指人们在各种社会活动中取得的非物化的道德价值。例如，荣誉称号、嘉奖表彰等，它们是公民、法人荣誉权的客体。

经济信息是指反映社会经济活动发生、变化等情况的各种信息、数据、情报和资料等的总称，例如经营信息、客户信息、金融资讯等。

三、经济法律关系的确立

经济法律关系的确立，即使特定的经济法律关系处于某种确定状态。经济法律关系的确立包括以下三种状态：经济法律关系的设立、经济法律关系的变更和经济法律关系的终止。

经济法律关系的设立，是指在特定的经济法主体之间形成某种经济权利与经济义务关系，例如，签订经济合同的行为。

经济法律关系的变更，是指由于出现了某种情况，使得已经存在的经济法律关系在主体、内容、客体间发生变更，从而形成另外的经济法律关系的状态。经济法律关系变更既可以是全部经济法律关系要素的变更，也可以是部分要素的变更。主体的变更表现为权利义务的转移、受让或继受取得；内容的变更表现为权利义务的增减；客体的变更是经济法律关系主体享有权利、承担义务所指向对象的改变，包括全部改变和部分改变。

经济法律关系的终止，是经济法律关系因某种原因而发生消灭的状态，例如，合同无效、合同撤销、不可抗力导致合同解除、债务人死亡或公司破产导致债务不再履行等。

四、经济法律事实

经济法律关系的确立是有条件的，需要有经济法律事实的存在，即经济法律关系的确立是经济法律事实的结果。

经济法律事实是指能够引起经济法律关系发生、变更和终止的客观情况，它包括行为和事件两大类。

1. 行为

行为是指当事人有意识的活动，分为合法行为和违法行为。

(1) 合法行为。合法行为是指符合法律规范的行为。例如，经济管理行为、经济法律行为和经济司法行为。

经济管理行为是国家经济管理机关依法实施的、能够引起法律后果的行为。例如工商企业设立登记、准予商标注册、授予专利权等。

经济法律行为是指经济法主体为发生、变更或终止一定的法律关系，按照法律规定而实施的行为。例如依法签订合同，依法发行股票等。其产生的权利、义务受到国家的保护。

经济司法行为是指司法机关所为的行为，其中包括判决、裁定、调解等。如经过法院判决或裁定，就要按照判决或裁定发生新的法律关系或变更、终止原有的法律关系。

知识拓展 📖

判 决 与 裁 定

判决是指人民法院按照法律规定的程序，经对案件审理，就案件的实体问题所作的决定。判决书从送达或当事人接到的第二天起，在法定的期限内，当事人不上诉，人民检察院不抗诉，过了上诉和抗诉期限即发生法律效力。二审的判决，宣判后立即生效。

裁定是指行政或司法审判机关在审理或判决执行过程中，对诉讼的程序问题和某些实体问题所作的一种处理决定。在中国，民事裁定适用于下列范围：不予受理；对管辖权有异议；驳回起诉；财产保全和先予执行；准许或者不准许撤诉；中止或者终结诉讼；补正判决书中的笔误；中止或者终结执行；不予执行仲裁裁决；不予执行公证机关赋予强制执行效力的债权文书；其他需要裁定解决的事项。其中不予受理、对管辖权有异议和驳回起诉的裁定，可以上诉。诉讼保全和先行给付的裁定，当事人如果不服可以申请复议一次，复议期间，不停止裁定的执行。

(2) 违法行为。违法行为是指违反法律规定的行为或法律所禁止的行为。违法行为不能产生行为人所预期的法律后果，但可能产生其他法律后果，也会引起相应的经济法律关系发生、变更或终止。违法行为是行为人承担法律责任的依据之一。

2. 事件

事件是不依当事人的主观意志为转移的客观事实。包括自然现象和社会现象引起的事实。

自然现象又称绝对事件。例如，自然灾害等。

社会现象又称相对事件，例如战争、国有化等。

实训与练习

实训目的： 通过资料分析增强学生对经济法律关系相关理论的理解，同时提升学生运用所学法律知识分析解决问题的能力。

背景资料： 原告李某系被告郑州高新区沟赵办事处某村二组村民。自 2006 年 2 月 1 日起，原告驾驶自己的机动三轮车负责被告的垃圾清运工作。2006 年 5 月，原告在清运垃圾过程中，右手拇指被挤伤。原告受伤后在一五三中心医院住院治疗，该院诊断证明载明：手开放性外伤(右手拇指离断伤)。该院出院证明载明原告住院共计 11 天；出院吩咐载明：随访，三日后拆线，一个月后复查 X 线，拔除克氏针。原告在该医院支出医疗费 8488.20 元。2006 年 12 月 7 日，经鉴定，李某右手拇指损伤评定为七级伤残。原告要求被告赔偿其相应损失。2006 年 6 月 22 日，被告出具证明载明：今年 2 月 1 日起，村里找李某以口头形式，双方达成以下协议，以每月 150 元的价格把清运垃圾承包给李某，要求各户垃圾池内不准有积存垃圾，承包费年底一次性付给，特此证明。该证明落款处有被告加盖的印章，郑州高新技术产业开发区沟赵办事处某村村民委员会也在其上注明"情况属实"，并加盖印章。

郑州高新区法院经审理后认为，原告要求被告赔偿其损失，但未提交相关证据证明被告存在过错。因原告是在为被告提供劳务过程中受伤，根据法律规定，被告作为受益人，应对原告的损害后果给予一定的经济补偿。考虑本案实际情况，法院酌定被告对原告的损失承担 15%的经济补偿责任。依照《民法通则》第 106 条第三款、《最高人民法院关于贯彻执行<中华人民共和国民法通则>若干问题的意见》第 157 条的规定，判决被告郑州高新技术产业开发区沟赵办事处某村村民委员会第二村民组补偿原告李某医疗费等损失共计 13241.8 元。

（资料来源：http://www.110.com/ziliao/article-211938.html）

分歧： 在审理中，形成了三种意见，一是认定为雇佣关系，村小组应承担全部责任；二是认定为承揽合同关系，村小组不用承担责任；三是认定为劳务合同关系，村小组作为受益人，应给予一定的经济补偿。你怎么看？

实训方法： 小组讨论法。

实训内容： 根据背景资料，查阅相关法律知识，进行小组内部讨论并形成答案、小组代表进行汇报。教师对各组表现进行点评。

【相关提示】 雇佣关系是指雇佣人在一定或不特定的期间内，从事雇主授权或指示范围内的生产经营活动或其他劳务活动，雇主接受雇佣人提供的劳务并按约定给付报酬的权利义务关系。雇佣关系的主要特征有：① 雇员与雇主之间形成一种人身依附关系，雇员按雇主的指示和要求，为雇主提供各种劳务。雇员在雇主的控制下完成工作，雇员的工作内容可由雇主随时调整。② 雇员利用雇主提供的生产条件、场所等，以雇主的名义从事劳动。③ 雇员的劳动义务不能转移，必须亲自履行。④ 雇员劳动所产生的成果一般归雇主所有。⑤ 雇佣关系中，工资的支付一般有相当稳定的周期(如月、星期等)，工资额也一般有相当于该行业比较固定的标准。

承揽合同是指承揽人按照定作人的要求完成工作，交付工作成果，定作人给付报酬的合同。承揽包括加工、定作、修理、复制、测试、检验等工作。承揽合同中提供劳务的一方为承揽人。"

劳务关系是指劳动者提供劳动力，用人单位使用劳动力，双方形成劳动力的支配与被支配关系。劳务合同关系与雇佣关系及承揽合同关系之间的区别主要体现在以下两个方面：

(1) 双方当事人之间的人身支配与管理关系不同。雇用关系中雇主与雇员之间的地位是不平等的，双方之间具有支配与服从的关系，雇主必须为雇员提供合理的劳动条件和安全保障，同时对其工作进行监督管理，雇员则需听从雇主的安排，按其意志提供劳务；承揽合同关系中双方当事人的地位是平等的，不存在支配与服从的关系，在劳动中承揽人一般是自行决定自己的操作规程和劳动过程，不受定作人安排或监督管理，承揽人在完成工作中具有独立性；而劳务关系中双方只形成劳动力的支配与被支配关系。

(2) 提供劳动和支付报酬的内容不同。雇佣关系中，雇员所付出的主要是劳动力，当然也包含一定的技术成果，但通常其技术含量比较低，其报酬成分也比较单一，仅仅包括劳动力的价值。而在加工承揽关系中，承揽人所付出的主要是一定技术成果，其次才是一定的劳动力；承揽事项应具有特殊性，它一般需要具备相应的设备条件，蕴涵一定的技术成分；承揽关系中的报酬也不同于一般劳务关系中的报酬，其报酬不仅仅包含劳动力的价值，还应当含有技术成分的价值以及一定的利润成分。劳务关系中劳动者只提供单纯的体力劳动，没有技术含量的成分，所获报酬也仅是劳动力的价值。

第四节 经济法律责任

一、经济法律责任的概念和特征

经济法律责任是指在国家干预和调控社会经济过程中因主体违反经济法律、法规，依法强制承担的不利法律后果。经济法律责任具有以下特征：

1. 经济法律责任的综合统一性

根据案件的违法程度和性质，经济法律责任可表现为民事责任、行政责任、刑事责任三种责任形式，特殊情况下三种责任形式也可同时适用。

【举例】　《中华人民共和国产品质量法》第五章罚则第 49 条规定"生产、销售不符合保障人体健康和人身、财产安全的国家标准、行业标准的产品的，责令停止生产、销售，没收违法生产、销售的产品，并处违法生产、销售产品(包括已售出和未售出的产品，下同)货值金额等值以上三倍以下的罚款；有违法所得的，并处没收违法所得；情节严重的，吊销营业执照；构成犯罪的，依法追究刑事责任。这一规定中的法律责任既有民事的，也有行政的和刑事的责任。

2．经济法律责任的双重处罚性

双重处罚体现了经济法律责任的公正性与严格性，对于制裁经济违法行为具有十分重要的作用。经济法律责任的双重处罚性特征主要表现在两个方面：

一方面表现在"两罚"规定上。两罚是指对违法的法人，既可以对其予以经济制裁又可以同时对法人组织中的直接责任者予以民事、行政乃至刑事的制裁。

【举例】　三鹿奶粉事件法律判决结果，原董事长田文华被判无期徒刑，剥夺政治权利终身，处罚金 2468.7411 万元。现已减刑为有期 17 年。同时，宣告企业破产。

另一方面表现在经济法规中的"并处"规定上，即对同一违法主体，可以同时适用数种制裁措施。

【举例】　《中华人民共和国反不正当竞争法》第 24 条规定"……广告的经营者，在明知或者应知的情况下，代理、设计、制作、发布虚假广告的，监督检查部门应当责令停止违法行为，没收违法所得，并依法处以罚款。"

3．经济法律责任的多元追究性

追究经济法律责任的机关是综合的，有权追究违法主体的经济法律责任并实施法律制度的机关主要有司法机关、国家经济行政管理机关、仲裁机构，他们都有权运用有关的经济法律、法规，在其职权范围内，追究违法主体的经济法律责任。

【举例】　A 公司被认定为不正当竞争，被吊销营业执照。A 公司可以向人民法院提起诉讼；可以向吊销其营业执照的工商行政管理部门或其上级主管部门提起申诉。再如：A、B 两公司发生合同纠纷，由于事先定有仲裁协议，申请仲裁，B 对仲裁结果不满又向人民法院提起诉讼。

二、承担经济法律责任的原则

（一）过错责任原则

《民法通则》第 106 条第二款规定"公民、法人由于过错侵害国家的、集体的财产，侵害他人财产、人身的，应当承担民事责任。"过错责任原则是我国经济法确认的，在追究违法主体的经济法律责任时普遍适用的一项原则。过错责任原则的适用应同时具备以下条件：

1．须有经济违法行为

经济法规定的经济义务有两种：作为的义务、不作为的义务。违法即做了不该做的，该做的没有做。

2．行为人须有过错

过错，即行为人在实施经济违法行为时，主观上所持的故意或过失的心理状态。

故意，指行为人能够预见到自己的行为会产生一定的危害社会的后果，但仍实施该行为并希望或放任危害结果的发生。

【举例】　王某，一早去打猎，等了大半天终于发现远处有一野物出现，定睛一看是一只大熊猫，高兴坏了，心想一定能出手个好价钱，其明知大熊猫是一级保护动物，不能私猎，仍开枪致大熊猫受伤。王某对大熊猫实施枪猎心理状态就是故意。

过失，指行为人应该预见自己的行为会发生危害结果，但由于疏忽大意而没有预见或者虽然预见却轻信可以避免而致使危害结果发生。

【举例】　王某，一早去打猎，天色不好，能见度不高，其发现有一黑影出现，王某心想：平时很少有人来此，开枪，枪声响，一人中弹。应当预见可能是人，但其没有预见到，王某此时的心理状态就是疏忽大意的过失。

【举例】　王某深信自己是"神枪手"，一定不会打到人，况且那人距离猎物还有相当的一段距离，故开枪，不料，枪声响，一人中弹。王某此时的心理状态就是过于自信的过失。

3. 须有损害或危害的事实

一般来说，行为人的行为只要违法，就应当予以追究，令其承担相应的经济法律责任。但是，违法行为是否造成了危害经济管理秩序或损害他人利益的事实，在具体确定经济法律责任时，也是一个不可忽视的要件。特别是在确定违法主体应负何种责任、对违法主体应予以何种制裁时，危害事实的有无以及危害性质、危害程度等客观情况，就具有特别重要的意义。

4. 违法行为与危害事实之间须存在因果关系

上述四个条件缺一不可。

（二）无过错责任原则

《民法通则》第 106 条第三款规定"没有过错，但法律规定应当承担民事责任的，应当承担民事责任。"无过错责任原则也称严格责任原则，是指在有法律直接规定的情况下，无论行为人有无过错都要对其行为导致的损害事实承担责任的原则。

无过错责任原则是经济法主体承担经济法律责任的特殊原则。即在经济法律有明确规定时才能适用。无过错责任原则必须在法律规定的范围内适用，不能随意扩大或者缩小其适用范围。

无过错责任原则是随着社会生产的发展、科学技术的进步和高度危险行为的不断增多，逐渐确立起来的一项归责原则。这一原则的确立，可以使因实行过错责任原则得不到应补偿的受害人得到补偿，使经济法律责任的承担更加公平、合理。

知识拓展 📖

无过错责任原则的适用范围

无过错责任原则适用于法律有特别规定的情况，具体的适用范围是民法通则第 122 条、123 条、124 条、125 条、127 条、133 条所规定的侵权行为。此外，我国单行法规对适用无过错责任原则也作出了规定。比如，卫生法第 39 条、40 条；药品管理法第 56 条；兽药管理法第 47 条；环境保护法第 23 条；水污染防治法第 41 条、42 条等。

民法通则规定的典型的适用无过错责任的案件有：产品缺陷致人损害、高度危险作业致人损害、环境污染致人损害、饲养的动物致人损害等损害赔偿案件，以及人身损害赔偿解释规定的雇员工伤的雇主责任、雇员侵权的雇主责任等案件。

典型案例

雇主对雇员应当承担无过错责任

胜坨建筑安装公司将承包的楼房工程又转包给无相应资质的被告陈某。2001 年 10 月 5 日，梁某受雇于陈某在为某建筑安装公司承包的楼外墙刷涂料时，因吊架脱落，从空中摔下受伤。受伤后入住垦利县人民医院，住院期间原告因伤花费医疗费为 33758.77 元。2002 年 3 月 13 日经垦利县人民法院对梁某的伤情进行鉴定，做出(2002)垦法鉴字第 15 号《法医学鉴定书》，认定梁某的伤情相当于工伤二级伤残，另有三级伤残、四级伤残各一处。梁某因伤致残造成各项损失共计 156127.21 元。

垦利县人民法院经审理认为，梁某受雇于被告陈文光进行施工，陈文光应当为梁某提供安全的施工工具和施工环境，梁某在施工中因用于施工的吊篮脱落坠地而造成伤残，陈文光对此负有主要责任；东营市垦利胜坨建筑安装公司作为工程的第一承包人，是施工单位，应当对施工现场的安全问题负责，况且在其将工程分包时没有严格审查分包人的资质，擅自将工程分包给没有施工能力和施工资质的他人，因此被告东营市垦利胜坨建筑安装公司对原告的受伤有过错，应承担一定责任。依照《中华人民共和国民法通则》第 130 条、第 119 条、第 134 条之规定，判决被告陈文光、垦利胜坨建筑安装公司等赔偿原告梁某因伤残的各项损失共计 156127.21 元。

（资料来源：http://www.110.com/ziliao/article-145540.html）

【分析】　本案所涉及的是雇主对雇员的赔偿责任，其焦点是该种责任的性质和归则原则。雇主对雇员的赔偿责任是在雇佣关系中产生的一种民事责任。在雇佣关系中，雇员按照雇主的指示，利用雇主提供的条件，以自己的技能为雇主提供劳务，雇主向雇员支付劳动报酬。雇员在完成雇主交付的工作的过程中，可能使自己受到损害。对这种损害，雇主应当承担赔偿责任。

三、经济法律责任形式

经济法法律责任的形式主要有民事责任、行政责任、刑事责任。

（一）民事责任

民事责任是一种民事救济手段，旨在使受害人被侵犯的权益得以恢复。

《民法通则》规定，承担民事责任的方式主要有:停止侵害、排除妨碍、消除危险、返还财产、恢复原状、修理、重作、更换、赔偿损失、支付违约金、消除影响、恢复名誉、赔礼道歉。以上承担民事责任方式，可以单独适用，也可以合并适用。人民法院审理民事案件，除适用上述规定外，还可予以训诫、责令具结悔过、收缴进行非法活动的财物和非法所得，并可以依照法律规定予以罚款、拘留。

（二）行政责任

对违反经济法的行为，可依法追究违法者的行政责任，给予行政处罚。行政责任包括:警告、罚款，没收违法所得、没收非法财物、责令停产、停业，暂扣或者吊销许可证、暂扣或者吊销执照，行政拘留，法律、行政法规规定的其他行政处罚。

此外，国家机关、企事业单位还可根据法律、法规，按照行政隶属关系对违法者实施行政处分。行政处分的种类有警告、记过、记大过、降职、撤职、留用察看、开除等。

（三）刑事责任

对违反经济法律、情节严重、构成犯罪的行为，要依法追究其刑事责任，给予刑事制裁。

刑罚分为主刑和附加刑。主刑包括：管制、拘役、有期徒刑、无期徒刑、死刑。附加刑包括：罚金、剥夺政治权利、没收财产。主刑独立适用，附加刑可以单独或附加适用。

对犯罪的外国人、无国籍人可以独立适用或者附加适用驱逐出境。

公司、企业、事业单位、机关、团体实施危害社会的行为，应当负刑事责任。法律明确规定为单位犯罪的，对单位判处罚金，并对直接负责的主管人员和其他直接责任人员判处刑罚。

实训与练习

实训目的： 通过资料分析增强学生对经济法律责任概念和经济法律责任形式的认知，同时提升学生运用所学法律知识分析解决问题的能力。

背景资料：《中华人民共和国产品质量法》第 61 条规定"知道或者应当知道属于本法规定禁止生产、销售的产品而为其提供运输、保管、仓储等便利条件的，或者为以假充真的产品提供制假生产技术的，没收全部运输、保管、仓储或者提供制假生产技术的收入，并处违法收入百分之五十以上三倍以下的罚款；构成犯罪的，依法追究刑事责任。"这一规定中提到了哪些经济法律责任形式？

《中华人民共和国消费者权益保护法》第 43 条规定"经营者违反本法第 25 条规定，侵害消费者的人格尊严或者侵犯消费者人身自由的，应当停止侵害、恢复名誉、消除影响、赔礼道歉，并赔偿损失。"第 44 条规定"经营者提供商品或者服务，造成消费者财产损害的，应当按照消费者的要求，以修理、重作、更换、退货、补足商品数量、退还货款和服务费用或者赔偿损失等方式承担民事责任。消费者与经营者另有约定的，按照约定履行。"上述法律规定中提到了哪种经济法律责任形式？

实训方法： 小组讨论法。

实训内容： 根据背景资料进行小组内部讨论并形成答案、小组代表进行汇报。教师对各组表现进行点评。

复习思考题

1. 你是怎样理解经济法的概念及其特征的？
2. 经济法的调整对象有哪些？
3. 经济法律责任的形式有哪些？
4. 经济法的基本原则有哪些？你是怎么理解的？
5. 简述经济法律关系的构成要素。
6. 什么是经济法律事实？经济法律事实分为哪两种？经济法律事实与经济法律关系的关系是怎样的？

第二章

公司法律制度

////////////////////////////

公司是社会经济组织中最主要的一种企业组织形式，公司法是指规定公司的设立、组织、活动、解散及其他对内对外关系的法律规范的总称。《中华人民共和国公司法》(以下简称《公司法》)于 1993 年 12 月 29 日第八届全国人民代表大会常务委员会第五次会议通过，1999 年 12 月 25 日第九届全国人民代表大会常务委员会第十三次会议第一次修正，2004 年 8 月 28 日第十届全国人民代表大会常务委员会第十一次会议第二次修正，2005 年 10 月 27 日第十届全国人民代表大会常务委员会第十八次会议修订，自 2006 年 1 月 1 日起施行。2013 年 12 月 28 日第十二届全国人民代表大会常务委员会第六次会议通过修订，并于 2014 年 3 月 1 日起施行。

案例导入

谁来清偿货款

甲百货公司等 6 家企业共同投资设立 A 贸易有限公司(简称 A 公司)。2012 年 2 月 6 日，A 公司与本市 B 纺织厂签订了一份服装购销合同，合同约定：B 纺织厂 1 个月内向 A 公司供应服装 500 套，总价款为人民币 15 万元；B 纺织厂将货送到 A 公司的仓库后，A 公司在 1 个月内付款。2012 年 3 月 22 日，B 纺织厂如约将货物运到 A 公司的仓库。4 月 24 日，B 纺织厂要求 A 公司支付货款 15 万元人民币，而此时 A 公司的情况是：由于经营管理不善，经营状况严重恶化，公司处于亏损状态，已拖欠了很多债务无力偿付。因此，A 公司向 B 纺织厂表示无法按期支付货款。B 纺织厂考虑到 A 公司的股东，包括某市甲百货公司在内的 6 家企业，大部分的经营状况都比较好。于是将包括甲百货公司在内的 6 家企业作为被告向当地人民法院提起诉讼，要求这 6 家企业清偿货款 15 万元人民币。B 纺织厂能否要求甲百货公司等 6 家企业承担货款清偿责任呢？

(资料来源：http://www.docin.com/p-531961349.html)

点拨：这 6 家企业是否要清偿货款 15 万元人民币，要弄清这 6 家企业与 A 公司的关系，以及 A 公司的法人属性。根据《公司法》的相关规定，6 家企业作为公司的股东以其出资额为限对公司承担责任，公司以其全部资产承担责任。所以，这 6 家企业不需要清偿货款 15 万元人民币。

学习目标

知识目标：

1. 了解公司的概念、特征和组织机构；

2. 了解公司合并与分立、解散与清算的一般规定；

3．掌握股东出资的转让、股份的发行和转让的相关规定。

能力目标：

1．能按照成立公司的条件和程序模拟成立公司；

2．能应用公司法的基本原理处理公司一般合并与分立、解散与清算事务；

3．能运用公司法相关知识，分析公司设立、运行过程中的问题。

第一节 公司法概述

一、公司的概念和种类

（一）公司的概念和特征

公司是指依法设立的，以营利为目的、由股东投资形成的企业法人。

从法律上讲，我国的公司主要有四个特征：

1．依法设立

依法设立指公司必须依法定条件、法定程序设立。即一方面要求公司的章程、资本、组织机构、活动原则等必须合法；另一方面，要求公司设立要经过法定程序，进行工商登记。公司通常依公司法设立，但有时还必须符合其他法律规定，如：商业银行法、保险法、证券法等。

2．以营利为目的

投资人出资设立公司的目的是为了从公司经营中取得利润。因此，营利目的不仅要求公司本身为营利而活动，而且要求公司有盈利时应当将利润分配给投资人。

3．是股权制企业

公司由股东的投资行为设立。股东投资行为形成的权利是股权。股权是一种独立的特殊权利，不同于所有权，也不同于经营权等他物权，更不同于债权。依据《公司法》第四条规定，公司股东依法享有资产受益、参与重大决策和选择管理者等权利。

4．具有法人资格

公司是企业法人，有独立的法人财产，能独立承担民事责任。我国《公司法》规定的有限责任公司和股份有限公司均具有法人资格，股东以其认缴的出资额或认购的股份为限对公司承担有限责任。

（二）公司的分类

公司究竟包括哪些具体组织形式，各国立法规定是不同的。一般把公司分为以下几类：

1．以公司资本结构和股东对公司债务承担责任的方式为标准分类

(1) 有限责任公司，指股东以其认缴的出资额为限对公司承担责任，公司以其全部财产对公司的债务承担责任的公司。

(2) 股份有限公司，指将其全部资本分为等额股份，股东以其认购的股份为限对公司承担责任，公司以其全部财产对公司的债务承担责任的公司。

(3) 无限公司，指股东对公司债务承担连带无限责任的公司。

(4) 两合公司，公司由承担无限责任的股东和承担有限责任的股东组成。一般而言，无限责任股东是公司的经营管理者，有限责任股东则不参与经营管理。

(5) 股份两合公司，公司由负无限责任的股东和负有限责任的股东组成，资本分为等额股份。其股东承担法律责任情况与两合公司相同，区别则在于公司的资本分为等额股份。

2．以公司的信用基础为标准分类

(1) 资合公司，指以资本的结合作为信用基础的公司。此类公司仅以资本的实力取信于人，股东个人是否有财产、能力或信誉与公司无关。资合公司以股份有限公司为典型。

(2) 人合公司，指以股东个人的财力、能力和信誉作为信用基础的公司，其典型形式是无限公司和有限责任公司。

(3) 人资兼合公司，指同时以公司资本和股东个人信用作为公司信用基础的公司，其典型形式为两合公司和股份两合公司。

3．以公司组织关系为标准分类

(1) 母公司与子公司，这是按公司外部组织关系所作的分类。在不同公司之间存在控制与依附关系时，处于控制地位的是母公司，处于依附地位的是子公司。虽然它们存在控制与被控制的组织关系，但它们都具有法人资格，在法律上是彼此独立的企业。

(2) 总公司与分公司，这是从公司内部组织关系上进行的分类，分公司其实只是总公司的分支机构，并非真正意义上的公司，分公司没有独立的公司名称、章程，没有独立的财产，不具有法人资格，但可以领取营业执照，进行经营活动，而其民事责任由总公司承担。

4．以公司国籍为标准分类

以公司国籍为标准的分类可以将公司分为本国公司和外国公司。但各国确定公司国籍的标准不尽相同，我国采用以公司注册登记地和设立依据法律地相结合的标准确定公司的国籍。

5．以公司的组织机构和经营活动是否局限于一国为标准分类

可以将公司分为国内公司和跨国公司。跨国公司往往并不是一个单独的公司，而是由控股公司与其设在各国的众多附属公司形成的国际公司集团。

二、公司法的基本原则

1．出资者所有权与企业法人财产权相分离

公司股东作为出资者按投入公司的资本额享有所有者的资产受益、重大决策和选择管理者等权利。公司享有由股东投资形成的全部法人财产权。

2．有限责任原则

《公司法》第3条规定，有限责任公司的股东以其认缴的出资额为限对公司承担责任，法律上承认投资者(即股东)仅就其股份出资负担有限责任。

3．公司自主经营，自负盈亏

公司以其全部法人财产依法自主经营，自负盈亏。公司在国家宏观调控下，按照市场需求自主组织生产经营。

4．社会责任原则

公司从事经营活动必须遵守法律，遵守职业道德，加强社会主义精神文明建设，接受政府和社会公众的监督。公司的合法权益受法律保护，不受侵犯。

5．保障公司职工的合法权益原则

公司在生产经营过程中，公司必须依法保障职工的合法利益，职工有权参与公司的重大事项的决策或监督，应组织工会，开展工会活动，加强劳动保护，实现安全生产，维护职工的合法权益。

实训与练习

实训目的：增强学生对公司类型及公司法基本原则的认知。

实训方法：小组讨论法。

实训内容：教师准备相关资料(有关公司的类型、公司法的原则案例)，学生进行小组内部讨论，分析出公司不同类型的主要特征，根据案例分析公司法的原则。教师对各组表现进行点评。

实训步骤：教师分发资料，学生分组，组内讨论分析、组际交流、代表汇报、教师点评。

实训考核标准：

1．公司不同类型认识准确；

2．公司法的基本原则理解基本准确。

第二节　有限责任公司

一、有限责任公司的概念和特征

有限责任公司又称有限公司，是指按照《公司法》的有关规定设立的，股东以其出资额为限对公司承担责任，公司以其全部财产对公司债务承担责任的企业法人。

有限责任公司有如下的主要特征：

(1) 人数有一定的限制，《公司法》规定，有限责任公司由50个以下股东出资设立；

(2) 有限责任公司的股东均负有限责任，股东仅以其出资额为限对公司的债务承担责任，而不再涉及其他个人财产。

(3) 有限责任公司不能发行股票，资本不分成等额股份，以出资证明书证明股东出资份额。

(4) 股份转让的有限性，即有限责任公司股份的转让受到较严格的限制。

二、有限责任公司的设立

（一）设立条件

根据《公司法》规定，设立有限责任公司应当具备下列条件：

1. 股东符合法定人数

《公司法》规定有限责任公司由 50 个以下股东出资设立。股东人数为 1 人时，为一人有限责任公司。除国有独资公司外，有限责任公司的股东可以是自然人，也可以是法人。

2. 有符合公司章程规定的全体股东认缴的出资额

(1) 注册资本。注册资本是指公司向公司登记机关登记的出资额，即经登记公司登记确认的资本。有限责任公司的注册资本为在公司登记机关登记的全体股东认缴的出资额。法律、行政法规以及国务院决定对有限责任公司注册资本实缴、注册资本最低限额有规定的，从其规定。

(2) 股东出资方式。股东可以用货币出资，也可以用实物、知识产权、土地使用权等可以用货币估价并可以依法转让的非货币财产作价出资，但是，法律、行政法规规定的不得作为出资的财产除外。对作为出资的非货币财产应当评估作价，核实财产，不得高估或者低估作价。股东以非货币财产出资的，应当依法办理其财产权的转移手续。

3. 股东共同制定公司章程

设立有限责任公司必须由股东共同依法制定公司章程。股东应当在公司章程上签名、盖章。公司章程对公司、股东、董事、监事、高级管理人员具有约束力。

知识拓展 📖

公 司 章 程

公司章程是记载公司组织、活动基本准则的公开性法律文件。根据《公司法》规定，有限责任公司章程应当载明下列事项：① 公司名称和住所；② 公司经营范围；③ 公司注册资本；④ 股东的姓名或者名称；⑤ 股东的出资方式、出资额和出资时间；⑥ 公司的机构及其产生办法、职权、议事规则；⑦ 公司法定代表人；⑧ 股东会会议认为需要规定的其他事项。

4. 有公司名称，建立符合有限责任公司要求的组织机构

公司名称必须标明有限责任公司的字样，必须符合有关法律、行政法规的规定。公司必须建立与法律规定相一致的组织机构。

5. 有公司住所

公司以其主要办事机构所在地为住所。

（二）设立程序

股东认足公司章程规定的出资后，由全体股东指定的代表或者共同委托的代理人向公司登记机关申请设立登记，提交公司登记申请书、公司章程等文件。法律、行政法规规定需要经有关部门审批的，应当在申请设立登记时提交批准文件。公司登记机关对符合规定条件的予以登记，发给公司营业执照；对不符合规定条件的，不予登记。公司营业执照签发日期为有限责任公司成立日期。

（三）股东的权利和义务

1. 股东的权利

股东的权利简称为股权，是股东基于出资在法律上对公司所享有的权利。具体包括：出席会议权和表决权；选举权和被选举权；红利分配权；剩余财产分配权；查阅会议记录和财务会计报告的权利；增资优先认购权；出资转让权；建议权；质询权及诉讼权。

2. 股东的义务

股东应按规定足额缴纳出资，并不得抽回出资。股东不按上述规定缴纳出资的，除应当向公司足额缴纳外，还应当向已按期足额缴纳出资的股东承担违约责任。

有限责任公司成立后，发现作为出资的非货币资产的实际价额显著低于公司章程所定价额的，应当由交付该出资的股东补交其差额，公司设立时的其他股东对其承担连带责任。

股东向股东以外的人转让股权，应当符合相关法律规定和公司章程规定。经其他股东过半数同意。股东应就其股权转让事项书面通知其他股东征求同意，其他股东自接到书面通知之日起满 30 日未答复的，视为同意转让。其他股东半数以上不同意转让的，不同意的股东应当购买该转让的股权；不购买的，视为同意转让。经股东同意转让的股权，在同等条件下，其他股东有优先购买权。

公司股东应当遵守法律、行政法规和公司章程，依法行使股东权利，不得滥用股东权利损害公司或者其他股东的利益；不得滥用公司法人独立地位和股东有限责任损害公司债权人的利益。公司股东滥用股东权利给公司或者其他股东造成损失的，应当依法承担相应的赔偿责任。

三、有限责任公司的组织机构

公司组织机构又称公司机关，是代表公司活动、行使相应职权的自然人或自然人组成的集合体。有限责任公司的组织机构包括股东会、董事会、经理及监事会。

（一）股东会

1. 股东会的组成

有限责任公司股东会由全体股东组成。除法律有禁止或限制的特别规定外，有权代表国家投资的政府部门或机构、企业法人、具有法人资格的事业单位和社会团体、自然人均可按照规定成为有限责任公司的股东。

2. 股东会的职权

股东会是公司的权力机构，行使下列职权：

(1) 决定公司的经营方针和投资计划；

(2) 选举和更换由非职工代表担任的董事、监事，决定有关董事、监事的报酬事项；

(3) 审议批准董事会或者执行董事的报告；

(4) 审议批准监事会或者监事的报告；

(5) 审议批准公司的年度财务预算方案、决算方案；

(6) 审议批准公司的利润分配方案和弥补亏损方案；

(7) 对公司增加或者减少注册资本做出决议；

(8) 对发行公司债券做出决议；

(9) 对公司合并、分立、变更公司形式、解散和清算等事项做出决议；

(10) 修改公司章程；

(11) 公司章程规定的其他职权。

对于上述事项，股东以书面形式一致表示同意的，可以不召开股东会会议，直接做出决定，并由全体股东在决定文件上签名、盖章。

3. 股东会会议

股东会会议分为定期会议和临时会议。定期会议应当按照公司章程的规定按时召开。代表 1/10 以上表决权的股东，1/3 以上的董事，监事会或者不设监事会的公司的监事提议召开临时会议的，应该召开临时会议。

首次股东会会议由出资最多的股东召集和主持，依法行使职权。以后的股东会会议，公司设立董事会的，由董事会召集，董事长主持；董事长不能或者不履行职务的，由副董事长主持；副董事长不能或者不履行职务的，由半数以上董事共同推举 1 名董事主持。公司不设董事会的，股东会会议由执行董事召集和主持。董事会或者执行董事不能或者不履行召集董事会职责的，由监事会或者不设监事会的公司的监事召集和主持；监事会或者监事不召集和主持的，代表 1/10 以上表决权的股东可以自行召集和主持。

召开股东会会议，应当于会议召开 15 日以前通知全体股东，但公司章程另有规定或者全体股东另有约定的除外。股东会应当对所议事项的决定做成会议记录，出席会议的股东应当在会议记录上签名。

4. 股东的表决权

股东会会议由股东按照出资比例行使表决权，但公司章程另有规定的除外。股东会的议事方式和表决程序，除《公司法》有规定的之外，由公司章程规定。

股东会会议做出修改公司章程、增加或者减少注册资本的决议，以及公司合并、分立、解散或者变更公司形式的决议，必须经代表 2/3 以上表决权的股东通过。

(二) 董事会

1. 董事会的组成

有限责任公司设董事会(依法不设董事会者除外)，其成员为 3～13 人。两个以上的国有企业或者其他两个以上的国有投资主体投资设立的有限责任公司，其董事会成员中应当有公司职工代表；其他有限责任公司董事会成员中也可以有公司职工代表。董事会中的职工代表由公司职工通过职工代表大会、职工大会或者其他形式民主选举产生。

董事会设董事长 1 人，可以设副董事长。董事长、副董事长的产生办法由公司章程规定。董事任期由公司章程规定，但每届任期不得超过 3 年。董事任期届满，连选可以连任。董事任期届满未及时改选，或者董事在任期内辞职导致董事会成员低于法定人数的，在改选出的董事就任前，原董事仍应当依照法律、行政法规和公司章程的规定，履行董事职务。

2．董事会的职权

董事会对股东会负责，行使下列职权：

(1) 召集股东会议，并向股东会报告工作；

(2) 执行股东会的决议；

(3) 决定公司的经营计划和投资方案；

(4) 制定公司的年度财务预算方案、决算方案；

(5) 制定公司的利润分配方案；

(6) 制定公司增加或者减少注册资本以及发行公司债券的方案；

(7) 制定公司合并、分立、变更公司形式、解散的方案；

(8) 决定公司内部管理机构的设置；

(9) 决定聘任或者解聘公司经理及其报酬事项，并根据经理的提名决定聘任或者解聘公司的副经理、财务负责人及其报酬事项；

(10) 制定公司的基本管理制度；

(11) 公司章程规定的其他职权。

3．董事会会议

董事会会议由董事长召集和主持；董事长不能或者不履行职务的，由副董事长召集和主持；副董事长不能或者不履行职务的，由半数以上的董事共同推举 1 名董事召集和主持。

董事会的议事方式和表决程序，除《公司法》有规定的之外，由公司章程规定。董事会决议的表决，实行一人一票。董事会应当对所议事项的决定做成会议记录，出席会议的董事应当在会议记录上签名。

股东人数较少或者规模较小的有限责任公司，可以设 1 名执行董事，不设立董事会。执行董事可以兼任公司经理。执行董事的职权由公司章程规定。

(三) 经理

《公司法》第 50 条规定，"有限责任公司可以设经理，由董事会决定聘任或者解聘。"据此规定，在有限责任公司中，经理不再是必设机构而成为选设机构。公司章程可以规定不设经理，而设总裁、首席执行官等职务，行使公司的管理职权。

《公司法》规定，在公司设经理时，经理对董事会负责，行使下列职权：

(1) 主持公司的生产经营管理工作，组织实施董事会决议；

(2) 组织实施公司年度经营计划和投资方案；

(3) 拟订公司内部管理机构设置方案；

(4) 拟订公司的基本管理制度；

(5) 制定公司的具体规章；

(6) 提请聘任或者解聘公司副经理、财务负责人；

(7) 决定聘任或者解聘除应当董事会决定聘任或者解聘以外的负责管理人员；

(8) 董事会授予的其他职权。经理列席董事会会议，公司章程对经理职权另有规定的，从其规定。

(四) 监 事 会

1．监事会的组成

有限责任公司设立监事会，其成员不得少于 3 人。股东人数较少或者规模较小的有限责任公司，可以设 1~2 名监事或不设立监事会。监事会应当包括股东代表和适当比例的公司职工代表，其中职工代表的比例不得低于 1/3，具体比例由公司章程规定。监事会中的职工代表由公司职工通过职工代表大会、职工大会或者其他形式民主选举产生。

监事会设主席 1 人，由全体监事过半数选举产生。监事会主席召集和主持监事会会议；监事会主席不能或者不履行职务的，由半数以上监事共同推举 1 名监事召集和主持监事会会议。

董事、高级管理人员不得兼任监事。

监事的任期每届为 3 年。监事任期届满，连选可以连任。监事任期届满未及时改选，或者监事在任期内辞职导致监事会成员低于法定人数的，在改选出的监事就任前，原监事仍应当依照法律、行政法规和公司章程的规定，履行监事职务。

2．监事会的职权

监事会、不设监事会的公司的监事行使下列职权：

(1) 检查公司财务；

(2) 对董事、高级管理人员执行公司职务的行为进行监督，对违反法律、行政法规、公司章程或者股东会决议的董事、高级管理人员提出罢免的建议；

(3) 当董事、高级管理人员的行为损害公司的利益时，要求董事、高级管理人员予以纠正；

(4) 提议召开临时股东会会议，在董事会不履行本法规定的召集和主持股东会会议职责时召集和主持股东会会议；

(5) 向股东会会议提出提案；

(6) 依照《公司法》第一百五十二条的规定，对董事、高级管理人员提起诉讼；

(7) 公司章程规定的其他职权。

监事可以列席董事会会议，并对董事会决议事项提出质询或者建议。监事会、不设监事会的公司的监事行使职权所必需的费用由公司承担。

监事会、不设监事会的公司的监事发现公司经营情况异常，可以进行调查；必要时，可以聘请会计师事务所等协助其工作，费用由公司承担。

3．监事会会议

监事会每年度至少召开一次会议，监事可以提议召开临时监事会会议。监事会的议事方式和表决程序，除《公司法》有规定的外，由公司章程规定。监事会决议应当经半数以上监事通过。监事会应当对所议事项做成会议记录，出席会议的监事应当在会议记录上签名。

四、董事、监事、高级管理人员的任职资格及其义务

(一) 董事、监事、高级管理人员的任职资格的禁止性规定

《公司法》规定，有下列情形之一的，不得担任公司的董事、监事、高级管理人员：

(1) 无民事行为能力或者限制民事行为能力；

(2) 因犯有贪污、贿赂、侵占财产、挪用财产罪或者破坏社会经济秩序罪，被判处刑罚，执行期满未逾5年，或者因犯罪被剥夺政治权利，执行期满未逾5年；

(3) 担任因经营不善破产清算的公司、企业的董事或者厂长、经理，并对该公司、企业的破产负有个人责任的，自该公司、企业破产清算完结之日起未逾3年；

(4) 担任因违法被吊销营业执照、责令关闭的公司、企业的法定代表人，并负有个人责任的，自该公司、企业被吊销营业执照之日起未逾3年；

(5) 个人所负数额较大的债务到期未清偿。

(二) 董事、监事、高级管理人员的义务和责任

公司的董事、监事和高级管理人员在依法行使职权时，应承担下列义务：

(1) 遵守公司章程，忠实履行职务，维护公司利益，不得利用在公司的地位和职权为自己谋取私利。

(2) 不得收受贿赂或者其他非法收入，侵占公司的财产。

(3) 不得任意动用公司的资产。董事、经理不得挪用公司资金或者将公司资金借贷给他人；不得将公司资产以其个人名义或者其他个人名义开立账户存储；不得以公司资产为本公司的股东或者其他个人债务提供担保。

(4) 不得自营或者为他人经营与其所任职公司同类的营业或者从事损害本公司利益的活动；从事上述营业或者活动的，所得收入归公司所有。除公司章程规定或者股东会同意之外，不得同本公司订立合同或者进行交易。

(5) 除依照法律规定或者经股东会同意外，不得泄露公司秘密。

董事、高级管理人员违反前款规定所得的收入应当归公司所有。凡是董事、监事和高级管理人员执行公司职务时违反法律、行政法规或者公司章程的规定，给公司造成损害的，应当承担赔偿责任。

典型案例

王某是 ABC 童装股份有限公司(下称 ABC 公司)的董事，2010 年又与几个朋友一起开办了甲童装生产厂，童装款式、原料、生产工艺等与 ABC 公司相差无几，挤占了 ABC 公司的 40%的市场份额。于是 ABC 公司召开了董事会，作出两项决议：一是免去王某董事职务，增补李某为董事；二是要求王某将其从甲厂获得的收入上交 ABC 公司。

【问题】

(1) 王某与朋友出资设立甲童装生产厂是否合法？为什么?

(2) ABC 公司董事会作出的两项决议是否合法？为什么?

【分析】

(1) 王某与朋友设立童装厂不合法。根据公司法规定，公司董事、经理等高级管理人员，不得从事自营或者为他人经营与所任职公司同类的业务。

(2) 董事会作出的第一项决议不合法，因为选举、更换董事属于股东会的职权；第二项决议合法。公司法规定董事、经理违反规定自营或为他人经营与所任职公司同类的业务，所取得的收入应当归公司所有。

(资料来源：《经济法基础》，电子工业出版社，2014 年第 1 版)

五、特殊有限责任公司

(一) 一人有限责任公司的特别规定

所谓一人有限责任公司，是指只有一个自然人股东或者一个法人股东的有限责任公司。为维护债权人等利害关系人的权益，保障社会经济秩序，《公司法》对一人有限责任公司的设立和组织机构用专门一节做了特殊规定，以加强对其的监管，特殊规定以外的问题，则使用对有限责任公司的一般规定。

(1) 一个自然人只能投资设立一个一人有限责任公司，禁止其设立多个一人有限责任公司，而且该一人有限责任公司不能投资设立新的一人有限责任公司。

(2) 一人有限责任公司应当在公司登记中注明自然人独资或者法人独资，并在公司营业执照中载明。

(3) 一人有限责任公司章程由股东制定。

(4) 一人有限责任公司不设股东会。股东作出本法第 37 条第一款所列决定时，应当采用书面形式，并由股东签名后置备于公司。

(5) 一人有限责任公司应当在每一会计年度终了时编制财务会计报告，并经会计师事务所审计。

(6) 一人有限责任公司的股东不能证明公司财产独立于股东自己的财产的，应当对公司债务承担连带责任。

(二) 国有独资公司的特别规定

国有独资公司，是指国家单独出资，由国务院或地方人民政府委托本级人民政府国有资产监督管理机构履行出资人职责的有限责任公司。《公司法》对国有独资公司的设立和组织机构也以专门一节做了特殊规定，特殊规定以外的问题，则适用对有限责任公司的一般规定。

(1) 国有独资公司章程由国有资产监督管理机构制定，或者由董事会制定报国有资产监督管理机构批准。

(2) 国有独资公司不设股东会，由国有资产监督管理机构行使股东会职权。国有资产监督管理机构可以授权公司董事会行使股东会的部分职权，决定公司的重大事项，但公司的合并、分立、解散、增减注册资本和发行公司债券，必须由国有资产监督管理机构决定。其中，国务院有关规定确定的重要国有独资公司的合并、分立、解散、申请破产，应当由国有资产监督管理机构审核后，报本级人民政府批准。

（3）国有独资公司设立董事会，依照法律规定的有限责任公司董事会的职权和国有资产监督管理机构的授权行使职权。董事每届任期不得超过 3 年。董事会成员中应当有公司职工代表。董事会成员由国有资产监督管理机构委派，但是，董事会成员中的职工代表由公司职工代表大会选举产生。董事会设董事长 1 人，可以设副董事长。董事长、副董事长由国有资产监督管理机构从董事会成员中指定。

（4）国有独资公司设经理，由董事会聘任或者解聘。国有独资公司经理的职权与普通有限责任公司相同，经国有资产监督管理机构同意，董事会成员可以兼任经理。

（5）国有独资公司的董事长、副董事长、董事、高级管理人员，未经国有资产监督管理机构同意，不得在其他有限责任公司、股份有限公司或者其他经济组织兼职。

（6）国有独资公司监事会成员不得少于 5 人，其中职工代表的比例不得低于 1/3，具体比例由公司章程规定。监事会成员由国有资产监督管理机构委派，但是，监事会中的职工代表由公司职工代表大会选举产生，监事会主席由国有资产监督管理机构从监事会成员中指定。国有独资公司监事会的职权范围小于普通有限责任公司的监事会，具体职权包括：检查公司财务，对董事、高级管理人员执行公司职务的行为进行监督，对违反法律、行政法规、公司章程或者股东会决议的董事、高级管理人员提出罢免的建议；当董事、高级管理人员的行为损害公司的利益时，要求董事、高级管理人员予以纠正，以及拥有国务院规定的其他职权。

典型案例

甲公司为国有独资公司，2013 年 1 月，公司董事会作出了下列决议：① 聘选王某为公司董事。② 增选李某为公司经理。③ 批准董事林某兼任乙有限责任公司经理。④ 决定发行公司债券 500 万元。

【问题】 上述决议是否符合《公司法》的规定？

【分析】 只有②合法。国有独资公司设经理，由董事会聘任或者解聘。董事会成员由国有资产监督管理机构委派，但是，董事会成员中的职工代表由公司职工代表大会选举产生。国有资产监督管理机构可以授权公司董事会行使股东会的部分职权，决定公司的重大事项，但公司的合并、分立、解散、增减注册资本和发行公司债券，必须由国有资产监督管理机构决定。

（资料来源：http://www.shangxueba.com/ask/619221.html）

实训与练习

实训目的： 通过案例分析增强学生对有限责任公司股东转让出资的相关知识的理解，同时提升学生运用所学法律知识分析解决问题的能力。

背景资料： ××服装有限公司(简称××公司)于 2004 年 1 月组建，股东有王某、黄某、李某、秦某、赵某、张某 6 人，公司经营了一段时间后，发生了下列事件：

（1）股东王某因为不满意公司其他股东的行为，决定将其股权转让给非股东的杨某。2010 年 1 月 3 日，王某向其他股东发出通知，1 月 10 日，股东张某表示反对，但不愿意购买王某的股权，1 月 15 日股东李某和秦某表示反对而且都表示愿意购买王某的全部股权，直到 2 月 4 日，赵某和黄某没有做出任何表示。

（2）2010 年 2 月 10 日，所有股东都收到了法院发来的通知。股东黄某拒不偿还欠某银行的个人债务，法院将依法律程序"强制执行黄某在 XX 公司中的全部股权。2010 年 2 月

25 日，秦某表示愿意购买黄某的全部股权。

(3) 2010 年 3 月 1 日，股东赵某因交通事故意外死亡，其合法继承人小赵表示要继承赵某的股东资格，可其他股东都表示反对，而公司章程中对此没有作出任何规定。

(4) 由于发生上述事情，公司的经营受到影响，公司股东会作出决议：XX 公司分立为甲和乙两个有限责任公司，股东李某表示反对，并要求公司以合理的价格收购其股权。其他股东认为分立公司这一决议是经股东会作出的，不同意收购李某的股权。

根据以上的案情，请分析以下的问题：

(1) 王某应当将其股权转让给谁？如何转让？

(2) 秦某可以优先购买黄某的股权吗？

(3) 小赵能够继承赵某的股东资格吗？

(4) 李某有权要求公司收购其股权吗？如果李某与公司达不成股权收购协议，他应当如何维护其权利？

实训方法：小组讨论法。

实训内容：根据背景资料进行小组内部讨论并形成答案，小组代表进行汇报。教师对各组表现进行点评。

第三节　股份有限公司

一、股份有限公司的概念和特征

（一）股份有限公司的概念

股份有限公司是指全部资本被分为等额股份，股东以其所持股份为限对公司承担责任，公司以其全部资产为限对公司债务承担责任的企业法人。

（二）股份有限公司的特征

与有限责任公司相比，股份有限公司具有以下特征：

(1) 股东人数没有最高限额的限制。由于股份有限公司可以公开募股，其股东人数没有最高限额的规定。

(2) 资本划分为等额股份。股份有限公司将资本总额划分为若干等额的股份，便于认购。

(3) 募股集资的开放性。有别于有限责任公司的封闭性，股份有限公司可以以定向募集和公开募集的方法筹集资本。

(4) 股票可以自由转让。股份有限公司是典型的合资公司，公司以资本为信用基础，股东之间关系松散，股票的自由转让增加了股份有限公司募股集资的广泛性、开放性和灵活性。

(5) 经营信息公开。股份有限公司是开放性公司，公司的生产经营状况直接关系到股东的利益。因此，公司应当将公司章程、股东名册、公司债券存根，股东大会会议记录、董事会会议记录、财务报告置备于公司。公司应当将生产经营活动、公司董事、监事、高级经营管理人员的相关情形定期向股东披露。股东有权查阅公司章程、股东名册、公司债券存根、股东大会会议记录、董事会会议决议、监事会会议决议、财务会计报告，并对公司的经营提出质询。

二、股份有限公司的设立

（一）股份有限公司的设立方式

股份有限公司的设立，可以采取发起设立或者募集设立的方式。发起设立是指由发起人认购公司应发行的全部股份而设立公司。募集设立是指由发起人认购公司应发行股份的一部分，其余股份向社会公开募集或者向特定对象募集而设立公司。

（二）设立条件

根据《公司法》规定，设立股份有限公司应当具备下列条件：

(1) 发起人符合法定人数。

设立股份有限公司，应当有 2 人以上 200 人以下为发起人。其中须有半数以上的发起人在中国境内有住所。股份有限公司的发起人承担公司筹办事务。发起人应当签订发起人协议，明确各自在公司设立过程中的权利和义务。发起人既可以是自然人也可以是法人。

知识拓展 📖

股份有限公司的发起人

股份有限公司的发起人是指按照《公司法》的规定，认购公司的股份并承担公司设立事务的人。股份公司成立后，发起人为公司第一批股东。我国《公司法》规定，自然人作为股份有限公司的发起人，应当具有完全的民事行为能力，并不能是国家机关的公务员。

在发起设立股份有限公司的过程中，发起人应承担下列法律责任：

1. 足额出资责任

股份有限公司成立后，有下列情形之一的，发起人应当补缴出资或补足差额，其他发起人承担连带责任：① 发起人未按照公司章程的规定缴足出资额的，应当补缴；② 发现作为设立公司出资的非货币财产的实际价额显著低于公司章程所定价额的，应当由交付该出资的发起人补足其差额。

2. 公司不能成立和损害公司利益的责任

股份有限公司的发起人应当承担下列责任：① 公司不能成立时，对设立行为所产生的债务和费用负连带责任；② 公司不能成立时，对认股人已缴纳的股款，负返还股款并加算银行同期存款利息的连带责任；③ 在公司设立过程中，由于发起人的过失致使公司利益受到损害的，应当对公司承担赔偿责任。

(2) 由符合公司章程规定的全体发起人认购的股本总额或者募集的实收股本总额。

股份有限公司采取发起设立方式设立的，注册资本为在公司登记机关登记的全体发起人认购的股本总额。在发起人认购的股份缴足前，不得向他人募集股份。

股份有限公司采取募集方式设立的，注册资本为在公司登记机关登记的实收股本总额。

法律、行政法规以及国务院决定对股份有限公司注册资本实缴、注册资本最低限额另有规定的，从其规定。

募集设立公司的发起人认购的股份不得少于公司股份总额的 35%，其余股份应当向社会公开募集。股份有限公司发起人的出资方式与有限责任公司股东相同。

(3) 股份发行、筹办事项符合法律规定。

(4) 发起人制定公司章程，采用募集方式设立的须经创立大会通过。

股份有限公司章程应当载明下列事项：① 公司名称和住所；② 公司经营范围；③ 公司设立方式；④ 公司股份总数、每股金额和注册资本；⑤ 发起人的姓名或者名称、认购的股份数、出资方式和出资时间；⑥ 董事会的组成、职权、任期和议事规则；⑦ 公司法定代表人；⑧ 监事会的组成、职权、任期和议事规则；⑨公司利润分配方法；⑩公司的解散事由与清算办法；⑪ 公司的通知和公告办法；⑫ 股东大会会议认为需要规定的其他事项。

(5) 有公司名称，建立符合股份有限公司要求的组织机构。

(6) 有固定的生产经营场所和必要的生产经营条件。

(三) 设立股份有限公司的程序

1. 发起设立的程序

(1) 发起人制订公司章程。

(2) 发起人认购股份、缴纳出资。以发起设立方式设立股份有限公司的，发起人应当书面认足公司章程规定其认购的股份，并按照公司章程规定缴纳出资。以非货币财产出资的，应当依法办理其财产权的转移手续。发起人不依照前款规定缴纳出资的，应当按照发起人协议承担违约责任。

(3) 选举董事会和监事会。发起人认足公司章程规定的出资后，应当选举董事会和监事会。由董事会向公司登记机关报送公司章程、依法设立的验资机构出具的验资证明以及法律、行政法规规定的其他文件。

(4) 申请设立登记。

2. 募集设立的程序

(1) 发起人发起成立股份有限公司并制定公司章程。

(2) 发起人认购股份。《公司法》要求发起人认购的股份不得少于公司股份总数的35%，但是，法律、行政法规另有规定的，从其规定。

(3) 起草招股说明书，申请募股。招股说明书应当附有发起人制订的公司章程，并载明下列事项：发起人认购的股份数；每股的票面金额和发行价格；无记名股票的发行总数；募集资金的用途；认股人的权利、义务；本次募股的起止期限及逾期未募足时认股人可以撤回所认股份的说明。股票公开发行实行核准制。公开发行股票必须依照法律规定的条件，报经国务院证券监督管理机构(中国证券监督管理委员会)核准。国务院证券监督管理机构设发行审核委员会，依法审核股票发行申请。未经依法批准，任何单位和个人不得公开发行股票。

(4) 公告招股说明书，制作认股书。认股书应当载明招股说明书中所载明的事项，由认股人填写认购股数、金额、住所，并签名、盖章。认股人按照所认购股数缴纳股款。

(5) 签订承销、代收股款协议。发起人向社会公开募集股份，应当同依法设立的证券公司签订承销协议，由证券公司承销股份；应当同银行签订代收股款协议。由代收股款的银行按照协议代收和保存股款，向缴纳股款的认股人出具收款单据，并有向有关部门出具收款证明的义务。

(6) 召开创立大会。发行股份的股款缴足后，必须经依法设立的验资机构验资并出具证明。发起人应当自股款缴足之日起 30 日内主持召开公司创立大会。

(7) 申请设立登记。董事会应于创立大会结束后 30 日内，向公司登记机关报送下列文件，申请设立登记：公司登记申请书；创立大会的会议记录；公司章程；验资证明；法定代表人、董事、监事的任职文件及其身份证明；发起人的法人资格证明或者自然人的身份证明；公司住所证明。另外，还应当向公司登记机关报送国务院证券监督管理机构的核准文件。

(8) 公告。公司成立后，依法进行公告。

三、股份有限公司的组织机构

(一) 股东大会

1. 股东大会的性质、组成和职权

股东大会是股份有限公司的最高权力机关，由全体股东组成，股份有限公司必须设立这一机关。股东大会的职权与有限责任公司股东会的职权基本相同。

2. 股东大会的召开

股东大会分为年会和临时会议两种。年会应当每年召开一次，通常在会计年度终了后的 6 个月之内召开。如果出现了下列情形，应当在 2 个月内召开临时股东大会：

(1) 董事人数不足《公司法》规定的人数或者公司章程所定人数的 2/3 时；

(2) 公司未弥补的亏损达股本总数的 1/3 时；

(3) 持有公司股份 10% 以上的股东请求时；

(4) 董事会认为必要时；

(5) 监事会提议召开时；

(6) 公司章程规定的其他情形。

股东大会会议由董事会召集，董事长主持；董事长不能履行职务或者不履行职务的，由副董事长主持；副董事长不能履行职务或者不履行职务的，由半数以上董事共同推举一名董事主持。董事会不能履行或者不履行召集股东大会会议职责的，监事会应当及时召集和主持；监事会不召集和主持的，连续 90 日以上单独或者合计持有公司 10% 以上股份的股东可以自行召集和主持。召开股东大会会议，应于会议召开 20 日(临时股东大会为 15 日)前通知各股东；发行无记名股票的，应当于会议召开 30 日前进行公告；持无记名股票的股东要出席股东大会的，应当于会议召开 5 日之前至股东大会闭会时将股票交存于公司，否则不得出席会议。

3. 股东大会的决议

股东出席股东大会会议，所持每一股份有一表决权，实行"股份多数决定原则"。这一

原则包含两层含义：一是要有代表股份多数的股东出席，二是要有出席会议的股东所持表决权的多数通过。股东大会作出决议，必须经出席会议的股东所持表决权过半数通过。但是，股东大会作出修改公司章程、增加或者减少注册资本的决议，以及公司合并、分立、解散或者变更公司形式的决议，必须经出席会议的股东所持表决权的 2/3 以上通过。股东大会应当将所议事项的决定作成会议记录，主持人、出席会议的董事应当在会议记录上签名。会议记录应当与出席股东的签名册及代理出席的委托书一并保存，供股东查阅。

知识拓展 📖

累 积 投 票 制

《公司法》规定，股东大会选举董事、监事时，可以实行累积投票制，这是我国《公司法》为保护中小股东利益作出的一项突破。

所谓累积投票制，是在选举两名以上董事或监事时，每一股份拥有与可当选人数相等的投票权，这样每个股东手里的投票权就等于他所持有的股份数与可当选人数的乘积，股东既可以用所有的投票权集中选举某一人，也可以分散投票选举数人，最终按照得票多少依次确定当选人。累积投票制的功能就在于限制大股东对选举过程的操纵，保障中小股东有可能选出自己信任的董事或监事。

需要注意两点：一是累积投票制仅限于股东大会选举董事、监事时实行；二是累积投票制是任意性的，公司可以采用该制度，也可以不采用。是否采用累积投票制由公司章程规定或股东大会决定，《公司法》不作强制要求。

（二）董事会

1. 董事会的性质和组成

董事会是股份有限公司必设的业务执行和经营意思决定机关，对股东大会负责。股份有限公司董事会的成员为 5～19 人。发起设立的公司，董事由发起人选举产生；募集设立的公司，董事由创立大会选举产生；公司成立后，董事由股东大会选举产生。董事会设董事长 1 人，可以设副董事长。董事长和副董事长由董事会以全体董事的过半数选举产生。一般情况下，董事长为公司的法定代表人。股份有限公司董事的任期与有限责任公司之规定完全一致。

2. 董事会的职权

董事会的职权与有限责任董事会的职权基本相同。但除此以外，董事会还负责：公司申请设立登记；选举董事长和副董事长；申办新股发行的手续；备置公司文书(如公司章程、股东名册、财务会计报告等)，以供股东查阅。

3. 董事会议的召开和决议

股份有限公司的董事会会议分为定期会议和临时会议两种。定期会议每年度至少召开两次，每次应当于会议召开 10 日前通知全体董事和监事。临时会议的通知方式和通知时限可由公司章程作出规定。股份有限公司的董事会会议应由 1/2 以上的董事出席方可举行。董事会做出的决议，必须经出席会议全体董事过半数通过。董事会应当对会议所议事项的决定做成会议记录，出席会议的董事和记录员在会议记录上签名。董事应对董事会决议承担责任。董事会的决议违反法律、行政法规或者公司章程，致使公司遭受严重损失的，参与决议的董事对公司负赔偿责任。但经证明在表决时曾表明异议并记载于会议记录的，该董事可以免除责任。

（三）经理

经理是对股份有限公司日常经营管理负有全责的高级管理人员，由董事会聘任或解聘，对董事会负责。《公司法》关于有限责任公司经理职权的规定，适用于股份有限公司的经理。

（四）监事会

监事会是股份有限公司必设的监督机关，负责监督公司的财务及业务执行情况。其组成、职权以及议事规则与有限责任公司基本相同。董事、高级管理人员不得兼任监事。

四、股份的发行与转让

（一）股份的发行

1. 股份与股票

股份是股份有限公司特有的概念，是公司资本最基本的构成单位。每一股份所代表的金额相等；持有股份数量代表股东享有权益的范围。股票是股份证券化的形式，是股份有限公司签发的证明股东所持股份的有价证券。

股票具有如下特征：

(1) 股票是要式证券，其制作和记载事项由法律做出了明确规定。

(2) 股票是证权证券。证券是权利的一种物化的外在形式，它作为权利的载体，权利是已经存在的。与之相对应的概念是设权证券，是指证券所代表的权利本来不存在，随着证券的制作而产生，即权利的发生以证券的制作和存在为条件。股票是证权证券，支票就是设权证券。

(3) 股票是有价证券，它包含着财产权利的内容。

2. 股份的种类

依据不同的标准，股份可做如下分类：

(1) 普通股和优先股。优先股股东在公司利润或剩余财产分配上享有优先于普通股股东的权利，比如股利固定、先于普通股分配红利、公司终止清算时先于普通股收回投资，但普通股股东有表决权而优先股股东没有。

(2) 表决权股、限制表决权股和无表决权股。表决权股股东对公司的经营管理享有表决权，无表决权股股东不享有，限制表决权股股东的表决权受公司章程的限制。

(3) 记名股和无记名股。记名股是将股东的姓名记载于股票票面和公司的股东名册上，转让时要作记名背书，并在股东名册上变更。无记名股则不记载股东姓名，转让时也只需交付即生效。我国《公司法》规定，公司可以发行记名股票，也可以发行无记名股票。但向发起人、法人发行的股票，应当为记名股票。

(4) 面额股和无面额股。面额股是指在股票票面上记载一定金额的股票。无面额股不标明金额，只标明每股占公司资本的比例。我国《公司法》将票面金额作为股票上应当记载的主要事项，实际上禁止了无面额股的发行。

(5) 国家股、法人股、个人股和外资股。国家股是指由国家授权投资的机构或者国家授权的部门，以国有资产向公司投资形成的股份。法人股是指具有法人地位的组织以其可支配的资产向公司投资形成的股份。个人股是以个人财产投资形成的股份。外资股是指外国和中国港、澳、台地区的投资者，以购买人民币特种股票的形式投资形成的股份。

3．股份的发行

公司公开发行股份，应当符合《公司法》、《证券法》规定的发行条件和经国务院批准的国务院证券监督管理机构规定的其他发行条件。我国《公司法》第 127 条规定，股份发行实行公平、公正的原则。具体应该做到：① 公司向社会公开募集股份时，应就有关股份发行的信息依法公开披露。② 同股同价。同次发行的股份，每股的发行条件和价格应当相同。③ 同股同权。发行同种股份，股东所享有的权益相同。《公司法》第 128 条规定，股票发行价格可以按票面金额，也可以超过票面金额，但不得低于票面金额。以超过票面金额发行所得溢价款，应列入公司资本公积金。

(二) 股份转让

1．股份转让的概念

股份转让，是指股份有限公司的股份持有人依法自愿将自己所拥有的股份转让给他人，使他人取得股份成为股东或增加股份数额的法律行为。

股东转让其股份，应当在依法设立的证券交易场所进行，或者按照国务院规定的其他方式进行。

2．股份转让的方式

(1) 记名股票，由股东以背书方式或者法律、行政法规规定的其他方式转让，转让后由公司将受让人的姓名或者名称及住所记载于股东名册。股东大会召开前 20 日内或者公司决定分配股利的基准日前 5 日内，不得进行上述规定的股东名册的变更登记。但是，法律对上市公司股东名册变更登记另有规定的，从其规定。

(2) 无记名股票的转让，由股东将该股票交付给受让人后即发生转让的效力。

3．股份转让的限制性规定

(1) 发起人持有的本公司股份，自公司成立之日起 1 年内不得转让。公司公开发行股份前已发行的股份，自公司股票在证券交易所上市交易之日起 1 年内不得转让。

(2) 公司的董事、监事、高级管理人员应当向公司申报所持有的本公司的股份及其变动情况，在任职期间每年转让的股份不得超过其所持有本公司股份总数的 25%；所持本公司股份自公司股票上市交易之日起 1 年内不得转让。上述人员离职后半年内，不得转让其所持有的本公司股份。公司章程可以对公司董事、监事、高级管理人员在转让其所持有的本公司股份时作出其他限制性规定。

(3) 公司不得收购本公司股份，但有下列情形之一的除外：① 减少公司注册资本；② 与持有本公司股份的其他公司合并；③ 将股份奖励给本公司职工；④ 股东因对股东大会作出的公司合并、分立决议持异议，要求公司收购其股份。

公司因上述第①项至第③项的原因收购本公司股份的，应当经股东大会决议通过。

(4) 公司不得接受本公司的股票作为质押权的标的。

典型案例

甲股份有限公司(简称甲公司)于 2010 年 1 月成立，张某作为发起人之一，在甲公司成立后持有甲公司股票 4000 股，并一直担任甲公司董事职务。下列说法哪个正确？

A. 在 2011 年全年，张某只可以买进其他发起人转让的甲公司股份，不能卖出自己持有的甲公司股份；

B. 张某无论买进还是卖出甲公司的股票，均应经董事会批准；

C. 张某准备在担任甲公司董事的同时，从 2012 年开始减持自己持有的 4000 股甲公司股票且不再买进，最早可以在 2017 年全部卖出；

D. 如果甲公司的股票于 2011 年 5 月在证券交易所上市，张某所持的甲公司股份在 2012 年不能卖出。

【分析】 发起人持有的本公司股份，自公司成立之日起 1 年内不得转让。选项 A 和 D 错误。公司董事应当向公司申报所持有的本公司的股份及其变动情况，没有要求董事会批准。选项 B 错误。2012 年可以卖出 $4000 \times 25\% = 1000$(股)，剩余 3000 股；2013 年可以卖出 $3000 \times 25\% = 750$(股)，剩余 2250 股；2014 年可以卖出 $2250 \times 25\% = 562$(股)(零头舍去)，剩余 1688 股；2015 年可以卖出 $1688 \times 25\% = 422$(股)，剩余 1266 股；2016 年可以卖出 $1266 \times 25\% = 316$(股)，剩余 950 股；2017 年可以将不足 1000 的剩余股份一次性全部卖出。选项 C 正确。

(资料来源：http://www.doc88.com/p-992174794308.html)

五、上市公司

上市公司是指所发行的股票经国务院或者国务院授权证券管理部门批准在证券交易所上市交易的股份有限公司。《公司法》在上市公司的组织机构方面有以下特别规定：

(1) 上市公司在 1 年内购买、出售重大资产或者担保金额超过公司资产总额 30%的，应当由股东大会做出决议，并经出席会议的股东所持表决权的 2/3 以上通过。

(2) 上市公司设立独立董事。上市公司独立董事是指不在公司担任除董事外的其他职务，并与其所受聘的上市公司及其主要股东不存在可能妨碍其进行独立客观判断关系的董事。

(3) 上市公司设董事会秘书，负责公司股东大会和董事会会议的筹备、文件保管以及公司股东资料的管理，办理信息披露事务等事宜。

(4) 上市公司董事与董事会会议决议事项所涉及的企业有关联关系的人，不得对该项决议行使表决权，也不得代理其他董事行使表决权。该董事会会议的出席与表决均以无关联关系董事的人数为基数。出席董事会的无关联关系董事不足 3 人的，应将该事项提交上市公司股东大会审议。

实训与练习

实训目的：通过案例分析增强学生对股份有限责任公司设立以及股东转让股份的相关知识的理解，同时提升学生运用所学法律知识分析解决问题的能力。

背景资料：2014 年 3 月，甲、乙、丙三人准备共同组建"嘉祥制药股份有限公司"。公司章程中拟定：公司发起人为甲、乙、丙，均担任公司董事；公司注册资本为人民币 5000 万元，分为 5000 万股，甲、乙、丙各持 500 万元，其余的股份实行公募。在对余下的股份进行公募过程中，共有 600 人按招股说明书应募并缴纳了股金。股款缴齐后，发起人及时召开创立大会，公司于 2014 年 9 月成立并开始营业，2015 年 5 月，发起人甲因为资金紧张，要求向乙、丙共转让自己股份的 30%，共计 150 万股，乙、丙同意。

请分析：

1. 公司的章程中哪些不符合法律规定？
2. 甲转让股份的行为是否符合《公司法》的规定？

实训方法：小组讨论法。

实训内容：根据背景资料进行小组内部讨论并形成答案、小组代表进行汇报。教师对各组表现进行点评。

第四节　公司财务、会计

一、财务、会计制度基本要求

(1) 公司应当依照法律、行政法规和国务院财政主管部门的规定建立本公司的财务、会计制度。

(2) 公司应当在每一会计年度终了时制作财务会计报告，并依法经会计师事务所审计。公司财务会计报告主要包括资产负债表、损益表、财务状况变动表、财务情况说明书、利润分配表等。

(3) 公司应当依法披露有关财务、会计资料。有限责任公司应当按照公司章程规定的期限将财务会计报告送交各股东。股份有限公司的财务会计报告应当在召开股东大会的前 20 日提交本公司，供股东查阅。公开发行股票的股份有限公司必须公告其财务会计报告。

(4) 公司除法定的会计账簿外，不得另立会计账簿。对公司资产不得以任何个人名义开立账户存储。

二、利润分配制度

利润是公司在一定时期内生产经营的财务成果。公司应当按照以下顺序进行利润分配：

(1) 弥补以前年度的亏损，但不得超过税法规定的弥补年限。
(2) 缴纳所得税。
(3) 弥补在税前利润弥补亏损后仍存在的亏损。
(4) 提取法定公积金。公司应提取税后利润的 10% 列入公司的法定公积金，公司法定公积金累计额为公司注册资本的 50% 以上时，可不再提取。
(5) 提取任意公积金。按照股东会或者股东大会决议提取公积金。
(6) 向股东分配利润。

知识拓展 📖

公积金是公司在资本之外所保留的资金金额,分为盈余公积金和资本公积金两类。盈余公积金是从公司税后利润中提取的公积金,分为法定公积金和任意公积金两种。资本公积金是直接由资本原因形成的公积金,股份有限公司以超过股票票面金额的发行价格发行股份所得溢价款以及国务院财政部门规定列入资本公积金的其他收入(如:法定财产重估增值、接受捐赠资产价值等),应当列为公司资本公积金。公积金主要用于弥补公司的亏损、扩大公司生产经营或者转赠公司资本。公司为了实现增加资本的目的,可以将公积金的一部分转为资本。对用任意公积金转增资本的,法律没有限制。但用法定公积金转增资本时,《公司法》规定,转增后所留存的该项公积金不得少于转增前公司注册资本的25%。

实训与练习 ✍

实训目的:通过案例分析加强学生对公司财务会计制度的认识和理解,同时提升学生运用所学法律知识分析解决问题的能力。

背景资料:光明股份有限公司属于发起设立的股份公司,注册资本为人民币3000万元,公司章程规定每年4月1日召开股东大会年会。光明公司管理混乱,自2012年起,陷入亏损境地。2013年2月,部分公司股东要求查阅财务账册遭拒绝。2014年股东大会年会召开,股东们发觉公司财务会计报表仍不向他们公开,理由是公司的商业秘密股东们无需知道。经股东们强烈要求,公司才提供了一套财务报表,包括资产负债表和利润分配表。股东大会年会后,不少股东了解到公司提供给他们的财务报表与送交工商部门、税务部门的不一致,公司对此的解释是送交有关部门的会计报表是为应付检查的,股东们看到的才是真正的账册。

请分析:

1. 光明公司的做法有哪些错误?请说明理由。
2. 分组讨论如何建立健全公司财务会计制度。

实训方法:小组讨论法。

实训内容:根据背景资料进行小组内部讨论并形成答案,小组代表进行汇报。教师对各组表现进行点评。

第五节 公司的变更、合并、分立、解散

一、公司的变更

公司的变更是指公司设立登记事项中某一项或某几项的改变。公司变更的内容主要包括:公司名称、住所、法定代表人、注册资本、组织形式、经营范围、营业期限、有限责任公司股东或者股份有限公司发起人的姓名或名称的变更。

公司变更设立登记事项,应当向原公司登记机关申请变更登记。未经核准变更登记的,公司不得擅自改变登记事项。

二、公司的合并

(一) 公司合并的形式

公司合并是指两个以上的公司依照法定程序变为一个公司的行为。其形式有两种：一是吸收合并；二是新设合并。吸收合并是指一个公司吸收其他公司加入本公司，被吸收的公司解散。新设合并是指两个以上公司合并设立一个新的公司，合并各方解散。

【举例】 1996 年美国波音公司兼并麦道公司，使有 76 年历史的麦道公司消失。1998 年国泰证券和君安证券公司合并，成立国泰君安证券公司。

(二) 公司合并的程序

(1) 签订合并协议。应当由合并各方签订合并协议。

(2) 编制资产负债表及财产清单。

(3) 做出合并决议。公司在签订合并协议并编制资产负债表及财产清单后，应当就公司合并的有关事项做出合并决议。

(4) 通知债权人。公司应当自做出合并决议之日起 10 日内通知债权人，并于 30 日内在报纸上公告。债权人自接到通知书之日起 30 日内，未接到通知书的自公告之日起 45 日内，可以要求公司清偿债务或者提供相应的担保。

(5) 依法进行登记。公司合并后，登记事项发生变更的，应当依法向公司登记机关办理变更登记。

(三) 公司合并的债权、债务问题

公司合并时，合并各方的债权、债务应当由合并后存续的公司或者新设的公司承继。

三、公司的分立

(一) 公司分立的形式

公司分立是指一个公司依法分为两个以上的公司。公司分立的形式有两种：一是公司以其部分财产另设一个或数个新的公司，原公司存续；二是公司以其全部财产分别归入两个以上的新设公司，原公司解散。

(二) 公司分立的程序

公司分立的程序与公司合并的程序基本一样，要签订分立协议，编制资产负债表及财产清单，做出分立决议，通知债权人，办理工商变更登记等。

(三) 公司分立的债权、债务问题

公司分立前的债务由分立后的公司承担连带责任。但是，公司在分立前与债权人就债务清偿达成的书面协议另有约定的除外。

典型案例

甲公司欠乙公司货款 100 万元，欠丙公司货款 50 万元。2009 年 9 月，甲公司与丁公司达成意向，拟由丁公司兼并甲公司。乙公司原欠丁公司租金 80 万元。

【问题】　分析丁公司可以向乙公司主张债务抵消吗？

点拨： 可以。根据《公司法》规定，公司合并时，合并各方的债权、债务应当由合并后存续的公司或者新设的公司承继。本题中，原来甲公司的债务由丁公司继承，乙公司可以向丁公司主张原来对甲公司的债权 100 万元，因乙公司欠丁公司租金 80 万元，丁公司可以向乙公司主张债务抵消。

（资料来源：http://www.ppkao.com/shiti/4464840/）

四、公司的解散和清算

（一）公司解散的原因

《公司法》规定，公司解散的原因有以下五种情形：

(1) 公司章程规定的营业期限届满或者公司章程规定的其他解散事由出现(出现本项情形的，可以通过修改公司章程而存续)；

(2) 股东会或者股东大会决议解散；

(3) 因公司合并或者分立需要解散；

(4) 依法被吊销营业执照、责令关闭或者被撤销；

(5) 人民法院依法予以解散。

公司经营管理发生严重困难，继续存续会使股东利益受到重大损失，通过其他途径不能解决的，持有公司全部股东表决权 10% 以上的股东，可以请求人民法院解散公司。公司被依法宣告破产的，依照有关企业破产的法律实施破产清算。

（二）公司解散的清算

1. 成立清算组

公司解散时，除因合并或者分立者外，应当在解散事由出现之日起 15 日内依法成立清算组进行清算。有限责任公司的清算组由股东组成，股份有限责任公司的清算组由董事或者股东大会确定的人员组成。逾期不成立清算组进行清算的，债权人可以申请人民法院指定有关人员组成清算组进行清算。人民法院应当受理该申请，并及时组织清算组进行清算。

2. 清算组的职权

根据《公司法》的规定，清算组在清算期间行使下列职权：

(1) 清算公司财产，分别编制资产负债表和财产清单；

(2) 通知、公告债权人；

(3) 处理与清算有关的公司未了结的业务；

(4) 清缴所欠税款以及清算过程中产生的税款；

(5) 清理债权、债务；

(6) 处理公司清偿债务后的剩余财产；

(7) 代表公司参与民事诉讼活动。

清算组在公司清算期间代表公司进行一系列民事活动，全权处理公司经济事务和民事诉讼活动。根据《公司法》规定，清算组成员应当忠于职守，依法履行清算义务。清算组成员不得利用职务收受贿赂或者其他非法收入，不得侵占公司财产。清算组成员因故意或者重大过失给公司或者债权人造成损失的，应当承担赔偿责任。

3．清算工作程序

(1) 登记债权。

清算组应当自成立之日起 10 日内通知债权人，并于 60 日内在报纸上公告。债权人应当自接到通知书之日起 30 日内，未接到通知书的自公告之日起 45 日内，向清算组申报其债权。债权人申报债权，应当说明债权的有关事项，并提供证明材料。清算组应当对债权进行登记。在申报债权期间，清算组不得对债权人进行清偿。

(2) 清理公司财产，制定清算方案。

清算组应当对公司财产进行清理，编制资产负债表和财产清单，制定清算方案。清算方案应当报股东会、股东大会或者人民法院确认。清算组在清理公司财产、编制资产负债表和财产清单后，发现公司财产不足清偿债务的，应当依法向人民法院申请宣告破产。公司经人民法院裁定宣告破产后，清算组应当将清算事务移交给人民法院。

(3) 清偿债务。

公司财产在分别支付清算费用、职工工资、社会保险费用、法定补偿金，缴纳所欠税款和清偿公司债务后的剩余财产，有限责任公司按照股东的出资比例分配，股份有限公司按照股东持有的股份比例分配。清算期间，公司存续，但不得开展与清算无关的经营活动。公司财产在未按上述规定清偿前，不得分配给股东。

(4) 公告公司终止。

公司清算结束后，清算组应当制作清算报告，报股东会、股东大会或者人民法院确认，并报送公司登记机关，申请注销公司登记，公告公司终止。

实训与练习

实训目的：通过案例分析使学生对公司合并、分立的相关规定有进一步的认识，同时提升学生运用所学法律知识分析解决问题的能力。

背景资料：甲公司与 A、B 两个公司签有货物买卖合同。① 2012 年 1 月 3 日，甲公司按合同向 A 公司收取货款时，A 公司称内部正在整顿，暂不付款。2 月 22 日甲公司再次向 A 公司催款时，发现 A 公司已经和乙公司合并了，A 公司已由乙公司接管，甲公司只好向乙公司索要货款，乙公司称，A 公司与乙公司于 1 月 8 日签订合并协议，并于 1 月 10 日在报纸上公告。因为甲公司没有按规定时间主张债权，所以乙公司不承担这笔债务。② 甲公司与 B 公司的合同约定：B 公司应于 2012 年 3 月 1 日付款。2012 年 1 月 3 日，B 公司通知甲公司，B 公司将分立为 C、D 两个公司。2 月 26 日，B 公司正式分立为 C、D 两个公司。3 月，甲公司要求 C、D 公司还款，C、D 两个公司认为，甲公司在接到通知后 30 天内没有主张其债权，所以，甲公司已经丧失其债权，况且 B 公司已经不存在了，甲无权要求 C、D 公司偿还其货款。

（资料来源：郭炯，《经济法》中国建材工业出版社，2013 年 1 月。）

请分析:

1. A 公司与乙公司合并时,是否按照法律规定通知了甲公司?

2. 甲公司有权要求乙公司承担 A 公司的债务吗?

3. 甲公司有权要求 C、D 两个公司清偿 B 公司的债务吗?

实训方法: 小组讨论法。

实训内容: 根据背景资料进行小组内部讨论并形成答案,小组代表进行汇报。教师对各组表现进行点评。

复习思考题

1. 比较有限责任公司与股份有限公司在公司设立、组织机构等方面的不同之处。

2. 有限责任公司股东出资转让有何规定?

3. 股份的发行和转让有何规定?

4. 一人有限公司有哪些特殊规定?

5. 上市公司的组织机构有哪些特别规定?

6. 简述公司利润分配制度。

7. 公司合并、分立有哪些程序要求?

8. 简述公司解散的事由。

9. 公司解散清算时,债务清偿有什么规定?

第三章

合伙企业法律制度

《中华人民共和国合伙企业法》(以下简称《合伙企业法》)于 1997 年 12 月 23 日第八届全国人民代表大会常务委员会第二十四次会议通过，由中华人民共和国第十届全国人民代表大会常务委员会第二十三次会议于 2006 年 8 月 27 日修订，自 2007 年 6 月 1 日起施行。合伙企业一般无法人资格，不缴纳企业所得税，缴纳个人所得税。类型有普通合伙企业和有限合伙企业。其中普通合伙企业又包含特殊普通合伙企业。国有独资公司、国有企业、上市公司以及公益性事业单位、社会团体不得成为普通合伙人。

案例导入

合 伙 债 务

李某、王某、赵某三人合伙经营一水果库，三人股份均等，在当地工商局取得个人合伙营业执照。经营期间，由于资金周转困难，于 1999 年 10 月以合伙组织水果库名义向银行借款 15 万元。借款于 2000 年 4 月到期。由于经营亏损，2001 年 8 月三人将水果库所欠银行借款分到个人名下，书面约定三人各自偿还 5 万元借款及利息，银行认可协议并盖章。后银行多次向三人催收未果，导致诉讼。现合伙组织仍未注销。法院判决三人各自偿还 5 万元借款及利息，并互负连带清偿责任。

点拨： 本案案情并不复杂，但涉及审理此类案件经常遇到的两个问题；即债权人认可合伙人分账协议后，涉讼的被告是合伙组织还是三合伙人？如果三合伙人为被告，三被告间是否承担连带责任？上述两个问题的实质和核心是如何认定合伙债务转化为个人债务。通过本章的学习，可以轻松解决本案问题。

学习目标

知识目标：

1. 了解合伙企业的概念及种类；
2. 理解合伙企业中合伙人的责任承担、合伙企业设立条件与程序；
3. 掌握合伙企业的执行、入伙及退伙的效力。

能力目标：

1. 能写出合伙协议书；
2. 能处理入伙及退伙过程中的法律事务。

第一节　合伙企业概述

一、合伙企业的概念

合伙企业是指自然人、法人和其他组织依照本法在中国境内设立的普通合伙企业和有限合伙企业。

普通合伙企业由普通合伙人组成，合伙人对合伙企业债务承担无限连带责任。有限合伙企业由普通合伙人和有限合伙人组成，普通合伙人对合伙企业债务承担无限连带责任，有限合伙人以其认缴的出资额为限对合伙企业债务承担责任。

【举例】　甲、乙二人投资设立一普通合伙企业，该企业对丙负有 30 万元的债务，当丙要求甲清偿债务时，甲出示了合伙协议，强调协议约定他和乙每人承担百分之五十的债务，因此他只能还 15 万元。甲的主张不成立。根据《合伙企业法》的规定，普通合伙企业中的合伙人要承担无限连带责任。

二、合伙企业法的概念和适用范围

合伙企业法是指调整合伙企业在设立、经营、变更、终止过程中形成的各种社会关系的法律规范的总称。用于规范合伙企业的设立和运作。

实训与练习

实训目的：增强学生对合伙企业类型概念的认知。

实训方法：小组讨论法。

实训内容：根据教师准备的资料(合伙企业类型资料)，进行小组内部讨论，指出合伙企业的类型、承担的责任。教师对各组表现进行点评。

实训步骤：教师分发资料，学生分组，组内讨论分析、组际交流、代表汇报、教师点评。

实训考核标准：

1. 合伙企业类型认识准确；
2. 普通合伙人的无限责任和有限合伙人的有限责任认识基本准确。

第二节　普通合伙企业

一、普通合伙企业的设立

（一）设立条件

设立合伙企业，应当具备下列条件：

(1) 有 2 个以上合伙人。合伙人可以是自然人、法人或其他组织。合伙人为自然人的，应当具有完全民事行为能力。国家公务员、党政机关的领导干部、法官、检察官、人民警察以及金融机构的工作人员，国有独资公司、国有企业、上市公司以及公益性事业单位和社会团体，不得成为合伙企业的合伙人。

(2) 有书面合伙协议。

(3) 有合伙人认缴或者实际缴付的出资(没有最低注册资本金要求)。

(4) 有合伙企业的名称(名称中应当标明"普通合伙"字样)和生产经营场所。

(5) 法律、行政法规规定的其他条件。

(二) 合 伙 协 议

合伙协议是合伙企业成立的依据，也是确定合伙人权利义务的依据。合伙协议经全体合伙人签名、盖章后生效。合伙人按照合伙协议享有权利、履行义务。修改或者补充合伙协议，应当经全体合伙人一致同意。但是，合伙协议另有约定的除外。合伙协议应当载明下列事项：

(1) 合伙企业的名称和主要经营场所的地点；

(2) 合伙目的和合伙经营范围；

(3) 合伙人的姓名或者名称、住所；

(4) 合伙人的出资方式、数额和缴付期限；

(5) 利润分配、亏损分担方式；

(6) 合伙事务的执行；

(7) 入伙与退伙；

(8) 争议解决办法；

(9) 合伙企业的解散与清算；

(10) 违约责任。

合伙协议未约定或者约定不明确的事项，由合伙人协商决定；协商不成的，依照《合伙企业法》和其他有关法律、行政法规的规定处理。

(三) 合 伙 人 的 出 资

合伙人可以用货币、实物、知识产权、土地使用权或者其他财产权利出资，也可以用劳务出资。合伙人以劳务出资的，其评估办法由全体合伙人协商确定，并在合伙协议中载明。

合伙人以货币、实物、知识产权、土地使用权或者其他财产权利出资，需要评估作价的，可以由全体合伙人协商确定，也可以由全体合伙人委托法定评估机构评估。

合伙人应当按照合伙协议约定的出资方式、数额和缴付期限，履行出资义务。以非货币财产出资的，依照法律、行政法规的规定，需要办理财产权转移手续的，应当依法办理。

(四) 设 立 登 记

1. 合伙企业设立登记需要提交的文件

合伙企业设立登记需要提交的文件包括：申请书、合伙协议书、合伙人身份证明等。

2．营业执照颁发时间

在符合条件的情况下当场颁发营业执照。若提交文件有瑕疵的，登记机关应当自受理申请之日起 20 日内，做出是否登记的决定。

不予登记的，应当给予书面答复，并说明理由。

合伙企业的营业执照签发日期为合伙企业的成立日期。

二、合伙企业的财产

（一）合伙企业财产的范围

合伙财产包括两部分:一是全体合伙人的出资。合伙人对合伙企业的出资是指各合伙人按照合伙协议实际缴付的出资。二是合伙企业成立后解散前，以合伙企业名义取得的全部收益和依法取得的其他资产(例如，外来捐赠等)。

（二）合伙企业财产的性质

合伙企业的财产归全体合伙人共同共有。由全体合伙人共同管理和使用。在合伙企业存续期间，除非有合伙人退伙等法定事由，合伙人不得请求分割企业的财产。

（三）合伙人财产份额的转让

1．合伙人之间的转让

合伙人之间转让合伙企业中的全部或者部分财产份额时，应当通知其他合伙人。

2．合伙人向第三人转让

合伙人向第三人转让其在合伙企业中的财产份额的，须经其他合伙人一致同意。《合伙企业法》第 22 除规定，合伙人向合伙人以外的人转让其在合伙企业中的全部或者部分财产份额时，须经其他合伙人一致同意。

优先购买权的规定。《合伙企业法》第 23 条规定，合伙人向合伙人以外的人转让其在合伙企业中的财产份额的，在同等条件下，其他合伙人有优先购买权；但是，合伙协议另有约定的除外。

合伙人以外的人依法受让合伙人在合伙企业中的财产份额的，经修改合伙协议即成为合伙企业的合伙人，依照本法和修改后的合伙协议享有权利，履行义务。

3．法院强制执行引起的转让

人民法院强制执行合伙人的财产份额时，应当通知全体合伙人，其他合伙人有优先购买权；其他合伙人未购买，又不同意将该财产份额转让给他人的，依照《合伙企业法》第 51 条规定，为该合伙人办理退伙结算，或者办理削减该合伙人相应财产份额的结算。

（四）合伙人财产份额出质的法律规定

合伙人以其在合伙企业中的财产份额出质的，须经其他合伙人一致同意；未经其他合伙人一致同意，其行为无效，由此给善意第三人造成损失的，由行为人依法承担赔偿责任。

三、合伙企业事务执行

（一）合伙企业事务的执行方式

按照合伙企业法的规定，执行合伙企业事务的合伙人，对外代表合伙企业。合伙企业事业的执行方式有三种：

1. 共同执行

合伙人对执行合伙事务享有同等的权利，法人、其他组织的合伙人由其委派的代表执行合伙事务。

合伙协议约定或者经全体合伙人决定，合伙人分别执行合伙企业事务时，合伙人可以对其他合伙人执行的事务提出异议；提出异议时，应当暂停该项事务的执行；如果发生争议，可由全体合伙人共同决定。

2. 委托执行

由合伙人按照合伙协议的约定或者经全体合伙人决定，可以委托一个或者数个合伙人对外代表合伙企业，执行合伙事务。作为合伙人的法人、其他组织执行合伙事务的，由其委派的代表执行。

如果委托一名或者数名合伙人执行合伙企业事务的，其他人不再执行合伙企业事务；不参加执行事务的合伙人有权监督执行事务的合伙人，检查其执行合伙企业事务的情况；执行合伙企业事务的合伙人应当依照约定向其他合伙人报告事务执行情况及合伙企业经营状况、财务状况。

撤销委托的法律规定。受委托执行合伙事务的合伙人不按照合伙协议或者全体合伙人的决定执行事务的，其他合伙人可以决定撤销该委托。

不得对抗善意第三人的法律规定。合伙企业对合伙人执行合伙事务以及对外代表合伙企业权利的限制，不得对抗善意第三人。

知识拓展 📖

善 意 第 三 人

善意第三人是指不知道法律关系双方的真实情况，通常是指不合法交易中，不知情的、且不属于应当知情的，已经完成了交易或办理了登记的权利人。

3. 聘请第三人执行

经全体合伙人一致同意，也可以聘任合伙人以外的人担任合伙企业的经营管理人员。被聘任的合伙企业的经营管理人员应当在合伙企业授权范围履行职务。

被聘任的合伙企业的经营管理人员超越合伙企业授权范围履行职务，或者在履行职务过程中因故意或者重大过失给合伙企业造成损失的，依法承担赔偿责任。

（二）议事规则

1. 一般事项表决规则

合伙人对合伙企业有关事项作出决议，按照合伙协议约定的表决办法办理。合伙协议未约定或者约定不明确的，实行合伙人一人一票并经全体合伙人过半数通过的表决办法。

2. 特别事项议事规则

下列事务必须经全体合伙人同意：

(1) 处分合伙企业的不动产；

(2) 改变合伙企业名称；

(3) 转让或者处分合伙企业的知识产权和其他财产权利；

(4) 向企业登记机关申请办理变更登记手续；

(5) 以合伙人名义为他人提供担保；

(6) 聘任合伙人以外的人担任合伙企业的经营管理人员；

(7) 依照合伙协议约定的有关事项。

3. 异议事项议事规则

合伙人依法或者按照合伙协议对合伙企业有关事项作出决议时，除《合伙企业法》或者合伙协议另有约定外，经全体合伙人决定可以实行一人一票的表决办法。并经全体合伙人过半数通过。

（三）合伙企业的利润分配与亏损分担

合伙企业的利润分配与亏损分担按照合伙协议的约定办理；合伙协议未约定或者约定不明确的，由合伙人协商决定；协商不成的，由合伙人按照实缴出资比例分配、分担；无法确定出资比例的，由合伙人平均分配、分担。

不得约定将全部利润分配给部分合伙人或者由部分合伙人承担全部亏损。

（四）合伙人对合伙企业的义务

(1) 竞业禁止。合伙人不得自营或者同他人合作经营与本合伙企业竞争的业务；

(2) 禁止同本合伙企业进行交易。除合伙协议另有约定或者经全体合伙人一致同意外，合伙人不得同本合伙企业进行交易；

(3) 不得从事损害本合伙企业利益的活动。

四、合伙企业债务的清偿

（一）债务清偿顺序

首先，以合伙企业全部财产进行清偿。

合伙企业不能清偿到期债务的，合伙人承担无限连带责任。原则上，由各合伙人按照合伙协议分担亏损比例，协议没有约定分担比例，由合伙人平均分担。

合伙人债务分担比例不对抗债权人。

典型案例

合伙人自行约定债务分担不能对抗债权人

2008 年初，被告温某和同村的黎某合伙开办一家摇床床面加工厂。由于生产需要，两人决定到朋友赖某的商店赊购原料，并和赖某约定每半年结一次账。此后，一直是由温某负责与赖某的业务往来。2008年5月，由于经营不善，温某和黎某决定散伙，两人在结算时约定，合伙期间的债务由黎某一人承担。2008年6月，赖某找到温某要求结账，温某却以债务由黎某一人承担为由拒绝了赖某的要求。赖某遂把温某告上了法庭。

法院审理后认为，被告温某和其合伙人黎某签订的散伙协议中虽然明确约定了债务的负担由黎某一人承担，但是该约定仅在合伙人内部有效，其不能对抗不知情的第三人，两人应对合伙期间所产生的债务承担连带责任。因此法院判决被告温某支付原告货款 65 000 元。

（资料来源：http://gzzy.chinacourt.org/public/detail.php?id=16260）

（二）合伙人个人债务的清偿

合伙人的自有财产不足清偿其与合伙企业无关的债务的，该合伙人可以以其从合伙企业中分取的收益用于清偿；债权人也可以依法请求人民法院强制执行该合伙人在合伙企业中的财产份额用于清偿。

人民法院强制执行合伙人的财产份额时，应当通知全体合伙人。在同等条件下，其他合伙人有先购买权。

合伙人发生与合伙企业无关的债务，相关债权人不得以其债权抵消其对合伙企业的债务；也不得代位行使合伙人在合伙企业中的权利。

【举例】　A 企业合伙人李某个人欠赵某 5 万元，赵某欠 A 合伙企业 5 万元，赵某不能主张两项债务相互抵消或代替李某行使合伙人权利。

五、入伙与退伙

（一）入伙

1. 入伙程序

新合伙人入伙，除合伙协议另有约定外，应当经全体合伙人一致同意，并依法订立书面入伙协议。

订立入伙协议时，原合伙人应当向新合伙人如实告知原合伙企业的经营状况和财务状况。

2. 新合伙人的权利与责任

入伙的新合伙人与原合伙人享有同等权利，承担同等责任。入伙协议另有约定的，从其约定。

新合伙人对入伙前合伙企业的债务承担无限连带责任。

（二）退伙

退伙指合伙人退出合伙企业，从而丧失合伙人资格。退伙包括自愿退伙和法定退伙，其中自愿退伙分为协议退伙、通知退伙；法定退伙分为当然退伙和除名。

1. 自愿退伙

(1) 协议退伙。

合伙协议约定合伙期限的，在合伙企业存续期间，有下列情形之一的，合伙人可以退伙：① 合伙协议约定的退伙事由出现；② 经全体合伙人一致同意；③ 发生合伙人难以继续参加合伙的事由；④ 其他合伙人严重违反合伙协议约定的义务。

(2) 通知退伙。

合伙协议未约定合伙期限的，合伙人在不给合伙企业事务执行造成不利影响的情况下，可以退伙，但应当提前 30 日通知其他合伙人。

2．法定退伙

(1) 当然退伙。

合伙人有下列情形之一的，当然退伙：① 作为合伙人的自然人死亡或者被依法宣告死亡；② 个人丧失偿债能力；③ 作为合伙人的法人或者其他组织依法被吊销营业执照、责令关闭、撤销，或者被宣告破产；④ 法律规定或者合伙协议约定合伙人必须具有相关资格而丧失该资格；⑤ 合伙人在合伙企业中的全部财产份额被人民法院强制执行。

合伙人被依法认定为无民事行为能力人或者限制民事行为能力人的，经其他合伙人一致同意，可以依法转为有限合伙人，普通合伙企业依法转为有限合伙企业。其他合伙人未能一致同意的，该无民事行为能力或者限制民事行为能力的合伙人退伙。

退伙事由实际发生之日为退伙生效日。

(2) 除名。

合伙人有下列情形之一的，经其他合伙人一致同意，可以决议将其除名：① 未履行出资义务；② 因故意或者重大过失给合伙企业造成损失；③ 执行合伙事务时有不正当行为；④ 发生合伙协议约定的事由。

对合伙人的除名决议应当书面通知被除名人。

被除名人接到除名通知之日，除名生效，被除名人退伙。

被除名人对除名决议有异议的，可以自接到除名通知之日起 30 日内，向人民法院起诉。

（三）退伙后的财产处理

1．财产处理步骤

退伙时有未了结的合伙企业事务的，待该事务了结后进行结算。

财务结算。合伙人退伙，其他合伙人应当与该退伙人按照退伙时的合伙企业财产状况进行结算。

退还财产。退还退伙人的财产份额。

赔偿损失。退伙人对给合伙企业造成的损失负有赔偿责任的，相应扣减其应当赔偿的数额。

2．财产退还办法

财产退还办法由合伙协议约定或者由全体合伙人决定。可以退还货币，也可以退还实物。

3．退伙人债务承担

(1) 退伙人对基于其退伙前的原因发生的合伙企业债务，承担无限连带责任。

(2) 合伙人退伙时,合伙企业财产少于合伙企业债务的,退伙人应当依照本法第 33 条第 1 款的规定分担亏损。

(四) 合伙人财产份额的继承

合伙人死亡或者被依法宣告死亡的,对该合伙人在合伙企业中的财产份额享有合法继承权的继承人,按照合伙协议的约定或者经全体合伙人一致同意,从继承开始之日起,取得该合伙企业的合伙人资格。

有下列情形之一的,合伙企业应当向合伙人的继承人退还被继承合伙人的财产份额:

(1) 继承人不愿意成为合伙人;

(2) 法律规定或者合伙协议约定合伙人必须具有相关资格,而该继承人未取得该资格;

(3) 合伙协议约定不能成为合伙人的其他情形。

合伙人的继承人为无民事行为能力人或者限制民事行为能力人的,经全体合伙人一致同意,可以依法成为有限合伙人,普通合伙企业依法转为有限合伙企业。全体合伙人未能一致同意的,合伙企业应当将被继承合伙人的财产份额退还该继承人。

实训与练习 🖋

实训目的: 通过案例分析增强学生对普通合伙企业的设立条件、事务执行、损益分配与分担、议事规则、出质、债务的承担等法理知识的理解,同时提升学生运用所学法律知识分析解决问题的能力。

背景资料: 甲、乙、丙合伙经营一家名为"满意水果店"的普通合伙企业,甲为该合伙企业的负责人。甲、乙、丙并未约定损益分配和亏损承担的比例。某天,因丙外出,甲与乙协商后以该合伙企业名义与果农签订了一份标价额为 16 万元的水果买卖合同。因该合伙企业流动资产不足,甲决定向银行贷款 10 万元,银行要求提供抵押担保,甲以该合伙企业所有的一辆尼桑货车作抵押,与银行签订了抵押合同,但未办理抵押物登记,根据相关法律规定,以车辆设立抵押的,应该办理抵押物登记。后因合伙企业无力偿还贷款,银行欲行使抵押权。为此发生纠纷并诉讼至法院。经查:

(1) 满意水果店的合伙协议约定,凡 5 万元以上的业务须经甲、乙、丙三人一致同意;

(2) 甲曾经在一次诉讼中免除了戊对水果店的 2 万元债务;

(3) 水果店的财产价值 10 万元。

(资料来源:http://blog.sina.com.cn/s/blog_4d12fca30100l8wj.html)

请根据上述事实及有关法律规定,回答下列问题:

(1) 合伙协议中未约定损益的分配和亏损的承担,按照规定应该如何确定?

(2) 该合伙企业与果农签订的水果买卖合同及与银行签订的借款合同在效力上应如何认定?为什么?

(3) 该合伙企业与银行签订的货车抵押合同在效力上应如何认定?银行能否对该货车行使抵押权?为什么?

(4) 如果银行、赵某、钱某同时对该合伙企业行使债权,合伙企业的财产应如何清偿?

实训方法: 小组讨论法。

实训内容：根据背景资料进行小组内部讨论并形成答案、小组代表进行汇报。教师对各组表现进行点评。

第三节　特殊普通合伙企业

一、特殊普通合伙企业的概念

特殊普通合伙企业指采用合伙制形式，以专业知识和专门技能为客户提供有偿服务的专业服务机构。比如，律师事务所、会计师事务所、审计师事务所、诊所等。

二、特殊普通合伙企业债务承担

1. 因过错形成的债务承担

特殊普通合伙企业的一个合伙人或者数个合伙人在执业活动中因故意或者重大过失造成合伙企业债务的，应当承担无限责任或者无限连带责任，其他合伙人以其在合伙企业中的财产份额为限承担责任。即，谁的过失，谁承担无限责任；其他合伙人仅以其在合伙企业中的财产份额承担有限责任。

【举例】　某会计师事务所，一会计师 A 过失给会计师事务所带来 200 万债务。对于债务的承担，其他几个合伙人 B、C、D、E 应以其在合伙企业中的财产份额为限承担有限责任。A 应承担无限责任。经查 A、B、C、D、E 各出资 20 万元，那么，根据法律规定 B、C、D、E 仅以其各自的 20 万承担有限责任，而 A 必须承担无限责任，即首先用出资的 20 万偿还，剩余的 100 万，仍需由 A 承担。

合伙人执业活动中因故意或者重大过失造成的合伙企业债务，以合伙企业财产对外承担责任后，该合伙人应当按照合伙协议的约定对给合伙企业造成的损失承担赔偿责任。

【举例】　上例中，如 200 万损失，均以合伙企业的财产进行了承担，那么，因 A 的过错给合伙企业带来的经济损失，应给合伙企业赔偿。

2. 非因故意或者重大过失造成债务承担

合伙人在执业活动中非因故意或者重大过失造成的合伙企业债务以及合伙企业的其他债务，由全体合伙人承担无限连带责任。

三、执业风险基金

特殊普通合伙企业应当建立执业风险基金、办理职业保险。

执业风险基金用于偿付合伙人执业活动造成的债务。执业风险基金应当单独立户管理。具体管理办法由国务院规定。

实训与练习 ✍

实训目的：通过案例分析增强学生对特殊普通合伙企业概念、责任承担等法理知识的理解，同时提升学生运用所学法律知识分析解决问题的能力。

　　背景资料：注册会计师甲、乙、丙投资设立 A 会计师事务所，该会计师事务所的形式为特殊普通合伙企业，提供审计鉴证业务和验资业务。在 2008 年的审计业务中，发生了下列事项：

　　(1) 甲在对 B 上市公司的年度会计报告进行审计过程中，因重大过失遗漏了一笔销售收入，经人民法院判决由该事务所向 B 上市公司的相关股东承担赔偿责任，甲认为自己并非故意造成的损失，该赔偿责任应该由全体合伙人共同承担连带责任。

　　(2) 乙在对 C 公司设立过程的验资服务中，因疏忽大意而出具了证明不实的验资报告，该报告直接给 C 公司的债权人造成了一定的经济损失，经人民法院认定，乙的疏忽大意并不属于重大过失。

（资料来源：http://blog.sina.com.cn/s/blog_4d12fca30100l8wg.html）

　　根据以上资料，回答下列问题：

　　(1) 甲的说法是否正确？并说明理由。

　　(2) 对于乙造成的损失，合伙企业的合伙人应该按照何种方式来承担责任？并说明理由。

　　实训方法：小组讨论法。

　　实训内容：根据背景资料进行小组内部讨论并形成答案、小组代表进行汇报。教师对各组表现进行点评。

第四节　有限合伙企业

一、有限合伙企业概述

　　有限合伙企业由普通合伙人和有限合伙人组成。其中普通合伙人对合伙企业承担无限连带责任；有限合伙人承担有限责任。

　　有限合伙企业由 2～50 人组成，法律另有规定的除外。

　　有限合伙企业名称中必须要有"有限合伙"字样。

二、有限合伙企业合伙协议

　　有限合伙企业除了符合普通合伙企业协议的有关规定外，还应当载明下列事项：

　　(1) 普通合伙人和有限合伙人的姓名或者名称、住所；

　　(2) 执行事务合伙人应具备的条件和选择程序；

　　(3) 执行事务合伙人权限与违约处理办法；

　　(4) 执行事务合伙人的除名条件和更换程序；

　　(5) 有限合伙人入伙、退伙的条件、程序以及相关责任；

　　(6) 有限合伙人和普通合伙人相互转变程序。

三、有限合伙人的出资禁止

　　有限合伙人不得以劳务出资，可以用货币、实物、知识产权、土地使用权或其他财产权利作价出资。

四、有限合伙企业的事务执行

有限合伙企业事务由普通合伙人执行，有限合伙人不得执行合伙事务，不得对外代表有限合伙企业。

有限合伙人下列行为不视为执行行为：

(1) 参与决定普通合伙人入伙、退伙；

(2) 对企业的经营管理提出建议；

(3) 参与选择承办合伙企业审计业务的会计师事务所；

(4) 获取经审计的有限合伙企业财务会计报告；

(5) 对涉及自身利益的情况，查阅有限合伙企业财务会计账簿等财务资料；

(6) 在有限合伙企业中的利益受到侵害时，向有责任的合伙人主张权利或者提起诉讼；

(7) 执行事务合伙人怠于行使权利时，督促其行使权利或者提起诉讼；

(8) 依法为本企业提供担保。

五、有限合伙人的权利

1. 从事与合伙企业相竞争的业务的权利

有限合伙人可自营或同他人合作经营与本企业相竞争的业务；但合伙协议另有约定的，从其约定。

2. 以出资份额出质的权利

有限合伙人可将其在企业中的财产份额出质，但协议另有约定的除外。

知识拓展 📖

合伙人以财产份额出质的法律规定

《中华人民共和国合伙企业法(2006 修订)》第 25 条合伙人以其在合伙企业中的财产份额出质的，须经其他合伙人一致同意；未经其他合伙人一致同意，其行为无效，由此给善意第三人造成损失的，由行为人依法承担赔偿责任。所以如果经其他合伙人一致同意就可以出质，否则不行。有限合伙人可以将其在有限合伙企业中的财产份额出质；但是，合伙协议另有约定的除外。

3. 转让出资的权利

有限合伙人按照协议约定向合伙人以外的人转让其在合伙企业中的财产份额，应当提前 30 日通知其他合伙人。而普通合伙企业就此做出了更为严格的规定。

六、有限合伙人的个人债务清偿

有限合伙人的个人债务清偿的法律规定与普通合伙企业合伙人个人债务清偿的规定相同。

七、有限合伙人的入伙、退伙与资格继承

(一) 入 伙

新入伙的有限合伙人对入伙前有限合伙企业的债务，以其认缴的出资额为限承担责任。

（二）退伙

有下列情形之一的有限合伙人当然退伙：

(1) 有限合伙人的自然人死亡或者被依法宣告死亡。

知识拓展 📖

宣 告 死 亡

公民有下列情形之一的，利害关系人可以向人民法院申请宣告他死亡：① 下落不明满四年的；② 因意外事故下落不明，从事故发生之日起满二年的；③ 战争期间下落不明的，下落不明的时间从战争结束之日起计算。

被宣告死亡的人重新出现或者确知他没有死亡，经本人或者利害关系人申请，人民法院应当撤销对他的死亡宣告。

(2) 作为有限合伙人的法人或者其他组织依法被吊销营业执照、责令关闭、撤销或者被宣告破产。

(3) 法律规定或者合伙协议约定有限合伙人必须具有相关资格却丧失该资格。

(4) 有限合伙人在合伙企业中的全部财产份额被人民法院强制执行。

关于有限合伙人丧失民事行为能力的特别规定。作为有限合伙人的自然人在有限合伙企业存续期间丧失民事行为能力的，其他合伙人不得以此要求其退伙。

关于有限合伙人退伙后债务责任的特别规定。有限合伙人退伙后，对基于其退伙前的原因发生的有限合伙企业债务，以其退伙时从有限合伙企业中取回的财产承担责任。

（三）资格继承

作为有限合伙人的自然人死亡、被依法宣告死亡或者作为有限合伙人的法人及其他组织终止时，其继承人或者权利承受人可以依法取得该有限合伙人在有限合伙企业中的资格。

八、有限合伙人与普通合伙人的相互转变

有限合伙人与普通合伙人的相互转变，应当经全体合伙人一致同意。

有限合伙人转换成普通合伙人的，对其作为有限合伙人期间有限合伙企业发生的债务承担无限连带责任。

普通合伙人转换成有限合伙人，对其作为普通合伙人期间有限合伙企业发生的债务承担无限连带责任。

实训与练习 📝

实训目的： 通过案例分析增强学生对有限合伙企业事务执行、责任承担、利润分配、出质、解散清算等法理知识的理解，同时提升学生运用所学法律知识分析解决问题的能力。

背景资料： 张某、李某、丙有限责任公司和丁有限责任公司共同出资设立了 A 有限合伙企业，丙、丁两家公司为有限合伙人。该企业在经营过程中出现以下问题：

(1) 丙公司认为自己出资最多，应当成为合伙企业事务执行人，但张某和李某不同意，

最后决定由张某担任合伙企业事务执行人。

(2) 丁公司私自代表该合伙企业与 B 公司进行交易,由此给合伙企业造成损失 8 万元。B 公司不知丁公司为有限合伙人,张某认为该损失应由丁公司单独承担。

(3) 张某入伙的资金共 3 万元,是从朋友刘某处借入的,一直未还。刘某在经济交易中欠合伙企业款项 2 万元,刘某认为,张某、刘某及合伙企业三者之间的债权、债务应相互抵消 2 万元,剩余 1 万元作为刘某入伙的出资,代替张某行使合伙人的权利。

(4) 丙公司以其在合伙企业中拥有的财产份额为 C 公司的债务出质,其他合伙人认为丙公司的行为违反了《合伙企业法》的规定。丙公司认为事先在合伙协议中无禁止性规定,自己的行为合法。

(5) 合伙企业经营一段时间后,实现部分利润,拟进行利润分配,但合伙协议没有约定利润分配比例,合伙人之间没有就利润分配方案达成统一意见。

(6) 合伙人之间因多次发生矛盾,合伙企业决定解散。经查,合伙企业全部资产为 30 万元,所欠债务共 50 万元,其中,欠职工工资计 6 万元、欠交税款 9 万元、欠银行贷款 26 万元。另外发生清算费用 1.4 万元。

(资料来源:找法网 http://china.findlaw.cn/)

问题:

(1) 丙公司认为自己应当成为合伙企业事务执行人的观点是否正确?说明理由。

(2) 丁公司与 B 公司的交易造成的损失应由谁承担?说明理由。

(3) 刘某的说法是否正确?说明理由。

(4) 丙公司的出质行为是否合法?说明理由。

(5) 该合伙企业应如何分配利润?

(6) 该合伙企业清算时,财产应如何分配?

(7) 若欠银行的贷款不能全部清偿,银行要求丁公司偿还差额部分是否正确?说明理由。

实训方法:小组讨论法。

实训内容:根据背景资料进行小组内部讨论并形成答案、小组代表进行汇报。教师对各组表现进行点评。

第五节　合伙企业的解散与清算

一、合伙企业的解散

合伙企业解散是指各合伙人解除合伙协议,合伙企业终止活动。

合伙企业有下列情形之一时,应当解散:

(1) 合伙期限届满,合伙人决定不再经营;

(2) 合伙协议约定的解散事由出现;

(3) 全体合伙人决定解散;

(4) 合伙人已不具备法定人数满 30 天;

(5) 合伙协议约定的合伙目的已经实现或者无法实现;

(6) 依法被吊销营业执照,责令关闭或者被撤销;

(7) 法律、行政法规规定的其他原因。

二、合伙企业的普通清算

(一) 清算人的确定

合伙企业解散,清算人由全体合伙人担任;经全体合伙人的过半数同意,自合伙企业解散事由出现后 15 日内指定一个或者数个合伙人,或者委托第三人担任清算人。自合伙企业解散事由出现之日起 15 日内未确定清算人的,合伙人或其他利害关系人可以申请人民法院指定清算人。

(二) 清算人的职责

清算人在清算期间执行下列事务:

(1) 清理合伙企业财产,分别编制资产负债表和财产清单;

(2) 处理与清算有关的合伙企业未了结的事务;

(3) 清缴所欠税款;

(4) 清理债权、债务;

(5) 处理合伙企业清偿债务后的剩余财产;

(6) 代表合伙企业参加诉讼活动或者仲裁活动。

清算期间,合伙企业存续,但不开展与清算无关的经营活动。

(三) 通知、公告债权人和申报债权

清算人自被确定之日起 10 日内将合伙企业解散事项通知债权人,并于 60 日内在报纸上公告。债权人应当自接到通知书之日起 30 日内,未接到通知书的自公告之日起 45 日内,向清算人申报债权。债权人申报债权,应当说明债权的有关事项,并提证明材料。清算人应当对债权进行登记。

(四) 合伙企业财产清偿顺序

合伙企业财产在支付清算费用后,应按下列顺序清偿:

(1) 合伙企业所欠职工工资和劳动保险费;

(2) 合伙企业所欠税款;

(3) 合伙企业的债务;

(4) 退还合伙人的出资。

合伙企业财产按上述顺序清偿后仍有剩余的,则按约定或法定妁比例在原合伙人间分配。合伙协议未约定或者约定不明确的,由合伙人协商决定;协商不成的,由合伙人按照实缴出资比例分配。

如果合伙企业的财产不足清偿其债务的，由原合伙人承担无限连带责任。但原合伙人间的连带责任承担是有期限的，债权人应在法定的期限内向原合伙人提出偿债请求。《合伙企业法》第63条明确规定，合伙企业解散后，原合伙人对合伙企业存续期间的债务仍应承担连带责任，但债权人在5年内未向债务人提出偿债请求的，该责任消灭。

（五）合伙企业注销登记

合伙企业清算结束，清算人应当编制清算报告，经全体合伙人签名、盖章后，在15日内向企业登记机关报送清算报告，申请办理合伙企业注销登记。

合伙企业注销后，原普通合伙人对合伙企业存续期间的债务仍应承担无限连带责任。

三、合伙企业的破产清算

合伙企业不能清偿到期债务的，债权人可以依法向人民法院提出破产清算申请，也可以要求普通合伙人清偿。合伙企业依法被宣告破产的，普通合伙人对合伙企业债务仍应承担连带责任。

实训与练习

实训目的：通过案例分析增强学生对合伙企业解散、清算等法理知识的理解，同时提升学生运用所学法律知识分析解决问题的能力。

背景资料：何洪、曾钰卓曾共同合伙经营和宜公司，在合伙期间，和宜公司承接了尺度公司的广告设计业务，约定的设计费为120 000元。2007年4月26日，双方就和宜公司终止事宜进行清算，并签订了一份破产清算及股东解除协议，约定原和宜公司与尺度公司签订的"鸿运之星"项目的广告设计合同转入何洪开办的红笔中心，同时由红笔中心承担和宜公司部分业务费以补偿曾钰卓21 428元。同日，红笔中心向曾钰卓出具一张欠条，主要内容为红笔中心因承接"鸿运之星"设计合同而应补偿和宜公司曾钰卓43 800元，并由何洪承担连带担保责任，在一年内支付，何洪在欠条上注明情况属实的意见。2008年7月25日，尺度公司与红笔中心协议终止"鸿运之星"、"鸿运星城"项目的广告设计合作，并约定由尺度公司分两次共支付红笔中心80 000元。由于何洪未按欠条约定向曾钰卓支付"鸿运之星"设计合同的补偿款，故曾钰卓起诉至法院，要求何洪个人支付。何洪认为该欠款应由红笔中心支付，并以红笔中心未收到全款为由，要求按已收到款项的比例支付10 011元，双方发生争议。一审法院判决：何洪应于原审判决发生法律效力之日起十日内向曾钰卓支付补偿款43 800元，案件受理费448元由何洪负担。

宣判后，上诉人何洪不服，向本院提起上诉，请求撤销原判，改判驳回被上诉人的诉讼请求。

请你根据所学合伙企业法律知识，分析一审法院判决的法律依据是什么？欠条的性质如何？被上诉人能否就此要求上诉人承担连带清偿责任？

实训方法：小组讨论法。

实训内容：根据背景资料进行小组内部讨论并形成答案、小组代表进行汇报。教师对各组表现进行点评。

复习思考题

1. 合伙企业的合伙人范围有哪些限制？合伙企业的类型有哪些？普通合伙人与有限合伙人对企业债务承担的责任一样吗？

2. 特殊普通合伙企业，"特殊"在哪些方面？

3. 有限合伙企业，事务执行人是谁？"有限"是什么含义？有限合伙人有哪些权利？

4. 普通合伙人有哪些义务？

5. 简述合伙企业的财产性质。

6. 普通合伙企业事务执行方式有哪些？执行中发生异议怎么处理？事务执行人过错带来的企业债务、损失应当如何承担？

7. 简述普通合伙企业的议事规则。

8. 合伙人个人债务可以对哪些财产进行清偿？各类财产的清偿顺序是怎样的？

9. 简述合伙企业的入伙与退伙程序及入伙、退伙后合伙人的债务承担的法律规定。

10. 合伙企业的清算分配顺序是什么？合伙企业解散后的未清偿完毕的债务该如何承担？

第四章

个人独资企业法律制度

《中华人民共和国个人独资企业法》(以下简称《个人独资企业法》)是为了规范个人独资企业的行为，保护个人独资企业投资人和债权人的合法权益，维护社会经济秩序，促进社会主义市场经济的发展，根据宪法制定本法。由第九届全国人民代表大会常务委员会第十一次会议于 1999 年 8 月 30 日修订通过，自 2000 年 1 月 1 日起施行。

案例导入

个人独资企业的设立

2001 年 8 月，原告顾荣双与上海晟隆房地产发展有限公司签订了房屋租赁合同，租赁本市黄陵路 X 号 C 室二层及底层建筑面积为 370 平方米的商业用房。2001 年 7 月 31 日，被告上海市工商行政管理局普陀分局向顾荣双出具了企业名称预先核准通知书，同意预先核准名称为"上海双泉浴池"，名称保留期自 2001 年 7 月 31 日—2002 年 1 月 30 日。2001 年 10 月 31 日，上海市卫生局向顾荣双("上海双泉浴池")核发了沪卫公普字第 0311006 号上海市公共场所卫生许可证。同年 11 月 12 日，上海市公安局普陀分局防火监督处向"上海双泉浴池"出具了沪公普消检查(2001)第 841 号消防安全检查意见书。2002 年 9 月 18 日，上海市普陀区环境保护局作出了普环保审[2002]第 491 号关于双泉浴池建设项目补办环境影响报告表审批手续的审查意见，并要求协调好居民关系、避免产生环保矛盾。2003 年 3 月 10 日，顾荣双持上述文件，填写了个人独资企业设立申请书(出资额填写为 10 万元)，向上海市工商行政管理局普陀分局申请"上海双泉浴池"个人独资企业开业登记。上海市工商行政管理局普陀分局经审查后，根据沪商委[2001]第 63 号《关于加强美容美发、沐浴业开业条件审核工作的通知》的规定，以场地不符合浴池开办条件为由，作出了企业登记驳回通知的具体行政行为。2003 年 3 月 20 日，原告申请行政复议。2003 年 5 月 12 日，上海市工商行政管理局作出沪工商复决字(2003)第 15 号复议决定，予以维持。原告不服，遂诉至法院。

被告上海市工商行政管理局普陀分局辩称：根据《个人独资企业法》第 8 条第 4 项的规定，"设立个人独资企业应当具备必要的生产经营条件"。原告拟开设的"上海双泉浴池"建筑面积仅 370 平方米，不符合 2001 年 4 月 23 日上海市商业委员会、上海市工商行政管理局发布施行的沪商委[2001]第 63 号文附件 2《上海市浴池业开业标准和技术要求(试行)》第 4.1.1 款"浴池(浴室、洗浴中心)经营服务场地面积不小于 1 000 平方米"的规定，故被告依据《个人独资企业登记管理办法》第 5 条"设立个人独资企业应当具备《个人独资企业法》第 8 条规定的条件"和第 11 条"登记机关应当在收到本办法第 9 条规定的全部文件之日起 15 日内，作出核准登记或者不予登记的决定。予以核准的发给营业执照；不予核准的，发给企业登记驳回通知书"等有关规定，对原告提出的"上海双泉浴池"开业登记申请，经审查予以驳回。被告的具体行政行为正确合法，要求予以维持。

（案例来源：http://www. Fsou. Com/html/text/fnl/1175272/117527297. html）

点拨： 本案中涉及个人独资企业的哪些法律问题？上海市商业委员会和上海市工商行政管理局作为政府职能部门，基于法律法规对开办沐浴业应该具备的必要的生产经营条件没有具体规定的情况下，出于本市行政管理和相关行业发展的需要，所制定的沪商委[2001]第 63 号规范性文件是否具有行政法律效力？原告阻赁本市黄陵路 X 号 C 室二层及底层建筑面积为 370 平方米的商业用房拟开办浴池，符合不符合登记的条件？上海市工商行政管理局普陀分局在 2003 年 3 月 10 日收到原告的个人独资企业设立申请书及文件后，于当天作出企业登记驳回通知，符合不符合《个人独资企业登记管理办法》程序的规定？本案主要涉及个人独资企业的设立条件和设立程序的问题。只有对本章有一个深入的学习才能解决本案纠纷。

学习目标 ✎

知识目标

1. 掌握个人独资企业的设立、投资人及事务管理。
2. 熟悉个人独资企业的解散和清算。
3. 了解个人独资企业的概念。

能力目标：

在一定程度上掌握独立创业中必备的一些知识，树立起自主创业意识、法律意识和风险意识，具有一定的运用理论解决实际问题的能力，为今后走向社会进入企业工作或自主创业奠定一定的理论基础和实际操作能力。

第一节　个人独资企业法概述

一、个人独资企业的概念和特征

（一）个人独资企业的概念

个人独资企业，是指依照《中华人民共和国个人独资企业法》（以下简称《个人独资企业法》）在中国境内设立，由一个自然人投资，财产为投资人个人所有，投资人以其个人财产对企业债务承担无限责任的经营实体。

（二）个人独资企业的特征

从定义可以看出，个人独资企业具有以下几个特征：

1. 个人独资企业是一个由自然人投资设立的企业

设立个人独资企业，只能是一个自然人，国家各级机关、国家授权投资机构或企事业单位等均不能作为个人独资企业的出资人设立个人独资企业。《个人独资企业法》中所说的自然人仅指的是中国公民。

2. 个人独资企业的投资人以其个人财产对企业债务承担无限责任

由于个人独资企业的出资人只有一个自然人，其出资的多寡、如何出资、如何经营管理、是否聘用管理人员等事项，完全取决于个人的主观意志，企业的财产和收益全部属于出资人所有，对属于个人独资企业财产还是属于出资人个人财产很难界定。所以，针对可能出现的情况，规定了出资人要承担无限连带责任，即个人独资企业在经营的过程中出现了债务或者侵权而给他人造成损失时，在个人独资企业的财产不足以清偿到期债务的情况下，为了保护在交易过程中第三人的合法权益，所以在法律上进行了规制，即要求投资人以自己全部个人财产用于清偿。

3. 个人独资企业组织机构设置简单，管理比较松，具有较大的自由度和灵活性

由于个人独资企业的投资人既是企业的经营管理者又是企业的所有者，所以法律对其规定不像对公司那样严格。

4. 个人独资企业是非法人企业

由于个人独资企业的投资人既是企业的经营管理者又是企业的所有者，投资人个人的权利和义务与企业的权利和义务合为一体，而且企业不能独立承担法律责任，所以个人独资企业不具有法人资格。个人独资企业虽然不具有独立的法人资格，但并不意味着就不能以自己的名义从事民商事务活动了，它是一个独立的民事主体。

二、个人独资企业与个体工商户的异同

根据《中华人民共和国民法通则》第二十六条的规定，个体工商户是公民在法律允许的范围内，依法经核准登记，从事工商业经营的主体。公民以个人为单位或者以家庭为单位从事工商业经营，均为个体工商户。

个体工商户和个人独资企业容易产生混淆，可以通过以下两方面进行比较分析。

1. 个人独资企业与个体工商户的相同点

(1) 投资主体只能是自然人，而不能是法人或其他经济组织。

(2) 没有最低注册资本金的法定要求。

(3) 个人独资企业以其个人财产出资的，用其个人财产对企业债务承担无限责任；以家庭共有财产作为个人出资的，应当依法以家庭共有财产对企业债务承担无限责任；个体工商户以个人经营的，以个人全部财产承担民事责任；以家庭经营的，以家庭全部财产承担民事责任。

(4) 具备必要的资金、场所、从业人员及生产经营条件。

除了以上的相同点之外，个人独资企业与个体工商户在商标使用主体及广告宣传策略等方面也具有很多相同点。

2. 个人独资企业与个体工商户的主要区别

个人独资企业与个体工商户的主要区别可以归纳为以下内容，如表4-1所示。

表 4-1　个人独资企业和个体工商户的区别

主体区别项目	个人独资企业	个体工商户
名称	不得使用"有限"、"有限责任"或者"公司"字样	不得使用"企业"、"公司"等字样
经营条件	必须具有固定的生产经营场所和必要的生产经营条件及从业人员	无此限制
分支机构	可以设立分支机构	不能设立分支机构
经营管理的主体	投资人可以自行管理企业事务,也可委托或聘用其他具有民事行为能力的人,负责企业事务的管理	必须亲自从事经营活动
清算程序	由投资人自行清算或由债权人申请人民法院指定清算人进行清算	歇业时无清算程序,只需向原登记机关办理歇业手续,缴销营业执照

基于表 4-1 的对比分析,可以看出个人独资企业从设立直到注销的各个环节都要比个体工商户的要求高。

三、个人独资企业与其他经济组织的比较

个人独资企业与个体工商户、一人公司、合伙企业在投资主体、承担法律责任、是否具备独立法人资格以及法律依据上存在着差异。个人独资企业与相关经济组织的比较详见表 4-2。

表 4-2　个人独资企业与相关经济组织的比较

企业类型	投资主体	承担法律责任	独立法人资格	法律依据
个人独资企业	一人	无限责任	无	《个人独资企业法》
个体工商户	一人	无限责任	无	《民法通则》及《城镇个体工商》管理暂行条例
一人公司	一人	有限责任	有	《公司法》
合伙企业	两人及两人以上	无限连带责任	无	《合伙企业法》

四、个人独资企业法律制度的概念和原则

(一)《个人独资企业法》的概念

《个人独资企业法》有广义和狭义之分。广义的《个人独资企业法》是指国家关于个人独资企业的各种法律规范的总称;狭义的《个人独资企业法》是指 1999 年 8 月 30 日第九届全国人民代表大会常务委员会第十一次会议通过的,2000 年 1 月 1 日施行的《个人独资企业法》。

(二)个人独资企业法的基本原则

我国《个人独资企业法》应遵循下列基本原则:
(1) 依法保护个人独资企业的财产和其他合法权益。

个人独资企业的财产权指个人独资企业的财产所有权，包括对财产的占有、使用、收益和处分的权利；其他合法权益是指财产所有权以外的有关权益，如有关名称权、自主经营权、平等竞争权、拒绝摊派权等。

(2) 遵守法律、行政法规，遵守诚实信用原则，不得损害社会公共利益。

遵守法律、法规是每个企业应尽的义务，诚实信用原则是我国民事活动的基本原则，个人独资企业在经营过程中，还必须遵守社会公德，树立企业形象。

(3) 个人独资企业应当依法履行纳税义务。

依法纳税是每个公民和企业应尽的义务。个人独资企业在经营活动中应当依法缴纳国家税收和法律、法规及规章规定的各项税款。

(4) 个人独资企业应当依法招用职工。

个人独资企业应严格依照劳动法及有关规定招用职工。企业招用职工应当与职工签订劳动合同，劳动合同必须遵循平等自愿、协商一致的原则，并不得违反国家法律、法规和有关政策规定。

(5) 个人独资企业职工的合法权益受法律保护。

个人独资企业职工依法享有法律规定的自主签订合同权、合理休息权、获取劳动报酬权、接受职业技能培训权、享受保险福利权等权利。企业应严格遵守法律、法规的规定，不得侵犯职工的合法权益。

实训与练习

实训目的：增强学生对个人独资企业特征及《个人独资企业法》立法原则的认知。

实训方法：小组讨论法。

实训内容：根据教师准备的资料(《个人独资企业法》的类型案例、《个人独资企业法》案例分析)，进行小组内部讨论，指出个人独资企业的特征、案例体现了《个人独资企业法》的哪些原则。教师对各组表现进行点评。

实训步骤：教师分发资料，学生分组，组内讨论分析、组际交流、代表汇报、教师点评。

实训考核标准：

1. 个人独资企业特征认识准确；

2. 《个人独资企业法》的基本原则理解基本准确。

第二节 个人独资企业的设立和变更

一、个人独资企业的设立条件

(一) 投资人为一个自然人，且只能是中国公民

(1) 投资人只能是自然人，不包括法人。国家公务员、党政机关领导干部、警官、法

官、检察官、商业银行工作人员不能作为投资人。法律法规禁止从事营利性活动的人，不得作为投资人申请设立个人独资企业。

(2) 我国《个人独资企业法》对于投资人是否需要具备完全民事行为能力没有作出明确的规定，但是因为投资人对企业的债务承担无限责任，并且个人独资企业的民事责任需要个人独资企业的投资人承担，所以投资人应当是完全民事行为能力人。

(3) 我国法律对民事行为能力的规定：18 周岁以上的公民是成年人，具有完全民事行为能力，可以独立进行民事活动，是完全民事行为能力人；16 周岁以上不满 18 周岁的公民，以自己的劳动收入为主要生活来源的，视为完全民事行为能力人。10 周岁以上的未成年人、不能完全辨认自己行为的精神病人是限制民事行为能力人；不满 10 周岁未成年人、不能辨认自己行为的精神病人是无民事行为能力人。

(二) 有合法的企业名称

名称是企业的标志，企业必须有相应的名称，并应符合法律、法规的要求。个人独资企业的名称应符合国家关于企业名称登记管理的有关规定，企业的名称应与其责任形式及从事的营业相符合，个人独资企业的名称中不得使用"有限"、"有限责任"或者"公司"字样，个人独资企业的名称可以是厂、店、部、中心、工作室等。

(三) 有投资人申报的出资

《个人独资企业法》对设立个人独资企业的出资数额未作限制，由投资人在设立时予以申报，投资人的申报金额原则上应与企业的生产经营规模相适应。设立个人独资企业可以用货币出资，也可以用实物、土地使用权、知识产权或者其他财产权利出资。

投资人可以个人财产出资，也可以以家庭共有财产作为个人出资。但以家庭共有财产作为个人出资的，投资人应当在设立(变更)登记申请书上予以注明。

(四) 有固定的生产经营场所和必要的生产经营条件

生产经营场所包括企业的处所和与生产经营相适应的处所，处所是企业的主要办事机构所在地。生产经营条件是指与企业经营范围相适应的条件，如厂房、商店柜台等。生产经营场所和生产经营条件是企业从事经营活动的物质基础，是设立企业的起码要求。

(五) 有必要的从业人员

即要有与其生产经营范围、规模相适应的从业人员。

二、个人独资企业的设立程序

个人独资企业的设立程序，是设立个人独资企业的所有必经法律程序，是个人独资企业设立行为的准则，必须遵守。

(一) 提出申请

申请设立个人独资企业，应当由投资人或者其委托的代理人向个人独资企业所在地的登记机关提出设立申请。申请设立登记，应当向登记机关提交下列文件：

(1) 投资人签署的个人独资企业设立申请书，设立申请书应当载明的事项有：① 企业的名称和住所；② 投资人的姓名和居所；③ 投资人的出资额和出资方式；④ 经营范围。个人独资企业投资人以个人财产出资或者以其家庭共有财产为个人出资的，应当在设立申请书中予以明确。

(2) 投资人身份证明，主要是身份证和其他有关证明材料。

(3) 企业住所证明和生产经营场所使用证明等文件，如土地使用证明、房屋产权证或租赁合同等。

(4) 委托代理人申请设立登记的，应当提交投资人的委托书和代理人的身份证明或者资格证明。

(5) 国家工商行政管理局规定提交的其他文件。从事法律、行政法规规定需要报经有关部门审批的业务的，应当提交有关部门的批准文件。

(二) 登记

1. 工商登记

登记机关应当在收到设立申请文件之日起 15 日内，对符合个人独资企业法规定条件的予以登记，发给营业执照；对不符合个人独资企业法规定条件的，不予登记，并应当给予书面答复，并说明理由。个人独资企业的营业执照的签发日期，即为个人独资企业成立日期，在领取个人独资企业营业执照前，投资人不得以个人独资企业名义从事经营活动。

2. 个人独资企业分支机构的登记

个人独资企业分支机构，是指个人独资企业在住所地以外设立的从事业务活动的办事机构。分支机构设立登记程序与个人独资企业大致相同。主要包括设立申请、登记备案。分支机构是个人独资企业的一部分，其产生的民事责任由个人独资企业承担。

3. 变更登记

个人独资企业存续期间登记事项发生变更的，应当在作出变更决定之日起的 15 日内依法向登记机关申请办理变更登记。个人独资企业分支机构的变更登记参照个人独资企业申请变更、注销登记的有关规定办理。

典型案例

个人独资企业投资人变更后的债务承担

被告德州方达水泵厂是个人独资企业。在 2000 年至 2002 年间多次向原告东营公司购买配件。2002 年 6 月，双方结欠货款 57 259 元，在支付 2 万元后，被告投资人李光以水泵厂名义和原告于 2002 年 8 月达成还款计划，约定余款于 2003 年 5 月前还清。

2002 年 1 月 8 日，李光(甲方)与王某(乙方)达成转让协议，甲方决定将德州水泵厂转让给乙方，协议约定：第一，至转让之后所发生的债权债务由乙方承担；第二，乙方自签字之日才能有自由经营权；第三，本协议自签字之日起生效。协议签订的当日，德州水泵厂即在工商部门办理了企业投资人变更登记。

原告依还款计划要求被告德州水泵厂偿还到期债务，但被告以投资人变更为由拒绝偿还。原告诉至沛县人民法院，要求德州水泵厂承担到期债务的清偿责任，在审理期间，又申请追加李光为被告。被告德州水泵厂辩称，德州水泵厂为个人独资企业，原厂负责人是李光，2002 年 11 月 6 日变更为王思南，并办理了工商变更登记，依据协议的约定，转让前的债务应由李光承担，请求驳回原告对德州水泵厂的诉讼请求。被告李光辩称德州水泵厂负责人的变更不能影响债务的承担方式，故应由企业承担清偿责任。

（案例来源：　http：//www. Chinacourt. Org/html/artide/200412/29/144624shtml）

【问题】　被告德州方达水泵厂、李光是否应当偿还原告东营公司的到期债务？

【分析】　本案主要涉及个人独资企业投资人变更后债务承担的问题。原告东营公司与被告德州方达水泵厂买卖合同成立并合法有效，本案的争议焦点为二位被告应由谁履行还款义务。被告德州水泵厂属个人独资企业，个人独资企业是指依照《个人独资企业法》在中国境内设立，由一个自然人投资，财产为投资人个人所有，投资人以其个人财产对企业债务承担无限责任的经营实体。

本案中，德州方达水泵厂工商登记为个人独资企业，而个人独资企业因其有自己的名称，且必须以企业的名义活动的特性，使个人独资企业在法律人格上具有相对独立性，因此对企业，债务的承担也应具有相对独立性。原投资人李光与王某转让企业的行为，只是引起德州水泵厂投资人发生变化，并不能消除原企业而生产新企业，该企业具有法律人格上的延续性，其转让之前所欠债务，应由其企业承担，即首先由该厂以其企业资产偿还，而不是既可由企业承担，也可由投资人承担。本案中德州方达水泵厂所负债务应首先以企业财产偿还，在其财产不足偿还的情况下原告有权请求现在的投资人以个人所有的其他财产偿还，若由 此而致现投资人利益受损，现投资人可依其与李光签订的企业转让协议向李光追偿。原告东营公司不能依投资人应对个人独资企业的债务承担无限责任的规定向德州方达水泵厂的原投资人李光追偿。

实训与练习 ✍

实训目的：通过案例分析增强学生对个人独资企业设立条件及程序等知识的理解，同时提升学生运用所学法律知识分析解决问题的能力。

背景资料：李某拟设立个人独资企业。2007 年 3 月 2 日，李某将设立申请书等申请设立登记文件提交到拟定设立的个人独资企业所在地工商行政管理机关。设立申请书的有关内容如下：李某以其房产、劳务和现金 3 万元出资；企业名称为 A 贸易有限公司。3 月10 日，该工商行政管理机关发给李某 "企业登记驳回通知书"。

3 月 15 日，李某将修改后的登记文件交到该工商行政管理机关。3 月 25 日，李某领取了该工商行政管理机关于 3 月 20 日签发的个人独资企业营业执照。

该个人独资企业(以下简称 A 企业)成立后，李某委托张某管理企业事务，并书面约定，凡金额在 5000 元以上的业务均须取得李某同意后方可执行。B 企业明知李某与张某的约定，仍与代表 A 企业的张某签订了标的额为 2 万元的买卖合同。李某知道后以张某超出授权范围为由主张合同无效，但 B 企业以个人独资企业的投资人对受托人职权的限制不得对抗第三人为由主张合同有效。

要求：根据上述情况和个人独资企业法律制度的有关规定，回答下列问题：

(1) 李某 3 月 2 日提交的设立申请书中有哪些内容不符合法律规定？

(2) A 企业的成立日期是哪天？简要说明理由。

(3) B 企业主张合同有效的理由是否成立？简要说明理由。

实训方法：小组讨论法。

实训内容：根据背景资料进行小组内部讨论并形成答案、小组代表进行汇报。教师对各组表现进行点评。

第三节 个人独资企业的解散和清算

一、个人独资企业的解散

个人独资企业的解散，指个人独资企业终止活动，使其民事主体资格消灭的行为。个人独资企业有下列情形之一时，应当解散：投资人决定解散；投资人死亡或者被宣告死亡，无继承人或者继承人决定放弃继承；被依法吊销营业执照；法律法规规定的其他情形。

二、个人独资企业的清算

在个人独资企业解散时，应依法进行清算。

1. 清算程序

个人独资企业解散，由投资人自行清算或者由债权人申请人民法院指定清算人进行清算。投资人自行清算的，应当在清算前 15 日内书面通知债权人，无法通知的，应当予以公告。债权人应当在接到通知之日起 30 日内，未接到通知的应当在公告之日起 60 日内，向投资人申报其债权。

2. 清偿顺序

个人独资企业解散的，财产应当按照下列顺序清偿：① 所欠职工工资和社会保险费用；② 所欠税款；③ 其他债务。

在上述顺序中，前一顺序没有清偿的，后一顺序不得清偿；同一顺序的，按照比例清偿；不足清偿的，由投资人以其他个人财产清偿。在未按法定顺序清偿债务前，投资人不得转移、隐匿财产。

个人独资企业及其投资人在清算前或清算期间隐匿或转移财产，逃避债务的，依法追回其财产，并按有关规定予以处罚；构成犯罪的，依法追究刑事责任。可见，在企业解散后，投资人仍在一定条件下承担无限清偿责任。

第四节 个人独资企业的投资人及事务管理

一、个人独资企业的投资人

个人独资企业的投资人为具有中国国籍的自然人，国家公务员、党政机关领导干部、警官、法官、检察官、商业银行工作人员等人员，不得作为投资人申请设立个人独资企业。

个人独资企业投资人对本企业的财产依法享有所有权，其有关权利可以依法进行转让或继承。

个人独资企业投资人在申请企业设立登记时明确以其家庭共有财产作为个人出资的，应当依法以家庭共有财产对企业债务承担无限责任。

知识拓展 📖

《中华人民共和国法官法》规定，法官不得从事经营性的营利性活动。《中华人民共和国检察官法》规定，检察官不得从事经营性的营利性活动。

二、个人独资企业投资人的权利、义务和责任

（一）权利

个人独资企业投资人有以下权利：

(1) 对企业资产及运营收益享有完全的所有权，即可以依法占有、使用、受益、处分；

(2) 对企业的生产经营活动有完全的决策权、指挥权、管理权；

(3) 有将其全部营业及财产转让、赠送，以遗嘱方式处分的权利；

(4) 有为扩大其经营规模而收购、并入其他企业的权利和设置分支机构的权利；

(5) 依法申请贷款的权利；

(6) 依法取得土地使用权的权利；

(7) 拒绝摊派的权利。摊派是指在法律、法规的规定之外，以任何方式要企业提供财力、物力和人力的行为，摊派是 种违法行为，国家禁止任何单位向企业摊派。这些权利说明，个人独资企业并不是独立的财产所有权主体，个人独资企业的财产与投资人的个人财产没有明确的界限。

（二）义务

个人独资企业投资人应承担的义务有：依法开展经营活动；建立财务会计制度；按时缴纳税收；维护职工的合法权益，搞好安全生产，做好环境保护工作等。

（三）责任

个人独资企业的投资人对企业债务承担无限责任。这一点是个人独资企业与有限责任公司和股份有限公司不同的地方。正因为如此，当个人独资企业财产不足以清偿债务的，投资人应当以其个人的其他财产予以清偿。如果个人独资企业投资人在申请企业设立登记时，明确以其家庭共有财产作为个人出资的，应当依法以家庭共有财产对企业债务承担无限责任。

三、个人独资企业的事务管理

依据《个人独资企业法》第十九条规定，"个人独资企业投资人可以自行管理企业事务，也可以委托或者聘用其他具有民事行为能力的人负责企业的事务管理。投资人委托或者聘用他人管理个人独资企业事务，应当与委托人或者被聘用的人签订书面合同。明确委托的具体内容和授予的权利范围，受托人或者被聘用人员应当履行诚信、勤勉义务，按照与投

资人签订的合同负责个人独资企业的事务管理。投资人对受托人或者被聘用人员职权的限制，不得对抗善意第三人。"

（一）个人独资企业事务管理模式

(1) 自行管理模式。由个人独资企业投资人对企业事务直接进行管理。

(2) 托管模式。个人独资企业委托其他具有民事行为能力的人对企业事务进行管理。

(3) 聘任管理模式。由个人独资企业投资人聘用其他具有民事行为能力的人对企业事务进行管理。

（二）委托或聘用合同

投资人委托或者聘用他人管理个人独资企业事务，应当与委托人或者被聘用的人签订书面合同，明确委托的具体内容和授予的权利范围。委托人或者被聘用的人应以诚实守信的态度对待投资人、对待企业，尽其所能依法保障企业利益，按照与投资人签订的合同负责个人独资企业的事务管理。违反约定给投资人造成损失时，应承担民事赔偿责任。

（三）职权限制与善意第三人

投资人对受托人或者被聘用人员职权的限制，只对受托人或者被聘用的人员有效，对善意第三人并无约束力。受托人或被聘用人员超出投资人的限制与善意第三人的有关业务交往应当有效。所谓第三人是指除受托人或被聘用人员以外与企业发生经济业务关系的人。所谓善意第三人是指在有关经济业务事项的交往中，没有与受托人或者被聘用人员串通，从事故意损害投资人利益的第三人。因此，投资人对受托人或者被聘用人员职权的限制，不得对抗善意第三人。

（四）受托或被聘用的管理人员的义务

依据《个人独资企业法》第二十条的规定，投资人委托或者聘用的管理个人独资企业事务的人员不得从事下列行为：

(1) 利用职务上的便利，索取或者收受贿赂。

(2) 利用职务或者工作上的便利侵占企业财产。

(3) 挪用企业的资金归个人使用或者借贷给他人。

(4) 擅自将企业资金以个人名义或者以他人名义开立储蓄账户。

(5) 擅自以企业财产提供担保。

(6) 未经投资人同意，从事与本企业相竞争的业务。

(7) 未经投资人同意，同本企业签订合同或者进行交易。

(8) 未经投资人同意，擅自将企业商标或者其他知识产权转让给他人使用。

(9) 泄露本企业的商业秘密。

(10) 法律、行政法规禁止的其他行为。

投资人委托或者聘用的人违反上述规定，侵犯个人独资企业财产权益的，责令退还侵占的财产；给企业造成损失的，依法承担赔偿责任；有违法所得的，没收违法所得；构成犯罪的，依法追究刑事责任。

（五）个人独资企业事务管理的内容

根据《个人独资企业法》的规定，个人独资企业事务管理的主要内容有：

(1) 会计事务管理。

(2) 用工事务管理。个人独资企业录用职工，应当依法与职工签订劳动合同，保障职工的劳动安全，按时、足额发放职工工资。个人独资企业应严格按照《劳动法》及有关规定用工。企业招用职工应当与职工签订劳动合同，劳动合同必须遵循平等自愿、协商一致的原则，并不得违反国家法律、法规和有关政策规定。

(3) 社会保险事务。个人独资企业应当按照国家规定参加社会保险，为职工缴纳社会保险费。根据我国的法律、法规规定，我国目前设有五种强制性的社会保险，即养老保险、工伤保险、医疗保险、失业保险和企业职工生育保险。

实训与练习

实训目的： 通过案例分析增强学生对个人独资企业投资人权利义务和事务管理等知识的理解，同时提升学生运用所学法律知识分析解决问题的能力。

背景资料： 张某大学即将毕业，正好遭遇金融危机，工作一直没有着落。听说1元钱可以做老板，便谋求自主创业，着手准备投资设立一家个人独资企业。个人独资企业的名称定为宏远科技有限公司，到工商行政管理机关登记时，对企业名称修改后予以登记。张某聘请好友周某管理企业事务，但对周某的职权予以限制，凡是周某对外签订标的额超过1万元的合同，必须经张某同意。某日，周某未经张某同意与善意第三人赵某签订了一份标的额为2万元的买卖合同，赵某不知张某对周某的授权限制，依约供货，但是企业未按期付款。另外，周某在张某不知情的情况下，以自己的名义与本企业签订了设备供应合同。

问题：

1. 张某将个人独资企业名称命名为宏远科技有限公司是否合法？

2. 周某以个人独资企业名义和赵某签订的标的额为2万元的买卖合同是否有效？说明理由。

3. 周某与个人独资企业订立设备供应合同是否合法？

实训方法： 小组讨论法。

实训内容： 根据背景资料进行小组内部讨论并形成答案、小组代表进行汇报。教师对各组表现进行点评。

第五节　违反个人独资企业法的法律责任

为了规范个人独资企业、企业投资人及其受聘管理人的行为，《个人独资企业法》详尽地规定了违反《个人独资企业法》的责任。

一、企业违反个人独资企业法的责任

(1) 个人独资企业及其投资人违反登记管理规定的行为及法律责任：

① 提交虚假文件或采取其他欺骗手段，取得企业登记的，责令改正，处以 5000 元以下的罚款；情节严重的，并处吊销营业执照。

② 个人独资企业使用的名称与其在登记机关登记的名称不相符合的，责令限期改正，处以 2000 元以下的罚款。

③ 涂改、出租、转让营业执照的，责令改正，没收违法所得，处以 3000 元以下的罚款；情节严重的，吊销营业执照。伪造营业执照的，责令停业，没收违法所得，处以 5000 元以下的罚款。构成犯罪的，依法追究刑事责任。

④ 未领取营业执照，以个人独资企业名义从事经营活动的，责令停止经营活动，处以 3000 元以下的罚款。

⑤ 个人独资企业登记事项发生变更时，未按本法规定办理有关变更登记的，责令限期办理变更登记；逾期不办理的，处以 2000 元以下的罚款。

(2) 个人独资企业成立后无正当理由超过 6 个月未开业的，或者开业后自行停业连续 6 个月以上的，吊销营业执照。

(3) 侵犯职工合法权益，未保障职工劳动安全，不缴纳社会保险费用的，按照有关法律、行政法规予以处罚，并追究有关责任人员的责任。

(4) 在清算前或清算期间隐匿或转移财产、逃避债务的，依法追回其财产，并按照有关规定予以处罚；构成犯罪的，依法追究刑事责任。

二、企业登记机关违反个人独资企业法的责任

登记机关对不符合法定条件的个人独资企业予以登记，或者对符合法定条件的企业不予登记的，对直接责任人员依法给予行政处分；构成犯罪的，依法追究刑事责任。

登记机关的上级部门的有关主管人员强令登记机关对不符合法定条件的企业予以登记，或者对符合法定条件的企业不予登记的，或者对登记机关的违法登记行为进行包庇的，对直接责任人员依法给予行政处分；构成犯罪的，依法追究刑事责任。

登记机关对符合法定条件的申请不予登记或者超过法定时限不予答复的，当事人可依法申请行政复议或提起行政诉讼。

违反法律、行政法规的规定强制个人独资企业提供财力、物力、人力的，要追究有关责任人员的责任。

三、管理人员对投资人造成损害或侵犯投资人权益的法律责任

(1) 投资人委托或者聘用的人员管理个人独资企业事务时违反双方订立的合同，给投资人造成损害的，承担民事赔偿责任。

(2) 投资人委托或者聘用的人员违反《个人独资企业法》第二十条规定，侵犯个人独资企业财产权益的，责令退还侵占的财产；给企业造成损失的，依法承担赔偿责任；有违法所得的，没收违法所得；构成犯罪的，依法追究刑事责任。

四、劳动者的法律责任

《劳动合同法》第 86 条规定，"由于劳动者的过错，致使劳动合同依照法律被确认无

效，给对方造成损害的，劳动者应当承担赔偿责任。"

《劳动合同法》第 90 条规定，"劳动者违反法律规定解除劳动合同，或者违反劳动合同中约定的保密义务或者竞业限制，给用人单位造成损失的，应当承担赔偿责任。"

实训与练习

实训目的：通过案例分析增强学生对个人独资企业法的整体法律内容的理解，同时提升学生运用所学知识解决个人独资企业问题的能力。

背景资料：自然人王某(系中国公民)于 2007 年 11 月 10 日以家庭共有财产申报设立一家 A 个人独资企业，从事餐饮经营，随着业务的扩大，A 企业又分别设立了 6 家分店，并招聘了 6 名店长负责分店经营，因分店是以总店名义开展经营活动，故分店未再办理任何登记手续，企业也未与店长就聘任事项签订书面合同。半年后，王某出国，A 企业交由其妻李某经营管理。由于李某经营管理经验不足，企业经营每况愈下，甲分店店长擅自与其亲戚合开了一家与 A 企业从事相同特色餐饮经营的企业并任经理，主要工作精力转移。丙分店店长拖欠承租房主的租金，被起诉至法院，李某应诉时以丙分店店长是承包经营，其债务与 A 企业无关为由抗辩。2008 年 3 月，李某未经清算便决定解散 A 企业，意欲逃避债务。

请根据《个人独资企业法》的相关规定，回答下列问题：

(1) 个人独资企业是否可以家庭共有财产申报出资？

(2) 个人独资企业设立分支机构是否应当办理登记手续？

(3) 个人独资企业投资人委托或者聘用他人管理企业事务，是否不用与受托人或者与被聘用的人签订书面合同？

(4) 甲分店店长的行为是否违反法律的规定？

(5) 李某的抗辩理由是否成立？请说明理由。

(6) 李某解散 A 企业的行为是否合法？A 企业解散后，李某能否逃避债务？

实训方法：小组讨论法。

实训内容：

(1) 将全班以 5 人为一小组，分为若干组，同时选出小组组长。

(2) 由小组组长带领同学们进行案例分析。

(3) 每个小组汇总分析结果。

(4) 每个人撰写一份个人分析结果。

(5) 以小组为单位进行班级发言。

复习思考题

1. 什么是个人独资企业？

2. 个人独资企业的特征有哪些？

3. 个人独资企业的设立条件有哪些？

4. 个人独资企业和个体工商户是什么关系？

第五章

破产法律制度

////////////////////////////

　　破产法是破产制度的法律表现形式。我国 1986 年制定了新中国第一部破产法——《中华人民共和国企业破产法(试行)》(以下简称《破产法》)，该法仅适用于全民所有制企业的破产。1991 年制定的《中华人民共和国民事诉讼法》设专章"企业法人破产还债程序"，调整具有法人资格的非国有企业的破产。为规范企业破产程序，公平清理债权债务，保护债权人和债务人的合法权益，维护社会主义市场经济秩序，2006 年 8 月 27 日第十届全国人民代表大会常务委员会第二十三次会议通过了《中华人民共和国企业破产法》(以下简称《企业破产法》)，该法从 2007 年 6 月 1 日起实施。

学习目标 ✍

知识目标：

1. 了解破产法的概念；
2. 理解破产案件的管辖以及破产的界限；
3. 掌握破产程序、管理人和债权人会议、和解和重整等制度。

能力目标：

1. 能基本掌握并判断企业破产极限；
2. 能熟悉破产清算程序规定，掌握破产财产的分配；
3. 能运用破产法相关知识，分析企业破产程序过程中的问题。

第一节　破产法律制度概述

典型案例 📖

中国汽车工业销售总公司破产

　　中国汽车工业销售总公司建立之初的生产经营活动主要依靠国家计划调配和其上级主管部门中国汽车工业总公司履行行业管理职能过程中提供给该公司的一些业务。随着中国汽车工业总公司行业管理职能的取消和市场经济的深入，该公司原有的经营模式无法适应市场竞争，企业生存受到严重影响。由于该公司不能适应市场经济和经济体制改革要求，不良资产大量产生，经营举步维艰，亏损日益严重，不能清偿到期债务，扭亏无望，向北京市第一中级人民法院申请宣告破产。

北京一中院根据中国汽车工业销售总公司的破产申请，依法进行了相关审查工作。经审理查明，中国汽车工业销售总公司成立于1992年，原隶属于中国汽车工业总公司，为全民所有制企业，注册资金5588万元。2006年4月19日，全国企业兼并破产和职业就业工作领导小组办公室下达[2006]4号《关于下达新疆有色金属工业公司等55户企业破产项目的通知》表明，中国汽车工业销售总公司破产项目已经国务院同意。截至2007年6月30日，经中准会计师事务所有限责任公司审计，中国汽车工业销售总公司资产总额为6803.23万元，负债总额为3.9亿元，所有者权益为－32329.65万元，资产负债率为575.21%。

试问：北京一中院能否裁定宣告中国汽车工业销售总公司破产？其法理及法律依据是什么？

（资料来源：http://news.qq.com/a/20070820/003024.htm）

点拨：中国汽车工业销售总公司亏损严重，不能清偿债务，无法继续进行经营，应予宣告破产。据此，北京一中院依照《企业破产法》第107条第1款、第133条关于破产宣告、国有企业实施破产的规定，裁定宣告中国汽车工业销售总公司破产。

一、破产的概念和特征

法律上的破产是指债务人不能清偿到期债务，并且资产不足以清偿全部债务或者明显缺乏清偿能力，法院依债权人或债务人本人的申请宣告债务人破产，并以其全部财产抵偿所欠的债务，对于此项抵偿后的剩余债务不再清偿的一种制度。破产是一种概括的执行程序，目的在于剥夺不能清偿到期债务的债务人对其全部财产的管理处分权，让全体债权人取得公平受偿的机会。破产具有如下特点：

1. 破产是一种法定的偿债手段

当债务人不能清偿到期债务时，如何分配债务人的财产满足多个清偿人的要求，一般的民事诉讼程序难以解决这一问题。所以法律特别规定破产这一专门程序。通过这一程序，将债务人全部财产一次性地分配给全体债权人，终结其与债务人之间的债权债务关系。

2. 破产是一种特殊的偿债手段

欠债还债是一种最为常见的民事法律行为，但破产偿债与一般偿债不同。破产偿债是以债务人主体资格消灭为偿债结果，一般偿债，债务人主要以其流动资金为限，破产偿债以债务人的全部财产为限，当债务人用其全部财产使其债务得到全部或部分清偿后，债务人因失去存在的物质基础而丧失其民事主体资格。

3. 破产是在特定情况下运用的偿债方式

债务人不能清偿到期债务是破产的原因，破产不过是对债务人不能清偿到期债务的事实予以法律的确认，即通过法院的司法裁决承认债务人事实上的破产状态。

4. 破产是使债权人公平受偿的程序

破产程序可以合理地协调多数债权人之间就债务人的有限财产如何受偿的利益冲突，使债权人共同分担损失和共享利益。以全部财产清偿债务，不但是对债权人最大限度的满足，依破产程序，还是对债权人的最公平的受偿，因为依破产法的有关规定，同一顺序的债权人地位平等和受偿机会平等。

5. 破产是一种特殊的执行程序

债务人不能清偿债务时，一旦选择了破产还债程序，则必须受法定的执行程序支配。

法院宣告债务人破产，任命或者批准选任破产管理人负责破产人全部财产的管理、变价和分配事宜，并严格监控，除非法律有特别规定，其他任何组织和个人都无权处分破产人的财产。

二、破产界限

破产界限，又称破产原因、破产条件，是指认定债务人丧失债务清偿能力，当事人得以提出破产申请，法院据以启动破产程序、宣告债务人破产的法律事实。

《企业破产法》从我国的实际出发，规定企业法人不能清偿到期债务，并且资产不足以清偿全部债务，两个条件必须同时具备才能构成企业破产的原因。

不能清偿到期债务是指债务人对请求偿还的到期债务，因丧失清偿能力而无法偿还的客观经济状况。不能清偿在法律上的着眼点是债务关系能否正常维系。其要点包括：

(1) 债务人不能清偿的是清偿期限已经届满，债权人提出清偿要求的，无争议或已有确定名义(指已经生效判决、裁决确认)的债务；

(2) 债务人停止清偿到期的债务并且呈连续的状态，如果没有相反的证据，可以推定为不能清偿到期的债务。

典型案例

破 产 界 限

甲企业到 2004 年总资产 8 亿元，总负债 10.2 亿元。2005 年、2006 年由于经营管理不善，该企业负债继续加大，总资产未变。债权人认为该企业早已资不抵债，达到破产的界限。乙企业 2006 年年底总资产 2.6 亿元，欠银行贷款 1.5 亿元，欠其他债务 1.7 亿元，欠大部分单位的债务到期后，基本都能按期偿还，但是欠 A 企业的债务已经逾期 1 年，仍未偿还，乙企业认为欠 A 公司债务 1.2 亿元，而 A 公司认为乙企业欠 1.4 亿元债务，双方就债务的具体数额无法达成一致，A 公司认为乙企业达到破产界限。丙企业最近 3 年欠所有债权人包括 C 公司的债务，均到期但资产不足无力偿还，C 公司认为丙企业达到破产界限。

【问题】　分析甲、乙、丙公司是否达到破产界限。

【分析】　丙公司不能清偿到期债务，并且资产不足以清偿全部债务，达到破产界限。甲公司和乙公司没有达到破产界限。

(资料来源：http://www.jscj.com/forum/showthread.php?action=showpost&postid=242572)

三、破产的管辖

破产的管辖是指各级法院及同级法院之间受理破产案件的分工和权限。它包括地域管辖和级别管辖。

关于破产案件的地域管辖，我国破产案件由债务人所在地的人民法院管辖。债务人所在地是指企业主要办事机构所在地。

关于破产案件的级别管辖，县、县级市或区的工商行政管理机关核准登记的企业，其破产案件一般由基层人民法院管辖；地区、地级市(含本级)以上工商行政管理机关核准登记的企业，其破产案件一般由中级人民法院管辖。个别案件可以依照《民事诉讼法》第 39 条关于移送管辖的规定确定管辖级别。

实训与练习 📧

　　实训目的：加强学生对企业破产界限的进一步认识。

　　实训方法：小组讨论法。

　　实训内容：教师准备有关企业破产的相关资料、案例，学生进行小组内部讨论，分析出企业经营状况和负债情况，根据资料分析企业破产的界限。教师对各组表现进行点评。

　　实训步骤：教师分发资料，学生分组讨论分析、代表汇报、组际互评、教师点评。

　　实训考核标准：

　　(1) 破产企业的资料分析准确；

　　(2) 企业破产界限的知识理解基本准确。

第二节　破产程序的启动

一、破产案件的申请

　　破产申请，是破产申请人请求法院受理破产案件的意思表示。按照《破产法》规定，破产案件的申请人可以是债权人、债务人和清算人。

　　债务人不能清偿到期债务，债权人可以向人民法院提出对债务人进行重整或者破产清算的申请。

　　债务人不能清偿到期债务，并且资产不足以清偿全部债务或者明显缺乏清偿能力的，可以向人民法院提出重整、和解或者破产清算申请。

　　企业法人已解散但未清算或者未清算完毕，资产不足以清偿债务的，依法负有清算责任的人应当向人民法院申请破产清算。

　　破产申请人提出破产申请都应当采用书面形式。

　　《破产法》第 8 条规定，向人民法院提出破产申请，应当提交破产申请书和有关证据。破产申请书应当载明下列事项：① 申请人、被申请人的基本情况；② 申请目的；③ 申请的事实和理由；④ 人民法院认为应当载明的其他事项。

　　债务人提出申请的，还应当向人民法院提交财产状况说明、债务清册、债权清册、有关财务会计报告、职工安置预案以及职工工资的支付和社会保险费用的缴纳情况。

二、破产案件的受理

（一）对破产申请的审查和处理

　　债权人提出破产申请的，人民法院应当自收到申请之日起 5 日内通知债务人。债务人对申请有异议的，应当自收到人民法院的通知之日起 7 日内向人民法院提出异议。人民法院应当自异议期满之日起 10 日内裁定是否受理。除前款规定的情形外，人民法院应当自收到破产申请之日起 15 日内裁定是否受理。有特殊情况需要延长前两款规定的裁定受理期限的，经上一级人民法院批准，可以延长 15 日。人民法院受理破产申请的，应当自裁定作出之日起 5 日内送达申请人。

债权人提出申请的，人民法院应当自裁定作出之日起 5 日内送达债务人。债务人应当自裁定送达之日起 15 日内，向人民法院提交财产状况说明、债务清册、债权清册、有关财务会计报告以及职工工资的支付和社会保险费用的缴纳情况。人民法院裁定不受理破产申请的，应当自裁定作出之日起 5 日内送达申请人并说明理由。申请人对裁定不服的，可以自裁定送达之日起 10 日内向上一级人民法院提起上诉。

人民法院受理破产申请后至破产宣告前，经审查发现债务人不符合破产条件的，可以裁定驳回申请。申请人对裁定不服的，可以自裁定送达之日起 10 日内向上一级人民法院提起上诉。

典型案例

破 产 申 请

2008 年 12 月下旬，一家机械配件厂与一家销售公司发生合同纠纷。销售公司因资金周转困难，无法按期归还配件厂的 9 万元货款。机械厂的厂长一怒之下提出：如果销售公司不按期归还货款，将向法院申请宣告销售公司资不抵债而破产，让销售公司在法院的破产公告中"亮丑"。想以贬低商业信誉的方式来要挟销售公司。

请思考： 法院能否受理此破产申请？

点拨： 法院能否受理此破产申请关键是要判断该企业是否达到破产界限。该企业并未达到破产界限，机械配件厂假借申请他人破产为名，来达到损害他人商业信誉的目的，对此恶意申请将不予受理。

(资料来源：http://china.findlaw.cn/gongsifalv/pochanfa/pochanfaanli/xubaopochanzuianli)

（二）指定管理人

人民法院裁定受理破产申请的，应当同时指定破产管理人。破产管理人，是指破产程序开始后依法成立的，在法院指挥与监督之下全面负责债务人财务的管理、估价、分配以及破产方案的拟订和执行等破产事务的专门机构。

管理人依法执行职务，向人民法院报告工作，接受债权人会议和债权人委员会监督。如果债权人会议认为管理人不能依法公正执行职务或者有其他不能胜任职务情形的，可以申请人民法院予以更换。

1. 管理人的资格

管理人既可以是单位，也可以是自然人。单位一般是由有关部门、机构的人员组成的清算组或者依法设立的律师事务所、会计事务所、破产清算事务所等社会中介机构担任。个人则是人民法院根据债务人的实际情况，在征询有关社会中介机构的意见后，指定的该机构具备相关专业知识并取得执业资格的人员。个人担任管理人的，应当参加执业责任保险。

同时，《破产法》对管理人的资格还规定了消极的条件，即具有下列情形之一的，不得担任管理人：(1) 因故意犯罪受过刑事处罚；(2) 曾被吊销相关专业执业证书；(3) 与本案有利害关系；(4) 人民法院认为不宜担任管理人的其他情形。

2. 管理人的职责

管理人应履行下列职责：

(1) 接管债务人的财产、印章、账簿和文书等资料；

(2) 调查债务人财产状况，制作财产状况报告；

(3) 决定债务人的内部管理事务；

(4) 决定债务人的日常开支和其他必要开支；

(5) 在第一次债权人会议召开之前，决定继续或者停止债务人的营业；

(6) 管理和处分债务人的财产；

(7) 代表债务人参加诉讼、仲裁或者其他法律程序；

(8) 提议召开债权人会议；

(9) 人民法院认为管理人应当履行的其他职责。

《破产法》对管理人的职责另有规定的，适用其规定。

3. 管理人的权利与义务

(1) 管理人的权利：管理人经法院许可有聘任必要的工作人员的权利和报酬请求权。管理人的报酬是由法院决定的，确定管理人报酬的办法由最高人民法院决定。债权人会议对于管理人的报酬有权向法院提出异议，债权人会议只享有异议权，而不是决定权。对于管理人执行职务的费用、报酬以及聘用工作人员的费用，都属于破产费用，由债务人的财产支付。

(2) 管理人的义务：管理人在破产程序启动以后，有以下义务：勤勉尽责，忠实执行职务；向人民法院报告工作，并接受债权人会议和债权人委员会的监督；列席债权人会议，向债权人会议报告职务执行情况，并回答询问；管理人没有正当理由不得辞去职务，管理人辞去职务应当经人民法院许可。

(三) 通 知 和 公 告

人民法院受理破产案件后，应自裁定受理破产申请之日起 25 日内通知已知债权人，并发布公告。公告除了在受理破产案件的人民法院公告栏内张贴外，还应根据案情(如债权人所分布的区域、破产财产所在的区域等)在地方或全国性的报刊上登载。公告的作用在于向未知的债权人以及无法通知的已知债权人发布通知，使社会上所有与此案有关的债权人都有平等参与破产诉讼的机会，从而获得公平的清偿。通知和公告的事项包括：

(1) 申请人、被申请人的名称或者姓名；

(2) 人民法院受理破产申请的时间；

(3) 申报债权的期限、地点和注意事项；

(4) 管理人的名称或者姓名及其处理事务的地址；

(5) 债务人或者财产持有人应当向管理人清偿债务或者交付财产的要求；

(6) 第一次债权人会议召开的时间和地点；

(7) 人民法院认为应当通知和公告的其他事项。

（四）受理的法律后果

人民法院受理破产申请，意味着破产程序的开始。破产程序开始后，债务人的财产进入保全状态，债权人的权利行使也受到约束。

1. 对债务人的法定代表人及有关人员的约束

自人民法院受理破产申请的裁定送达债务人之日起至破产程序终结之日，债务人的法定代表人以及经人民法院决定的企业财务管理人员和其他经营管理人员承担下列义务：

(1) 妥善保管其占有和管理的财产、印章和账簿、文书等资料；

(2) 根据人民法院、管理人的要求进行工作，并如实回答询问；

(3) 列席债权人会议并如实回答债权人的询问；

(4) 未经人民法院许可，不得离开住所地；

(5) 不得新任其他企业的董事、监事、高级管理人员。

2. 对债务人的约束

人民法院受理破产申请后，债务人对个别债权人的债务清偿无效。

3. 对第三人的约束

(1) 人民法院受理破产申请后，债务人或财产持有人应当向管理人清偿债务或交付财产。

(2) 人民法院受理破产申请后，管理人对破产申请受理前成立而债务人和对方当事人均未履行完毕的合同有权决定解除或继续履行，并通知对方当事人。

4. 对其他民事程序的影响

(1) 人民法院受理破产申请后，有关债务人财产的保全措施应当解除，执行程序应当中止。

(2) 人民法院受理破产申请后，已经开始而尚未终结的有关债务人的民事诉讼或者仲裁应当中止；在管理人接管债务人的财产后，该诉讼或者仲裁继续进行。

(3) 有关债务人的民事诉讼，只能向受理破产申请的人民法院提起。

实训与练习　✍

实训目的：通过案例分析增强学生对企业破产以及破产程序相关知识的理解，同时提升学生运用所学法律知识分析解决问题的能力。

背景资料：某地方国营机电设备总厂因产品式样陈旧、功能单一，其市场竞争能力每况愈下，拖欠上游企业和下游企业的货款达 3500 万元，拖欠职工工资 750 万元，拖欠税款 600 万元，总负债达 6000 万元，而净资产只有 1200 万元，该厂认为债务负担太重，不可能继续经营下去了，面对这每天络绎不绝的债权人追索，该厂决定以破产的方式关闭企业，于是向企业所在地的人民法院申请破产。根据我国《破产法》的规定，该厂能否申请破产，如果申请该厂需要向法院提交哪些文件？

实训方法：小组讨论法。

实训内容：根据背景资料进行小组内部讨论并形成答案、小组代表进行汇报。教师对各组表现进行点评。

第三节 债权人会议

一、债权申报

(一) 债权申报的期限

债权申报，是指债务人的债权人在接到人民法院的破产申请受理裁定通知或者公告后，在人民法院确定的债权申报期限内向管理人申请登记债权，以取得破产债权人地位的行为。

人民法院受理破产申请后，应当确定债权人申报债权的期限。债权申报期限自人民法院发布受理破产申请公告之日起计算，最短不得少于 30 日，最长不得超过 3 个月。

在人民法院确定的债权申报期限内，债权人未申报债权的，可以在破产财产最后分配前补充申报；但是，此前已进行的分配，不再对其补充分配。为审查和确认补充申报债权的费用，由补充申报人承担。债权人未按照本法规定申报债权的，不得行使债权人的权利。

(二) 债权申报范围及特别规定

破产案件受理前成立的对债务人的债权，均为可申报的债权，有财产担保和无财产担保的债权均在申报之列。

(1) 未到期的债权，在破产申请受理时视为到期。

(2) 附利息的债权自破产申请受理时起停止计息。

(3) 附条件、附期限的债权和诉讼、仲裁未决的债权，债权人可以申报。

(4) 债务人所欠职工的工资和医疗、伤残补助、抚恤费用，所欠的应当划入职工个人账户的基本养老保险、基本医疗保险费用，以及法律、行政法规规定应当支付给职工的补偿金，不必申报，由管理人调查后列出清单并予以公示。职工对清单记载有异议的，可以要求管理人更正；管理人不予更正的，职工可以向人民法院提起诉讼。

(5) 连带债权人可以由其中一人代表全体连带债权人申报债权，也可以共同申报债权。

(6) 债务人的保证人或者其他连带债务人已经代替债务人清偿债务的，以其对债务人的求偿权申报债权。债务人的保证人或者其他连带债务人尚未代替债务人清偿债务的，以其对债务人的将来求偿权申报债权。但是，债权人已经向管理人申报全部债权的除外。

(7) 连带债务人数人被裁定适用《企业破产法》规定的程序的，其债权人有权就全部债权分别在各破产案件中申报债权。

(8) 管理人或者债务人依照《企业破产法》规定解除合同的，对方当事人以因合同解除所产生的损害赔偿请求权申报债权。

(9) 债务人是委托合同的委托人，被裁定适用《企业破产法》规定的程序，受托人不知该事实，继续处理委托事务的，受托人以由此产生的请求权申报债权。

(10) 债务人是票据的出票人，被裁定适用《企业破产法》规定的程序，该票据的付款人继续付款或者承兑的，付款人以由此产生的请求权申报债权。

（三）申报方式

债权人申报债权时，应当书面说明债权的数额和有无财产担保，并提交有关证据。申报的债权是连带债权的，应当说明。

（四）债权表的编制

管理人收到债权申报材料后，应当登记造册，对申报的债权进行审查，并编制债权表。债权表和债权申报材料由管理人保存，供利害关系人查阅。

债权表应当提交第一次债权人会议核查。债务人、债权人对债权表记载的债权无异议的，由人民法院裁定确认。债务人、债权人对债权表记载的债权有异议的，可以向受理破产申请的人民法院提起诉讼。

二、债权人会议

（一）债权人会议及组成

1．债权人会议的概念

债权人会议，是破产程序中全体债权人的自治性组织，是债权人行使破产参与权的场所。债权人会议是全体债权人参加破产程序并集体行使权利的决议机构，其职能是使全体债权人成为一个整体，对内协调和形成全体债权人的共同意思，对外通过对破产程序的参与、决策和监督来实现全体债权人的破产参与权。

2．债权人会议的组成和表决权

依法申报债权的债权人为债权人会议的成员，有权参加债权人会议，享有表决权。债权人可以委托代理人出席会议，行使表决权。

(1) 债权尚未确定的债权人，除人民法院能够为其行使表决权而临时确定债权额的之外，不得行使表决权；

(2) 对债务人的特定财产享有担保权的债权人，未放弃优先受偿权利的，其对通过和解协议和破产财产的分配方案的事项不享有表决权。

债权人会议设主席一人，由人民法院从有表决权的债权人中指定，负责召集和主持债权人会议。

（二）债权人会议的召集和职权

1．债权人会议的召集

第一次债权人会议由人民法院召集，自债权申报期限届满之日起 15 日内召开。人民法院在通知和公告中应当规定第一次债权人会议召开的时间和地点。

以后的债权人会议，在人民法院认为必要时，或者管理人、债权人委员会、占债权总额 1/4 以上的债权人向债权人会议主席提议时召开。

召开债权人会议，管理人应当提前 15 日将会议的时间、地点、内容等事项通知已知的债权人。

2. 债权人会议的职权

(1) 核查债权；

(2) 申请人民法院更换管理人，审查管理人的费用和报酬；

(3) 监督管理人；

(4) 选任和更换债权人委员会成员；

(5) 决定继续或者停止债务人的营业；

(6) 通过重整计划；

(7) 通过和解协议；

(8) 通过债务人财产的管理方案；

(9) 通过破产财产的变价方案；

(10) 通过破产财产的分配方案；

(11) 人民法院认为应当由债权人会议行使的其他职权。

债权人会议应当对所议事项的决议作成会议记录。

(三) 债权人会议的决议

1. 决议规则

债权人会议的决议，出出席会议的有表决权的债权人过半数通过，并且其所代表的债权额占无财产担保债权总额的 1/2 以上。但是，通过和解协议，需由出席会议的有表决权的债权人过半数通过，并且其所代表的债权额占无资产担保债权总额的 2/3 以上。债权人会议通过重整计划草案，依照债权分类分组表决，出席会议的同一表决组的债权人过半数通过重整计划草案并且其所代表的债权额占该组已确定债权总额的 2/3 以上的，即为该组通过重整计划草案；各表决组均通过重整计划草案时，重整计划即为通过。

债权人会议的决议，对全体债权人均有法律约束力。

2. 决议的异议

债权人认为债权人会议违反法律规定的，债权人认为债权人会议的决议违反法律规定，损害其利益的，可以自债权人会议作出决议之日起 15 日内，请求人民法院裁定撤销该决议，责令债权人会议依法重新作出决议。

3. 人民法院的裁定权

经债权人会议的表决，对于有些事项无法达成决议的，《企业破产法》赋予人民法院最终决定权。

《企业破产法》规定，经债权人会议表决，如果债务人财产管理方案和破产财产的变价方案未能通过的，对于破产财产的分配方案，经债权人会议二次表决仍未通过的，由人民法院裁定。债权人对人民法院裁定不服的，可以自裁定宣布之日起或者收到通知之日起 15 日内向人民法院申请复议。复议期间不停止裁定的执行。

典型案例

债 权 人 会 议

甲机械厂是某市的国有企业。该厂始建于 1990 年，至 2004 年，由于市场竞争日趋激烈而企业的管理又很混乱，加上工厂多年来积累的一系列问题无法解决，工厂的效益越来越差，2004 年底，企业的资产及债权为 5000 万元，负债却高达 8000 万元。2005 年 2 月，该厂因严重资不抵债，不能清偿到期债务，向市法院申请破产。法院于 2 月 28 日受理本案后，3 月 10 日发出公告，在公告中通知第一次债权人会议于 2005 年 5 月 20 日召开，并向已知的债权人发出了 3 个月内申报债权的通知和第一次债权人会议召开的日期。2005 年 5 月 20 日，第一次债权人会议如期召开，由市法院的法官主持。法院指定债权人乙(有表决权)为债权人会议的主席。到会的债权人讨论和审查了各债权人申报的债权及有关证据，并确认了各债权有无担保及其数额。对于财产的处理和分配方案，由于争议较大，决定下次债权人会议继续讨论。5 月 23 日，第一次债权人会议结束。

(资料来源：http://www.docin.com/p-641120419.html)

【问题】

1．本案中债权人会议召开的时间是否符合规定？

2．债权人会议由谁召集？结合本案进行分析。

【分析】

1．第一次债权人会议应该在债权申报期限届满之日起 15 日内召开，本案时间不正确。

2．第一次债权人会议由人民法院召集。

三、债权人委员会

《企业破产法》规定了债权人委员会制度，由债权人委员会作为债权人会议的代表对破产程序实行监督。

债权人会议可以决定设立债权人委员会。债权人委员会由债权人会议选任的债权人代表和一名债务人的职工代表或者工会代表组成。债权人委员会成员不得超过 9 人。

设立债权人委员会并不是法定的强制程序，是否设立，完全由债权人会议决定。债权人委员会成员应经法院书面决定认可。

债权人委员会行使下列职权：(1) 监督债务人财产的管理和处分；(2) 监督破产财产分配；(3) 提议召开债权人会议；(4) 债权人会议委托的其他职权。债权人委员会执行职务时，有权要求管理人、债务人的有关人员对其职权范围内的事项作出说明或者提供有关文件。管理人、债务人的有关人员拒绝接受监督的，债权人委员会有权就监督事项请求人民法院作出决定。

在第一次债权人会议召开之前，管理人实施下列行为时，应当及时报告债权人委员会：

(1) 涉及土地、房屋等不动产权益的转让；

(2) 探矿权、采矿权、知识产权等财产权的转让；

(3) 全部库存或者营业的转让；

(4) 借款；

(5) 设定财产担保；

（6）债权和有价证券的转让；

（7）履行债务人和对方当事人均未履行完毕的合同；

（8）放弃权利；

（9）担保物的取回；

（10）对债权人的利益有重大影响的其他财产处分行为。

未设立债权人委员会的，管理人实施上述行为应当及时报告人民法院。

实训与练习 ☞

实训目的：通过案例分析增强学生对企业破产以及破产程序相关知识的理解，同时提升学生运用所学法律知识分析解决问题的能力。

背景资料：2013 年 5 月 6 日甲市国有企业甲市机械设备厂由于经营管理不善，不能清偿到期债务，设备厂厂长决定向本企业所在区的人民法院申请宣告破产。法院在征得其上级主管部门同意并受理后，召集并主持了债权人会议，该企业的最大债权人是乙市的贸易公司，法院指定有财产担保未放弃优先受偿权的债权人丙担任债权人会议主席。此后经一段时间的审理，法院作出裁定宣告该国有企业破产，破产企业由其上级主管部门接管并进行清算活动。

问题：

1．该国有企业破产过程中，共有几处违法？

2．具体分析有哪些地方不符合国有企业的破产程序？

实训方法：小组讨论法。

实训内容：根据背景资料进行小组内部讨论并形成答案、小组代表进行汇报。教师对各组表现进行点评。

第四节　重整与和解

破产是商品经济条件下在债务人财务状况恶化时不得已而采用的消极的债务消灭方式。对债权人而言，破产案件处理时间长、分配比例低，损失惨重；对债务人来讲，宣告破产后将丧失法律主体资格；对社会经济而言，因债务人尤其是企业破产，政府和社会不仅丧失了来自于该企业的财税来源，而且因大量失业人口的存在，除增加政府财政负担外，还会给社会带来政治阴影。

为预防和减少破产可能给债权人、债务人及社会经济所带来的负面影响，尽量挽救有复苏希望的企业，我国设立了重整与和解制度。重整与和解制度是要给严重亏损、资不抵债的企业提供一个起死回生的机会，但是重整与和解程序并不是我国破产制度中的必经程序。

典型案例 📚

雅新公司重整案

雅新电子公司于 2002 年 4 月在苏州吴中区注册成立，注册资本为人民币 2 亿元，其最终控股母公司为雅新(台湾)实业股份有限公司。2007年5月，因公告上年度的财务报表存在潜在错误，台湾雅新公司被台湾证券交易所宣布停牌(停止股票交易)。之后，台湾法院作出裁定：台湾雅新破产重整，并限制台湾雅新公司，同时也是苏州雅新公司的法定代表人离开台湾。苏州雅新电子公司也遭了殃，失去掌舵人，同时带来一系列不良连锁效应：银行清收贷款、供应商停止供料、客户解除订单、工人恐慌、债权人闻声纷纷上门索债，公司这时才恍然发现，自己已经负债6.1亿，而现有资产只有1.2亿，不仅处于资不抵债境地，而且未来公司经营前景暗淡、财务状况堪忧。仅2007年一年吴中区法院就受理了雅新公司作为被告的案件16起。在所有的债权人当中，银行是最大的债权人。如果是破产清算，最多只能收回20%，银行债权无法清收，由此将带来地区融资额度大幅削减的负效应。包括中国银行苏州吴中支行在内的15家银行共向两家公司贷款5亿元(含有财产担保贷款5000万元)。此外，当时企业的职工共有3000多人。破产后造成职工大量失业，大量劳动争议引发纠纷，这些都将产生社会不稳定因素。

在法院的协调下，原申请银行撤回了对该公司的破产申请，重新申请对两公司重整。2008年4月25日，吴中法院收到重整的申请后，公告招聘管理人。4月29日法院裁定受理，同时指定通过媒体公告征集的国际四大会计事务所之一，安永华明会计事务所上海分所作为该公司的重整管理人。对此，原企业法定代表人提出异议，认为既然不破产了，就应该由企业原企业法定代表人负责企业重整，但没有得到法院批准。2008年6月28日，法院召开第一次债权人会议，核查确认了该公司债权人的所有有效债权，包括5亿元贷款、6000万元所欠货款，拖欠职工工资2000万元、税款3000万元。另查明某公司欠雅新电子公司3000万元(以及利息10万元)已到期未还。

重整管理人进驻公司后，先后在华尔街日报亚洲版、南华早报、中国日报等媒体上发布引进投资者广告。通过评估，最终选定Tiger Builder公司为投资人，该公司的投资者为卢耀普。10月2日，该公司提出了重整思路：通过变更股权，切断苏州雅新与台湾雅新以及其他关联公司的联系，杜绝苏州雅新的资金和利益输出，形成"线路板生产电子组装实验室"的经营模式。《重整计划草案》规定，公司的债务清偿率达到100%！公司将在今后两、三年内依照员工工资、税款、普通债权中的小额债权、普通债权和银行债权的顺序清偿所有债权。

2008年11月9日,第二次债权人会议对重整计划草案进行了讨论和表决后，吴中法院批准通过了该公司的《重整计划草案》并予以公告。

截至2008年年底，收回应收账款7000多万元，在整个重整阶段，该公司没有新增债务，支付维持雅新公司正常运行的应付账款500多万元，并交付了欠缴的社保金400多万元，公司走上正常运行轨道。有股东提出，公司盈利了，应该先按照公司章程分配利润，剩余利润再用于还债。

2009年第一季度，这家公司的生产、销售和财务状况明显改善。"有订单，就有信心。"雅新电子(苏州)有限公司、雅新线路板(苏州)有限公司的CEO卢耀普说："苏州雅新重组案是国内首例将重整制度成功运用于非上市大型企业的案例，是目前国内所有重整案中，唯一没有安排债权人削债的案件，最大限度地保护了金融债权和地方稳定。"

(资料来源：http://www.legaldaily.com.cn/)

一、重整

重整是指不对无偿付能力的债务人的财产立即清算，而在法院的主持下制定重整计划，规定在一定期限内，债务人按一定方式全部或部分清偿债务，同时债务人可以继续经营其业务的制度。

（一）重整申请

1．重整申请

债务人尚未进入破产程序时，债务人或债权人可以直接向法院申请对债务人进行重整。债权人申请对债务人进行破产清算的，在人民法院受理破产申请后，宣告债务人破产前，债务人或出资额占债务人注册资本 1/10 以上的出资人，可以向法院申请重整。

人民法院经审查认为重整申请符合规定的，应当裁定债务人重整，并予以公告。

2．申请重整的原因

《企业破产法》第 2 条对重整的条件做出了限制，一是债务人符合破产清算条件的可以申请重整。二是债务人有明显丧失清偿能力可能的可以申请重整。

（二）重整期间

自人民法院裁定债务人重整之日起至重整程序终止，为重整期间。

1．重整期间债务人的财产管理和营业事务

在重整期间，经债务人申请，人民法院批准，债务人可以在管理人的监督下自行管理财产和营业事务；管理人直接负责财产管理和营业事务，但聘任债务人的经营管理人员负责营业事务。

2．财产权的限制

在重整期间，对债务人的特定财产享有的担保权暂停行使。但是，担保物有损坏或者价值明显减少的可能，足以危害担保权人权利的，担保权人可以向人民法院请求恢复行使担保权。债务人或者管理人为继续营业而借款的，可以为该借款设定担保。

在重整期间对取回权的行使，《企业破产法》第 76 条规定，"债务人合法占有的他人财产，该财产的权利人在重整期间要求取回的，应当符合事先约定的条件。"

在重整期间，债务人的出资人不得请求投资收益分配。债务人的董事、监事、高级管理人员不得向第三人转让其持有的债务人的股权。但是，经人民法院同意的除外。

（三）重整计划的制订

《企业破产法》第 80 条规定，债务人自行管理财产和营业事务的，由债务人制作重整计划草案。管理人负责管理财产和营业事务的，由管理人制作重整计划草案。

债务人或者管理人应当自人民法院裁定债务人重整之日起 6 个月内，同时向人民法院和债权人会议提交重整计划草案。期限届满，有正当理由的，经债务人或管理人请求，人民法院可以裁定延期 3 个月。

债务人或者管理人未按期提出重整计划草案的，人民法院应当裁定终止重整程序，并宣告债务人破产。

重整计划草案的内容包括：债务人的经营方案；债务分类；债权调整方案；债权受偿方案；重整计划的执行期限；重整计划执行的监督期限；有利于债务人重整的其他方案。

（四）重整计划草案的表决和批准

1．重整计划草案的表决

为了加大重整计划草案的可行性，增加重整计划草案顺利获得通过的几率，《企业破产法》规定，对重整计划草案的通过，采用债权人会议分组讨论通过的方式。这样，使债务人可以根据不同的债权性质和数额作出切合债权人实际需要和要求的计划方案，切实保护各个债权人的利益。

表决按照债权分类分组进行。重整计划中的债权分类为：① 对债务人的特定财产享有担保权的债务；② 劳动债权，具体包括债务人所欠职工的工资和医疗、伤残补助、抚恤费用，所欠的应当划入职工个人账户的基本养老保险、基本医疗保险费用，以及法律、行政法规规定应当支付给职工的补偿金；③ 税费；④ 普通债权。

人民法院在必要时可以决定在普通债权组中设小额债权组对重整计划草案进行表决．《企业破产法》规定重整计划草案涉及出资人权益调整事项的，还应当设立出资人组进行表决。

人民法院应当自收到重整计划草案之日起 30 日内召开债权人会议，对重整计划草案进行表决。出席会议的同一表决组的债权人过半数同意重整计划草案，并且其所代表的债权额占该组债权总额的 2/3 以上的，即为该组通过重整计划草案。

各表决组均通过重整计划草案时，重整计划即为通过。部分表决组未通过重整计划草案的，债务人或者管理人可以同未通过重整计划草案的表决组协商，该表决组可以在协商后再表决一次，但双方协商结果不得损坏其他表决组的利益。

2．重整计划草案的批准

重整计划的批准，分为一般情况下的批准和特殊情况下的批准两种。

一般情况下的批准是自重整计划通过之日起 10 日内，债务人或者管理人应当向人民法院提出批准重整计划的申请。人民法院经审查认为符合规定的，应当自收到申请之日起 30 日内裁定批准，终止重整程序，并予以公告。重整计划开始执行。

特殊情况下的批准是指未通过重整计划草案的表决组拒绝再次表决或者再次表决仍未通过重整计划草案，但重整计划草案符合下列法律规定的条件的，债务人或者管理人可以申请人民法院批准重整计划草案。

(1) 担保债权将获得全额清偿，其延期清偿所受的损失将得到公平补偿且担保权未受实质性损害，或者该表决组应经通过重整计划草案；

(2) 劳动债权和债务人所欠税款将获得全额清偿，或者相应表决组已经通过重整计划草案；

(3) 普通债权的清偿比例不低于其在重整计划草案被提请批准时依照破产清算程序所能获得的清偿比例，或者该表决组已经通过重整计划草案；

(4) 对出资人权益的调整公平、公正，或者出资人组已经通过了重整计划草案；

(5) 公平对待同一表决组的成员，并且所规定的债权清偿顺序不违反规定的清偿顺序；

(6) 债务人的经营方案具有可行性。

（五）重整计划的执行

重整计划由债务人负责执行。管理人在重整计划执行期间，履行监督职责。在监督期间，债务人应当向管理人报告重整计划的执行情况和债务人的财产情况。监督期满，管理人应当向人民法院提交监督报告。重整计划的利害关系人有权查阅监督报告。

人民法院裁定批准的重整计划，对债务人和全体债权人均有约束力。债权人未依照规定申报债权的，在重整计划执行期间不得行使权利；在重整计划执行完毕后，可以按照重整计划规定的同类债权的清偿条件行使权利。债权人对债务人的保证人和其他连带债务人所享有的权利，不受重整计划的影响。

（六）重整程序的终止

依照《企业破产法》的规定，具有下列情形之一的，人民法院应当裁定终止重整程序，并宣告债务人破产。

(1) 在重整期间，债务人的经营状况和财产状况继续恶化，缺乏挽救的机会；或者债务人有欺诈、恶意减少债务人财产或者其他显著不利于债权人的行为；或者由于债务人的行为致使管理人无法执行职务，经管理人或利害关系人请求的；

(2) 债务人不能执行或者不执行重整计划的，人民法院经管理人或者利害关系人请求；

(3) 债务人或者管理人未按期提出重整计划草案；

(4) 重整计划草案未获通过；

(5) 重整计划草案未获人民法院批准。

二、和解

和解是达到破产界限的债务人，为了避免受破产宣告或破产分配，经与债权人会议磋商，就延期清偿或减免债务等事项达成协议，经法院认可后生效的法律程序。和解是为了暂时缓解债务人的压力，克服和避免破产制度所不能克服的弊端而创设的一种程序制度，也是一项债务清理制度。

（一）和解的提出和受理

依照《企业破产法》的规定，债务人在达到破产界限时可以直接向人民法院申请和解；也可以在人民法院受理破产申请后、宣告债务人破产前，向人民法院申请和解。

债务人申请和解，应当提出和解协议草案。法院审查认为和解申请符合规定的，应当裁定和解，予以公告，并召集债权人会议讨论和解协议草案。对债务人的特定财产有担保权的债权人，自人民法院裁定和解之日起可以行使权利。

（二）和解协议的通过及裁定

和解协议需由债权人会议通过，并经人民法院裁定认可才能生效。

债权人会议通过和解协议的决议，由出席会议的有表决权的债权人过半数同意，并且其所代表的债权额占无财产担保债权总额的 2/3 以上。

债权人会议通过和解协议的，由人民法院裁定认可，终止和解程序，并予以公告。

和解协议草案经债权人会议表决未获得通过，或者已经债权人会议通过的和解协议未获得人民法院认可的，人民法院应当裁定终止和解程序，并宣告债务人破产。

（三）和解协议的效力

经人民法院裁定认可的和解协议，对债务人和全体和解债权人均有约束力。债务人应当按照和解协议规定的条件清偿债务。和解债权人未依照规定申报债权的，在和解协议执行期间不得行使权利；在和解协议执行完毕后，可以按照和解协议规定的清偿条件行使权利。

和解债权人对债务人的保证人和其他连带债务人所享有的权利，不受和解协议的影响。

和解协议无强制执行效力，如债务人不履行协议，债权人不能请求人民法院强制执行，只能请求人民法院终止和解协议的执行，宣告其破产。

因债务人的欺诈或者其他违法行为而成立的和解协议，人民法院应当裁定无效，并宣告债务人破产。和解债权人因执行和解协议而受的清偿，在其他债权人所受清偿同等比例的范围内，不予返还。

（四）和解协议的终止

和解协议执行完毕，自行终止。按照和解协议减免的债务，自和解协议执行完毕时，债务人不再承担清偿责任。

债务人不能执行或者不执行和解协议的，人民法院经和解债权人请求，应当裁定终止和解协议的执行，并宣告债务人破产。债务人不能执行或者不执行和解协议的行为有下述几种：

(1) 拒不执行或者延迟执行和解协议；

(2) 财务状况继续恶化，足以影响执行和解协议；

(3) 给个别债权人和解协议以外的特殊利益；

(4) 转移财产、隐匿或私分财产；

(5) 非正常压价出售财产、放弃自己的债权；

(6) 对原来没有财产担保的债务提供财产担保、对未到期的债务提前清偿等行为。

和解债权人在和解协议中关于债权调整的承诺失去效力，所受清偿仍然有效，未受清偿的部分作为破产债权。受清偿的债权人只有在其他债权人所受破产财产分配同自己所受清偿达到同一比例时，才能继续接受分配。第三人为和解协议的执行提供的担保继续有效。

人民法院受理破产申请后，债务人与全体债权人就债权债务的处理自行达成协议的，可以请求人民法院裁定认可，并终结破产程序。

实训与练习

实训目的：通过案例分析增强学生对破产企业重整以及和解相关知识的理解，同时提升学生运用所学法律知识分析解决问题的能力。

背景资料：本节典型案例。

结合本案例分析下列问题：

(1) 企业在什么情况下才能被申请重整？由谁来申请？

(2) 法院没有批准原企业法定代表人负责重整的要求是否违法？

(3) 公司提出重整计划草案的时间是否超过了法定期限？

(4) 如果第二次债权人会议未通过重整计划草案，人民法院应该怎么办？

(5) 在重整期间，有股东提出应该先按照公司章程分配利润，是否有法律依据？

(6) 如果未进入重整程序而被宣告破产，而且假设破产费用和共益债务为 10 万元，银行能获得多少赔偿？

实训方法： 小组讨论法。

实训内容： 根据背景资料进行小组内部讨论并形成答案、小组代表进行汇报。教师对各组表现进行点评。

第五节　破产宣告与破产清算

一、破产宣告

（一）破产宣告的概念及条件

破产宣告，是指人民法院在确认债务人已符合法定破产条件后，依照法定程序以裁定形式宣告债务人破产的司法行为。

破产宣告意味着破产程序进入了实质性阶段。无论债权人申请破产，还是债务人申请破产，只是破产程序开始的一个前提条件。法院宣告企业破产后，原债务人的法人资格已经丧失，并且不可能再进行破产企业的重整与和解，其一切民事活动均由管理人来承担。破产宣告的裁定一经作出，便开始了破产企业的资产的清算、变价等活动，并要确定破产财产和破产债权的范围。因此，破产宣告是破产案件无可逆转地进入清算程序、债务人无可挽回地陷入破产倒闭的标志。

根据《破产法》的规定，有下列情形之一的，人民法院应当以书面裁定宣告债务人企业破产：

(1) 企业不能清偿到期债务，又不具备法律规定的不予宣告破产条件的；

(2) 企业被人民法院依法裁定终止重整程序的；

(3) 人民法院依法裁定终止和解协议执行的。

人民法院依法宣告债务人破产的，应当自裁定作出之日起 5 日内送达债务人和管理人，自裁定作出之日起 10 日内通知已知债权人，并予以公告。破产宣告的裁定不能上诉，自作出之日起生效。破产案件转入破产清算程序。

（二）破产宣告的效力

破产宣告对于破产企业来讲，就是破产案件进入了破产清算程序。它会对债权人、债务人及第三人等产生一系列的法律后果。

1. 对债务人的效力

(1) 破产企业自宣告破产之日起由债务人成为破产人。在宣告破产前破产的企业称谓为债务人，宣告破产后变成了破产人，其身份发生了本质变化。

(2) 人民法院宣告破产后，破产人应当停止生产经营活动，但人民法院或者管理人认为确有必要继续生产经营的除外。

(3) 债务人的财产成为破产财产，即成为归清算人占有、支配并用于破产分配的财产；债务人丧失对财产和事务的管理权，其权利由管理人全面接管。

(4) 破产人在破产宣告前所为的损害债权人利益的不当行为无效或被撤销。

2. 对债权人的效力

(1) 破产宣告使无财产担保的债权人成为破产债权人。债权只能通过参加破产程序受偿，任何个别的索偿行为都被禁止。

(2) 未到期的债权视为到期，但应减去未到期期间的利息。

(3) 有财产担保的债权人可以随时由担保物获得清偿。

(4) 无担保债权人依破产分配方案获得清偿。

3. 对第三人的效力

破产宣告后，与破产人有其他民事关系的第三人，应按照其民事关系的性质享受相应的权利或承担相应的义务。

(1) 破产人占有的属于他人的财产，其权利人有权取回。

(2) 破产人的债务人和财产持有人只能向清算人清偿债务或者交付财产。

(3) 破产人的开户银行在破产宣告后，只能将破产人的银行账户供管理人使用。

(4) 破产无效行为的受益人，应当返还其受领的利益。

二、破产财产

(一) 破产财产及构成

破产财产，是指在破产宣告后，可以依法对债权人的债权进行清偿的破产企业的财产。破产财产由下列财产构成：

(1) 宣告破产时破产企业经营管理的全部财产；

(2) 破产企业在破产宣告后至破产程序终结前所取得的财产；

(3) 应当由破产企业行使的其他财产权利。

另外，己作为担保物的财产不属于破产财产；担保物的价款超过其所担保的债务数额的，超过部分属于破产财产。破产宣告时破产企业未到期的债权，以到期债权列入破产财产，但是应当减去未到期的利息及其他损失。

(二) 与确定破产财产有关的几项权利

1. 撤销权

撤销权是指因债务人实施的减少债务人财产的行为危及债权人的债权时，管理人可以请求人民法院撤销该行为的权利。

《企业破产法》中规定管理人可以申请人民法院撤销和宣告无效的行为主要有三类：

(1) 人民法院受理破产申请前 1 年内，涉及债务人财产的下列行为，管理人有权请求人民法院予以撤销：① 无偿转让财产的。② 以明显不合理的价格进行交易的。③ 对没有财产担保的债务提供财产担保的。④ 对未到期的债务提前清偿的。⑤ 放弃债权的。

(2) 人民法院受理破产申请前 6 个月内，债务人有不能清偿到期债务，并且资产不足以清偿全部债务或者明显缺乏清偿能力的情形，仍对个别债权人进行清偿的，管理人有权请求人民法院予以撤销。

(3) 涉及债务人财产的下列行为无效：

① 为逃避债务而隐匿、转移财产的。② 虚构债务或者承认不真实的债务的。无效行为自始无效，即行为从实施时起就没有法律约束力。

通过上述被撤销或宣告无效行为而取得的债务人的财产，管理人有权予以追回。对于已领受债务人财产的第三人，应负有返还财产的义务，原物不存在时，应折价赔偿。

2. 抵消权

债权人在破产申请受理前对债务人负有债务的，可以向管理人主张抵消的权利。根据这一规定，破产债权人在破产宣告前对破产企业负有债务的，无论是否已到清偿期限，无论债务的标的、给付的种类是否相同，均可在破产分配公告前主张抵消。

但是，有下列情形之一的不得抵消：债务人在破产申请受理后取得他人对债务人的债权的；债权人已知债务人有不能清偿到期债务或者破产申请的事实，对债务人负担债务的，但是，债权人因为法律规定或者有破产申请 1 年前所发生的原因而负担债务的除外；债务人的债务已知债务人有不能清偿到期债务或者破产申请的事实，对债务人取得债权的，但是，债务人的债务人因为法律的规定或者有破产申请 1 年前所发生的原因而取得债权的除外。

3. 追回权

追回权是指在破产申请受理前的法定时间内实施的，违反公平清偿原则并有损于债权人共同利益而处分的财产，依法应由管理人通过向人民法院申请，予以追回该财产的一种权利。

管理人有权追回的财产包括：对因债务人实施的撤销行为、无效行为而取得的债务人财产或财产权利；对债务人的董事、经理等人员利用职权获取的非正常收入和侵占的财产。此外，根据《企业破产法》第 35 条的规定，人民法院受理破产申请后，债务人的出资人尚未完全履行出资义务的，管理人应当要求该出资人缴纳所认缴的出资，而不受出资期限的限制。

4. 取回权

取回权是指不属于破产企业所有的财产，但由破产企业占有或使用的，所有人或经营管理人有不依破产程序取回该财产的权利。

《企业破产法》第 38 条规定，人民法院受理破产申请后，债务人占有的不属于债务人的财产，该财产的权利人可以通过管理人取回。但是，法律另有规定的除外。

人民法院受理破产申请时，出卖人已将买卖标的物向作为买受人的债务人发运，债务人尚未收到且未付清全部价款的，出卖人可以取回在运途中的标的物。但是，管理人可以支付全部价款，请求出卖人交付标的物。

5．别除权

别除权是基于担保物权，不依破产程序而优先得到清偿的权利。别除权只是民法上的担保物权在破产程序中的体现，是破产法对担保物权原有之效力与作用的确认，并不是破产法新设或特有的权利。这一权利是相对于破产中无财产担保债权人即普通债权人而言的。

依照我国《企业破产法》的规定，对破产财产享有担保物权的权利人，对该特定财产享有的别除权，是受限制、有条件的。即只有当破产企业在《企业破产法》公布前不存在拖欠职工工资等劳动债权的情况下，别除权人才能享有完整意义上的别除权。否则，劳动债权在破产财产不足以清偿的部分优先于别除权的行使。

担保物的价值低于被担保的债权数额，管理人欲以清偿债务的办法收回担保物，清偿债务的程度只以标的物在当时的市场价值为限，而不必清偿全部债务即可取回标的物，债权未获清偿的部分作为破产债权，依照破产清算程序在破产分配中受偿。如果有财产担保的债权人放弃优先受偿权利，其债权便属于破产债权，担保物也应计入破产财产统一分配。如果破产企业以其财产为他人债务作担保，债权人对破产企业的担保物也享有优先受偿权，但如果放弃权利，则不能作为破产债权受偿。因为其债权是对第三人而并非对破产人设立的，放弃优先受偿权虽然将破产人的担保责任免除，但其债权仍可向原主债务人求偿。如果第三人为破产企业的债务提供财产担保，因担保物不属于破产企业所有，故债权人不享有破产法上的优先受偿权，企业破产后，担保企业应当按照担保合同承担担保责任。

担保物的价值超过所担保的债权数额的，超过部分应作为供分配的破产财产用于破产分配。

三、破产费用和共益债务

（一）破产费用

破产费用是指破产过程中，为保障破产程序(包括破产清算、重整、和解)的顺利进行而支付的费用。

人民法院受理破产申请后发生的下列费用，为破产费用：(1) 破产案件的诉讼费用；(2) 管理、变价和分配债务人财产的费用；(3) 管理人执行职务的费用、报酬和聘用工作人员的费用。

（二）共益债务

共益债务，是指为维护破产利害关系人的共同利益，以破产财产为基础所形成的债务。

人民法院受理破产申请后发生的下列债务，为共益债务：

(1) 因管理人或者债务人请求对方当事人履行双方均未履行完毕的合同所产生的债务。

(2) 债务人财产受无因管理所产生的债务。

(3) 因债务人不当得利所产生的债务。

（4）为债务人继续营业而应支付的劳动报酬和社会保险费用以及由此产生的其他债务。

（5）管理人或者相关人员执行职务致人损害所产生的债务。

（6）债务人财产致人损害所产生的债务。

（三）破产费用和共益债务的清偿

破产费用和共益债务由债务人财产随时清偿。债务人财产不足以清偿所有破产费用和共益债务的，先行清偿破产费用。债务人财产不足以清偿所有破产费用或者共益债务的，按比例清偿。债务人财产不足以清偿破产费用的，管理人应当提请人民法院终结破产程序。人民法院应当自收到请求之日起 15 日内裁定终结破产程序，并予以公告。

四、破产财产的变价和分配

（一）变价

变价是指将破产财产通过拍卖的方式，转变为货币资金，以清偿债权人的债权。

管理人应当及时拟订破产财产变价方案，提交债权人会议讨论通过。

管理人应当按照债权人会议通过的或者人民法院依法裁定的破产财产变价方案，适时变价出售破产财产。

变价出售破产财产应当通过拍卖方式进行，但债权人会议另有决议的除外。

破产企业可以全部或者部分变价出售。企业变价出售时，可以将其中的无形资产和其他财产单独变价出售。

（二）破产财产的分配

1．破产财产的清偿顺序

破产财产在优先清偿破产费用和共益债务后，如果有剩余财产，依照下列顺序清偿：

（1）破产人所欠职工的工资和医疗、伤残补助、抚恤费用，所欠的应当划入职工个人账户的基本养老保险、基本医疗保险费用，以及法律、行政法规规定应当支付给职工的补偿金。

（2）破产人欠缴的除前项规定以外的社会保险费用和破产人所欠税款。

（3）普通破产债权。

前一顺序的债权全额偿还之前，后一顺序的债权不予分配。破产财产不足以清偿同一顺序的清偿要求的，按照比例分配。

破产企业的董事、监事和高级管理人员的工资按照该企业职工的平均工资计算。

典型案例

破产问题财产清偿

2008 年 7 月 1 日，人民法院裁定受理债务人甲公司的破产申请，并指定乙律师事务所担任破产管理人。破产费用合计为 100 万元，共益债务合计为 400 万元，共益债务中，因管理人继续履行与乙公司订立的合同而产生应支付给乙公司的货款共 200 万元，经清算，债务人财产为 200 万元。

【问题】 假设不考虑其他条件，乙公司可以获得清偿额为多少？

【分析】 乙公司可以获得清偿额为 50 万元。根据规定，债务人财产不足以清偿所有破产费用和公益债务的，先行清偿破产费用，债务人财产不足以清偿所有破产费用或者共益债务的，按照比例清偿。由于 200 万元的债务人财产清偿完破产费用 100 万元后不足以清偿所有的共益债务 400 万元，因此应该按照比例清偿，即：200×100/400＝50(万元)。

(资料来源：http://club.topsage.com/thread-188733-1-1.html)

2．分配方案

管理人应当及时拟订破产财产分配方案，提交债权人会议讨论。债权人会议通过破产财产分配方案后，由管理人将该方案提请人民法院裁定认可。破产财产分配方案经人民法院裁定认可后，由管理人执行，具体分配和处分债务人的破产财产。

破产财产分配方案应当载明下列事项：

(1) 参加破产财产分配的债权人的名称或者姓名、住所。

(2) 参加破产财产分配的债权额。

(3) 可供分配的破产财产数额。

(4) 破产财产分配的顺序、比例及数额。

(5) 实施破产财产分配的方法。

管理人按照破产财产分配方案实施多次分配的，应当公告本次分配的财产额和债权额。管理人实施最后分配的，应当在公告中指明。

对于附生效条件或者解除条件的债权，管理人应当将其分配额提存。管理人依照规定提存的分配额，在最后分配公告日，生效条件未成就或者解除条件成就的，应当分配给其他债权人；在最后分配公告日，生效条件成就或者解除条件未成就的，应当交付给债权人。

债权人未受领的破产财产分配额，管理人应当提存。债权人自最后分配公告之日起满 2 个月仍不领取的，视为放弃受领分配的权利，管理人或者人民法院应当将提存的分配额分配给其他债权人。

破产财产分配时，对于诉讼或者仲裁未决的债权，管理人应当将其分配额提存。自破产程序终结之日起满 2 年仍不能受领分配的，人民法院应当将提存的分配额分配给其他债权人。

五、破产程序的终结

破产程序自人民法院受理破产申请时开始，破产程序开始后，发生法律规定的使破产程序继续进行已无必要的，由法院裁定终结破产程序，结束破产案件。

下列情况终结破产程序：(1) 债务人财产不足以清偿破产费用的，管理人应当提请人民法院终结破产程序。(2) 债务人已清偿全部到期债务的。(3) 第三人为债务人提供足额担保或者为债务人清偿全部到期债务的。(4) 破产财产分配完毕，管理人应当提请人民法院裁定终结破产程序。

人民法院应当自收到管理人终结破产程序的请求之日起 15 日内作出是否终结破产程序的裁定。裁定终结的，应当予以公告。

管理人应当自破产程序终结之日起 10 日内，持人民法院终结破产程序的裁定，向破产人的原登记机关办理注销登记。管理人于办理注销登记完毕的次日终止执行职务。但是，存在诉讼或者仲裁未决情况的除外。

破产程序终结后，债权人通过破产分配未能得到清偿的债权不再予以清偿，破产企业未偿清余债的责任依法免除。但是，自破产程序依法终结之日起两年内，有下列情形之一的，债权人可以请求人民法院按照破产财产分配方案进行追加分配：(1) 发现有依照法律规定应当追回的财产的。(2) 发现破产人有应当供分配的其他财产的。有上述规定情形，但财产数量不足以支付分配费用的，不再进行追加分配，由人民法院将其上交国库。

破产人的保证人和其他连带债务人，在破产程序终结后，对债权人依照破产清算程序未受清偿的债权，依法继续承担清偿责任。

知识拓展 📖

破产救济和破产责任

破产救济，是政府对破产企业失业职工进行生活物质帮助，并安排其重新就业的社会制度。为充分保障破产企业职工的合法权益，《企业破产法》规定了以下内容：① 人民法院审理破产案件应当依法保障企业职工的合法权益。② 在破产分配时，将劳动债权，即企业欠职工的工资和医疗、伤残补助、抚恤费用，所欠的应当划入职工个人账户的基本养老保险、基本医疗保险费用，以及法律、行政法规规定应当支付给职工的补偿金等费用作为第一顺序清偿。③ 《企业破产法》公布前的劳动债权，在作为第一受偿顺序以破产企业无担保财产清偿后，仍未得到足额清偿的部分，在破产人的已作为担保的特定财产中，优先于担保权人受偿。④ 劳动债权无须债权申报即可生效，由管理人调查后计入债权表予以公示。职工对清单记载有异议的，可以要求管理人更正；管理人不予更正的，职工可以向让人民法院提起诉讼。⑤ 债权人会议应当有债务人的职工和工会代表参加，对有关事项发表意见。⑥ 债权人委员会中必须有 1 名劳动债权代表。⑦ 在重整计划表决时，劳动债权作为债权分类之一进行表决。

破产责任，是指有关方面违反企业破产法律所应承担的法律责任，包括民事责任、行政责任、刑事责任等。破产责任表现为有关人员造成企业严重亏损、导致企业破产。《企业破产法》规定，企业董事、经理或者其他负责人违反忠于职守、勤勉尽责义务，致使所在企业破产的，应当承担相应的民事责任。构成犯罪的，依法追究刑事责任。有前款规定情形的人员，自破产程序终结之日起三年内不得担任任何企业的董事、监事、高级管理人员。债务人违反企业破产法的规定，拒不向人民法院提交或者提交不真实的财产状况说明、债务清册、债权清册、有关财务会计报告以及职工工资的支付情况和社会保险费用的缴纳情况的，人民法院可以对直接责任人员依法处以罚款，构成犯罪的追究刑事责任。债务人违反本法规定，拒不向管理人移交财产、印章和账簿、文书等资料的，或者伪造、销毁有关财产证据材料而使财产状况不明的，人民法院可以对直接责任人员依法处以罚款，构成犯罪的追究刑事责任。有义务列席债权人会议的债务人的有关人员，经人民法院传唤，无正当理由拒不列席债权人会议的，人民法院可以拘传，并依法处以罚款。债务人的有关人员违反本法规定，拒不陈述、回答，或者作虚假陈述、回答的，人民法院可以依法处以罚款，构成犯罪的追究刑事责任。债务人实施可撤销和无效行为，损害债权人利益的，债务人的法定代表人和其他直接责任人员依法承担赔偿责任。债务人的有关人员违反本法规定，擅自离开住所地的，人民法院可以予以训诫、拘留，可以依法并处以罚款。就管理人而言，管理人未依照企业破产法的规定勤勉尽责、忠实执行职务的，人民法院可以依法处以罚款；管理人若在执行职务的过程中，利用职务的便利或地位，索取、收受贿赂，构成犯罪的，依法追究刑事责任；管理人因玩忽职守或者其他违法行为，造成债权人、债务人或者第三人损失的,应当承担赔偿责任;构成犯罪的追究刑事责任。

实训与练习 ✍

实训目的:通过案例分析增强学生对企业破产清算相关知识的理解,同时提升学生运用所学法律知识分析解决问题的能力。

背景资料:某国有企业资不抵债,不能清偿到期债务,依法被人民法院宣告破产。法院确定了管理人,经管理人确认该企业有以下情况:(1) 该企业的全部财产变价收入为 300 万元;(2) 向中国建设银行信用贷款 66 万元;(3) 其他债权合计为 300 万元;(4) 欠职工工资和法定补偿金 65 万元,欠税款 35 万元;(5) 管理人查明法院受理案件前 3 个月无偿转让作价为 80 万元的财产(不包括在以上变价收入中);(6) 破产费用共 30 万元。

根据以上事实和破产法律制度的规定,分别分析回答下列问题:

(1) 该企业破产财产如何确定?

(2) 该案件破产债权是多少?

(3) 破产清算中破产财产如何分配?

(4) 中国建设银行某支行可以得到多少清偿额?

实训方法:小组讨论法。

实训内容:根据背景资料进行小组内部讨论并形成答案、小组代表进行汇报。教师对各组表现进行点评。

复习思考题

1. 简述破产的概念及破产的条件。
2. 简述破产宣告的效力。
3. 简述重整的程序。
4. 简述债权人会议的职权。
5. 简述破产财产以及与确定破产财产有关的几项权利。
6. 试述破产财产的分配。

第六章

合同法律制度

//////////////////////////

当今社会，合同是从事几乎一切形式商事活动的基本工具。合同法是市场经济的基石，是维护合同当事人合法利益、规制合同当事人合同行为，鉴订合同效力、签订、履行、违约救济的法律依据。《中华人民共和国合同法》(以下简称《合同法》)，1999 年 3 月 15 日第九届全国人民代表大会第二次会议通过，1999 年 10 月 1 日正式实施。

案例导入

是要约还是要约邀请？

某建筑工程公司施工过程中水泥短缺，急需 100 吨水泥。同时向 A 水泥厂和 B 水泥厂发函称："如贵厂有 300 号矿渣水泥现货(袋装)，吨价不超过 1500 元，请求接到信 10 天内发货 100 吨，货到付款，运费由供货方自行承担。"A 水泥厂接信当天回信，表示愿以吨价 1600 元发货 100 吨，并于第 3 天发货 100 吨至建筑工程公司，建筑工程公司于当天验收并接收了货物。B 水泥厂接到要货的信件后，积极准备货源，于接信后第 7 天，将 100 吨袋装 300 号矿渣水泥装车，直接送至某建筑工程公司，结果遭到某建筑工程公司的拒收。理由是：本建筑工程仅需要 100 吨水泥，至于给 B 水泥厂发函，只是进行询问协商，不具有法律约束力。B 水泥厂不服，遂向人民法院提起了诉讼，要求依法处理。

(资料来源：http://blog.renren.com/share/262953827/2329593447)

点拨：建筑工程公司所发函件是要约还是要约邀请？法院能否支持 B 水泥厂的主张？关键点就在于建筑工程公司所发函件的性质。若是要约，法院应当依法认定 B 水泥厂的行为就是承诺，双方合同成立。建筑工程公司应当履行合同收货付款。若是要约邀请，结果相反。本案例涉及合同的主要条款、合同订立步骤、合同成立要件、要约与要约邀请、合同违约及法律救济等内容。需要对本章有一个全面的学习就能很轻松地解决本案纠纷。

学习目标

知识目标：

1. 了解合同的概念、特征及分类；
2. 理解合同成立的条件及合同效力的基本理论；
3. 掌握合同的形式及内容，合同的履行、变更、终止及违约责任的基本原理。

能力目标：

1. 能按照成立合同的条件草拟合同；
2. 能应用合同法的基本原理确定合同的效力；

3. 能处理实践中合同的履行、违约等问题。

第一节　合同及合同法概述

一、合同的概念及特征

合同是平等主体的自然人、法人、其他组织之间设立、变更、终止民事权利义务关系的协议。婚姻、收养、监护等有关身份关系的协议，适用其他法律的规定。合同具有以下特征：

(1) 合同主体的法律地位平等；

(2) 合同是双方或多方的民事法律行为；

(3) 合同是当事人自愿、一致的意思表示；

(4) 合同是以设立、变更、终止财产性民事权利义务关系为目的的民事法律行为。

二、合同的分类

(一) 单务合同与双务合同

根据合同当事人是否互负对待给付义务，合同可分为单务合同与双务合同。

双务合同，即合同当事人互负对待给付义务。商务合同是典型的双务合同。通俗来说就是要收款就要交货(劳务/服务)，要收货(劳务/服务)就得付款。我们常说的没有无义务的权利，也没有无权利的义务，有付出才有所得就是这个道理。

单务合同，即合同当事人一方无对待给付义务，无需付出即可得到。赠与合同是典型的单务合同。例如，A 赠送给 B 一辆车。B 无任何义务，A 负有给付义务。

(二) 诺成合同与实践合同

根据合同的成立是否交付标的物为标准，合同可分为诺成合同与实践合同。

诺成合同又称不要物合同，实践合同的对称。指仅以当事人意思表示一致为成立要件的合同。诺成合同自当事人双方意思表示一致时即可成立，不以一方交付标的物为合同的成立要件，当事人交付标的物属于履行合同，而与合同的成立无关。

实践合同又称要物合同，实物的交付也是合同成立的形式要件。是指除当事人意思表示一致外，还须交付标的物方能成立的合同。诺成合同与实践合同区分之意义在于确定合同是否成立以及标的物风险转移时间。质押、借用、保管、定金、寄存、赠与等都属于实践合同。

(三) 有名合同与无名合同

根据法律上是否规定了一定合同的名称，合同可分为有名合同与无名合同。

有名合同是指法律上或者经济生活习惯上按其类型已确定了一定名称的合同，又称典型合同。《合同法》分则部分规定了 15 类有名合同，有名合同的基本合同类型分别是：买卖合同、供用电、水、气、热力合同、赠与合同、借款合同、租赁合同、融资租赁合同、承揽合同、建设工程合同、运输合同、技术合同、保管合同、仓储合同、委托合同、行纪合同及居间合同。其他法律行政法规也可以确定《合同法》没有规定的类型，这些类型的合同也属于有名合同，如《保险法》规定的保险合同；《担保法》规定的保证合同、抵押合同和质押合同等。有名合同直接适用相关合同规定。

无名合同是指有名合同以外的、尚未统一确定一定名称的合同。无名合同的法律适用，依据《合同法》第 124 条规定"本法分则或者其他法律没有明文规定的合同，适用本法总则的规定，并可以参照本法分则或者其他法律最相类似的规定。"

（四）主合同与从合同

根据合同之间的主从关系，合同可分为主合同与从合同。

主合同是指能够独立存在，不以其他合同的存在为存在条件的合同。

从合同的主要特点在于其附属性，即它不能独立存在，必须以主合同的存在并生效为前提。由于从合同要依赖主合同的存在而存在，所以从合同又被称为"附属合同"。担保合同是典型的从合同。

主合同不能成立，从合同就不能有效成立；主合同被宣告无效或被撤销，从合同也将失去效力；主合同终止，从合同亦随之终止。但从合同不成立或失效，一般并不影响主合同的效力。

【举例】　A 向 B 借款，签订借款合同，为了保证债权的实现，同时签订了担保条款(从合同)。那么，这个案例中，A 是债务人，B 是债权人；借款合同是主合同，担保合同(条款)是从合同。

三、合同法的基本原则

合同法的基本原则是合同法的纲领，它的作用不仅仅表现在某一章节、某一制度，而是贯穿整部合同法。合同法的基本原则有两大作用，其一是指导作用。合同法的基本原则指导立法工作者如何制订各项规定，对审判人员如何适用合同法也起着指导作用。基本原则是正确理解具体条文的关键。基本原则的第二个作用是补充作用。对合同法的某个问题，法律缺乏具体规定时，当事人可以根据基本原则来确定，审判机关可以根据基本原则解决纠纷。

（一）平等、自愿原则

合同法的平等原则指的是当事人的民事法律地位平等，包括订立和履行合同两个方面，一方不得将自己的意志强加给另一方。合同法的自愿原则，既表现在当事人之间，因一方欺诈、胁迫订立的合同无效或者可以撤销，也表现在合同当事人与其他人之间，任何单位和个人不得非法干预。自愿原则是法律赋予的，同时也受到其他法律规定的限制，是在法律规定范围内的"自愿"。法律的限制主要有两方面。一是实体法的规定，有的法律规定某些物品不得买卖，比如毒品；合同法明确规定损害社会公共利益的合同无效，对此当事人不能"自愿"认为有效；国家根据需要下达指令性任务或者国家订货任务的，有关法人、其他组织之间应当依照有关法律、行政法规规定的权利和义务订立合同，不能"自愿"不订立。法律限制的另一方面是程序法的规定。有的法律规定当事人订立某类合同需经批准；转移某类财产，应当办理登记手续。那么，当事人依照有关法律规定，应当办理批准、登记等手续，不能"自愿"地不去办理。

（二）公平诚信原则

《合同法》第 5 条规定，当事人应当遵循公平原则确定各方的权利和义务。这里讲的公平，既表现在订立合同时的公平，显失公平的合同可以撤销；也表现在发生合同纠纷时公平处理，既要切实保护守约方的合法利益，也不能使违约方因较小的过失承担过重的责任；还表现在极个别的情况下，因客观情势发生异常变化，履行合同使当事人之间的利益重大失衡，公平地调整当事人之间的利益。诚实信用，主要包括三层含义：一是诚实，要表里如一，因欺诈订立的合同无效或者可以撤销。二是守信，要言行一致，不能反复无常，也不能口惠而实不至。三是从当事人协商合同条款时起，就处于特殊的合作关系中，当事人应当恪守商业道德，履行相互协助、通知、保密等义务。

（二）公共利益原则

《合同法》第 7 条规定，当事人订立、履行合同，应当遵守法律、行政法规，尊重社会公德，不得扰乱社会经济秩序，损害社会公共利益。该条规定，集中表明两层含义，一是遵守法律、行政法规，二是不得损害社会公共利益。

遵守法律主要指的是遵守法律的强制性规定。法律的强制性规定，基本上涉及的是社会公共利益，一般都纳入行政法律关系或者刑事法律关系。法律的强制性规定，是国家通过强制手段来保障实施的那些规定，譬如纳税、工商登记，不得破坏竞争秩序等规定。

（四）法律约束原则

《合同法》第 8 条规定，依法成立的合同，对当事人具有法律约束力。当事人应当按照约定履行自己的义务，不得擅自变更或者解除合同。

实训与练习 📖

实训目的：增强学生对合同类型及合同法基本原则的认知。

实训方法：小组讨论法。

实训内容：根据教师准备的相关合同法案例资料，进行小组内部讨论，指出合同的类型、合同案例体现了合同的哪些原则。教师对各组表现进行点评。

实训步骤：教师分发资料，学生分组，组内讨论分析、组际交流、代表汇报、教师点评。

实训考核标准：

(1) 合同类型认识准确；

(2) 合同法的基本原则理解基本准确。

第二节 合同的成立

一、合同的订立

当事人订立合同，采取要约、承诺方式。一般情况下，承诺生效时合同即为成立。

（一）要约

要约是向他人发出的订立合同的意思表示。

1. 要约的构成要件

要约要同时符合以下条件：

(1) 要约必须是向相对人发出。相对人一般为特定的人，但在特殊情况下，对不特定的人发出的意思表示亦可能构成要约，如商业广告的内容符合要约规定的，视为要约，例如电视直销广告。

(2) 要约内容具体确定。要约的内容要明确、全面。受要约人通过要约不但能明白地了解要约人的真实意思，而且还要知道未来订立的合同主要条款。

(3) 要约必须具有缔结合同的目的。要约要表明经受要约人承诺，要约人即受该意思表示约束。

知识拓展 📖

要 约 邀 请

要约邀请又称为"要约引诱"，是指希望他人向自己发出要约的意思表示。要约邀请是当事人订立合同的预备行为，只是引诱他人发出要约，不能因相对人的承诺而成立合同。要约邀请人在发出要约邀请以后撤回的，只要没给善意相对人造成信赖利益的损失，要约邀请人一般不承担责任。

如寄送的价目表、拍卖公告、招标公告、招股说明书、商业广告等为要约邀请。要约邀请可以向不特定的任何人发出，也不需要在要约邀请中详细表示，无论对于发出邀请人还是接受邀请人，都没有约束力。

2. 要约的生效

《合同法》第16条规定，要约到达受要约人时生效。即要约送达到受要约人能够控制的地方时开始生效。要约载体方式不同，到达的时间点也不同。

(1) 直接送达方式，要约在交给受要约人时为到达；

(2) 普通邮寄方式，要约在受要约人收到或者送达到其信箱时为到达；

(3) 数据电文形式，要约在收件人指定特定系统接收数据电文的，该数据电文进入该特定系统的时间，视为到达时间；未指定特定系统的，该数据电文进入收件人的任何系统的首次时间，视为到达时间。

3. 要约的撤回和撤销

(1) 要约的撤回。要约可以撤回。撤回要约的通知应当在要约到达受要约人之前或者与要约同时到达受要约人。

(2) 要约的撤销。要约可以撤销。撤销要约的通知应当在受要约人发出承诺通知之前到达受要约人。要约在下列两种情形下不得撤销：一是要约人确定了承诺期限或者以其他形式明示要约不可撤销；二是受要约人有理由认为要约是不可撤销的，并已经为履行合同作了准备工作。

4．要约失效

有下列情形之一的，要约失效：

(1) 拒绝要约的通知到达要约人；

(2) 要约人依法撤销要约；

(3) 承诺期限届满，受要约人未作出承诺；

(4) 受要约人对要约的内容作出实质性变更。

（二）承诺

承诺是指受要约人同意要约的意思表示。一经承诺，合同即告成立。

1．承诺的成立要件

(1) 承诺由受要约人向要约人作出。

(2) 承诺应当以通知的方式作出，但根据交易习惯或者要约表明可以通过行为作出承诺的除外。

(3) 承诺必须在合理的期限内作出。要约中规定了承诺期限的，承诺应当在要约确定的期限内到达要约人。承诺应当在要约确定的期限内到达要约人。要约没有确定承诺期限的，承诺应当依照下列规定到达：

要约以对话方式作出的，应当即时作出承诺，但当事人另有约定的除外；要约以非对话方式作出的，承诺应当在合理期限内到达。

要约以信件或者电报作出的，承诺期限自信件载明的日期或者电报交发之日开始计算。信件未载明日期的，自投寄该信件的邮戳日期开始计算。

要约以电话、传真等快速通讯方式作出的，承诺期限自要约到达受要约人时开始计算。

受要约人超过承诺期限发出承诺的，除要约人及时通知受要约人该承诺有效的以外，为新要约。

受要约人在承诺期限内发出承诺，按照通常情形能够及时到达要约人，但因其他原因承诺到达要约人时超过承诺期限的，除要约人及时通知受要约人因承诺超过期限不接受该承诺的以外，该承诺有效。

(4) 承诺的内容应当与要约的内容一致。受要约人对要约的内容作出实质性变更的，为新要约。要约内容的实质性变更是指对合同标的、数量、质量、价款或者报酬、履行期限、履行地点和方式、违约责任和解决争议方法等的变更。

承诺对要约的内容作出非实质性变更的，除要约人及时表示反对或者要约表明承诺不得对要约的内容作出任何变更的以外，该承诺有效，合同的内容以承诺的内容为准。

典型案例

要约不得撤销及逾期承诺

甲集团公司准备建一栋办公大楼，乙建筑公司在得知此情况后。就向甲公司发出一份详细的书面要约，并在要约中注明"请贵公司于 6 月 20 日前答复，否则该要约将失效。"甲公司于 6 月 22 日向乙公司发出承诺，但其后未得到乙公司的答复。

（资料来源：http://www.baiduandgoogle.com/x282442091/）

【问题】

(1) 若乙公司发出要约后想撤销该要约，是否能行使撤销权？

(2) 甲公司发出的承诺属于什么性质？

【分析】

(1) 乙公司不能行使撤销权。依据《合同法》第 19 条的有关规定，要约中确定了承诺期限或者以其他形式明示要约不可撤销的，要约不得撤销。本案中，乙公司在要约中确定了承诺期限为 6 月 20 日前，因此，此要约不能撤销。

(2) 甲公司发出的承诺视为新要约。《合同法》第 28 条规定，受要约人超过承诺期限发出承诺的，除要约人及时通知受要约人该承诺有效的以外，为新要约。本案中，甲公司超过承诺期限才发出承诺，并且乙公司未通知承认该承诺有效。因此，甲公司的行为应视为是一个新要约。

2．承诺的效力

(1) 承诺的生效。承诺通知到达要约人时生效。承诺不需要通知的，根据交易习惯或者要约的要求作出承诺的行为时生效。

(2) 承诺的撤回。基于承诺一般情况下自承诺通知到达要约人时生效，所以承诺在未生效之前当然可以撤回。撤回承诺的通知应当在承诺通知到达要约人之前或者与承诺通知同时到达要约人为有效撤回。

典型案例

承诺通知到达要约人时生效

甲公司向乙公司发出购买货物的要约，乙公司经过论证在承诺期限内对于要约中的内容全部接受，并将承诺通知以特快专递的方式交给甲公司，该信件由甲公司的信件收发人员签收，但因该收发人员的工作疏忽，忘记将信件交给甲公司的总经理 A。乙公司在承诺书交给甲公司签收后 10 日，按照要约中所定的发货日期向甲公司发货。

（资料来源：http://wenwen.sogou.com/z/q343736694.htm）

【问题】 该合同是否已经成立？

【分析】 该合同已经成立。因为承诺通知到达要约人时生效，并不以要约人知悉承诺内容为要件。

二、合同的条款与形式

（一）合同的条款

1．合同的一般条款

合同的内容由当事人约定，一般包括以下条款：

(1) 当事人的名称或者姓名和住所；

(2) 标的；

(3) 数量；

(4) 质量；

(5) 价款或者报酬；

(6) 履行期限、地点和方式；

(7) 违约责任；

(8) 解决争议的方法。

当事人可以参照各类合同的示范文本订立合同。

2. 格式条款

格式条款是当事人为了重复使用而预先拟定，并在订立合同时未与对方协商的条款。我国合同法对格式条款的规制主要表现在三个方面：

(1) 格式条款提供一方的一般义务。《合同法》第 39 条规定，采用格式条款订立合同的，提供格式条款的一方应当遵循公平原则确定当事人之间的权利和义务，并采取合理的方式提请对方注意免除或者限制其责任的条款，按照对方的要求，对该条款予以说明。

(2) 格式条款无效的情形。《合同法》第 40 条规定，格式条款具有本法第 52、53 条规定情形的；或者提供格式条款一方免除其责任、加重对方责任、排除对方主要权利的，该条款无效。

(3) 确立了格式条款的解释规则：

对格式条款的理解发生争议的，应当按通常理解予以解释。

对格式条款有两种以上解释的，应当以不利于提供格式条款一方的解释为准。

格式条款和非格式条款不一致的，应当采用非格式条款。

典型案例

格式条款无效

张某一家三口参加甲旅行社组织的海南四日游。在旅游最后一天，该团所乘汽车因车轮打滑撞击其他汽车，张先生本人右腿骨粉碎性骨折，全家所受惊吓不轻。为此，张某一家要求甲旅行社退还全部旅游费 6000 元，并赔偿伤残补助费、医药费、护理费、误工费及精神损失费 385 000 元。但旅行社提出，双方所签格式合同中的约定"如果由于第三方原因造成游客人身或财产损害的，旅行社概不负责。"该事故的发生由于汽车公司汽车故障造成，旅行社并无过错，因此拒绝赔偿。双方协商不成，对簿公堂。

(资料来源：http://www.examw.com/dy/fuwu/zhidao/88211/)

【问题】

(1) 试分析旅游格式合同中有关第三方造成损害旅行社免责的条款效力。

(2) 张某可以直接要求甲旅行社承担责任吗？

(3) 旅行社能从质保金中支付赔偿金吗？

【分析】

(1) 该旅游格式合同中有关第三方造成损害旅行社免责的条款无效。《合同法》第 40 条规定，格式条款具有《合同法》第 52、53 条规定情形的，或者提供格式条款一方免除其责任、加重对方责任、排除对方主要权利的，该条款无效。

(2) 张某可以直接要求甲旅行社承担责任。《合同法》第 121 条规定，当事人一方因第三人原因造成违约的，应当向对方承担违约责任。当事人一方和第三人之间的纠纷，依照法律规定或约定解决。本事件中张某与甲旅行社签订合同，由于汽车公司即第三人原因造成的张某受伤害，应由合同当事方甲旅行社作出赔偿，甲旅行社与汽车公司之间责任分担应另行依法处理。

（3）旅行社不能从质保金中支付赔偿金。依据《旅行社质量保证金赔偿办法》规定，旅游者在旅游期间发生人身、财产意外事故不属于适用范围，应该由旅行社投保责任保险的保险公司按照《旅行社责任保险合同》中有关规定予以赔偿。超出保险赔偿限额部分由旅行社承担，甲旅行社可以依法或按约定向汽车公司追偿。

（二）合同的形式

合同形式，是指当事人合意的外在表现形式，是合同内容的载体。我国《合同法》第10条规定，当事人订立合同，有书面形式，口头形式和其他形式。法律，行政法规规定采用书面形式的，应该采用书面形式。当事人约定采用书面形式的，应当采用书面形式。

1．书面形式

书面形式是指当事人双方用书面方式表达相互之间通过协商一致而达成的协议。根据经济合同法的规定，凡是不能及时清结的经济合同，均应采用书面形式。在签订书面合同时，当事人应注意，除主合同之外，与主合同有关的电报、书信、图表等，也是合同的组成部分，应同主合同一起妥善保管。书面形式便于当事人履行，便于管理和监督，便于举证，是经济合同当事人使用的主要形式。

书面形式可分为，一般书面形式和特殊书面形式。前者指行为人采用普通文字形式进行意思表示。如书面合同、授权委托书、书信和电报等。后者指行为人除采用普通文字进行外，还须履行法律所规定的其他形式，才能完成意思表示。如经公证、鉴证、审核、登记等。

2．口头形式

口头形式是指当事人双方用对话方式表达相互之间达成的协议。当事人在使用口头形式时，应注意只能是即时履行的经济合同，才能使用口头形式，否则不宜采用这种形式。口头形式简便易行，在日常生活中经常被采用。集市的现货交易、商店里的零售等一般都采用口头形式。凡当事人无约定、法律未规定须采用特定形式的合同，均可采用口头形式。但发生争议时当事人必须举证证明合同的存在及合同关系的内容。口头形式的缺点是发生合同纠纷时难以取证、不易分清责任。所以，对于不能即时清结的合同和标的数额较大的合同，不宜采用这种形式。

3．其他形式

（1）公证形式。我国法律对合同的公证采取自愿原则。公证形式是当事人约定或者依照法律规定，以国家公证机关对合同内容加以审查公证的方式，订立合同的一种合同形式。公证机关一般均以合同的书面形式为基础，对合同内容的真实性和合法性进行审查确认后，在合同书上加盖公证印鉴，以资证明。经过公证的合同具有最可靠的证据力，当事人除有相反的证据外，不能推翻。

（2）鉴证形式。我国法律对合同的鉴证采取自愿原则。鉴证形式是当事人约定或依照法律规定，以国家合同管理机关对合同内容的真实性和合法性进行审查的方式订立合同的一种合同形式。鉴证是国家对合同进行管理和监督的行政措施，只能由国家行政主管机关进行。鉴证的作用在于加强合同的证明力，提高合同的可靠性。除国家规定必须鉴证的合同外，鉴证机关根据当事人的申请进行鉴证。对于地方性法规规定必须予以鉴证的合同，在作出鉴证规定的行政区域内签订合同时应从其规定。

(3) 批准形式。批准形式是指法律规定某些类别的合同须采取经国家有关主管机关审查批准的一种合同形式。这类合同，除应由当事人达成意思表示一致而成立外，还应将合同书及有关文件提交国家有关主管机关审查批准才能生效。这类合同的生效，除应具备一般合同的生效要件外，在合同形式上还须同时具备书面形式和批准形式这两个特殊要件。合同的批准形式是国家对某些特殊类别合同的特殊要求。法律不要求合同批准形式的，当事人不能约定或要求国家进行批准。须经批准而未经批准的合同，自始就无法律效力。即使当事人之间意思表示一致，也不能认为他们之间成立了合同。这是合同的批准形式与其他几种法定形式的重要区别。

(4) 登记形式。登记形式是指当事人约定或依照法律规定，采取将合同提交国家登记主管机关登记的方式，订立合同的一种合同形式。登记形式一般常用于不动产的买卖合同。某些特殊的动产，如车辆、船舶等，在法律上视为不动产，其转让也采取登记形式。合同的登记形式可由当事人自行约定，也可以由法律加以规定。

(5) 合同确认书。合同确认书即当事人采用信件、数据电文等形式订立合同，一方当事人可以在合同成立之前要求以书面形式加以确认的合同形式。

三、合同成立的时间和地点

(一) 合同的成立时间

一般情况下，合同在承诺到达要约人时成立。例外情形：
(1) 法律明确要求采取书面形式的；
(2) 当事人约定要采取书面形式的；
(3) 当事人采用信件、数据电文等形式订立合同，要求在合同成立之前签订确认书的。
以上三种情形，当事人采用合同书形式订立合同的，自双方当事人签字或者盖章时合同成立。

我国合同法规定，无论是双方当事人约定还是法律规定要采取书面形式，而双方当事人没有采取书面形式的，如果一方履行了主要义务，另一方也予以接受，合同成立。

(二) 合同成立的地点

合同承诺生效的地点为合同成立的地点。

采用数据电文形式订立合同的，收件人的主营业地点为合同成立的地点；没有主营业地的，其经常居住地为合同成立地点。当事人另有约定的，按照其约定。

当事人采用合同书形式订立合同的，双方当事人签字盖章的地点为合同成立的地点。

四、缔约过失责任

缔约过失责任是指缔约人因故意或过失违反先合同义务(指当事人为缔约而接触时，基于诚实信用原则而发生的各种说明、告知、注意、保护等义务)而给对方造成损害，应该依法承担赔偿责任。缔约过失责任发生在合同订立的过程中，合同成立之前。

（一）缔约过失责任构成要件

(1) 缔约一方当事人违反了先合同义务。当事人违反先合同义务的表现形式是多样的，我国《合同法》规定，其表现形式主要包括：假借订立合同，恶意进行磋商；故意隐瞒与订立合同有关的重要事实或者提供虚假情况；有其他违背诚实信用原则的行为。

(2) 违反先合同义务缔约当事人致相对方受损失。损失可以是财产的直接减少，也可以是机会的丧失。

(3) 违反先合同义务与损失之间有因果关系。

(4) 违反先合同义务一方当事人具有主观过错。

（二）缔约过失责任的承担方式及范围

缔约过失责任的承担方式为损害赔偿。赔偿范围主要是遭受损失一方的信赖利益。信赖利益损失包括直接损失与间接损失：

(1) 直接损失。直接损失主要包括：订立合同的费用，往返差旅费、通讯费等以及准备履行合同所支出的费用；上述费用的利息。

(2) 间接损失。间接损失主要包括因此而丧失的商机所造成的损失。

知识拓展 📖

缔约过失责任与违约责任区别

第一，前提基础不同。违约责任是违反有效合同产生的责任，是以合同关系的存在为前提条件的；而缔约过失责任是没有合同关系的情况下因一方的过失而造成另一方信赖利益损失应当承担的责任。缔约过失产生的前提基础在于缔约双方为了缔结合同已开始实行社会接触或者交易上的接触，这种接触使得双方当事人形成了一种特殊的信赖关系，在这种信赖关系基础之上，依据诚实信用原则，在当事人之间产生了一种保护、通知、说明、协力、忠实、照顾等附随义务，这种附随义务与基于合同有效成立而产生的给付义务及不得损害他人财产和人身的一般义务都不同，是缔约过失责任的义务基础。

第二，赔偿范围不同。违约责任通常要求赔偿期待利益的损失，期待利益既包括可得利益，也包括履行利益本身。而在承担缔约过失责任的情况下，当事人只能根据信赖利益的损失要求赔偿。

第三，违约责任当事人可以约定多种责任形式，而缔约过失责任则是一种法定的责任，当事人不可以约定，而且只有损害赔偿一种责任形式。

典型案例 ✍

缔约过失责任案例

王某是一个体户，经商多年以后有了一定的积蓄，准备开一个连锁店。于是与信盟公司联系，希望获得该公司的连锁经营许可权。信盟公司答复，欲获得其经营许可需要在六个月内递交一份详细的计划书，并有100万元的资金投入。王某于是开始为达成该合同做积极准备，他变卖了以前的经营店，筹划合适的新店址，筹集资金和申请了贷款，参加了学习班以学习经营管理经验，并高薪请人撰写了经营计划书。但当五个月后他将订立合同的一切准备工作就绪，向信盟公司提出授予专营许可权要求的时候，信盟公司却通知他由于该公司进一步规范连锁店经营的考虑，要求新的连锁经营许可被授予人必须投资 150 万元才可授予。王某认为价格变动太大，于是拒绝了这种要求。同时他认为信盟公司出尔反尔，违反了缔约过程中的诚信原则，要求信盟公司按原来的条件授予其经营许可或者补偿他为准备订立合同所发生的一切费用。

　　【分析】　　在本案中，信盟公司提出的条件不能看作是一个合同的要约。首先，他提出的条件不是针对特定主体的，而是经营管理的一般性规定。其次，他提出的条件内容也不足够具体、确定、完整，他对申请人提出的计划书还要有一个审查的过程。再次，信盟公司也没有与王某签订授予经营许可合同的明确缔约意图。所以，也就不存在王某以实际行为承诺的问题，信盟公司与王某根本没有达成合意，合同关系并没有成立。但信盟公司所提出的条件已使王某产生了合理信赖，王某也基于这种信赖作了大量的准备工作，他变卖了以前的经营店，筹划合适的新店址，筹集资金和申请了贷款，参加了学习班以学习经营管理经验，并高薪请人撰写了经营计划书，信盟公司改变原来的授予经营许可条件使得合同未能缔结，而合同未能缔结使得另一方当事人王某基于合理信赖的利益未能实现，付出的工作得不到回报。信盟公司在缔约过程中改变授予经营许可条件的行为违反了诚实信用原则，构成客观过失，因而信盟公司应当对王某基于合理信赖的利益损失负赔偿责任。

（资料来源：http://china.findlaw.cn/hetongfa/hetongdedingli/dygszr/38066.html）

实训与练习

　　实训目的：通过案例分析增强学生对合同订立的步骤，要约、承诺的构成要件及生效等法理知识的理解，同时提升学生运用所学法律知识分析解决问题的能力。

　　背景资料：A 市甲公司从报纸上看到乙公司登载的一则广告，介绍本公司生产的新型电热炉具，价格为每台 250 元，多购可以优惠。正好本市市场上这种新型炉具紧俏，当即发电报给乙公司，电文为："欲购买你公司电热炉具 1000 台，如价格能降 10%，则购买 2000 台，货到后验收合格即付款。"乙公司收到电报后，回电称："同意降价 10%，但现在本公司存货只有 1000 台，可以立即发运；另 1000 台 1 个月后发运。"甲公司收到电报后未作答复，乙公司即派销售员李某将 1000 台电热炉具运往 A 市。李某将货物送到甲公司，甲公司验收合格后以每台 225 元的价格支付了货款。李某告知甲公司由于本公司加紧生产，另外 1000 台电热炉具可以在 10 日内运到，请甲公司做好接货准备。甲公司当即回答本公司已经从其他渠道购入了 1000 台同类电热炉具，不再需要另 1000 台电热炉具。李某立即回公司报告此情况，乙公司认为甲公司不能擅自撕毁合同，决定按时发运第二批 1000 台电热炉具，仍由李某押运。第二批电热炉具运到甲公司，甲公司拒绝接受。李某无奈，将该批炉具存入 A 市某仓储公司仓库后，立即赶回公司请示处理办法。当夜天降百年罕遇的大雨，仓储公司仓库的屋顶被雨浸泡漏水，电热炉具打火系统受潮，不能使用。

（资料来源：http://www.lawtime.cn/ask/question_472047.html）

　　请根据《中华人民共和国合同法》回答下列问题：

1. 甲乙两公司之间的电热炉具合同是否已经成立？为什么？
2. 乙公司交运的应当如何处理？为什么？
3. 乙公司交运的第二批炉具不能使用的损失应当如何承担？为什么？
4. 甲乙两公司之间的电热炉具合同是否已经成立？为什么？

实训方法：小组讨论法。

实训内容：根据背景资料进行小组内部讨论并形成答案、小组代表进行汇报。教师对各组表现进行点评。

第三节　合同的效力

一、合同效力概述

合同的效力，又称合同的法律效力，是指法律对已经成立的合同，根据其满足合同生效要件的情况所做出的评价。合同的效力类型主要包括：有效合同、无效合同、可撤销合同、效力待定合同。

合同的成立与否取决于当事人之间是否就合同内容达成一致。

合同的效力取决于法律作出的评价。

二、有效合同

依法成立的合同，自成立时生效。法律、行政法规规定应当办理批准、登记等手续生效的，依照其规定。

有效的合同，一般应具备三个条件：

(1) 主体资格合法，合同当事人具有相应的民事权利能力和民事行为能力；

(2) 意思表示真实；

(3) 不违反法律行政法规的强制性规定或者社会公共利益。

三个条件缺一不可，否则就可能导致合同无效或可撤销。

知识拓展 📖

附条件、附期限生效合同

附条件生效的合同。《合同法》第 45 条规定，当事人对合同的效力可以约定附条件。附生效条件的合同，自条件成就时生效。附解除条件的合同，自条件成就时失效。当事人为自己的利益不正当地阻止条件成就的，视为条件已成就；不正当地促成条件成就的，视为条件不成就。

附期限生效的合同。《合同法》第 46 条规定，当事人对合同的效力可以约定附期限。附生效期限的合同，自期限截止时生效。附终止期限的合同，自期限届满时失效。

三、合同无效

（一）合同无效的概念

合同无效，自始没有法律约束力。任何人均可主张合同无效。

合同无效是指当事人所缔结的合同因欠缺生效要件，在法律上不按当事人合意的内容赋予效力。

部分无效的合同，部分无效不影响其余部分效力时，其余部分仍然有效。

典型案例

女儿未成年　财产赠他人　法院判决赠与合同部分无效

江西省上饶市信州区人民法院依法宣判一起无效赠与合同纠纷案，判决原告黄某父亲生前与原告叔叔签订的财产赠与合同部分无效，一半住房归原告继承、所有，以作为原告的生活所需。原告黄某出生于2002年2月28日，父母离婚后随母亲生活，由父亲每月支付抚养费360元。但原告父亲从2005年4月起就没有再付分文抚养费给原告。去年8月9日，原告父亲知道自己身患重病将不久于人世，便与原告叔叔签订赠与合同将自己几乎所有的财产无偿赠与原告叔叔。8月20日，原告父亲病逝。此后，原告遂以父亲的赠与行为是为了逃避应履行的法定义务为由，要求判决父亲生前与叔叔签订的赠与合同部分无效，并确认父亲住房的三分之二归原告继承、所有，以作为原告的生活所需。

法院经审理认为，原告18周岁前需要一定的物质保障，且原告和母亲的生活比较困难。原告父亲的赠与行为剥夺了原告健康生存和受教育权益的必要物质保障，逃避了应履行抚养女儿的法定义务，同时也违反了社会公德。故此，作出前述判决。

(资料来源：http://china.findlaw.cn/hetongfa/hetongfa/anli/21737.html)

（二）合同无效的情形

《合同法》第52条规定有下列情形之一的，合同无效：

(1) 一方以欺诈、胁迫的手段订立合同，损害国家利益；

(2) 恶意串通，损害国家、集体或者第三人利益；

(3) 以合法形式掩盖非法目的；

(4) 损害社会公共利益；

(5) 违反法律、行政法规的强制性规定。

四、可撤销的合同

可撤销合同指可撤销、可变更的合同，指合同欠缺生效要件，但一方当事人可依照自己的意思使合同的内容变更或者使合同的效力归于消灭的合同。

可撤销合同是一种相对无效的合同，其效力取决于当事人的意志。合同是否生效，一方当事人具有选择权。当事人请求变更的，人民法院或者仲裁机构不得撤销。

（一）可撤销合同事由

1. 重大误解

行为人因对行为的性质、对方当事人、标的物的品种、质量、规格和数量的错误认识，使行为的后果与自己的意思相悖，并造成较大损失的，可以认定为重大误解。

重大误解有双方误解和单方误解之分，前者指双方当事人意图指向的标的不一致或双方对同一合同因素发生认识相同的错误。后者指当事人一方对合同因素的错误理解。重大误解一般以双方误解为原则，以单方误解为例外。

重大误解的构成要件是：

（1）必须是表意人因误解作出了意思表示。

（2）误解必须是合同当事人自己的误解，因第三人的错误而发生误解，并非《合同法》上的误解，当事人因第三人的错误而发生利益上的重大失衡，可按显失公平处理。

（3）须表意人无主观上的故意。

（4）误解必须是重大的，所谓重大，指一般人如果处于表意人的地位，假使不是由于错误，就不会作出那样的意思表示。

典型案例

服装合同重大误解案

吉祥服装厂(被告)携服装样品到某市大华商厦(原告)协商签订了服装购销合同。当时，吉祥服装厂称样品用料为纯棉布料，大华商厦主管人看后也认定是纯棉布料。双方在合同中约定：吉祥服装厂向大华商厦提供按样品及样品所用同种布料制作的女式裙 9000 件，总价款为 360 000 元。8 月 25 日，吉祥服装厂按合同约定的时间将货物运送到了指定的地点，大华商厦验货后认为数量、质量均符合合同约定，于是按约定的时间向服装厂支付了货款。9 月 1 日，一位顾客购买此裙后认为不是纯棉布料，要求退货。大华商厦立即请有关部门进行检验，后证实布料非纯棉布料，里面含有 15% 的化纤成分。大华商厦认为吉祥服装厂有欺诈行为，并于是函告吉祥服装厂前来协商，要求或者退货或者每件成品降低价款 10 元。吉祥服装厂则辩称：其厂业务员去南方某市购买此布料时是按纯棉布料的价格购买的，有发票为证，且当时拿样品给商厦看时，商厦也认为是纯棉布料，因而不存在欺诈行为，不同意退货，并表示每件成品只能降低 5 元。双方多次协商均未达成一致意见。此后，商厦主管人员调离岗位，此争议被搁置，直至次年 9 月 26 日，商厦才诉至法院，要求解除合同，退还全部制成品，并要求吉祥服装厂承担责任，赔偿损失。

（资料来源：http://www.110.com/ziliao/article-43423.html）

【分析】　在本案中，被告吉祥服装厂在采购布料时误以为是纯棉布料并将其制成成品卖给原告，从其主观上看，并没有故意作虚假陈述或故意隐瞒真实情况，不存在欺诈的故意，因此，被告的行为不是欺诈行为。但是，由于原告和被告都将布料当作是纯棉布料而订立了合同，双方对合同标的物的质量都发生了错误认识，并且此种错误认识严重影响了原告的利益，此合同为因重大误解而订立的合同，当事人可以请求人民法院予以撤销或者予以变更。

2. 显失公平

一方当事人利用优势或者利用对方没有经验，致使双方的权利与义务明显违反公平、等价有偿原则的，可以认定为显失公平。

显失公平应具备两个要件：

一是客观要件，指当事人在给付与对待给付之间失衡或造成利益的不平衡，它主要适用于双务合同。对于无偿合同，因为不存在对价问题，所以不存在双方利益的不平衡和显失公平；

二是主观要件，是指在订立合同时，一方具有利用优势或利用对方轻率、无经验等而与对方订立显失公平合同的故意。这种利用他人的主观状态已表明行为背离了诚实信用原则的要求。因此，受害人不能证明对方具有此种故意而仅能证明自己在订立合同时缺乏经验和技能，不了解市场行情、草率等，从而订立了于己不利的合同，则不能认为对方具备显失公平的主观条件。在这种情况下，不利的一方应当承担由此造成的不利后果。显失公平的主观要件可分为:(1) 一方利用优势。(2) 未履行订约过程所应尽的告知等义务。(3) 利用对方没有经验或轻率。

由此可知只有符合上述主、客观两方面的要件,才能构成显失公平。仅凭结果明显对一方不利这一点是不能认定为显失公平的。

典型案例

并非"显失公平"

2 月 12 日,张某受李某委托为其购买烘干机。不久张某从湖北省钟祥县赵某处购买旧烘干机一台交予李某,并告知:烘干机的购买价格是 44 000 元,差旅费 2500 元、运费 3500 元。由于三者均无发票,且购买烘干机之前张某也没告知李某烘干机的价格,李某因此对烘干机的价格产生疑虑,要求在核实烘干机的价格后付清本息,张某同意,并在 6 月 21 日与李某签订了协议书,其主要内容为:"(1) 张某在 2 月 18 日购买旧烘干机花去 4.4 万元,差旅费 2500 元,运费 3500 元,张某购买烘干机共花 5 万元。(2) 李某负责对张某购买的烘干机进行核实价格,如果烘干机确实是 4.4 万元买的,李某在 20 日内付清本息;如果烘干机是 4.4 万元以下买的,则烘干机无偿归李某所有,运费、差旅费由张某负担。"合同签订后,李某进行核实烘干机价格,得知张某是 3 万元买的烘干机(张实付 2.86 万元),遂以烘干机是 4.4 万元以下购买为由,拒绝还款。张某则以双方 6 月 21 日订立的合同显失公平为由向丰县人民法院提起诉讼,要求撤销该合同,由李某归还购买烘干机的本息 37 600 元。

【分析】 本案当事人争议的焦点是 6 月 21 日双方签订的合同是否有效,是否显示公平。从构成显失公平的主观要件来看,李某在不知情的情况下,(张某购买烘干机时没有告知其价格,拉回后又无发票),要求核实价格是符合常理的,并不是利用自己的优势不付给张某钱,如果李某不花一定的人力、物力去湖北核实价格,或者因卖方不配合而无法核实价格,那么只能出高于烘干机的实买价格买下烘干机,他就处于事实上的劣势一方。李某以订立合同的方式明确告知对方:"不要撒谎,如果你撒谎被我证实了,烘干机将无偿归我所有,一切费用由你负担。"因而也不能说李某未履行订约过程中所应尽的告知义务。同时,由于张某比谁都清楚自己购买的烘干机价格是 3 万元而不是 4.4 万元,因此也不存在张某没有经验或者轻率之说。从构成显失公平的主观要件来看,本案也不适用于显失公平。因此,无论是从构成显失公平的主观要件还是从客观要件来看,本案都不适用显失公平。

(资料来源: http://www.148com.com/html/654/66118.html)

3. 欺诈、胁迫或乘人之危

以欺诈、胁迫的手段或乘人之危,使对方在违背真实意思的情况下订立的合同

(二) 撤销权的消灭

可撤销合同的受损害方有权请求人民法院或者仲裁机构变更或者撤销。《合同法》第 55 条规定,有下列情形之一的,撤销权消灭:

(1) 具有撤销权的当事人自知道或者应当知道撤销事由之日起 1 年内没有行使撤销权;

(2) 具有撤销权的当事人知道撤销事由后明确表示或者以自己的行为放弃撤销权。

五、效力待定的合同

效力待定的合同指合同欠缺有效条件,能否发生当事人预期的法律效力尚未确定,有

待于其他行为或事实使之确定的合同。效力待定的合同经过有权人的追认，才能化欠缺有效要件为符合有效要件，发生当事人预期的法律效力；有权人在一定期间内不予追认，效力待定合同归于无效。效力待定合同的类型如下：

（一）限制民事行为能力人订立的合同

《合同法》第47条规定，限制民事行为能力人订立的合同，经法定代理人追认后，该合同有效，但纯获利益的合同或者与其年龄、智力、精神健康状况相适应而订立的合同，不必经法定代理人追认。

相对人可以催告法定代理人在1个月内予以追认。法定代理人未作表示的，视为拒绝追认。

合同被追认之前，善意相对人有撤销的权利。撤销应当以通知的方式作出。

（二）代理权瑕疵的代理

《合同法》第48条规定，行为人没有代理权、超越代理权或者代理权终止后以被代理人名义订立的合同，未经被代理人追认，对被代理人不发生效力，由行为人承担责任。

相对人有理由相信行为人有代理权的，该代理行为有效。

法人或者其他组织的法定代表人、负责人超越权限订立的合同，除相对人知道或者应当知道其超越权限的以外，该代理行为有效。

相对人可以催告被代理人在1个月内予以追认。被代理人未作表示的，视为拒绝追认。

合同被追认之前，善意相对人有撤销的权利。撤销应当以通知的方式作出。

（三）无处分权的人处分他人财产的合同

《合同法》第51条规定，无处分权的人处分他人财产，经权利人追认或者无处分权的人订立合同后取得处分权的，该合同有效。

六、合同无效或被撤销的法律后果

合同无效或者被撤销后，因该合同取得的财产，应当予以返还；不能返还或者没有必要返还的，应当折价补偿。有过错的一方应当赔偿对方因此所受到的损失，双方都有过错的，应当各自承担相应的责任。

当事人恶意串通，损害国家、集体或者第三人利益的，因此取得的财产收归国家所有或者返还集体、第三人。

实训与练习

实训目的： 通过案例分析增强学生对合同效力的识别，同时提升学生运用所学法律知识分析解决问题的能力。

背景资料：

(1) 某机械厂为推销织布机向某棉线厂设备股负责人行贿2万元，设备股负责人则背着厂主管领导与该机械厂签订了购买自动换梭织布机200台，价格54万元的合同。棉线厂主管领导发现后对合同不予承认，未能履行。为此机械厂以棉线厂不履行合同为由起诉到人民法院。此合同效力如何？

(2) 甲批发公司是乙商店某类商品的主要来源，甲、乙订有长期的供货合同。现在某类商品货源紧缺，行情看涨，甲批发公司趁机提出将批发价提高80%，否则停止供货。乙商店被迫无奈接受了这一过高的价格条件。此合同效力如何？

(3) 某汽车改装厂与某贸易公司签订了买卖解放牌汽车20台的合同。合同规定改装厂5月供货并负责办理汽车合格证及临时牌照。改装厂拼装完20辆汽车后，办理汽车合格证及临时牌照时，公安交通部门指出国家规定不准买卖拼装汽车。致使厂方不能按时供货，贸易公司起诉到法院，要求终止合同返还货款。此合同效力如何？

(4) 乙公司将其所拥有的一块土地使用权转让给甲公司，甲公司支付了转让费。不久，乙公司就同一块土地又与丙公司签订了土地使用权转让合同，并协助丙公司办理了土地使用权过户登记手续。现甲公司和丙公司对土地使用权归属发生争议，双方诉至法院。谁拥有这块土地的使用权，为什么？

（资料来源：找法网 http://china.findlaw.cn/）

实训方法：小组讨论法。

实训内容：根据背景资料进行小组内部讨论并形成答案、小组代表进行汇报。教师对各组表现进行点评。

第四节　合同的履行

一、合同履行概述

合同履行，是指债务人通过完成合同规定的义务，使债权人的合同权利得以实现的行为。合同的履行应遵循以下几个原则：

（一）全面履行的原则

合同订立后，当事人应当按照合同的约定全面履行自己的义务。包括履行义务的主体、标的、数量、质量、价款或者报酬以及履行期限、地点、方式等。

（二）诚实信用的原则

当事人履行合同要遵循诚实信用的原则，要守信用、讲实话、办实事，要有善意。双方当事人在合同履行中要相互配合协作，以便合同更好地履行。当事人应当根据合同的性质、目的和交易习惯，根据不同合同的不同情况，按照诚实信用原则履行自己的义务。如有的需要提供必要的条件和说明；有的需要协作；有的需要及时通知对方，以便做好准备；有的需要保密等。

（三）公平合理的原则

公平原则强调在市场经济中，对任何经营者都只能以市场交易规则为准则，权利与义务相一致，享受公平合理的对待。它要求当事人在应以社会正义、公平的观念指导自己的行为、平衡各方的利益，要求以社会正义、公平的观念来处理当事人之间的纠纷。当事人应当遵循公平原则确定各方的权利和义务。

（四）协作履行原则

协作履行原则是指当事人不仅适当履行自己的合同债务，而且应协助对方当事人履行债务的履行原则。

（五）经济合理原则

经济合理原则要求在履行合同时，讲求经济效益，付出最小的成本，取得最佳的合同利益。

（六）情势变更原则

情势变更原则是指合同依法成立后，因不可归责于双方当事人的原因发生了不可预见的情势变更，致使合同的基础丧失或动摇，若继续维护合同原有效力则显失公平，从而允许变更或解除合同的原则。

知识拓展 📖

情势变更原则的适用条件

(1) 须有情势变更的事实。泛指作为合同成立基础或环境的客观情况发生了异常变动，导致合同基础丧失、合同目的落空、造成对价关系障碍。例如，战争引起严重的通货膨胀等。

(2) 情势变更须发生在合同成立以后，履行完毕之前。之所以要求情势变更须发生在合同成立以后，是因为若情势变更在合同订立时即已发生，应认为当事人已经认识到发生的事实，合同的成立是以已经变更的事实为基础的，不允许事后调整，只能令明知之当事人自担风险。之所以适用情势变更原则要求情事变更发生在履行完毕前，是因为合同因履行完毕而消灭，其后发生情事变更与合同无关。

(3) 情势变更的发生不可归责于当事人，即由不可抗力及其他意外事故引起。若可归责于当事人，则应由其承担风险或违约责任，而不适用情势变更原则。

(4) 情势变更是当事人所不可预见的。如果当事人在缔约时能够预见情势变更，则表明他承担了该风险，不再适用情势变更原则。

(5) 情势变更使履行原合同显失公平。该显失公平应依理性人的看法加以判断。

二、合同履行的基本规则

（一）合同条款约定不明时的履行规则

《合同法》第61条规定，合同生效后，当事人就质量、价款或者报酬、履行地点等内容没有约定或者约定不明确的，可按照如下的顺序加以确定：

(1) 可以协议补充。

(2) 不能达成补充协议的，按照合同有关条款或者交易习惯确定。

当事人就有关合同内容约定不明确，依照《合同法》第 61 条的规定仍不能确定的，适用《合同法》第 62 条规定：

(1) 质量要求不明确的，按照国家标准、行业标准履行；没有国家标准、行业标准的，按照通常标准或者符合合同目的的特定标准履行。

(2) 价款或者报酬不明确的，按照订立合同时履行地的市场价格履行；依法应当执行政府定价或者政府指导价的，按照规定履行。

(3) 履行地点不明确，给付货币的，在接受货币一方所在地履行；交付不动产的，在不动产所在地履行；其他标的，在履行义务一方所在地履行。

(4) 履行期限不明确的，债务人可以随时履行，债权人也可以随时要求履行，但应当给对方必要的准备时间。

(5) 履行方式不明确的，按照有利于实现合同目的的方式履行。

(6) 履行费用的负担不明确的，由履行义务一方负担。

(二) 政府定价或者政府指导价变化时的合同履行规则

执行政府定价或者政府指导价的，在合同约定的交付期限内政府价格调整时，按照交付时的价格计价。逾期交付标的物的，遇价格上涨时，按照原价格执行；价格下降时，按照新价格执行。逾期提取标的物或者逾期付款的，遇价格上涨时，按照新价格执行；价格下降时，按照原价格执行。

(三) 涉及第三人的合同履行规则

1. 向第三人履行的合同

当事人约定由债务人向第三人履行债务的，债务人未向第三人履行债务或者履行债务不符合约定，应当向债权人承担违约责任。

因向第三人履行债务增加的费用，除当事人双方另有约定外，由债权人承担。

2. 第三人代为履行的合同

当事人约定由第三人向债权人履行债务的，第三人不履行债务或者履行债务不符合约定，债务人应当向债权人承担违约责任。

第三人向债权人履行债务所发生的费用，一般应由债务人承担，但合同另有约定的除外。

(四) 合同主体发生变化时的履行规则

债权人分立、合并或者变更住所没有通知债务人，致使履行债务发生困难的，债务人可以中止履行或者将标的物提存。

提存是指由于债权人的原因，债务人无法向其支付合同标的物时，依法将应偿还的物品(一般为动产)交由法院或有关机关保存，从而完成合同义务。在我国，公证机关是提存部门。

合同生效后，当事人不得因姓名、名称的变更或者法定代表人、负责人、承办人的变动而不履行合同义务。

(五) 债务人履行方式变化的履行规则

1. 债务人提前履行

债权人可以拒绝债务人提前履行债务，但提前履行不损害债权人利益的除外。

债务人提前履行债务给债权人增加的费用，由债务人负担。

2. 债务人部分履行

债权人可以拒绝债务人部分履行债务，但部分履行不损害债权人利益的除外。

债务人部分履行债务给债权人增加的费用，由债务人负担。

三、双务合同履行中的抗辩权

(一) 后履行抗辩权

在双务合同中，有先后履行顺序，先履行一方未履行或履行债务不符合约定的，后履行的一方有权拒绝先履行一方的履行请求，此时后履行的一方当事人行使的则属后履行抗辩权。

1. 后履行抗辩权的构成要件

(1) 当事人基于同一双务合同互负债务。

(2) 当事人履行债务有先后顺序。

(3) 先履行合同债务一方当事人不履行合同债务或者履行合同债务不符合约定。如，当事人在合同中约定"先交货、后付款"或"先付款、后交货"，均有履行上的先后顺序，若应当先履行义务而未履行，实为违约，则后履行当事人即可行使后履行抗辩权。

(4) 先履行一方当事人应当先履行的债务是可以履行的。若先履行一方的债务已经不可能被履行了，则后履行一方当事人行使后履行抗辩权已失去意义。

2. 后履行抗辩权适用情形

(1) 应当先履行的当事人已到履行期不履行义务，后履行的对方当事人享有不履行合同的权利。

(2) 应当先履行的当事人不适当履行合同造成根本违约，对方当事人享有不履行的权利。

(3) 应当先履行的当事人不适当履行构成部分履行，对方当事人有权就未履行部分拒绝给付，只对其相应给付。

3. 后履行抗辩权的效力

后履行抗辩权属延期的抗辩权。后履行抗辩权，只是暂时阻止对方当事人请求权的行使，非永久的抗辩权。对方当事人完全履行了合同义务，后履行抗辩权消灭，当事人应当履行自己的义务。

当事人行使后履行抗辩权致使合同迟延履行的，迟延履行责任应由对方当事人承担。

典型案例

房主履行家装合同后　可行使后履行抗辩权

张某与某家庭装潢公司签订了一份家装合同，由装潢公司承包张某三室一厅的室内装修，约定施工期限自7月1日起至9月20日止，总价款为12万元，7月10日前付5万元、8月10日前付5万元，余款验收结清。签约后装潢公司在张某7月8日预付5万元工程款后次日才进场施工，7月25日开始停工，张某多次找装潢公司负责人交涉，到了8月18日，装潢公司却告知张某，因其第二期工程款未付要继续停工。张某遂向法院提起诉讼。

（资料来源：http://www.fayi.com.cn/page/Changshi/26/doc_2_0_130429.html）

【分析】　本案中，家装公司先未按期履行进场施工义务，中途又擅自停工，违反了先履行连续施工义务，张某依法享有后履行抗辩权，有权拒付约定的第二笔工程款，家装公司如不继续履行施工义务，张某可以要求解除双方的家装合同，并要求家装公司赔偿损失，也可以要求其继续履行合同，并承担相应的违约责任。

（二）同时履行抗辩权

《合同法》第66条规定，当事人互负债务，没有先后履行顺序的，应当同时履行。一方在对方履行之前有权拒绝其履行要求。一方在对方履行债务不符合约定时，有权拒绝其相应的履行要求。

1．同时履行抗辩权的适用条件

（1）需基于同一双务合同。

（2）该合同需由双方当事人同时履行。同时履行指双方当事人在同一时间同时相互对待给付。双务合同的当事人之间可以直接约定双方同时履行合同，或者不能确立谁先履行合同，双方当事人可以同时履行。同时履行的情形是不多的。

（3）一方当事人有证据证明同时履行的对方当事人未履行合同或者未适当履行合同。

（4）对方的对待给付是可能履行的义务。

2．同时履行抗辩权的适用情形

（1）一方当事人有证据证明对方当事人在同时履行的时间不能履行义务，到同时履行的时间该当事人享有不履行合同的权利。

（2）一方当事人有证据证明对方当事人在同时履行的时间只能部分履行，该当事人有权就其不能履行部分拒绝给付，只为相应给付。

3．同时履行抗辩权的效力

同时履行抗辩权属延期的抗辩权，只是暂时阻止对方当事人请求权的行使，非永久的抗辩权。对方当事人完全履行了合同义务，同时履行抗辩权消灭，当事人应当履行自己的义务。当事人行使同时履行抗辩权致使合同迟延履行的，迟延履行责任由对方当事人承担。

（三）不安抗辩权

1．不安抗辩权的概念

双务合同中，在当事人双方有先后的履行顺序时，如果后履行合同的一方当事人财产状况恶化，先履行债务的一方如果先为给付，那么其合同权利显然难以实现，在这种情况下强迫其仍先履行债务则有失公平。因此，先履行债务的一方在后履行债务的一方未履行或者未提供担保前有权拒绝先为履行，这种权利称为不按抗辩权。

2. 不安抗辩权的适用情形

《合同法》第 68 条规定，应当先履行债务的当事人，有确切证据证明对方有下列情形之一的，可以中止履行：

(1) 经营状况严重恶化；

(2) 转移财产、抽逃资金，以逃避债务；

(3) 丧失商业信誉；

(4) 有丧失或者可能丧失履行债务能力的其他情形。

当事人没有确切证据中止履行的，应当承担违约责任。

典型案例

不安抗辩权的合同法案例

8 月 20 日，甲公司和乙公司订立承揽合同一份。合同约定，甲公司按乙公司要求，为乙公司加工 300 套桌椅，交货时间为 10 月 1 日。乙公司应在合同成立之日起 10 日内支付加工费 10 万元人民币。合同成立后，甲公司积极组织加工。但乙公司没有按约定期限支付加工费。同年 9 月 2 日，当地消防部门认为甲公司生产车间存在严重的安全隐患，要求其停工整顿。甲公司因此将无法按合同约定期限交货。乙公司在得知这一情形后，遂于同年 9 月 10 日向人民法院提起诉讼，要求甲公司承担违约责任。甲公司答辩称，合同尚未到履行期限，其行为不构成违约。即使其在合同履行期限届满时不能交货，也不是其责任，而是因为消防部分要求其停工。并且乙公司至今未能按合同约定支付加工费，其行为已构成违约，因此提起反诉，要求乙公司承担违约责任。

(资料来源：http://www.110.com/ziliao/article-43243.html)

【问题】　本案主要涉及不安抗辩权的行使，以及《合同法》对不安抗辩权和预期违约制度的区分问题。

【分析】　在本案中，乙公司作为先履行合同的一方当事人未按合同约定支付加工款，其行为应属违约，但是甲公司在乙公司未能按合同约定期限支付加工费时，并没有提出解除合同，因此加工合同仍然对双方存在法律拘束力，乙公司仍应先行支付加工费，而甲公司也有义务交付货物。但由于当地消防部门认为甲公司生产车间存在严重的安全隐患，要求其停工整顿，因此可明知甲公司将无法按合同约定期限交货，根据《合同法》第 68 条的规定，乙公司有权主张不安抗辩，中止履行其义务。反之，如果要求乙公司先行支付加工费，由于甲公司已明显不能履行合同，乙公司利益将受到严重损害。但是，乙公司并不能请求甲公司承担违约责任。因为根据我国《合同法》第 69 的规定，当事人一方在丧失履行债务能力的时候，另一方当事人只能中止履行其义务，并且在中止履行后，还应当立即通知对方，在对方提供适当担保时，应当恢复履行。在中止履行后，对方在合同期限内未恢复履行能力并且未提供适当担保的，中止履行的一方才可以解除合同。因此，乙公司在得知甲公司将不能履行合同时，只能中止履行其支付加工费的义务，而不能直接请求乙公司承担违约责任。

四、合同的保全

合同保全是指法律为防止因债务人的财产不当减少或不增加而给债权人的债权带来损害，允许债权人对债务人或第三人的行为行使代位权或撤销权，以维护其债权。

（一）代位权

因债务人怠于行使其到期债权，对债权人造成损害的，债权人可以向人民法院请求以自己的名义代位行使债务人的债权，但该债权专属于债务人自身的除外。

1．代位权的成立要件

(1) 债权人对债务人的债权合法；

(2) 债务人须有有效债权存在；

(3) 债务人怠于行使到期债权，即应行使且能行使而不行使；

(4) 债务人已陷入迟延；

(5) 有保全债权的必要，即债务人怠于行使到期债权直接影响到债权人债权的实现。

2．代位权的私法效力

代位权行使所产生的私法上的效力直接归属于债务人。

3．代位权的行使范围

以债权人的债权为限。

4．费用负担

债权人行使代位权的必要费用，由债务人负担。

典型案例

代位权及其行使范围

甲公司向乙商业银行借款 10 万元，借款期限为一年。借款合同期满后，由于甲公司经营不善，无力偿还借款本息。但是丙公司欠甲公司到期货款 20 万元，甲公司不积极向丙公司主张支付货款。为此，乙商业银行以自己的名义请求法院执行丙公司的财产，以偿还甲公司的借款。

（资料来源：http://www.ppkao.com/tiku/shiti/492857.html）

【问题】

1. 法院是否应支持乙商业银行的请求？

2. 若乙商业银行行使代位权花费 3000 元必要费用，此费用应由谁承担？

【分析】

1. 法院应支持乙商业银行的请求。《合同法》第 73 条第 1 款规定"因债务人怠于行使到期债权，对债权人造成损害的，债权人可以向人民法院请求以自己的名义代位行使债务人的债权，但该债权专属于债务人自身的除外。"本案中，甲公司怠于行使对丙公司的债权，损害了债权人乙商业银行的利益，因此，乙商业银行有权行使代位权，请求人民法院执行丙公司的财产以偿还甲公司的借款。

2. 花费的 3000 元费用应由甲公司承担。《合同法》第 73 条第 2 款规定，"代位权的行使范围以债权人的债权为限。债权人行使代位权的必要费用，由债务人负担。"

（二）撤销权

1．撤销权行使的情形

(1) 因债务人放弃其到期债权或者无偿转让财产，对债权人造成损害的。债权人可以请求人民法院撤销债务人的行为。

(2) 债务人以明显不合理的低价转让财产，对债权人造成损害，并且受让人知道该情形的(即债权人有主观"恶意")，债权人也可以请求人民法院撤销债务人的行为。

可见，债权人撤销权的行使应区别不同情况来确定：如受让人为善意，债权人不享有撤销权。

2．撤销权的行使期限

撤销权自债权人知道或者应当知道撤销事由之日起 1 年内行使。

债务人的行为发生之日起 5 年没有行使撤销权的，该撤销权消灭。

3．撤销权的行使范围

撤销权的行使范围以债权人的债权为限。

4．费用负担

债权人行使撤销权的必要费用，由债务人负担。

实训与练习

实训目的：通过案例分析增强学生对预期违约、不安抗辩权的构成要件等法理知识的理解，同时提升学生运用所学法律知识分析解决问题的能力。

背景资料：2004 年 4 月 27 日，山东省东营市某化工公司与阜新某装饰公司签订了购销合同。合同约定：购销货物为 60 吨，单价 12 500 元；接需方电话通知送货；结算方式为 5 吨铺底，滚动付款(化工公司的解释为第二次货物到达验收时付第一次的货款，第三次货物到达验收时付第二次的货款，以此类推)，货到两月内结算所有货款；合同履行期限从 2004 年 4 月 27 日到 2005 年 4 月 27 日止。合同签订后，2004 年 4 月 29 日化工公司向装饰公司发货 10 吨(仅发货一次)，装饰公司收货，此后装饰公司也未通知其发货，2004 年 7 月 1 日装饰公司付款 20 000 元，余款一直未付，后化工公司以装饰公司预期违约不付余款为由于 2004 年 11 月 14 日诉至法院，请求对方支付剩余货款。法庭审理中原告仅向法庭提交购销合同及收获单据各一份。

本案在审理过程中对"货到两月内结算所有货款"的理解不一，对装饰公司是否构成预期违约产生分歧。

第一种意见认为，装饰公司构成预期违约，进而构成实际违约，应向化工公司支付剩余货款。按双方约定送货方式为接需方电话通知送货，但从 2004 年 4 月 29 日至 2004 年 11 月 14 日在长达半年之久的时间内，装饰公司仍未通知化工公司送货，使化工公司产生不安全感。2004 年 7 月 1 日装饰公司主动付款 20 000 元，此应视为装饰公司对付款方式变更为每批货到后即行结算，此时"货到两月内结算所有货款"的约定应理解为每批货到后结算每批货款，包括铺底款，致此装饰公司已构成实际违约，应向化工公司支付货款。

第二种意见认为，装饰公司不构成预期违约，更不构成实际违约，对原告的诉请应驳回。双方结算方式的约定意思非常清楚，2004 年 7 月 1 日装饰公司付款 20 000 元的行为，仅是一种单方主动付款行为，并非是对原结算方式的更改，"货到两月内结算所有货款"的约定应是最后一批货到时即满足合同约定 60 吨时对最后一批货款连同上批的货款及铺底款全部结清。装饰公司长期未通知化工公司送货，纵使化工公司产生不安全感，此也不能认定化工公司成立不安抗辩权，同时该合同为有效合同，在合同有效期内装饰公司可随时通知化工公司提供第二批货，以履行合同。

（资料来源：http://china.findlaw.cn/falvchangshi/zhaiwuzhaiquan/buankbq/）

对于本案，你怎么看？

实训方法：小组讨论法。

实训内容：根据背景资料进行小组内部讨论并形成答案、小组代表进行汇报。教师对各组表现进行点评。

第五节　合同的变更、转让及终止

一、合同的变更

合同的变更是指合同成立以后，尚未履行或尚未完全履行之前，合同当事人保持不变而合同内容发生变化的现象。

（一）合同变更的要件

(1) 当事人协商一致；

(2) 须有合同内容的变化；

(3) 遵守法定形式。法律、行政法规规定变更合同应当办理批准、登记等手续的，应依照其规定办理。

（二）合同变更的效力

合同内容以变更后的为准。

已经履行的债务不因合同的变更而失去法律效力。

当事人对合同变更的内容约定不明确的，推定为未变更。

二、合同的转让

（一）债权让与

债权让与是指债权人通过与第三人订立合同将其债权全部或部分转让给第三人的行为。

1. 债权让与的构成要件

(1) 须存在有效的债权。

(2) 被让与的债权须具有可让与性。

(3) 让与人与受让人须就债权的转让达成协议，并且不得违反法律的有关规定。

(4) 债权的让与须通知债务人。

知识拓展 📖

债权不得转让的规定

依据合同法第 79 条规定，以下三类债权不得转让：

1. 根据合同性质不得转让的合同债权

(1) 基于个人信任关系而发生的债权。如雇佣、委托、租赁等合同所生债权。

(2) 专为特定债权人利益而存在的债权。例如，专向特定人讲授外语的合同债权。

(3) 不作为债权。例如，竞业禁止约定。

(4) 属于从权利的债权。例如保证债权不得单独让与。但从权利可与主权利分离而单独存在的，可以转让。例如已经产生的利息债权可以与本金债权相分离而单独让与。

2. 按照当事人的约定不得转让的债权

当事人在合同中可以特别约定禁止相对方转让债权的内容，该约定同其他条款一样，作为合同的内容，当然具有法律效力，因而此种债权不具有可让与性。

3. 依照法律规定不得转让的债权

合同法没有明确规定何种债权禁止让与，所以，依照法律规定不得转让的债权是指合同法以外的其他法律中关于债权禁止让与的规定，例如担保法第 61 条规定，最高额低押的主合同债权不得转让。

2. 债权让与的效力

(1) 债权让与在让与人与受让人之间发生的效力。

第一，债权人发生变化。

债权如果是全部转让，让与人的债权人地位被受让人取代，让与人脱离债的关系；

债权如果是部分转让，则让与人与受让人为共同债权人，二者之间的法律关系按照连带债权处理。

第二，从权利的转让。

在债权让与的情况下，依附于合同债权的从权利应该随着主债权的转让而一并转让(例如，抗辩权、担保债权等)。

第三，让与人应该将债权让与文件全部交付受让人。

第四，以买卖或其他有偿方式让与债权的，让与人对其让与的债权应负瑕疵担保责任。

(2) 债权让与在让与人、受让人及债务人之间发生的效力。

第一，在全部债权让与的情况下，合同主体变为债务人与受让人。让与人不得再向债务人请求给付，债务人亦无须再向债权人履行债务；债权让与的受让人成为债权人。

第二，债务人对让与人的抗辩，可以向受让人主张。债权转让不应成为债权人规避债务人债务的方式，因此债务人接到债权转让通知时，如果债务人对让与人享有债权，并且债务人的债权先于转让的债权到期或者同时到期的，债务人可以向受让人主张抵消。

(二) 债务承担

债务承担是指在不改变债务的内容的前提下，债权人、债务人通过与第三人订立转让债务的协议，将债务全部或部分移转给第三人承担的法律事实。

1．债务承担种类

债务承担，按照承担后原债务人是否免责为标准，可以分为免责的债务承担和并存的债务承担两类。

(1) 免责的债务承担。免责的债务承担是指债务人经债权人同意，将其债务全部移转给第三人负担。

免责的债务承担的效力表现在，原债务人脱离债务的关系，不再对所移转的债务承担责任，即免责；第三人则成为新的债务人，对所承受的债务负责。与主债务有关的从债务，除专属于原债务人自身的以外，也随主债务移转给新债务人承担。同时，原债务人对债权人享有的抗辩权，新债务人亦可以之对抗债权人。

(2) 并存的债务承担。并存的债务承担是指债务人不脱离债的关系，第三人加入债的关系，与债务人共同承担债务。

在并存的债务承担中，由于原债务人没有脱离债的关系，对债权人的利益不会发生影响，因而原则上无须债权人的同意，只要债务人或第三人通知债权人即可发生效力。

2．债务承担的有效条件

(1) 须存在有效的债务。

(2) 被转移的债务具有可转移性。在性质上不可转换、当事人特别约定不能转移、不作为债务通常不具有可转移性。

(3) 第三人须与债权人就债务的转让达成合意。

(4) 债务承担须经债权人同意。在全部转让中必须经债权人同意；而在并存的债务承担中，因并存的债务与原债务人连带对债权负责，无须经债权人同意。

3．债务承担的效力

(1) 第三人取得债务人的法律地位。

免责的债务承担有效成立后，第三人取代原债务人，成为新债务人，原债务人脱离债的关系，由第三人直接向债权人承担债务。第三人不履行债务的义务，债权人不得再请求原债务人承担债务，只能请求第三人承担债务不履行之的损害赔偿责任或者诉请人民法院强制执行，原债务人对第三人的偿还能力不负担保责任。

并存的债务承担有效成立后，第三人加入到债的关系中，成为新债务人，同原债务人一起对债权人连带承担债务，但当事人约定按份承担债务时，依其约定。第三人不履行债务的，债权人可以请求人民法院强制执行，也可以请求原债务人履行债务。

(2) 抗辩权随之移转。

根据《合同法》第85条的规定，债务人转移义务的，新债务人可以主张原债务人对债权人的抗辩权。这一点无论对于免责的债务承担，还是并存的债务承担都适用。债务存在无效原因的，第三人作为新债务人，可以向债权人主张无效。履行期尚未届满的，新债务人对债权人的履行请求也可以抗辩。此外，在双务合同中，也可以主张同时履行抗辩权。

(3) 从债务一并随之移转。

依《合同法》第86条规定，债务人转移义务的，新债务人应当承担与债务有关的从债务。例如附随于主债务的利息债务，随着主债务的移转而移转于第三人。但从债务专属于原债务人自身的除外。如保证债务不当然随主债务移转于第三人，除非保证人同意。

三、合同的终止

合同的终止，又称合同的消灭，是指因某种原因引起合同债权债务关系的不复存在。合同终止时，依附于合同的从权利归于消灭。当事人依据诚实信用原则产生了后合同义务，应该根据交易习惯履行通知、协助、保密等义务。

(一) 合同终止的原因

《合同法》第 91 条规定，有下列情形之一的，合同的权利义务终止：

1. 债务已经按照约定履行

2. 合同解除

有下列情形之一的，当事人可以解除合同：因不可抗力致使不能实现合同目的；在履行期限届满之前，当事人一方明确表示或者以自己的行为表明不履行主要债务；当事人一方迟延履行主要债务，经催告后在合理期限内仍未履行；当事人一方迟延履行债务或者有其他违约行为致使不能实现合同目的；法律规定的其他情形。

知识拓展 📖

不 可 抗 力

《民法通则》第 153 条规定，不可抗力是指不能预见、不能避免并且不能克服的客观情况。不可抗力主要包括以下几种情形：自然灾害，如台风、洪水、冰雹；政府行为，如征收、征用；社会异常事件，如罢工、骚乱。

在不可抗力的适用上，有以下问题值得注意：① 合同中是否约定不可抗力条款，不影响直接援用法律规定；② 不可抗力条款是法定免责条款，约定不可抗力条款如小于法定范围，当事人仍可援用法律规定主张免责；如大于法定范围，超出部分应视为另外成立了免责条款，依其约定；③ 不可抗力作为免责条款具有强制性。当事人不得约定将不可抗力排除在免责事由之外。

3. 债务相互抵消

《合同法》第 100 条规定，当事人互负债务，标的物种类、品质不相同的，经双方协商一致，也可以抵消。当事人主张抵消的，应当通知对方。通知自到达对方时生效。抵消不得附条件或者附期限。

4. 债务人依法将标的物提存

《合同法》第 101 条规定，有下列情形之一，难以履行债务的，债务人可以将标的物提存：

(1) 债权人无正当理由拒绝受领；

(2) 债权人下落不明；

(3) 债权人死亡未确定继承人或者丧失民事行为能力未确定监护人；

(4) 法律规定的其他情形。

标的物不适于提存或者提存费用过高的，债务人依法可以拍卖或者变卖标的物，提存所得的价款。

标的物提存后,除债权人下落不明的以外,债务人应当及时通知债权人或者债权人的继承人、监护人。

标的物提存后,毁损、灭失的风险由债权人承担。提存期间,标的物的孳息归债权人所有。提存费用由债权人负担。

【举例】 A、B 订立合同,A 按合同规定,将 100 吨棉花按时送达到 B,但 B 无故拒收(或 B 下落不明),A 随将标的向公证机关提存。若提存期间棉花受潮品质下降、或遭受火灾损失,损失应由 B 承担。若提存期间棉花市场价格上涨,原价 5000 元一吨,上涨到 5500 元,那么,孳息由 B 收取。

债权人可以随时领取提存物,但债权人对债务人负有到期债务的,在债权人未履行债务或者提供担保之前,提存部门根据债务人的要求应当拒绝其领取提存物。

债权人领取提存物的权利,自提存之日起 5 年内不行使而消灭,提存物扣除提存费用后归国家所有。

5. 债权人免除债务

《合同法》第 105 条规定,债权人免除债务人部分或者全部债务的,合同的权利义务部分或者全部终止。

6. 债权债务同归于一人

《合同法》第 106 条规定,债权和债务同归于一人的,合同的权利义务终止,但涉及第三人利益的除外。

【举例】 若因同一债权债务使 A 企业成为 B、C 两企业的债务人,且 B、C 约定分别向 A 分别向 B、C 履行 5 万元债务。后 A、B 两企业合并为一个企业,A 不再给 B 偿还债务。但是,A 所欠 C 的 5 万元仍然要向 C 履行。

7. 法律规定或者当事人约定合同终止的其他情形

实训与练习

实训目的:增强学生对合同变更、转让和终止概念、效力、条件、责任承担等法律知识的理解。

实训方法:小组讨论法。

实训内容:根据教师准备的相关合同法案例,进行小组内部讨论,分析合同变更、转让和终止事由、法律效力等。教师对各组表现进行点评。

实训步骤:教师分发资料,学生分组,组内讨论分析、组际交流、代表汇报、教师点评。

第六节 违约责任

一、违约责任概述

违约责任也称违反合同的民事责任,是指合同当事人因不履行合同义务或者履行合同义务不符合约定,而向合同相对方承担的民事责任。违约责任与合同债务有密切联系。具

有以下特征:

(一) 违约责任是一种民事责任

法律责任有民事责任、行政责任、刑事责任等类型,民事责任是指民事主体在民事活动中,因实施民事违法行为或基于法律的特别规定,依据民法所应承担的民事法律后果。

(二) 违约责任是违约方对相对方承担的责任

合同关系的相对性决定了违约责任的相对性,即违约责任是合同当事人之间的民事责任,合同当事人以外的第三人对当事人之间的合同不承担违约责任。

(三) 违约责任是履行合同不完全或不履行合同义务而承担的责任

违约责任是违反有效合同的责任,以当事人不履行或不完全履行合同为条件。能够产生违约责任的违约行为有两种情形:一是一方不履行合同义务,即未按合同约定提供给付;二是履行合同义务不符合约定条件,即其履行存在瑕疵。

(四) 违约责任具有补偿性和一定的任意性

其一,违约责任以补偿守约方因违约行为所受损失为主要目的,以损害赔偿为主要责任形式,故具有补偿性质。

其二,违约责任可以由当事人在法律规定的范围内约定,具有一定的任意性。《合同法》第114条第1款规定,当事人可以约定一方违约时应当根据违约情况向对方支付一定数额的违约金,也可以约定因违约产生的损失赔偿额的计算方法。

(五) 违约责任是财产责任,不是人身责任

违约责任可以约定(如约定违约金、约定定金),也可以直接适用法律的规定(如支付赔偿金、强制实际履行等)。

(六) 违约责任有一定的选择性

违约相对人可以选择违约人承担违约责任的方式,比如说违约人违反约定没有完成合同义务,相对人可以在损害赔偿和违约金中选择一项要求违约人承担责任。不过这种选择是一种形成权,因此违约相对人一旦选择就不能改变,不然将会对违约人造成很多负担,不利于法律关系的稳定。

二、违约行为的构成要件

我国实行严格的违约责任归责原则,违约行为的构成要件包括:

(1) 有违约行为;

(2) 有损害事实;

(3) 违约行为与损害事实之间存在因果关系;

(4) 无免责事由。

三、违约形态

（一）不能履行

不能履行又叫给付不能，是指债务人在客观上已经没有履行能力，或者法律禁止债务的履行。例如，在以提供劳务为标的合同中，债务人丧失工作能力的，为不能履行。在以特定物为标的物的合同中，该特定物毁损灭失，构成不能履行。

（二）延迟履行

延迟履行又称债务人延迟或者逾期履行，指债务人能够履行，但在履行期限届满时却未履行债务的现象。

（三）履行不符合约定

履行不符合约定是指债务人虽然履行了债务，但其履行不符合债务的本旨。例如，标的物的品种、规格、型号、数量、质量、运输的方法、包装方法等不符合合同约定等。履行不符合约定，应以履行期限届满仍未消除缺陷或者另行给付时为准。如果债权人同意给债务人一定的宽限期消除缺陷或者另行给付，那么在该宽限期届满时仍未消除缺陷或者另行给付的，则构成不完全履行。

（四）拒绝履行

拒绝履行是债务人对债权人表示不履行合同。这种表示一般为明示的，也可以是默示的。例如，债务人将应交付标的物处分给第三人，即可视为拒绝履行。《合同法》第108条关于当事人一方明确表示或者以自己的行为表明不履行合同义务的规定，即指此类违约行为。

（五）债权人延迟

债权人延迟是指债权人对于已提供的给付，无故不受领或不提供相应的完成给付的协助。债权人迟延的构成要件：

(1) 债务内容的实现以债权人的受领或者其他协助为必要；

(2) 债务人依合同约定提供了履行；

(3) 债权人受领拒绝或者受领不能。

所谓拒绝受领，是指对于已提供的给付，债权人无理由地拒绝受领。所谓受领不能，是指债权人不能为给付完成所必需的协助的事实，包括受领行为不能及受领行为以外的协助行为不能。

四、违约责任的承担方式

（一）继续履行

1. 金钱债务中的继续履行

《合同法》第109条规定，当事人一方未支付价款或者报酬的，对方可以要求其支付价款或者报酬。

2. 非金钱债务中的继续履行

《合同法》第 110 条规定，当事人一方不履行非金钱债务或者履行非金钱债务不符合约定的，对方可以要求履行，但有下列情形之一的除外：

(1) 法律上或者事实上不能履行，例如，特定物灭失等；

(2) 债务的标的不适于强制履行或者履行费用过高；

(3) 债权人在合理期限内未要求履行。

3. 迟延履行与继续履行

当事人就迟延履行约定违约金的，违约方支付违约金后，还应当继续履行债务。

(二) 补救措施

《合同法》第 111 条规定，质量不符合约定的，应当按照当事人的约定承担违约责任。对违约责任没有约定或者约定不明确，依照《合同法》第 61 条的规定(可以协议补充；不能达成补充协议的，按照合同有关条款或者交易习惯确定。)仍不能确定的，受损害方根据标的的性质以及损失的大小，可以合理选择要求对方承担修理、更换、重作、退货、减少价款或者报酬等违约责任。

(三) 赔偿损失

当事人一方不履行合同义务或者履行合同义务不符合约定的，在履行义务或者采取补救措施后，对方还有其他损失的，应当赔偿损失。

当事人一方不履行合同义务或者履行合同义务不符合约定，给对方造成损失的，损失赔偿额应当相当于因违约所造成的损失，包括合同履行后可以获得的利益，但不得超过违反合同一方订立合同时预见到或者应当预见到的因违反合同可能造成的损失。

经营者对消费者提供商品或者服务有欺诈行为的，依照《中华人民共和国消费者权益保护法》的规定承担损害赔偿责任。

(四) 违约金

当事人可以约定一方违约时应当根据违约情况向对方支付一定数额的违约金，也可以约定因违约产生的损失赔偿额的计算方法。

约定的违约金低于造成的损失的，当事人可以请求人民法院或者仲裁机构予以增加；约定的违约金过分高于造成的损失的，当事人可以请求人民法院或者仲裁机构予以适当减少。

当事人就迟延履行约定违约金的，违约方支付违约金后，还应当履行债务。

(五) 定金

所谓定金，是指合同当事人为了确保合同的履行，根据双方约定，由一方按合同标的额的一定比例预先给付对方的金钱或其他替代物。对此，担保法做了专门规定。《合同法》第 115 条也规定，当事人可以依照担保法约定一方向对方给付定金作为债权的担保。债务人履行债务后，定金应当抵作价款或者收回。给付定金的一方不履行约定的债务的，无权要求返还定金；收受定金的一方不履行约定的债务的，应当双倍返还定金。据此，在当事人约定了定金担保的情况下，如一方违约，定金罚则即成为一种违约责任形式。

定金应当以书面形式约定，定金的数额由当事人约定，但不得超过主合同标的额的20%。

五、违约责任的免除

因不可抗力不能履行合同的，根据不可抗力的影响，部分或者全部免除责任，但法律另有规定的除外。

当事人延迟履行后发生不可抗力的，不能免除责任。

当事人一方因不可抗力不能履行合同的，应当及时通知对方，以减轻可能给对方造成的损失，并应当在合理期限内提供证明。

实训与练习

实训目的：通过案例分析增强学生对合同违约及违约责任等法理知识的理解，同时提升学生运用所学法律知识分析解决问题的能力。

背景资料：被告孙某为将其所有奶牛便于出售，将奶牛牛头前面部染成黑色。原告靳某为扩大喂养奶牛规模，2 月中旬与被告孙某口头达成协议：原告购买被告所有月龄为3 个月奶牛一头，价款为 3600 元。原告交付相应价款后，将该牛领回喂养，喂养至 3 月10 日发现该牛头前面部原黑色开始由黄逐渐变为白色，原告遂以"被告实施欺诈行为"为由与被告协商欲将该牛退回被告，双方协商未果，靳某遂起诉要求解除合同，并责令孙某返还购牛款 3600 元并依据《消费者权益保护法》之规定，要求被告支付双倍价款7200 元。

分析：在案件的审理过程中，对于被告靳某将牛头由白色染成黑色的行为应承担何种责任出现两种意见。

一种意见认为孙某之行为系欺诈行为，使靳某在违背真实意思的情况下订立的买卖奶牛合同，孙某之行为构成根本违约，作为受损害方的靳某有权请求人民法院撤销该买卖奶牛行为。

另一种意见认为，孙某虽未向原告告知此情况，其交付行为有瑕疵，但靳某购买此奶牛的目的是为了"产奶、卖奶"，从中获取经济效益，孙某此违反合同的行为，并不影响产奶数量及质量，构不成严重违约。在被告此种违约情况下可采取降价等其它办法予以补救，而不宜宣告合同解除。

（资料来源：找法网 http://china.findlaw.cn/）

你怎么看本案例？

实训方法：小组讨论法。

实训内容：根据背景资料进行小组内部讨论并形成答案、小组代表进行汇报。教师对各组表现进行点评。

复习思考题

1. 合同法适用于婚姻、收养、监护等有关身份关系的协议吗？

2. 请举例说明合同的分类有哪些。

3. 你是如何理解合同的基本原则的？

4. 以案例或举例方式说明要约、承诺的构成要件、效力、要约撤销(撤回)、承诺的撤回的法律规定。

5. 以案例或举例方式说明缔约过失责任及其责任方式与范围。

6. 合同的效力类型有哪四种？它们的构成要件或事由有哪些？

7. 合同履行中的抗辩权是哪三种？构成要件有哪些？行使的主体是哪方？

8. 对于合同履行中不明事项的确定规则，法律是如何规定的？

9. 合同变更类型有哪些？终止的原因有哪些？

10. 合同违约责任承担方式有哪些？

第七章

工业产权法律制度

////////////////////////////////

在我国，工业产权主要是指专利权和商标权。《中华人民共和国专利法》(以下简称《专利法》)自 1985 年 4 月 1 日施行。依法建立的专利制度保护发明创造专利权。发明创造包括发明、实用新型和外观设计等。《中华人民共和国商标法》(以下简称《商标法》)自 1985 年 3 月施行，1993 年 2 月 22 日进行了修正，扩大了商标的保护范围，除商品商标外，增加了服务商标注册和管理的规定；在形式审查中增加了补正程序，在实质审查中建立了审查意见书制度。同时我国加入的工业产权国际条约也具有法律效力。

案例导入 🖹

2007 年，一侯姓工程师在喝酒时吟出两句打油诗：酒逢知己千杯少，好友相逢莫言醉。朋友们兴奋地说，这是个好酒名儿啊！赶快去注册个商标。于是该工程师就花了 1000 元到国家工商总局商标局注册"莫言醉"的商标并通过了审查。随着作家莫言获得 2012 年度诺贝尔文学奖引发"诺奖经济"和"莫言热"，名不见经传的白酒"莫言醉"商标身价一夜飙升，名声大涨。2012 年 10 月，该工程师神秘透露："莫言醉"白酒商标价钱已基本谈妥，定为税后 1000 万元人民币。

学习目标 ✍

知识目标：

1. 了解工业产权、商标权、专利权、职务发明等概念，商标权和专利权法律关系的构成、专利权的终止和无效、专利权的保护；

2. 理解商标权和专利权取得的程序，熟悉专利、商标的优先权原则、专利权的强制许可；

3. 掌握商标权和专利权的内容及其法律保护。

能力目标：

1. 能识别现实生活中工业产权违法现象；

2. 能理清工业产权争议案件中存在的法律问题。

第一节　工业产权法概述

一、工业产权的概念和特征

工业产权是指人们依法对应用于商品生产和流通中的发明创造和显著标记等智力成

果，在一定地区和期限内享有的专有权。工业产权与著作权统称为知识产权。在我国，工业产权主要是指专利权和商标权。

工业产权是无形财产权，具有与有形财产不同的特征：

1. 专有性

专有性是指工业产权的权属限制。法律规定智力成果的无形财产权专属于创造人或其所属单位，从而排除了他人享有同样权利的可能性。知识形态的无形财产不具有有形财产的可控制性，只要公开就可以同时为许多人所占有、使用、收益。为保护创造人或其所属单位的利益，法律规定在有效期内，专利权人和商标权人享有专利的专有权和注册商标的专用权，依法独占、使用、收益和处分。未经权利人许可，任何第三人不得使用，否则即构成侵权行为，要受到相应的法律制裁。

2. 地域性

地域性是指工业产权的空间限制。一国的法律只在本国主权范围内发生效力，对其他国家不具有约束力。因此，一国专利法、商标法所保护的工业产权，除在一定情况下使用统一保护的国际公约外，如果想在其他国家取得保护，必须依该国法律履行必要的程序，经批准后获得专利权和商标权。

3. 时间性

时间性是指工业产权的时间限制。工业产权的保护是有一定期限的，权利人只能在法定期限内行使其专用权，一旦法律规定的期限届满，这种专有权便自行失去效力，该智力成果便成为社会的共有财富，人们可以任意加以使用，以促进社会的共同进步。

二、工业产权法的概念

工业产权法是调整因确认、保护、转让和使用工业产权而发生的各种社会关系的法律规范的总称。

工业产权法一般由《专利法》和《商标法》两部分组成。此外还包括若干与此相关的条例、细则。在我国已颁布实施有关工业产权的法律法规主要有《中华人民共和国专利法》《中华人民共和国专利法实施细则》《中华人民共和国商标法》《中华人民共和国商标法实施条例》，同时具有法律效力的国际条约主要有：1883 年在巴黎签订的《保护工业产权巴黎公约》(中国于 1985 年加入)、1970 年在华盛顿签订的《专利合作条约》(中国于 1994 年加入)、1891 年在马德里签订的《商标国际注册马德里协定》(中国于 1989 年加入)、1973 年在维也纳签订的《商标注册条约》等。

这些法律法规共同构成了我国比较健全和完整的工业产权法律制度。随着工业产权的健全和完善，对我国社会主义市场经济发展和繁荣将起到很大的作用。

知识拓展 📖

《保护工业产权巴黎公约》

该公约是 1883 年在巴黎签订的，并经过多次修改。它是保护工业产权方面影响最大的国际公约。1984 年 11 月 14 日我国第六届人民代表大会常务委员会第八次会议决定加入《巴黎公约》，自 1985 年 3 月 19

日起该公约对我国生效。该公约主要规定了四项原则：① 国民待遇原则。每一缔约国必须将其给予本国国民的法律保护同等地给予其他缔约国国民；非缔约国国民如在缔约国国内有住所或营业场所，也应得到同样的保护。② 优先权原则。优先权，是指发明创造在一个缔约国提出专利申请后，在法定期限内又向其他缔约国提出申请的，申请人有权要求将第一次申请的日期视为后来的申请日期。③ 独立性原则。各缔约国独立地按本国的法律规定是否给予专利权或商标专用权，不受该专利权或商标专用权在其他缔约国决定的影响。这就是说，同一发明创造或商标在一个缔约国取得专利权或商标专用权，并不意味着在其他缔约国也一定可以取得专利权或商标专用权；专利权或商标专用权在一个缔约国被撤销或终止，也不意味着在其他缔约国一定要被撤销或终止。④ 强制许可原则。对已获得工业产权法律保护的权利人，自申请日期满 4 年，或从专利批准日起满 3 年，无正当理由没有实施或没有充分实施的，各成员国可以在不征得权利人同意的情况下，对该工业产权实行强制许可。

实训与练习

实训目的： 通过案例分析增强学生对工业产权的专有性等法理知识的理解，同时提升学生运用所学法律知识分析解决问题的能力。

背景资料： 1993 年 7 月，狗不理包子饮食公司取得中华人民共和国工商行政管理局第 138850 号狗不理牌商标注册证。1994 年 1 月 7 日，高某与某饭店法定代表人陶某订立合作协议一份，建立以经营天津正宗狗不理包子为主的餐馆，由陶某负责提供经营场所，高某负责提供并传授技术，同时负责正宗天津狗不理包子名称宣传。1994 年 3 月，饭店开业，陶某为经理，高某为面案厨师，饭店的牌匾上写着"正宗天津狗不理包子第四代传人高某某，第五代传人高某"的字样。狗不理包子饮食公司获知此事，向法院起诉，称本公司于 1993 年 7 月对狗不理包子进行了商标注册登记，某饭店和高某悬挂"天津狗不理包子的牌匾的行为侵害了本公司的商标专用权，要求二被告停止侵权行为，并公开道歉，赔偿经济损失。某饭店辩称：本饭店和高某在开业前订有协议，宣传工作由高某负责，本饭店悬挂牌匾系高某制作，本饭店未侵害原告的商标专用权。高某辩称：该牌匾系宣传家源身份，牌匾上"狗不理"是其曾祖父乳名、艺名，"包子"是其家传技艺，均非商标，未侵害原告商标专用权。

请问某饭店和高某的行为是否侵犯了狗不理包子饮食公司的商标专用权？

实训方法： 小组讨论法。

实训内容： 根据背景资料进行小组内部讨论并形成答案、小组代表进行汇报。教师对各组表现进行点评。

第二节 商 标 法

一、商标

商标，即通常所说的"牌子"，是商品的生产者或经营者在其提供的商品上使用的或服务的提供者在其提供的服务上采用的，用于区别商品或服务来源的显著标志。商标由文字、图形、字母、数字、三维标志、颜色组合和声音等组成，以及上述要素的组合。

（一）商标的分类

1. 文字商标、图形商标和组合商标

根据从商标标记构成的角度，将商标分为文字商标、图形商标和组合商标三种。

（1）文字商标。文字商标是以文字组成的商标。可以使用汉字、汉语拼音，也可以使用外国文字。文字商标的文字使用，必须具有显著特征。如"加多宝"、"王老吉"等。

（2）图形商标。图形商标是指图形构成的商标。图形商标的特点是生动形象，便于记忆。图形商标既包括平面图形，也包括三维标志。图形商标还应具有显著的特征，不具有显著特征的不能作为商标。如"本田汽车"商标是以 表示。

（3）组合商标。组合商标是指由文字、图形、记号、数字等组合而成的商标。组合商标设计要求文字图形协调一致，整个图案构成统一整体。如"百度"商标 其是由字母、图形及文字组合而成的。

2. 商品商标和服务商标

根据商标的用途和作用来分类，可划分为商品商标和服务商标。商品商标用于标识商品；服务商标用于标识提供服务的经营者。如"可口可乐"、"SONY"等是商品商标，"中国移动"是服务商标。

3. 制造商标、销售商标和集体商标

根据商标拥有者、使用者的不同来分类，可划分为制造商标、销售商标、集体商标和证明商标。

（1）制造商标。制造商标用于标识商品的制造者。如"海尔"、"美的"等。

（2）销售商标。销售商标用于标识商品的经销者。如"周大福"、"戴梦得"等。

（3）集体商标。集体商标是指以团体、协会或者其他组织名义注册，供该组织成员在商事活动中使用，以表明使用者在该组织中的成员资格的标志。如"佛山陶瓷"。

（4）证明商标。证明商标是指由对某种商品或者服务具有监督能力的组织所控制，而由该组织以外的单位或者个人使用于其商品或者服务，用以证明该商品或者服务的原产地、原料、制造方法、质量或者其他特定品质的标志。如"绿色食品"标志等。

（5）驰名商标、著名商标和知名商标。按照商标的知名度，可分为驰名商标、著名商标和知名商标。驰名商标是由国家工商总局商标局认定的在市场上享有较高声誉并为全国相关公众所熟知的商标，如"海尔"、"美的"等。著名商标是由省级工商部门认定的，在该行政区划范围内享有较高声誉和市场知名度的商标，如广东省著名商标"徐福记"。知名商标是由市一级工商部门认定的，在该行政区划分范围内享有较高声誉和市场知名度的商标，如广州市知名商标"五羊牌"雪糕。

（6）注册商标与非注册商标。根据商标是否注册，可将商标分为注册商标与非注册商标。我国《商标法》对商标注册采用自愿注册为主，强制注册为辅的原则。除人用药品和烟草制品必须使用注册商标外，其他商品或者服务上是否使用注册商标由使用人自己决定。但是，商标法只保护注册商标。当注册商标和非注册商标相同或相似，却又出现在相同或相似的商品上时，非注册商标将停止使用。

（二）商标的作用

（1）标记性。商标是商品和商业服务的标记，它与商品和商业服务有紧密的联系，是用在商品和服务领域的特定的标记。

（2）区别性。商标是区别不同商品或相同商品生产者、经营者和商业服务者的标记。

（3）信誉性。商标反映商品的质量和服务的水平，为商品购买者和服务对象提供特殊的信息，代表不同的商业信誉。

（三）商标禁止使用的文字、图形和标志

《商标法》规定了商标禁止使用的文字、图形，具体包括：

（1）同中华人民共和国的国家名称、国旗、国徽、军旗、勋章相同或相近似的，以及同中央国家机关所在地特定地点的名称或标志性建筑物的名称、图形相同的；

（2）同外国的国家名称、国旗、国徽、军旗相同或者近似的，但该国政府同意的除外；

（3）同政府间国际组织的名称、旗帜、徽记相同或者近似的，但经该组织同意或不易误导公众的除外；

（4）与表明实施控制、予以保证的官方标志、检验印记相同或近似的，但经授权的除外；

（5）同"红十字"、"红新月"的名称、标志相同或者近似的；

（6）带有民族歧视性的；

（7）夸大宣传并带有欺骗性的；

（8）有害于社会主义道德风尚或者有其他不良影响的。

《商标法》规定，下列标志不得作为商标注册：

（1）仅有本商品的通用名称、图形、型号的；

（2）仅仅直接表示商品的质量、主要原料、功能、用途、重量、数量及其他特点的；

（3）缺乏显著特征的。

上述所列标志经过使用取得显著特征，并便于识别的，可以作为商标注册。

《商标法》规定，县级以上行政区划分的地名或者公众知晓的外国地名，不得作为商标。但是，地名具有其他含义或者作为集体商标、证明商标组成部分的除外；已经注册的使用地名的商标继续有效。

知识拓展 📖

含"中国"商标须具备的条件

对含有与我国国家名称相同或者近似文字的商标申请，申请人及申请商标同时具备以下 4 个条件的，可予以初步审定：① 申请人主体资格应当是经国务院或其授权的机关批准设立的，申请人名称应经名称登记管理机关依法登记；② 申请商标与申请人企业名称或者该名称简称一致，简称是经国务院或其授权的机关批准；③ 申请商标与申请人主体之间具有紧密对应关系；④ 申请商标指定使用的商品或服务范围应与核定的经营范围相一致。例如，"中国银行"、"中国石油"就是此类注册商标。

二、商标权

(一) 商标权的特点

商标权是指商标所有人对其商标拥有的独占的、排他的权利。商标权具有以特点：

(1) 商标权即商标专用权，这是指只有商标所有人才有专用注册商标的权利。

(2) 商标权是无形财产，这种权利只有在注册后才有效。无形财产本身是没有实体的，必须到政府主管部门申请登记，被批准后才能给无形财产一定时间的权利。

(3) 商标权所有人可以转让或出售商标。

(4) 受法律保护的商标，任何其他人不得仿冒，商标所有人可以向任何人要求停止侵权行为并赔偿损失。

(二) 商标权的取得

(1) 注册取得。商标必须经商标局核准注册，商标成为注册商标，商标注册人才能享有商标专用权，受法律保护。

(2) 继受取得。继受取得又叫传来取得，即商标权的取得不是最初产生的，而是以原商标所有人的商标权及意志为依据，通过一定的法律事实实现商标权的转移。继受取得有两种方式：① 根据转让合同使受让人从出让人那里有偿或无偿地取得商标权；② 根据继承程序，由继承人继承被继承人的商标权。

(三) 商标权的消灭

注册商标可以因注销和撤销而导致专用权消灭。

(1) 注销。注册商标的注销是指商标局根据商标注册人本人、或者他人的申请，将注册商标注销或部分注销的法律程序。

(2) 撤销。商标局根据商标注册人违反《商标法》的行为或商标评审委员会根据争议商标与他人注册在先的商标构成相似的事实，依法撤销该注册商标的法律制度。商标撤销包括三种情况：因注册不当商标的撤销；因注册商标争议而裁定撤销；因使用不当而被撤销。《商标法》第44规定，使用注册商标，有下列行为之一的，由商标局责令限期改正或者撤销其注册商标：① 自行改变注册商标的。② 自行改变注册商标的注册人名义、地址或者其他注册事项的。③ 自行转让注册商标的。④ 连续三年停止使用的。

注册商标被撤销，商标专用权自始不存在。

三、商标注册

商标的拥有者想要得到商标的专有权，必须经过相应的法律途径进行注册，核准授予后，方能得到注册商标权，受到法律的保护。我国对商标管理实行集中注册、分级管理的原则，设有专门的商标主管机关来进行商标管理。国家工商行政管理局商标局主管全国商标注册和管理工作，地方各级工商行政管理部门的商标管理机关负责本地区的商标管理工作。国务院工商行政管理部门设立商标评审委员会，负责处理商标争议事宜。

（一）注册原则

1．自愿注册与强制注册相结合的原则

我国对大部分商品或服务项目使用的商标，采取自愿注册的原则，由商标使用人自主决定是否进行商标注册。但对于国家规定必须使用注册商标的商品，如人用药品、烟草制品，以及必须使用注册商标的其他商品等。必须使用注册商标，一般限于人民生活关系密切、涉及人身安全和健康的少数商品。

典型案例

天沙公司经烟草局的许可，在中国境内销售一种进口烟，这种烟使用的商标尚未在我国注册。在一次检查中，工商行政管理部门发现此事，欲对其进行处罚，而天沙公司以烟草局已许可为由，拒绝承担法律责任。

【问题】　对此，工商行政管理部门可以采取哪些措施？

【分析】　可以责令其停止销售、限期申请注册，并处罚款。根据《商标法》的规定，国家规定必须使用注册商标的商品，必须申请商标注册，未经核准注册的，不得在市场销售。违反此规定的，由地方工商行政管理部门责令限期申请注册，可以并处罚款。

2．申请在先原则

所谓的申请在先原则，是指两个或者两个以上相同或者近似的商标都提出了注册的申请，只给申请在先的商标予以注册。在我国，两个或者两个以上的主体就相同或者近似的商标向商标管理机关申请商标注册，根据申请日期这一客观事实，初步审定并公告申请在先的商标，同一天申请的，初步审定并公告使用在先的商标，驳回其他人的申请，不予公告。

【举例】　世界著名的畅销杂志《Readers Digest》在许多地区出中文版，中文名为《读者文摘》，并在中国对该杂志申请了商标注册。甘肃省出版的《读者文摘》杂志深受读者欢迎，发行量是全国文摘类刊物最大的，但由于没有及时申请注册，从 1993 年 7 月起，不得不将《读者文摘》更名为《读者》，从而导致发行量在更名初期剧降。

3．一项商标，一件申请原则

申请商标注册，应当按照公布的商品和服务分类表按类申请，即"一类商品，一个商标，一份申请"的原则提出申请。申请人如果在不同类别的商品上使用同一商标，应当按商品分类表分别提出注册申请，分别提交有关文件。注册商标需要在同一类的其他商品上使用的，应当另行提出注册申请。商品名称或者服务项目未列入商品和服务分类表的，应当附送对该商品或者服务的说明。

（二）注册条件

1．申请人的资格

注册商标申请人是指申请商标的主体，可以是自然人、法人或者其他组织。申请人可以自行到商标局申请商标注册，也可以委托依法设立的商标代理机构进行申请。

2．商标必须具备的条件

(1) 商标必须具备法定的构成要素。根据《商标法》规定，任何能够将自然人、法人或者其他组织的商品与他人的商品区别开的可视性标志，包括文字、图形、字母、数字、三维标志和颜色组合，以及上述要素的组合，均可以作为商标申请注册。

(2) 商标必须具备显著特征。下列特征被认为不具有显著性，不能获准注册：本商品的通用名称、图形和型号；直接表示商品本身内在特点；地理名称。

(3) 商标必须不是禁止使用或者禁止注册的标志。

（三）注册程序

1．提出申请

商标注册申请人提出申请商标注册的，应当按照公布的商品和服务分类表按类申请。

2．初审和公告

商标注册的申请，凡符合规定的，由商标局初步审定并予以公告；凡是不符合规定的，由商标局驳回申请，不予公告，并以书面形式通知申请人。申请人不服的，可以自收到通知之日起 15 日内向商标评审委员会提出复审，由商标评审委员会做出裁定并书面通知申请人。当事人对商标评审委员会的决定不服的，可以自收到通知之日起 30 日内向人民法院提起诉讼。当事人在法定期限内对商标局作出的裁定不申请复审或者对商标评审委员会作出的裁定不向人民法院提起诉讼的，裁定生效。

3．异议和裁定、核准

通过初审并公告的商标，进入异议期，自公告之日起 3 个月内，任何人可以对公告的商标提出异议。当有人提出异议时，商标局应听取异议人和申请人陈述事实和理由，经调查核实后，做出裁定。经裁定异议成立的，不予以核准注册；经裁定，异议不能成立，或者异议期满无异议的，予以核准注册商标，发给商标注册证，并予以公告。

（四）注册商标的期限和续展

注册商标的法律保护期限为 10 年，自核准注册之日起计算。注册商标有效期满，需要继续使用的，商标注册人应当在期满前 12 个月内按照规定办理续展手续；在此期间未能办理的，可以给予 6 个月的宽展期。每次续展注册的有效期为 10 年，自该商标上一届有效期满次日起计算。期满未办理续展手续的，注销其注册商标。

典型案例

商 标 续 展

宏达电视机厂，于 2005 年 8 月 18 日以"红光"申请注册商标，商标局在审查过程中发现，万山电视机厂曾于 1995 年 6 月 3 日取得"红光"这一注册商标，但迄今为止没有提出该注册商标的续展申请。

【问题】 在这种情况下，商标局是否可以核准宏达电视厂申请的商标？

【分析】 不可以。根据《商标法》第 38 条规定，在商标续展期内商标所有权人仍是该商标的所有者，仍享有该商标的专用权。

四、商标权人的权利和义务

（一）商标权人的权利

（1）商标专用权。商标专用权是指商标权人对其注册商标独占、专有的使用权，这是《商标法》的核心问题。

（2）商标转让权。注册商标是一种无形财产，商标权人有全部或部分地转让给他人的权利。转让注册商标，转让人和受让人应当共同向商标局提出申请。受让人应当保证使用该注册商标的商品质量。转让核准后，予以公告。

（3）使用许可权。使用许可权是指注册商标所有人享有通过签订使用许可合同，许可他人使用其注册商标的权利。许可人应当监督被许可人使用其注册商标的商品质量，被许可人应当保证使用该注册商标的商品质量。

许可他人使用注册商标的，被许可人必须在使用该注册商标的商品上标明其名称和商品产地。商标使用许可合同应当报商标局备案。

（4）商标投资权。商标权人有权将其注册商标作价投资。投资作价由双方协商议定。

（二）商标权人的义务

（1）依法使用注册商标的义务。注册商标必须使用是商标权人的义务，连续三年停止使用，可撤销其注册商标。注册商标的使用必须正确，不得自行改变、自行转让或租借注册商标等。

（2）保证商品质量的义务。对注册商标的商品质量负责是商标权人的一项重要义务。

（3）标明"注册商标"。在商品上不便标明的，应当在商品包装或者说明书以及其他附着物上标明。注册标记包括(Ⓡ和注)使用注册标记,应当标注在商标的右上角或者右下角。

五、注册商标专用权的保护

（一）商标侵权行为

商标侵权行为通常是指侵害他人注册商标专用权的行为。《商标法》规定，有下列行为之一的，均属侵犯注册商标专用权的行为：

（1）未经商标注册人的许可，在同一种商品或者类似商品上使用与其注册商标相同或者近似的商标的；

（2）销售侵犯注册商标专用权的商品的；

（3）伪造、擅自制造他人注册商标标识或者销售伪造、擅自制造的注册商标标识的；

（4）未经商标注册人同意，更换其注册商标并将该更换商标的商品又投入市场的；

（5）给他人的注册商标专用权造成其他损害的。

《商标法实施条例》还规定了商标侵权的其他情形：在同一种或者类似商品上，将与他人注册商标相同或者近似的标志作为商品名称或者商品装潢使用，误导公众的；故意为侵犯他人注册商标专用权行为提供仓储、运输、邮寄、隐匿等便利条件的。

（二）商标侵权行为的处理

对侵犯注册商标专用权的行为，工商行政管理部门有权依法查处；涉嫌犯罪的，应当及时移送司法机关依法处理。对侵犯注册商标专用权的行为，任何人可以向工商行政管理部门投诉或者举报。

因侵犯注册商标专用权行为而引起纠纷的，由当事人协商解决；不愿协商或者协商不成的，商标注册人或者利害关系人可以向侵权人所在地或侵权行为发生地的县级以上人民法院起诉，也可以请求工商行政管理部门处理。

实训与练习 ✎

实训目的： 通过案例分析增强学生对商标侵权行为及法理知识的理解，同时提升学生运用所学法律知识分析解决问题的能力。

背景资料： 甲厂自 2008 年起在其生产的衬衫上使用"飞天"商标，2009 年，乙服装厂也开始使用"飞天"商标。2011 年 5 月，乙厂的"飞天"商标经国家商标局核准注册，其核定使用的商品为服装等。2012 年 1 月乙厂发现甲厂在衬衫上使用"飞天"商标，很容易引起消费者的误认，因此甲、乙双方发生纠纷。

请问：

(1) 甲、乙两个厂谁构成侵权？为什么？

(2) 侵权行为始于何时？请说明理由。

(3) 侵权方能否继续使用"飞天"商标？请提出可行性建议。

（资料来源：http://www.wangxiao.cn/wxy/9516516015.html）

实训方法： 小组讨论法。

实训内容： 根据背景资料进行小组内部讨论并形成答案、小组代表进行汇报。教师对各组表现进行点评。

第三节 专 利 权 法

一、专利

现代意义上的专利具有多种含义。

一是指专利权，即专利权的简称，是指专利权人依法获得的一种垄断性权利。这是"专利"一词在法律上最基本的含义。

二是指依法获得专利法保护的发明创造本身，通常被称为专利技术，一般包括发明、实用新型和外观设计三种专利。

三是指记载专利技术的公开的专利文献。

二、专利权

专利权简称专利，是国家专利机关依法授予发明创造的发明人、设计人或者其所在的单位，在一定期限内对特定的发明创造依法享有的专有权。

（一）专利权的主体

根据我国《专利法》规定，专利权的主体可以是发明人或设计人、职务发明的发明人所在单位以及专利权的合法受让人。

1. 发明人或设计人

发明人或设计人是指对发明创造的实质性特点作出了创造性贡献的人。其中，"发明人"是指发明或实用新型的完成人；"设计人"是指外观设计的完成人。要注意的是，在完成发明创造的过程中，那些只负责组织工作的人、为物质技术提供便利条件的人或是从事辅助性工作的人，并非发明人或设计人。

如果两个或两个以上的人对同一项发明创造的实质性特点共同做出了创造性贡献，则这两个或两个以上的人成为共同发明人或共同设计人。

典型案例

发明人的界定

2003 年 6 月秦某自筹资金，利用业余时间研制一种新型电路板。在研制的过程中，秦某邀请其大学同学徐某帮忙对该电路板一重要部件进行设计。一个月后，秦某发现徐某设计出来的部件根本无法在实际中应用。无奈之下，秦某继续自行研制。在此工作中，秦某的妻子王某一直从事辅助研究工作。2005 年 12 月 10 号秦某终于研制成功，并向专利局申请专利。将秦某和王某填写为设计人，徐某得知后，向专利局提出异议。

【问题】　在本案中，秦某、徐某、王某是否为共同发明人？

【分析】　不是共同发明人。本案中的发明人只有秦某，王某只是单纯从事辅助工作，不能被称为发明人；而徐某虽参与具体研发工作，但其设计的方案是失败的，对发明创造未起到作用，因此也不能成为发明人。

2. 职务发明人所在的单位

对于职务发明创造来说，专利权的主体是该发明创造的发明人或者设计人的所在单位。发明人或设计人享有署名权和获得奖金、报酬的权利。

职务发明创造，是指企事业单位、社会团体、国家机关工作人员执行本单位的任务或者主要是利用本单位的物质技术条件所完成的发明创造。具体是指：

(1) 在本职工作中作出的发明创造。

(2) 履行本单位交付的本职工作之外的任务所作出的发明创造。

(3) 退休、调离原单位后或者劳动、人事关系终止后 1 年内作出的，与其在原单位承担的本职工作或者原单位分配的任务有关的发明创造。

典型案例

专利的申请权

2005 年 10 月，新兴电子设备制造厂在科研组李某的带领下，利用本厂的设备和技术资料，研制出了一种新型的电子设备，但该厂未申请专利。2006 年 4 月，李某从厂里辞职，到其朋友的一家公司工作。

2006 年 6 月,李某将在厂里研制出的原始资料及数据稍加改动后,欲申请专利。

【问题】　李某是否享有该专利的申请权?

【分析】　不享有。根据《专利法实施细则》第 11 条的规定,离职、退休或调动工作后 1 年内作出的,与其在原单位承担的本职工作或分配的任务有关的发明创造,属于职务发明创造。因此,在本案中,新兴电子设备厂享有该专利申请权。

3. 其他申请人

发明人或设计人以外的其他人通过合同转让或者继承而得到专利申请权。发明人或设计人在发明创造完成之后,可以选择自己申请专利,也可以通过合同形式将申请权进行转让;发明人或设计人死亡后,由其继承人依法取得申请权。

(二) 专利权的客体

专利权的客体,即依法可以取得专利权的发明创造。专利权的客体有发明、实用新型和外观设计。

(1) 发明。《专利法》所称的发明是指对产品、方法或者其改进所提出的新的技术方案。

(2) 实用新型。《专利法》所称的实用新型,是指对产品的形状、构造或者其结合所提出的适于实用的新的技术方案。

(3) 外观设计。《专利法》所称的外观设计是指对产品的形状、图案或者其结合以及色彩与形状、图案的结合所作出的富有美感并适于工业应用的新设计。外观设计只涉及美化产品的外表和形状,不涉及产品的制造和设计技术,它通常是外形、图案和色彩三者的结合。

《专利法》不予保护的对象主要包括:科学发现;智力活动的规则和方法;疾病的诊断和治疗方法;动物和植物品种,但对动物和植物品种的生产方法,可以依照《专利法》规定授予专利权;用原子核变换方法获得的物质;违反法律、社会公德或妨害公共利益的发明创造。

三、专利权的申请与审批

(一) 专利权的授予条件

1. 发明与实用新型专利的授予条件

(1) 新颖性。是指该发明或实用新型不属于现有技术;并且在该发明或实用新型申请日之前,没有任何单位或个人就同样的发明创造向国务院专利行政部门提出过申请,并记载在申请日以后公布的专利申请文件或者公告的专利文件中。

(2) 创造性。是指与现有技术相比,该发明具有突出的实质性特点和显著的进步,该实用新型具有实质性特点和进步。发明创造应该是发明人创造性的构思,而不是简单的技术组合,并且与相近的技术相比,在技术上要有所进步。

【举例】　郭某在剪指甲的时候突发灵感,试想如果在指甲刀上安装一小盒子,使剪掉的指甲不到处乱掉,既方便又卫生。于是郭某在家苦心思索如何解决此问题。过了 3 个月,郭某自制的可收集指甲的指甲刀完成,效果良好,但此时郭某不知自己的这项发明是该申请专利还是实用新型。本案中,郭某的发明具有一定的创造性，但其创造高度尚达不到发明专利的要求，应当作为实用新型申请保护。

(3) 实用性。是指该发明或实用新型能够在工商业上制造或者使用，并且能够产生积极效果。只有具有实用性的发明创造，才能给社会带来真正的收益，促进工商业的发展。

2. 外观设计权利的授予条件

外观设计专利权的取得与发明和实用新型有所不同，取得外观设计专利的关键条件只有一个，就是新颖性。我国《专利法》规定，授予专利权的外观设计与现有设计或者现有设计特征的组合相比，应当具有明显区别。

(二) 专利的申请

我国《专利法》对专利权的申请和审批程序做出了明确规定，只有符合法律规定的申请原则和程序的研究成果，才能授予专利权。

1. 书面原则

办理专利申请手续，必须采用书面形式。申请发明和实用新型专利时，应向国务院专利行政部门递交请求书、说明书、权利要求书和摘要。申请外观设计专利时，应当递交请求书以及该外观设计的图片和照片等文件，并应写明使用该外观设计的产品及其所属类别。

2. 先申请原则

我国对专利的申请采用的是先申请原则，即谁先申请专利权就授予谁。因此，确定专利申请日就非常重要，这是能否取得专利权的先决条件。确定专利申请日有几种情况： 申请人直接向国务院专利行政部门递交文件的，视国务院专利行政部门收到专利申请文件之日为申请日；申请文件是邮寄的，以寄出的邮戳日为申请日；国务院专利行政部门收到的申请文件有欠缺的，以文件补齐之日为申请日。

3. 单一性原则

单一性原则指一份专利申请文件只能就一项发明创造提出专利申请，即"一申请一发明"原则。

4. 优先权原则

优先权是指申请人自发明或者实用新型在外国第一次提出专利申请之日起 12 个月内，或者自外观设计在外国第一次提出专利申请之日起 6 个月内，又在中国就相同主题提出专利申请的，依照该外国同中国签订的协议或者共同参加的国际条约，或者依照相互承认优先权的原则，可以享有优先权。

申请人自发明或者实用新型在中国第一次提出专利申请之日起 12 个月内，又向国务院专利行政部门就相同主题提出专利申请的，可以享有优先权。

【举例】 A 国是《巴黎公约》的成员国。该国的 DGL 公司于 2003 年 7 月 3 日向本国提出了发明专利的申请，A 国已对其申请进行了审查，并于 2005 年 3 月 20 日授予了该公司专利权。2004 年 1 月 10 日，该公司就同一发明向我国提出申请，专利局于 1 月 15 日收到该申请。应认定 2003 年 7 月 3 日为该公司在我国的申请日。

（三）专利权的审批

1. 发明专利申请的审批

（1）初审和公开。国务院专利行政部门收到发明专利申请后，经初步审查认为符合《专利法》要求的，自申请日起满 18 个月，即行公布。也可以根据申请人的请求早日公布其申请。

（2）实质审查。公布后发明专利进入实质审查阶段，发明专利申请自申请日起 3 年内，国务院专利行政部门可以根据申请人随时提出的请求，对其申请进行实质审查；申请人无正当理由逾期不请求实质审查的，该申请即被视为撤回。

（3）授权决定。国务院专利行政部门对发明专利申请进行实质审查后，没有发现驳回理由的，发给专利证书，同时予以登记和公告。发明专利权自公告之日起生效。

（4）专利复审。专利申请人对国务院专利行政部门驳回申请的决定不服的，可以自收到通知之日起 3 个月内，向专利复审委员会请求复审。向专利复审委员会请求复审的，应当提交复审请求书，说明理由，必要时还应当附具有关证据。专利复审委员会复审后，作出决定，并通知专利申请人。

2. 实用新型和外观设计的审批

实用新型和外观设计的专利申请，采取登记制度，经初步审查没有发现驳回理由的，国务院专利行政部门应当作出授予实用新型专利权或者外观设计专利权的决定，发给相应的专利证书，并予以登记和公告。

四、专利权人的权利与义务

1. 专利权人的权利

（1）独占实施权。是指专利权人有权利依照自己的意愿，自行制造、使用、销售其专利产品或使用专利方法以及销售依照该专利方法直接获得的产品的权利。独占实施权是指专利权被授予后，任何单位或者个人未经专利权人许可，不得实施其专利，即不得以生产经营为目的制造、销售、进口其专利产品。

（2）许可实施权。是指专利权人可以通过合同方式，许可他人使用其专利权并收取专利使用费的权利。受许可人只能在许可范围内实施该专利，也无权允许合同规定以外的任何人实施该专利。

（3）转让权。指专利权人可以将其获得的专利所有权转让给他人的权利。

（4）标记权。指专利权人有权决定是否在其专利产品上标明专利标记和专利号。

（5）请求保护权。当专利权人的权利受到侵害时，可以直接向人民法院起诉，或者要求专利管理部门维护其专利权。

（6）放弃权。专利权人可以通过书面声明放弃其专利权，并要经过登记、公告等程序。

2. 专利权人的义务

（1）缴纳年费。专利权人应当在专利权授予的当年起开始缴纳年费。

（2）实施专利。实施发明创造是专利权人的义务，只有将发明创造应用到工商业中，才能体现出发明创造的实用性。

五、专利权的实施与保护

（一）专利权的实施

专利权人的一项重要权利就是专利的实施权。任何单位或者个人实施他人专利的，应当与专利权人订立实施许可合同，向专利权人支付专利使用费。被许可人无权允许合同规定以外的任何单位或者个人实施该专利。

（二）专利权的期限和终止

发明专利的保护期限是 20 年，实用新型和外观设计的保护期限是 10 年，均自申请日起计算。

专利权在期限届满时终止为正常终止，专利权在期限届满前终止为提前终止。提前终止包括两种情况：一是没有按照规定缴纳专利年费；二是专利权人以书面声明放弃其专利权。专利权的终止，应由专利局登记和公告。

（三）侵犯专利权的行为

侵犯专利权的行为，是指违背专利权人的意愿，以盈利为目的实施其专利的行为。专利侵权行为主要有以下几种：

(1) 未经专利权人许可实施其专利的行为；

(2) 假冒他人专利的行为；

(3) 冒充专利产品、专利方法的行为。

但是，我国 《专利法》规定以下行为不视为侵犯专利权：

(1) 专利权人制造、进口或经专利权人许可而制造、进口的专利产品或者依照专利方法直接获得的产品售出后，使用、许诺销售或者销售该产品的；

(2) 在专利申请日前已经制造相同产品、使用相同方法或者已经作好制造、使用的必要准备，并且仅在原有范围内继续制造、使用的；

(3) 临时通过中国领土、领水、领空的外国运输工具，依照其所属国同中国签订的协议，或者共同参加的国际条约，或者依照互惠原则，为运输工具自身需要而在其装置和设备中使用有关专利的；

(4) 专为科学研究和实验而使用有关专利的。

（四）侵犯专利权的法律后果

侵犯专利权的应承担停止侵权、没收违法所得、赔偿专利权人损失、被处以罚款等法律责任；情节严重构成犯罪的，应依法承担刑事责任。

实训与练习 🖊

实训目的：通过案例分析增强学生对专利权内容及专利侵权行为等法理知识的理解，

同时提升学生运用所学法律知识分析解决问题的能力。

背景资料： 2011 年 3 月 6 日，孙某获得了一项实用新型专利权。2011 年专利权人孙某发现宝盖门窗厂未经其许可，擅自制造其专利产品，并将该产品投放市场销售。后经有关部门鉴定，宝盖门窗厂制造的产品与孙某的专利产品相比，多出一个不同的技术特征。因此，宝盖门窗厂认为自己制造并销售的产品与孙某的专利产品不同，不构成侵权。但孙某坚持认为宝盖门窗厂的行为构成了专利侵权。

请问： 宝盖门窗厂的行为涉及孙某专利权的哪些内容？是否构成侵权？为什么？

实训方法： 小组讨论法。

实训内容： 根据背景资料进行小组内部讨论并形成答案、小组代表进行汇报。教师对各组表现进行点评。

复习思考题

1. 工业产权的基本特征有哪些？
2. 商标禁止使用的文字和图形有哪些？
3. 商标权人的权利和义务有哪些？
4. 对于商标侵权行为的处理法律是如何规定的？
5. 职务发明与非职务发明的区别有哪些？
6. 授予发明和实用新型专利的实质条件有哪些？
7. 专利权人的权利和义务有哪些？

第八章

市场运行法律制度

//////////////////////////

本章主要讲述市场运行法律制度中的三大核心法律即《中华人民共和国产品质量法》、《中华人民共和国反不正当竞争法》、《中华人民共和国消费者权益保护法》。

《中华人民共和国产品质量法》(以下简称《产品质法》)于 1993 年 2 月 22 日第七届全国人民代表大会常务委员会第三十次会议通过，自 1993 年 9 月 1 日起施行，2000 年 7 月 8 日第九届全国人民代表大会常务委员会第十六次会议予以修正，自 2000 年 9 月 1 日起施行，其宗旨是加强对产品质量的监督管理，提高产品质量水平，明确产品质量责任，保护消费者的合法权益，维护社会经济秩序。

《中华人民共和国反不正当竞争法》(以下简称《反不正当竞争法》)于 1993 年 9 月 2 日第八届全国人民代表大会常务委员会第三次会议通过，自 1993 年 12 月 1 日起施行，其宗旨是为保障社会主义市场经济健康发展，鼓励和保护公平竞争，制止不正当竞争行为，保护经营者和消费者的合法权益。

《中华人民共和国消费者权益保护法》(以下简称《消费者权益保护法》)于 1993 年 10 月 31 日八届全国人大常委会第 4 次会议通过，自 1994 年 1 月 1 日起施行。2009 年 8 月 27 日第十一届全国人民代表大会常务委员会第十次会议《关于修改部分法律的规定》进行第一次修正。2013 年 10 月 25 日十二届全国人大常委会第 5 次会议《关于修改的决定》第 2 次修正。2014 年 3 月 15 日，由全国人大修订的新版《消费者权益保护法》(简称"新消法")正式实施，其宗旨是保护消费者的合法权益，维护社会经济秩序稳定，促进社会主义市场经济健康发展。

案例导入

李先生购买了某公司生产的按摩椅，但使用一年多后出现停滞、接触不良等现象，李先生多次将按摩椅送往生产厂家修理，但仍故障频频，李先生无奈将其收入了储藏间不再使用。而上周，按摩椅生产厂家宣布因质量原因，全球召回该款按摩椅，但召回区域不包括我国。李先生看着新闻叹了口气，怎么办呢？为了一台半旧的按摩椅花钱费时间打官司太划不来了。

(资料来源：http://blog.sina.com.cn/s/blog_500f146f0101enht.html)

点拨： 近几年来，不断出现侵犯消费者权益的群体性消费事件，对于消费纠纷数额较小的事件，相当多的消费者衡量维权成本后，出于各种原因不愿意维权。在诸如东芝洗衣机召回排除我国，三鹿奶粉、问题胶囊等群体性消费事件中，在这些霸王条款、虚假宣传中，消费者往往势单力薄，举证困难，且案件诉讼周期长、花费较大，消费维权常常陷入尴尬境地，"赢了官司输了钱"的结局让不少人望而却步。而修改后的《消法》明确了消协的诉讼主体地位，今后我国消费者协会和在省、自治区、直辖市设立的消费者协会可针对"侵害众多消费者合法权益"的行为提起公益诉讼。上述案例中，根据修改后的《消法》，李先生可以请求当地的消协提起公益诉讼。通过本章的学习，会使得大家对市场运行法律制度有明确的认识与了解。

学习目标 ✍

知识目标：

1. 了解产品与产品质量的概念、产品质量立法概况；
2. 理解掌握生产者、销售者的法律义务、产品质量监督管理制度和产品质量责任制度；
3. 了解限制竞争行为的基本理论；
4. 理解掌握不正当竞争行为的概念及调整对象、含义；
5. 掌握不正当竞争的构成要点，不正当竞争行为发生和消灭的原因；
6. 了解消费者保护法的基本概念和原则；
7. 理解掌握消费者的权利和经营者的义务。

能力目标：

1. 能处理实践中与产品质量责任有关的实际行为；
2. 能够判定不同的不正当竞争形式；
3. 能够对实际案例中的不正当竞争行为进行分析，对引起不正当竞争行为的法律事实进行解释；
4. 能够懂得如何维护消费者的权益；
5. 能够同侵犯消费者合法权益行为作斗争。

第一节　产品质量法

一、产品质量法概述

（一）产品与产品质量

产品是指经过加工、制作，用于销售的产品。军工产品不适用该法的规定。

产品质量是指产品在正常的使用条件下，为满足合理的使用要求所必须具备的物质、技术、心理和社会特征的总和。产品质量一般应包括以下性能：功能性、安全性、可靠性，经济性、可维修性。

（二）产品质量法概述

产品质量法是调整因产品质量而产生的社会关系的法律规范的总称。主要调整两大类社会关系：

(1) 在国家对企业的产品质量进行监督管理过程中产生的产品质量管理关系；

(2) 产品的生产者、销售者与产品的用户和消费者之间因产品缺陷而产生的产品质量责任关系。

我国产品质量法体系由《中华人民共和国产品质量法》和有关产品质量的其它法律规范组成。如《计量法》、《标准化法》、《食品卫生法》、《药品管理法》、《工业产品质量责任条例》、《产品质量认证管理条例》等专门法以及《民法通则》、《合同法》、《消费者权益保护法》中的相关规定。

　　【举例】　A 建筑公司承建 B 公司的一幢办公楼，在验收时发现工程质量有问题，后查明工程质量问题是由于 C 水泥厂提供不合格的水泥所致。

　　请问：B 公司是否可依据产品质量法向 A 建筑公司主张权利？A 建筑公司是否可依据产品质量法向 C 水泥厂主张权利？

　　【分析】　B 公司不可依《产品质量法》向 A 主张权利，因建筑工程不属于《产品质量法》调整范围。A 建筑公司可依《产品质量法》向 C 水泥厂主张权利，因建筑工程所使用的建筑材料和配套产品属于《产品质量法》的调整范畴。

（资料来源：http://3y.uu456.com/bp-563c3e2258fb770bf78a557c-2.html）

二、产品质量的监督管理

（一）产品质量监督管理

产品质量监督管理是指各级人民政府质量监督部门依据法定权限对产品质量进行监督管理的活动。

（二）我国产品质量监督体制

我国产品质量监督体制，包括国家和地方两级。

1. 国家对产品质量的监督

(1) 国家产品质量监督主管部门对产品质量的监督。

(2) 国务院有关部门对产品质量的监督。

2. 地方产品质量监督

(1) 县级以上地方产品质量监督部门主管本行政区域内的产品质量监督工作。

(2) 县级以上地方政府有关部门在各自职责范围内负责产品质量监督工作。

(3) 全国省级以下质量技术监督系统实行垂直领导。

（三）产品质量监督管理制度

我国实行产品质量标准制度。产品质量应符合一定的标准；产品均应检验合格，不得以不合格产品冒充合格产品；可能危及人体健康和人身、财产安全的工业产品，必须符合保障人体健康和人身财产安全的国家标准、行业标准。未制定国家标准或行业标准的，必须符合保障人体健康和人身、财产安全的要求。

《产品质量法》第 14 条规定，"国家根据国际通用的质量管理标准，推行企业质量体系认证制度。企业根据自愿原则可以向国务院产品质量监督部门认可的或者国务院产品质量监督部门授权的部门认可的认证机构申请企业质量体系认证。经认证合格的，由认证机构颁发企业质量体系认证证书。

国家参照国际先进的产品标准和技术要求，推行产品质量认证制度。企业根据自愿原则可以向国务院产品质量监督部门认可的或者国务院产品质量监督部门授权的部门认可的认证机构申请产品质量认证。经认证合格的，由认证机构颁发产品质量认证证书，准许企业在产品或者其包装上使用产品质量认证标志。"

国家对产品质量实行以抽查为主要方式的监督检查制度。同时，遵循上级抽查过的下级不得再行抽查；国家抽查过的地方不得再行抽查的原则。抽查费用无需企业承担，由财政列支。

三、生产者、销售者的产品质量责任和义务

（一）生产者的产品质量责任和义务

1．产品质量符合法定要求

（1）不存在危及人身、财产安全的不合理的危险，有保障人体健康和人身、财产安全的国家标准、行业标准的，应当符合该标准；

（2）具备产品应当具备的使用性能，但是，对产品存在使用性能的瑕疵作出说明的除外；

（3）符合在产品或者其包装上注明采用的产品标准，符合以产品说明、实物样品等方式表明的质量状况。

2．产品标识符合法定要求

产品标识是指用于识别产品或其特征、特性所做的各种表示的统称。产品标识可以用文字、符号、标记、数字、图案等表示。根据不同的产品的特点和使用要求，产品标识可以标注在产品上，也可以标注在产品包装上。《产品质量法》对产品或其包装上的标识的规定：

（1）应有产品质量检验合格证明；

（2）应有中文标明的产品名称、生产厂家和厂址；

（3）根据产品的特点和使用要求，需要标明产品规格、等级、所含主要成分的名称和含量的，应用中文相应予以标明；需要事先让消费者知晓的，应当在外包装上标明，或者预先向消费者提供有关资料。

（4）限期使用的产品，应当在显著位置清晰地标明生产日期和安全使用期或失效日期；

（5）使用不当，容易造成产品本身损坏或者可能危及人身、财产安全的产品，应有警示标志或者中文警示说明；

裸装的食品和其他根据产品的特点难以附加标识的裸装产品，可以不附加产品标识。

3．生产者对某些特殊产品的包装应当履行的义务

易碎、易燃、易爆、有毒、有腐蚀性、有放射性等危险物品以及储运中不能倒置和其他有特殊要求的产品，其包装质量必须符合相应要求，依照国家有关规定作出警示标志或者中文警示说明，标明储运注意事项。

4．法律禁止生产者从事的行为

生产者不得生产国家明令淘汰的产品；生产者不得伪造产地，不得伪造或者冒用他人的厂名、厂址；生产者不得伪造或者冒用认证标志等质量标志；生产者生产产品，不得掺杂、掺假，不得以假充真、以次充好，不得以不合格产品冒充合格产品。

（二）销售者的产品质量责任和义务

销售者的产品质量责任和义务主要包括：
(1) 销售者应当建立并执行进货检查验收制度，验明产品合格证明和其他标识；
(2) 销售者应当采取措施，保持销售产品的质量；
(3) 销售者不得销售国家明令淘汰并停止销售的产品和失效、变质的产品；
(4) 销售者销售的产品的标识应当符合法律对生产产品或其包装上的标识的规定；
(5) 销售者不得伪造产地，不得伪造或冒用他人的厂名、厂址；
(6) 销售者不得伪造或冒用认证标志等质量标志；
(7) 销售者销售产品不得掺杂、掺假，不得以假充真，以次充好，不得以不合格产品冒充合格产品。

四、产品质量责任

（一）产品质量责任概念

产品质量责任是指生产者和销售者因生产或销售的产品有缺陷，造成用户、消费者或第三者人身和财产损害而应承担的民事赔偿责任。

（二）产品质量责任归责原则

归责原则是指确定行为人承担民事责任的理由和依据。我国实行的产品质量责任归则原则如下：
(1) 对生产者实行严格责任原则，即无论生产者有无过错，只要因产品存在缺陷致使他人人身、财产发生损害，生产者就应当承担赔偿责任。
(2) 对销售者实行过错责任原则，即销售者由于过错使产品存在缺陷，造成他人人身、财产损害的，才承担赔偿责任。销售者不能指明缺陷产品的生产者，也不能指明缺陷产品的供货者的，销售者应当承担赔偿责任。

（三）损害赔偿责任的构成

1．损害赔偿责任构成的法律依据

(1) 民法通则规定，因产品质量不合格，造成他人财产、人身损害的，产品制造者、销售者应当依法承担民事责任；
(2) 产品质量法规定，因产品缺陷造成人身、财产损害的，受害人可以向产品的生产者要求赔偿，也可以向产品的销售者要求赔偿。

2．损害赔偿责任的构成要件

(1) 产品存在缺陷。产品缺陷包括产品存在危及人身、财产安全的不合理危险及不符合保障人体健康和人身、财产安全的国家标准、行业标准。

(2) 存在人身伤害、财产损害的事实。即"无损害，无责任"。

(3) 产品缺陷与损害事实之间有因果关系。第一，损害事实是由产品缺陷造成的，而不是由其他原因造成的，例如：外力的破坏、受害人的故意等；第二，损害赔偿责任不以生产者、销售者主观上是否有过错作为前提条件，只要生产、销售的产品有缺陷，并且因此造成了人身、财产损害的，就应承担损害赔偿责任。

(四) 损害赔偿范围及责任形式

1．生产者、销售者的损害赔偿责任

(1) 生产者损害赔偿的法定情形。

因产品存在缺陷，造成人身、缺陷产品以外的其他财产损害的，生产者应承担赔偿责任。生产者能够证明有下列情形之一的，不承担赔偿责任：① 未将产品投入流通的；② 产品投入流通时，引起损害的缺陷尚不存在的；③ 生产者将产品投入流通时的科学技术水平尚不能发现缺陷存在的。

典型案例

关 于 赔 偿

某厂 1993 年生产了一种治疗腰肌劳损的频谱治疗仪投放市场，消费者甲购买了一部，用后腰肌劳损大大减轻，但却患上了偏头疼症，甲询问了这种治疗仪的其他用户，很多人都有类似反应。甲向某厂要求索赔。某厂对此十分重视，专门找专家作了鉴定，结论是：目前科学技术无法断定治疗仪与偏头疼之间的关系。该厂对用户 A 的偏头疼症是否承担赔偿责任？

由于治疗仪投入流通时的科学技术水平不能发现缺陷的存在，某厂不能承担赔偿责任。

(资料来源：http://wenku.baidu.com/link?url=USMF5JZxmtSHdJKtcYgEvB2LmeGBi02pTc6aMS8T-

HlzpKQNRRt9rHwSrqUBgpfjX1QxQ2MKM2HJZrNd8BTvV7TJyrvc7R2q4UsAXCBv2MpC)

(2) 销售者的损害赔偿责任。

销售者承担损害赔偿的法定情形如下：

① 售出的产品不具备产品应当具备的使用性能而事先未作说明的；不符合在产品或其包装上注明采用的产品标准的；不符合以产品说明书、实物样品等方式表明的质量状况的。

② 销售者依法负责修理、更换、退货、赔偿损失后，属于生产者的责任或者属于向销售者提供产品的其他销售者的责任的，销售者有权向生产者、供货者追偿。

③ 销售者未按规定给予修理、更换、退货或赔偿损失的，由产品质量监督部门或工商部门责令改正。

④ 生产者之间，销售者之间，生产者与销售者之间订立的买卖合同、承揽合同有不同约定的，合同当事人按照合同约定执行。

⑤ 因产品存在缺陷造成人身、缺陷产品以外的其他财产(以下简称他人财产)损害的，生产者应当承担赔偿责任。

由于销售者的过错使产品存在缺陷，造成人身、他人财产损害的，销售者应当承担赔偿责任。销售者不能指明产品缺陷的生产者，也不能指明缺陷产品的供货者的，销售者应当承担赔偿责任。

(3) 受害人的求偿权与先行赔偿人的追偿权。

因产品存在缺陷造成人身、他人财产损害的，受害人可以向产品的生产者要求赔偿，也可以向产品的销售者要求赔偿。属于产品的生产者的责任，产品的销售者赔偿的，产品的销售者有权向产品的生产者追偿。属于产品的销售者的责任，产品的生产者赔偿的，产品的生产者有权向产品的销售者追偿。

2．损害赔偿范围

(1) 人身伤害赔偿范围：因产品存在缺陷造成受害人人身伤害的，侵害人应当赔偿医疗费、治疗期间的护理费、因误工减少的收入等费用；造成残疾的，还应当支付残疾者生活自助具费、生活补助费、残疾赔偿金以及由其扶养的人所必需的生活费等费用；造成受害人死亡的，并应当支付丧葬费、死亡赔偿金以及由死者生前扶养的人所必需的生活费等费用。

因产品存在缺陷造成受害人财产损失的，侵害人应当恢复原状或者折价赔偿。受害人因此遭受其他重大损失的，侵害人应当赔偿损失。

(2) 财产损害赔偿范围：恢复原状或折价赔偿；受害人遭受其他重大损失的，侵害人应当赔偿损失。

(3) 时效和争议的解决：因产品存在缺陷造成损害要求赔偿的诉讼时效期间为二年，自当事人知道或者应当知道其权益受到损害时起计算。

因产品存在缺陷造成损害要求赔偿的请求权，在造成损害的缺陷产品交付最初消费者满十年丧失；但是，尚未超过明示的安全使用期的除外。

争议的解决，① 通过协商解决；② 调解解决；③ 当事人不愿通过协商、调解解决或者协商、调解不成的，可以根据当事人的协议向仲裁机构申请仲裁；④ 当事人没有仲裁协议或者仲裁协议无效的，可以直接向法院起诉。

典型案例

瑕疵担保

2月4日，王某在某百货公司买到一台冰箱，冰箱附有产品合格证。王某买回冰箱后6天，发现冰箱噪音太大，就去找百货公司交涉，百货公司说冰箱一开始使用时有些噪音是正常的，过一段时间就会好。没过多长时间，冰箱的制冷器又出了问题，到后来完全丧失了冷冻食品的功能，成了一个食品储藏柜。王某再去找百货公司，百货公司说冰箱不是他们生产的，冰箱不制冷属冰箱的技术问题，此事只有生产厂家才能解决，因此让王某去找生产厂家。王某觉得生产厂家离本市有上千公里，况且冰箱又不像小件物品，可以来回搬运，只有先找百货公司，让百货公司找生产厂家。王某遭到百货公司拒绝，于是王某于6月15日向人民法院起诉，要求百货公司对冰箱进行维修，如修理不好，应负责退货。

(资料来源：http://zhishi.11464.com/xfwq/72/31877.html)

什么是产品的瑕疵担保责任？某百货公司对售出的有瑕疵的产品是否负责任？

【分析】 产品瑕疵担保责任指在产品买卖关系中，出卖产品的人，为了全面履行买卖关系中承担的义务，向对方当事人所做的保证和承诺，即如果产品存在瑕疵，担保人应当承担由此引起的法律后果。瑕疵担保责任的产生，前提是当事人之间应有合法的合同关系，同时构成产品瑕疵担保责任还要求销售者不适当地履行合同，即销售者销售的商品不符合产品质量法第 40 条规定的 3 种情形或不符合合同约定的质量要求的，销售者在这种情况下就要承担产品瑕疵担保责任。依产品质量法第 40 条规定，销售者应承担如下责任：

(1) 修理、更换、退货。修理。产品虽然存在瑕疵，但经过修补、修理、加工、并不影响产品的实用性和美观。在这种情况下，用户或消费者可以要求对产品的瑕疵进行修理。更换。如果有瑕疵的产品不容易修理，或者消费者不愿意修理可采取更换的办法。退货。如果产品的瑕疵严重影响了产品的使用效果，使产品丧失了原有的使用价值，或者由于修理、更换时间的延误，用户或消费者已不再需要该产品，则有权请求退回产品。

(2) 赔偿损失，这个损失是指产品本身的损失，不是指造成人身损失或该产品财产损失以外的损失。销售者依照前款(40 条)规定负责修理、更换、退货、赔偿损失后，属于生产者的责任或者属于向销售者提供产品的其他销售者(以下简称供货者)的责任的，销售者有权向生产者、供货者追偿。销售者未按照第一款规定给予修理、更换、退货或者赔偿损失的，由产品质量监督部门或者工商行政管理部门责令改正。生产者之间，销售者之间，生产者与销售者之间订立的买卖合同、承揽合同有不同约定的，合同当事人按照合同约定执行。

根据本案的实际情况，某百货公司应对王某购买的冰箱进行退货。如果百货公司要行使追偿，则按产品质量法的规定办理。

五、行政和刑事责任

(一) 生产者、销售者的行政和刑事责任

1. 生产不合格产品的行政和刑事责任

(1) 责令停止生产、销售，没收违法生产、销售的产品，并处违法生产、销售产品(包括已售或未售的产品)货值金额等值以上 3 倍以下的罚款；

(2) 有违法所得的，并处没收违法所得；

(3) 情节严重的，吊销营业执照；

(4) 构成犯罪的，依法追究刑事责任。

2. 生产销售掺杂、掺假、以次充好或者以不合格产品冒充合格产品的行政和刑事责任

(1) 责令停止生产、销售，没收违法生产、销售的产品，并处违法生产、销售产品(包括已售或未售的产品)货值金额 50%以上 3 倍以下的罚款；

(2) 有违法所得的，并处没收违法所得；

(3) 情节严重的，吊销营业执照；

(4) 构成犯罪的，依法追究刑事责任。

3. 生产国家明令淘汰的产品的或者销售国家明令淘汰并停止销售的产品的行政和刑事责任

(1) 责令停止生产、销售，没收违法生产、销售的产品，并处违法生产、销售产品(包

括已售或未售的产品)货值金额等值以下的罚款;

(2) 有违法所得的,并处没收违法所得;

(3) 情节严重的,吊销营业执照。

4. 销售失效、变质产品的行政和刑事责任

(1) 责令停止生产、销售,没收违法生产、销售的产品,并处违法生产、销售产品(包括已售或未售的产品)货值金额等值 2 倍以下的罚款;

(2) 有违法所得的,并处没收违法所得;

(3) 情节严重的,吊销营业执照;

(4) 构成犯罪的,依法追究刑事责任。

伪造产品产地的,伪造或者冒用他人厂名、厂址的,伪造或者冒用认证标志等质量标志的,责令改正,没收违法生产、销售的产品,并处违法生产、销售产品货值金额等值以下的罚款;有违法所得的,并处没收违法所得;情节严重的,吊销营业执照。

产品标识不符合对产品或其包装上的标识的要求的,应依法责令改正;有包装的产品标识,不符合有关警示标志或者中文警示说明规定的,情节严重的,责令停止生产、销售,并处以违法生产、销售产品货值金额 30%以下的罚款;有违法所得的,并处没收违法所得。

(二) 国家机关及其工作人员违反质量法的行政和刑事法律责任

(1) 政府及其他国家机关工作人员承担法律责任的法定情形及法律责任。

(2) 质量监督部门和其他有关部门违反质量法的法律责任。

(三) 当事人对行政处罚的诉讼权利

(1) 申请行政复议权。

(2) 复议机关应当在接到复议申请之日起 60 日内做出复议决定。

(3) 当事人逾期不申请复议也不向人民法院起诉,又不履行处罚决定的,做出处罚决定的机关可以申请人民法院强制执行。

实训与练习 📖

实训目的:通过案例分析增强学生产品质量法相关知识的理解,同时提升学生运用所学法律知识分析解决问题的能力。

背景资料:1994 年,一户赵姓人家在为家中老人祝寿时,高压锅突然爆炸,儿媳妇被锅盖击中头部,抢救无效死亡。据负责高压锅质理检测的专家鉴定,高压锅爆炸的直接原因是高压锅的设计有问题,导致锅盖上的排气孔堵塞。由于高压锅的生产厂家距离遥远,赵家要求出售此高压锅的商场承担损害民事赔偿责任。但商场声称缺陷不是由自己造成的,而且商场在出售这种高压锅(尚处于试销期)的时候已与买方签订有一份合同,约定如果产品存在质量问题,商场负责退货,并双倍返还货款,因而商场只承担双倍返还货款的违约责任。

资料来源:http://wenku.baidu.com/link?url=MFsIIpOC0zsMo6N0eNZHPEufzgdHHTwVMkguR7m-FUNinnPAeguJXtZ8QA5PsDHyqnn0_Oc9cKJryqzK1RYLC6oFgm8cCFTkgm_gIvXh9tRW)

请问：

1. 赵家可否向该商场请求承担责任？为什么？

2. 赵家可以请求违约责任还是侵权赔偿责任？

实训方法：小组讨论法。

实训内容：根据背景资料进行小组内部讨论并形成答案、小组代表进行汇报。教师对各组表现进行点评。

相关提示：① 可以，《产品质量法》第四十三条 因产品存在缺陷造成人身、他人财产损害的，受害人可以向产品的生产者要求赔偿，也可以向产品的销售者要求赔偿。属于产品的生产者的责任，产品的销售者赔偿的，产品的销售者有权向产品的生产者追偿。属于产品的销售者的责任，产品的生产者赔偿的，产品的生产者有权向产品的销售者追偿。② 侵权赔偿责任。因为造成了人身损害，所以超越了违约责任，应属于侵权责任。《产品质量法》第四十四条 因产品存在缺陷造成受害人人身伤害的，侵害人应当赔偿医疗费、治疗期间的护理费、因误工减少的收入等费用；造成残疾的，还应当支付残疾者生活自助具费、生活补助费、残疾赔偿金以及由其扶养的人所必需的生活费等费用；造成受害人死亡的，并应当支付丧葬费、死亡赔偿金以及由死者生前扶养的人所必需的生活费等费用。 因产品存在缺陷造成受害人财产损失的，侵害人应当恢复原状或者折价赔偿。受害人因此遭受其他重大损失的，侵害人应当赔偿损失。

第二节　反不正当竞争法

一、反不正当竞争法概述

反不正当竞争法是调整市场竞争过程中因规制不正当竞争行为而产生的社会关系的法律规范的总称。反不正当竞争法通过对不正当竞争行为的调整和规范，确立竞争规则，从而保护和促进正当竞争，维护市场经济秩序。《中华人民共和国反不正当竞争法》于 1993 年 9 月 2 日颁布，1993 年 12 月 1 日起实施。

（一）不正当竞争行为的定义和特征

不正当竞争行为，是指经营者违反本法规定，损害其它经营者的合法权益，扰乱社会经济秩序的行为。从上述定义可以看出，不正当竞争行为有以下特征：

(1) 经营者是实施不正当竞争行为的主要主体；

(2) 不正当竞争行为是违反《反不正当竞争法》的行为；

(3) 不正当竞争行为是损害其他经营者合法权益的行为；

(4) 不正当竞争行为是扰乱社会经济秩序的行为；

(5) 不正当竞争行为是损害消费者合法权益的行为。

（二）不正当竞争行为的种类

概括来讲，我国《反不正当竞争法》主要规范以下 11 种不正当竞争行为：

(1) 假冒仿冒行为；

(2) 商业贿赂行为；

(3) 虚假的广告宣传行为；

(4) 侵犯商业秘密行为；

(5) 倾销行为；

(6) 搭售或附加不合理条件行为；

(7) 违反法律规定的有奖销售行为；

(8) 商业诽谤行为；

(9) 串通投标行为；

(10) 公用企业及其他依法具有独占地位的经营者限制竞争行为；

(11) 政府部门限制竞争行为。

（三）反不正当竞争法的定义及立法模式

反不正当竞争法是指调整国家在制止不正当竞争行为过程所发生的社会关系的法律规范的总称。反不正当竞争法通过对不正当竞争行为的调整和规范，确立竞争规则，从而保护和促进正当竞争，维护市场经济秩序。

从世界范围来看，反不正当竞争法的立法模式主要有两种：

(1) 分别制定《反不止当竞争法》和《反垄断法》或《反限制竞争法》。这种立法模式也称分立式，即将垄断行为和不正当行为区分开来分别立法。调整垄断行为所制定的法律称《反垄断法》或《反限制竞争法》；调整不正当竞争行为的法律称《反不正当竞争法》。如日本制定的《禁止垄断法》和《不正当竞争防止法》；德国制定的《反限制竞争法》和《反不正当竞争法》。

(2) 综合制定一部法律来调整不正当竞争行为、垄断行为或限制竞争行为。这种立法模式也称单一式或统一式，即将垄断行为或限制竞争行为和不正当竞争行为合并在一部法律中加以调整，制定统一的《反不正当竞争法》或称《反托拉斯法》等。如澳大利亚、匈牙利和美国等就是这样。我国《反不正当竞争法》采取与《反垄断法》分别立法的模式，这是由我国的国情所决定的。

（四）《反不正当竞争法》的立法目的

《反不正当竞争法》第 1 条明确规定，“为保障社会主义市场经济健康发展，鼓励和保护公平竞争，制止不正当竞争行为，保护经营者和消费者的合法权益，制定本法。”我国反不正当竞争法的立法目的可以分为三个层次：

(1) 制止不正当竞争行为，这是该法的直接目的；

(2) 保护经营者和消费者的合法权益，这是该法直接目的的必然延伸；

(3) 鼓励和保护公平竞争，保障社会主义市场经济的健康发展。

（五）反不正当竞争法的核心原则

在市场交易中，经营者应当遵循下列市场竞争规则：

(1) 自愿、平等、公平；

(2) 诚实信用；

(3) 尊重并遵守公认的商业道德。

二、不正当竞争行为

（一）假冒仿冒行为

1. 假冒仿冒行为的概念及特征

假冒仿冒行为又称商业混同行为，它是指经营者采用欺骗性的手段，从事市场交易，使自己的商品或服务与特定竞争对手的商品或服务相混淆，以造成购买者误认或误购目的的不正当竞争行为。因此混淆行为就是指经营者在市场经营活动中，以种种不实手法对自己的商品或服务作虚假表示、说明或承诺，或不当利用他人的智力劳动成果推销自己的商品或服务，使用户或者消费者产生误解，扰乱市场秩序、损害同业竞争者的利益或者消费者利益的行为。

假冒仿冒行为具有以下几个特征：

（1）假冒仿冒行为是以竞争为目的的。假冒行为针对的对象是特定的市场经营者以及这些经营者的产品或服务，行为人在主观上希望客户或消费者产生混淆和误解，以此获得竞争优势。

（2）假冒仿冒行为表现为对他人的标志或表示的利用。假冒仿冒者针对的主要是他人的商品或服务标志，如商标、商品名称、包装、装潢以及企业名称、产地名称、质量标志等。

（3）假冒仿冒行为的本质是欺骗性的。假冒仿冒者搭名牌产品的便车，不正当地掠夺他人的商品信誉和商业信誉，欺骗与之交易的消费者和经营者。通过欺骗手段，行为人不正当地占有了他人潜在的或现实的市场份额。

2. 假冒仿冒行为的种类

假冒他人注册商标的行为是指擅自使用他人的注册商标的行为。根据我国《商标法》、《反不正当竞争法》有关的内容，假冒行为包括以下几种行为：

（1）未经注册商标所有人的许可，在同一种商品上使用与他人注册商标相同或相近似的商标；

（2）销售明知是仿冒注册商标的商标；

（3）伪造、擅自制造他人注册商标标识。注册商标权是知识产权的重要权利之一。《商标法》对注册商标权的内容，行使方式，保护范围作了专门规定。《反不正当竞争法》将假冒他人的注册商标作为不正当竞争行为予以禁止，其立法意图是编织更严密的法网，使这种行为受到来自《商标法》和《反不正当竞争法》两方面的防范和制裁。因此，在法律责任上，《反不正当竞争法》规定对此种行为依据《商标法》加以处罚。若不能适用《商标法》制裁，而行为人确实对他人注册商标造成损害的，可依据反不正当竞争法追究法律责任。

仿冒知名商品特有的名称、包装、装潢的行为。是指行为人擅自将他人知名商品特有的商品名称、包装、装潢作相同或相近的使用，造成与他人的知名商品相混淆，使购买者误认为是该知名商品的行为。知名商品是指在市场上具有一定的知名度，为相关公众所知悉的商品；特有是指商品的名称、包装、装潢非为相关商品所通用，并具有显著的区别性特征。根据《反不正当竞争法》第 5 条规定，擅自使用知名商品特有的名称、包装、装潢，或者使用与知名商品近似的名称、包装、装潢，造成和他人的知名商品相混淆，使购买者误认为是该知名商品的，构成不正当竞争行为。所谓"知名商品"，是指在市场上具有一定知名度，为相关公众所知悉的商品。所谓知名商品特有的名称，是指知名商品独有的与通用名称有显著区别的商品名称。

擅自使用他人的企业名称或姓名，引人误认为是他人商品的行为。擅自使用他人的企业名称或姓名，引人误认为是他人的商品。企业名称及自然人个人的姓名，是其拥有者最具特色的、最基本的识别性符号。企业名称权及姓名权是受法律保护的人格权和人身权中重要的组成部分。在市场经营活动中，企业名称和生产经营者的姓名是区分商品生产者、经营者，或服务的提供者来源的重要标志，它能反映出该企业或该生产经营者的商品声誉及商业信誉。他人若要使用(无论出于什么目的)都必须取得合法所有人的书面同意。擅自使用行为不仅侵犯他人的合法权利，也是对消费者的欺骗，对市场竞争规则的破坏。因此，《反不正当竞争法》予以明文禁止。

伪造或者冒用质量标志、产地，对商品质量作引人误解的虚假表示的行为是指经营者在商品上或商品包装、标签上对反映该商品质量的各种内容，如商品的质量标志、产地等作出了不真实的表述。

3. 该行为的构成要件

(1) 该行为的主体是从事市场交易活动的经营者。不是经营者，不构成此行为的主体(如国家机关工作人员利用其特殊的身份进行欺骗行为，不属于该规范的对象)。

(2) 经营者在市场经营活动中，客观上实施了《反不正当竞争法》第 5 条禁止的不正当竞争手段，为自己牟取非法利益。

(3) 经营者的欺骗性行为已经或足以使用户或消费者误认，即这种欺骗行为达到了较为严重的程度。

4. 法律责任

经营者假冒他人的注册商标，擅自使用他人的企业名称或者姓名，伪造或者冒用认证标志、名优标志等质量标志，伪造产地，对商品质量作引人误解的虚假表示的，依照《中华人民共和国商标法》、《中华人民共和国产品质量法》的规定处罚。

经营者擅自使用知名商品特有的名称、包装、装潢，或者使用与知名商品近似的名称、包装、装潢，造成和他人的知名商品相混淆，使购买者误认为是该知名商品的，监督检查部门应当责令停止违法行为，没收违法所得，可以根据情节处以违法所得一倍以上三倍以下的罚款；情节严重的，可以吊销营业执照；销售伪劣商品，构成犯罪的，依法追究刑事责任。

(二) 商业贿赂行为

1. 商业贿赂的概念和特征

商业贿赂是指经营者在市场活动中，为争取交易机会，通过秘密给付财物或者其他报偿等不正当手段收买客户的负责人、雇员、合伙人、代理人和政府有关部门工作人员的行为。

商业贿赂是指经营者为争取交易机会，暗中给予交易对方有关人员和能够影响交易的其他相关人员以财物或其他好处的行为。商业贿赂的形式不胜枚举。在我国相当长一段时间内，以回扣、折扣、佣金、咨询费、介绍费等名义争取交易机会的现象非常普遍，如何判断其是否违法，我们必须以法律为标准，分析其实质特征，从而得出正确结论。

《反不正当竞争法》第8条规定，经营者不得采用财物或者其他手段进行贿赂以销售或者购买商品。在账外暗中给予对方单位或者个人回扣的，以行贿论处；对方单位或者个人在账外暗中收受回扣的，以受贿论处。经营者销售或者购买商品，可以以明示方式给对方折扣，可以给中间人佣金。经营者给对方折扣、给中间人佣金的，必须如实入账。接受折扣、佣金的经营者必须如实入账。

2. 商业贿赂与折扣、佣金的区别

在商业贿赂的学习和研究中，一定要注意商业贿赂与折扣、与佣金的不同。折扣即价格折扣，亦称让利，它是指在商品购销活动中经营者在所成交的价款上给对方以一定比例的减让而返还给对方的一种交易上的优惠。折扣和非法回扣的显著区别在于，折扣要以明示的方式给付对方，折扣的给付方和收受方都要如实入账，否则就要承担法律责任。佣金是指在市场交易活动中，具有独立地位的中间人因为为他人提供服务、介绍、撮合交易或代买、代卖商品而得到的报酬。

3. 商业贿赂行为的行为要件

(1) 行为的主体是经营者和受经营者指使的人(包括其职工)；其他主体可能构成贿赂行为，但不是商业贿赂。

(2) 行为的目的是争取市场交易机会，而非其他目的(如政治目的、提职、获取职称等)。

(3) 有私下暗中给予他人财物和其他好处的行为，且达到一定数额。如若只是许诺给予财物，不构成该行为；给予的财物或好处数额过小，如为联络感情赠送小礼物，亦不构成该行为。

(4) 该行为由行贿与受贿两方面构成。一方行贿，另一方不接受，不构成商业贿赂；一方索贿，另一方不给付，也不构成商业贿赂。

4. 商业贿赂行为的法律责任

根据《反不正当竞争法》第22条的规定，经营者有商业贿赂行为的，构成犯罪，追究刑事责任；尚未构成犯罪的，监督检查部门可处以1万元以上20万元以下的罚款，并没收其违法所得。这条规定是处罚商业贿赂行为的基本依据。根据国家工商行政管理局1996年11月5日《关于禁止商业贿赂行为的暂行规定》，有关单位或个人购买或销售商品时收受贿赂的，同样按照《反不正当竞争法》第22条对经营者行贿的处罚规定予以处罚，即罚款、没收非法所得、直至追究刑事责任。

(三) 引人误解的虚假宣传行为

1. 引人误解的虚假宣传行为的含义

引人误解的虚假宣传行为是指经营者利用广告或者其他方法，对商品的质量、制作成分、性能、用途、生产者、有效期限、产地等作的引人误解的不实宣传。以广告或其他方式销售商品，是现代社会最常见的促销手段。但各类虚假广告和其他虚假宣传，或乱人视听，有害社会主义精神文明；或直接误导用户及消费者，使其做出错误的消费决策，引发

了大量社会问题；或侵犯其他经营者，特别是同行业竞争对手的合法利益，造成公平竞争秩序的混乱。广告法、反不正当竞争法均将此类行为作为必须禁止的违法行为予以规范。

《反不正当竞争法》第9条规定，经营者不得利用广告和其他方法，对商品的质量、制作成分、性能、用途、生产者、有效期限、产地等作引人误解的虚假宣传。广告的经营者不得在明知或者应知的情况下，代理、设计、制作、发布虚假广告。《广告法》第3条规定，广告应当真实合法，符合社会主义精神文明建设的要求。第4条规定，广告不得含有虚假的内容，不得欺骗和误导消费者。

2. 引人误解的虚假宣传的种类

引人误解的虚假宣传，既包括虚假宣传，也包括引人误解的宣传。第一，虚假宣传。是指商品宣传的内容与商品的实际情况不相符合，如将国产商品宣传为进口商品等。第二，引人误解的宣传。是指就一般的社会公众的合理判断而言，宣传的内容会使接受宣传的人或受宣传影响的人对被宣传的商品产生错误的认识，从而影响其购买决策的宣传，如"意大利聚酯漆家具"便是这样的宣传。

3. 引人误解的虚假宣传的行为要件

(1) 行为的主体是广告主、广告代理制作者和广告发布者。在某些情况下，三者身份可能重叠。

(2) 上述主体在客观上对其商品或服务做虚假广告或以其他方式进行虚假宣传。

(3) 上述虚假广告或虚假宣传达到了引人误解的程度，因而具有社会危害性。

(4) 主观方面，广告经营者在明知或应知情况下，应对虚假广告负法律责任；对于广告主，不论其主观上处于何种状态，均必须对虚假广告承担法律责任。

4. 引人误解的虚假宣传的法律责任

(1) 经营者(广告主)的法律责任。《反不正当竞争法》第24条第1款规定，经营者利用广告和其他方法，对商品作引人误解的虚假广告的，监督检查部门应责令停止违法行为，消除影响，并可根据情节处1万元以上20万元以下的罚款。

(2) 广告经营者的法律责任。《反不正当竞争法》第24条第2款规定，广告经营者在明知或应知的情况下，代理、设计、制作、发布虚假广告的，监督检查部门应当责令停止违法行为，没收违法所得，并依法处以罚款。这里的"依法"，指《广告法》。《广告法》第37条规定的罚款，指广告费用1倍以上5倍以下的罚款。情节严重的，可停止其广告业务；构成犯罪的，依法追究刑事责任。

(3) 连带责任。《广告法》第38条规定，发布虚假广告，欺骗和误导消费者，使其合法权益受到损害的，广告主应负担民事责任。广告经营者、广告发布者明知或应知广告虚假仍设计、制作、发布的，应依法承担连带责任。广告经营者、广告发布者不能提供广告主的真实名称、地址的应承担全部民事责任。社会团体和其他组织，在虚假广告中向消费者推荐商品或者服务，使消费者的合法权益受到损害，应当依法承担连带责任。

(四) 侵犯商业秘密的行为

1. 商业秘密的含义及其特征

商业秘密是指不为公众所知悉、能为权利人带来经济利益、具有实用性并经权利人采取了保密措施的技术信息和经营信息。商业秘密权是一种无形财产权，是权利人劳动成果的结晶。《反不正当竞争法》将侵犯商业秘密行为作为不正当竞争行为予以禁止是十分必要的。商业秘密不同于专利和注册商标，它可以为多个权利主体同时拥有和使用，只要获得及使用手段合法。如自主研究开发，或者通过反向工程破译他人商业秘密等。

商业秘密具有以下四个法律特征：

(1) 秘密性。即技术信息和经营信息不为公众所知悉，这是商业秘密的本质特征。

(2) 实用性。即技术信息和经营信息能给权利人带来实际的或潜在的经济利益及竞争优势。实用性是商业秘密的价值所在。

(3) 保密性。即权利人对技术信息和经营信息采取了保密措施。权利人是否采取了保密措施不仅是技术信息或经营信息能否成为商业秘密的条件，也是寻求法律保护的前提。

(4) 信息性。商业秘密的范围只包括具有信息性质的技术信息和经营信息。

2. 侵犯商业秘密的行为

根据《反不正当竞争法》第 10 条的规定，侵犯商业秘密的不正当竞争行为有以下三种情形：

(1) 以盗窃、利诱、胁迫或者其他不正当手段获取权利人的商业秘密；

(2) 披露、使用或者允许他人使用以前项手段获取的商业秘密；

(3) 违反约定或者违反权利人有关保守商业秘密的要求，披露、使用或允许他人使用其所掌握的商业秘密。

此外，第三人明知或应知以上违法行为，获取、使用或者披露他人的商业秘密，视为侵犯商业秘密。

3. 侵犯商业秘密行为的行为要件

(1) 认定是否构成侵权，必须首先依法确认商业秘密确实存在。

(2) 行为主体可以是经营者，也可以是其他人。《反不正当竞争法》规范的各种不正当竞争行为的实施者，绝大多数要求其具有经营者的身份，而侵犯商业秘密的人则不受该限制。

(3) 客观上，行为主体实施了侵犯他人商业秘密的行为。实施的方式有盗窃、利诱、胁迫或不当披露、使用等。

(4) 以非法手段获取、披露和使用他人商业秘密的行为已经或可能给权利人带来损害后果。

4. 侵犯商业秘密行为法律责任

《反不正当竞争法》对侵犯商业秘密行为规定的处罚方式，一是由监督检查部门责令停止违法行为，二是可根据情节处以 1 万元以上 20 万元以下的罚款。实践中，权利人还可依照《合同法》、《劳动法》的有关规定，对违反约定侵犯商业秘密的行为要求制裁。此外，我国《刑法》第 229 条规定了侵犯商业秘密罪。

(五) 倾销行为

1. 倾销行为的含义及其特征

倾销是指经营者以排挤竞争对手为目的，以低于成本的价格销售商品的行为。低价倾销违背企业生存原理及价值规律，在市场竞争中往往引发价格大战，中小企业纷纷倒闭等恶性竞争事件，甚至导致全行业萎缩的严重后果。1998 年，上海市场牛奶经销商为争夺市场低价倾销，造成行业亏本经营、不堪支撑就是明证。后由政府有关部门依法出面干预，才使牛奶市场竞争秩序重新走上正轨。为了防患于未然，《反不正当竞争法》禁止经营者采取低于成本价销售商品的不正当竞争手段。

倾销具有以下几个法律特征：

(1) 行为的主体是在市场交易中处于销售地位的经营者；

(2) 经营者实施该行为在主观上是故意的，其目的是为了排挤竞争对手；

(3) 经营者实施了以低于成本的价格销售商品的行为。成本是指企业在产品生产、产品销售或提供劳务中发生的费用的总和。

2．倾销之例外

《反不正当竞争法》第 11 条规定，经营者不得以排挤竞争对手为目的，以低于成本的价格销售商品。《价格法》第 14 条规定，经营者不得为排挤竞争对手或独占市场，以低于成本的价格倾销，扰乱正常的生产经营秩序，损害国家利益或者其他经营者的合法权益。

如果因特殊原因而低于成本价格销售商品，则不构成低价倾销行为：

(1) 销售鲜活商品的；

(2) 处理有效期限即将到期或者其他积压的商品的；

(3) 季节性降价的；

(4) 因清偿债务、转产、歇业降价销售商品的。

3．低价倾销的行为构成要件

(1) 行为的主体是经营者，而且在绝大多数情况下，是大型企业或在特定市场上具有经营优势地位的企业。

(2) 经营者客观上实施了低价倾销行为。这里的低价倾销，如上所述，是指低于成本价格销售商品。在国际贸易中，构成倾销并以低于成本价为条件，这一点不同于《我国的反不正当竞争法》的规定。

(3) 经营者低价倾销行为的目的是排挤竞争对手，以便独占市场。因此，并非一时就某一种商品低于成本价格销售，而是较长时间以较大的市场投放量低价倾销。有些国家在其制止不正当竞争的法律中，明确规定连续一段时间大量低价倾销，才构成不正当竞争行为。我国《反不正当竞争法》尚无此类定量的技术性规定。

(六) 搭售与附加不合理条件的行为

1．搭售与附加不合理条件行为的含义及特征

所谓搭售商品或附加其他不合理条件是指经营者利用其经济优势，违背购买者的意愿，在销售一种商品或提供一种服务时，要求购买者以购买另一种商品或接受另一种服务为条件，或者就商品或服务的价格、销售对象、销售地区等附加不合理的条件。

经营者销售商品，不得违背购买者的意愿搭售商品或附加其他不合理的条件。该条涉及的是附条件交易行为。根据民法通则以及《合同法》的有关规定，在交易中一方或双方均可附加一定的条件，但附加条件必须合理合法。否则，可能导致合同无效，或导致受害一方依《竞争法》提起诉讼。搭售是附加不合理条件行为中的一种，是指经营者出售商品时，违背对方的意愿，强行搭配其他商品的行为。在制定《反不正当竞争法》时，搭售行为相当普遍，因此被作为限制竞争的方式之一而特别予以禁止。其他不合理条件，是指搭售以外的不合理的交易条件，如限制转售区域，限制技术受让方在合同技术的基础上进行新技术的研制开发等。

搭售与附加不合理条件行为有以下几个特征：

(1) 实施的主体是具有经济优势地位的经营者，他们或者手中有俏货，或者有货源，或者有独占的经营条件，离开这些他们就无法搭售或附加其他不合理条件；

(2) 从主观上来看，违背了购买者的意愿；

(3) 实施了搭售或附加不合理条件的具体行为。

2. 搭售与附加不合理条件行为的性质

搭售或附加不合理交易条件行为是经营者依靠经济优势来实现的，如果经营者以贿赂、强制等手段来实施搭售或附加不合理条件，则可能会构成商业贿赂或强制性交易等不正当竞争行为。

3. 搭售或附加其他不合理条件的行为要件

判断交易行为中是否存在搭售，应从以下四个方面进行判断：第一，搭售行为的主体必须是经营者，如果是其他主体(如国家行政机关，有一定行政职能的事业单位等)则可能构成其他限制竞争行为而非搭售行为；第二，搭售行为是违背购买者的意愿的，它限制了购买者的自主选择权；第三，实施搭售的经营者凭借的是自身经营优势，若没有经营优势，商品本身可替代性很强的话，购买者可能转向其他供货方，搭售不可能实行；第四，搭售行为不当阻碍甚至剥夺了同行业竞争对手相关产品的交易机会。

4. 搭售或附加其他不合理条件的法律责任

在《反不正当竞争法》第四章"法律责任"中，并无专门规定搭售行为法律责任的条款。因此，可援引该法第 20 条的规定，使其承担相应的赔偿责任。此外，受侵害的经营者、消费者还可根据《合同法》、《消费者权益保护法》等相关法规保护自己的合法权益。

(七) 违反法律规定的有奖销售行为

1. 有奖销售的含义

有奖销售是指经营者以提供奖品或奖金的手段进行推销的行为，主要包括附赠式有奖销售和抽奖式有奖销售两种形式。不正当有奖销售是指经营者在销售商品或提供服务时，以欺骗或其他不正当手段，附带提供给用户和消费者金钱、实物或其他好处，作为对交易的奖励。

有奖销售是一种有效的促销手段，其方式大致可分为两种。一种是奖励给所有购买者的附赠式有奖销售，一种是奖励部分购买者的抽奖式有奖销售。法律并不禁止所有的有奖销售行为，而仅仅对可能造成不良后果、破坏竞争规则的有奖销售加以禁止。

2. 违反法律规定的有奖销售行为

《反不正当竞争法》第 13 条以列举方式禁止经营者从事三类有奖销售行为。国家工商行政管理局 1993 年 12 月 9 日《关于禁止有奖销售活动中不正当竞争行为的若干规定》，对

第 13 条加以细化，禁止以下列方式进行有奖销售：

(1) 谎称有奖销售或对所设奖的种类，中奖概率，最高奖金额，总金额，奖品种类、数量、质量、提供方法等作虚假不实的表示；

(2) 采取不正当手段故意让内定人员中奖；

(3) 故意将设有中奖标志的商品、奖券不投放市场或不与商品、奖券同时投放，或者故意将带有不同奖金金额或奖品标志的商品、奖券按不同时间投放市场；

(4) 抽奖式的有奖销售，最高奖的金额超过 5000 元(以非现金的物品或者其他经济利益作为奖励的，按照同期市场同类商品或者服务的正常价格折算其金额)；

(5) 利用有奖销售手段推销质次价高的商品；

(6) 其他欺骗性有奖销售行为。

3. 不正当有奖销售的行为要点

(1) 不正当有奖销售的主体是经营者。有关机构、团体经政府和政府有关部门批准的有奖募捐及其彩票发售活动不适用反不正当竞争法第 13 条和国家工商局第 19 号令。

(2) 经营者实施了法律禁止的不正当有奖销售行为。如欺骗性有奖销售，或巨奖自销。

(3) 经营者实施不正当有奖销售，目的在争夺顾客，扩大市场份额，排挤竞争对手。

4. 法律责任

根据《反不正当竞争法》第 26 条的规定，经营者违反该法第 13 条的规定进行有奖销售的，监督检查部门应责令停止违法行为，可以根据情节处以 1 万元以上 10 万元以下的罚款。有关当事人因有奖销售活动中的不正当竞争行为受到侵害的，可根据《反不正当竞争法》第 20 条的规定，向人民法院起诉，请求赔偿。

典型案例

提 高 收 视 率

某省于 1998 年元旦开通有线电视公共频道，该有线电视台为了提高收视率，以吸引更多的广告客户，推出了集娱乐，休闲，广告抽奖为一体的"缤纷时刻"栏目，开展"日日送奖，月月送礼"活动，每天向观众出一道简单的问题，猜对的观众通过抽奖即可获得每日送出的一台 VCD 或者一部摩托罗拉手机，每月还送出一个超过 10 万元的大奖即一套公寓。此举引起了强烈的社会反响。另外，该省还拥有多家电视台，电视台之间的竞争非常激烈，而该有线电视台开展的有奖竞猜活动的目的主要是为了招揽广告客户。

(资料来源：http://wenku.baidu.com/link?url=J5zU50HEW0hfNuqINlZSjQLHPcLFKMOYg9820wy
YDTH4Wr2K_Bw8Mjdz1mGWv-k1Y7gACQd5yR3DqsOJ521O3s45rg-YnsOiDTApDwNerRK)

【分析】 该电视台的行为违反了反不正当竞争法。为了吸引更多广告客户(即赚取更多广告利润)，电视台需提高节目收视率。为此，该电视台就运用了答题抽大奖的活动来吸引观众的注意和参与行为，"推销"自己的节目。实质上是有奖销售的一种特殊形式。作为一项创利手段，这一行为本身是可取的。若符合公认的商业道德可以起到活跃市场促进公平竞争的作用。但是，作为一种以抽奖决定获奖者的偶然性行为，该电视台设立的周奖项奖额高达 10 多万元，违反了反不正当竞争法。《中华人民共和国反不正当竞争法》第十三条第三款规定，经营者不得从事下列有奖销售：抽奖式的有奖销售，最高额超过 5 千元。

(八) 商业诽谤行为(诋毁商誉行为)

1. 商业诽谤行为的概念及特征

商业诽谤行为也称诋毁竞争对手的行为，是指经营者自己或利用他人，通过捏造、散布虚伪事实等手段，对竞争对手的商业信誉进行恶意的诋毁、贬低，以削弱其市场竞争能力，并为自己谋取不正当利益的行为。商誉是社会公众对市场经营主体名誉的综合性积极评价。它是经营者长期努力追求、刻意创造、并投入一定的金钱、时间及精力才取得的。良好的商誉本身就是一笔巨大的无形财富。在经济活动中，最终又通过有形的形式(如销售额、利润)回报他的主人。法律对通过积极的劳动获得的商誉给予尊重和保护，对以不正当手段侵犯竞争者商誉权的行为反不正当竞争法予以严厉制裁。

反不正当竞争法第 14 条规定，经营者不得捏造、散布虚伪事实，损害竞争对手的商业信誉、商品声誉。由此可见，诋毁商誉行为应发生在市场竞争中，是经营者之间为争夺市场和顾客，排挤竞争对手采取的一种非法行为。

2. 商业诽谤的具体表现

在现实经济生活中，商业诽谤的表现形式是多种多样的。大体上，从商业诽谤的具体手段的不同，可以将商业诽谤归纳为以下几类：第一，产品附属资料中的商业诽谤；第二，产品交易中的商业诽谤；第三，新闻、广告中的商业诽谤；第四，直接在公众中散布谣言；第五，组织、唆使、利用他人进行商业诽谤。

3. 商业诽谤的行为要件

(1) 行为的主体是市场经营活动中的经营者，其他经营者如果受其指使从事诋毁商誉行为的，可构成共同侵权人。新闻单位被利用和被唆使的，仅构成一般的侵害他人名誉权行为，而非不正当竞争行为。

(2) 经营者实施了诋毁商誉行为，如通过广告、新闻发布会等形式捏造、散布虚假事实，使用户、消费者不明真相产生怀疑心理，不敢或不再与受诋毁的经营者进行交易活动。若发布的消息是真实的，则不构成诋毁行为。

(3) 诋毁行为是针对一个或多个特定竞争对手的。如果捏造、散布的虚假事实不能与特定的经营者相联系，商誉主体的权利便不会受到侵害。应注意的是，对比性广告通常以同行业所有其他经营者为竞争对手而进行贬低宣传，此时应认定为商业诋毁行为。

(4) 经营者对其他竞争者进行诋毁，其目的是败坏对方的商誉，其主观心态出于故意是显而易见。

(九) 违反法律规定的招投标行为

1. 违反法律规定招投标行为的含义

违反法律规定的招标投标行为是指投标者相互串通投标，投标者和招标者相互勾结，排挤竞争对手的公平竞争的行为。《反不正当竞争法》第 15 条规定，投标者不得串通投标，抬高标价或者压低标价。投标者和招标者不得相互勾结，以排挤竞争对手的公平竞争。招标投标是一种竞争性缔约方式。在招标投标过程中，如果招标人与投标人或投标人之间相互串通，使招标投标的竞争性降低或丧失，就完全失去了招标投标制度的意义和作用。因此反不正当竞争法将其作为限制竞争行为予以禁止。1999年8月30日颁布的招标投标法，使反不正当竞争法中关于禁止串通招标投标的规定更加完备，更易于操作。

2. 违反法律规定招投标行为的表现

第一，投标者串通投标，抬高标价或压低标价的行为。这类行为的行为主体是投标者，而且是所有参加投标的投标人共同实施的，其目的是为了避免相互间竞争，或协议轮流在类似项目中中标，共同损害招标人的利益。这类行为的表现形式主要有：① 投标者之间相互串通，一致抬高标价；② 投标者相互串通，一致压低标价；③ 投标者相互串通，轮流以高价位或低价位中标；④ 投标者相互间就标价以外的其他事项串通。

第二，投标者和招标者相互勾结，以排挤竞争对手的行为。与前一类行为不同的是，这类不正当竞争行为的主体是招标者和特定的投标者共同实施的，其目的是为了排挤该投标者的竞争对手，所造成的后果则是招标投标流于形式，损害其他投标人的利益。这类行为的表现形式有：① 招标者在开标前，私下开启投标者的投标条件，并泄密给内定投标者；② 招标者在审查评选标书时，对不同的投标者实施差别对待；③ 投标者和招标者相互勾结，投标者在公平投标时压低标价，中标后再给招标者以额外补偿；④ 招标者向特定的投标者泄露其标底。

3. 违反法律规定招投标行为的构成要件

依照前述法律规定，招标投标中的限制竞争行为可分为两类：

第一类，投标者之间串通投标，抬高标价或压低标价。

第二类，投标者和招标者相互勾结排挤竞争对手。

认定第一类行为，其要点在于：① 行为主体是投标者，既可能是投标者中的一部分，也可能是全体投标者；② 在客观方面，投标者之间实施了串通行为，其方式如进行联络、进行私下协议、做出共同安排等；③ 串通的目的是通过某种安排排挤其他投标者或使招标者得不到竞争利益，即理想的价位及其他合同条件。

认定第二类行为，其要点在于：① 行为主体包含两方，既招标者和投标者；② 在客观方面，招标者和投标者之间有共谋行为；③ 这种共谋行为目的是为了让参与共谋的投标者中标，以排挤其他的投标者(如果共谋其他与招标事项无关的内容，不构成招标投标中的限制竞争行为)。

4. 违反法律规定招投标行为的法律责任

根据《反不正当竞争法》第27条的规定，在招标投标中，招标者和投标者有上述两种行为之一的，造成的法律后果首先是中标无效；此外，监督检查部门可根据情节处以1万元以上20万元以下的罚款。《招标投标法》对招标投标中的串通行为亦规定了相应的法律责任。根据后法优于前法的原则，应优先适用《招标投标法》。

(十) 公用企业及其他依法具有独占地位的经营者所实施的限制竞争行为

1. 公用企业及其他依法具有独占地位的经营者所实施的限制竞争行为的含义

公用企业或其他依法具有独占位的经营者，限定他人购买其指定的经营者的商品，排挤其他经营者的公平竞争行为即是限制竞争行为。根据《反不正当竞争法》第6条的规定，公用企业或者其他依法具有独占地位的经营者，不得限定他人购买其指定的经营者的商品，以排挤其他经营者的公平竞争。 为了使该条规定具有可操作性，1993 年 12 月 9 日国家工商行政管理局发布了关于禁止公用企业限制竞争行为的若干规定("第 20 号令")。依照该规定，公用企业，是指涉及公用事业的经营者，包括供水、供电、供热、供气、邮政、电讯、交通运输等行业的经营者。由于各种原因，公用企业和依法具有独立独占地位的企业所提供的商品或服务一般都具有某种程度的垄断，使这些企业天然具有某种经济优势，如何防止其滥用这种优势地位妨碍公平竞争及侵害消费者的合法权益，就成为《反不正当竞争法》的一项任务。根据国家工商局第 20 号令，公用企业和依法具有独占地位的企业，在市场交易中不得实施限制竞争的行为，因为这类行为限制了用户、消费者的自主选择权，将生产同种商品的其他经营者完全排斥在特定的市场之外，妨碍了市场的公平竞争机制，故为我国《反不正当竞争法》所禁止。

2．公用企业及其他依法具有独占地位的经营者所实施的限制竞争行为表现形式

(1) 限定用户、消费者只能购买和使用其附带提供的相关产品，而不得购买和使用其他经营者提供的符合技术标准要求的同类商品；

(2) 限定用户、消费者只能购买和使用其指定的经营者生产或者经销的商品，而不得购买和使用其他经营者提供的符合技术标准要求的同类商品；

(3) 强制用户、消费者购买其提供的不必要的商品及配件；

(4) 强制用户、消费者购买其指定的经营者提供的不必要的商品；

(5) 以检验商品质量、性能等为借口，阻碍用户、消费者 购买、使用其他经营者提供的符合技术标准要求的其他商品；

(6) 对不接受其不合理条件的用户、消费者拒绝、中断或者削减供应相关商品，或者滥收费用；

(7) 其他限制竞争的行为。

3．公用企业及其他依法具有独占地位的经营者所实施的限制竞争行为的行为要件

根据上述规定，公用企业或者其他依法具有独占地位的企业限制竞争。行为的构成要件有三：

(1) 主体具有特殊性，即必须是公用企业或者依法具有独占地位的企业；

(2) 行为的特定性，即主体利用自己优势地位实施了法律、行政法规明文禁止的限制竞争行为；

(3) 行为具有现实或潜在社会危害性，表现在一方面排挤了其他经营者的公平竞争，另一方面损害了消费者和用户的合法权益。

4．公用企业及其他依法具有独占地位的经营者所实施的限制竞争行为法律责任

公用企业和其他依法具有独占地位的企业若违犯法律、行政规章的规定，实施上述行为的，应承担相应的法律责任。工商行政管理机关可责令其停止违法行为，并可根据情节，处以 5 万元以上 20 万元以下罚款。被指定的经营者借此销售质次价高的商品和滥收费用的，工商行政管理机关可没收违法所得，并可根据情节，处以非法所得 1 倍以上 3 倍以下的罚款。考虑到这种限制竞争行为的主体具有特殊性，法律规定有权查处公用企业或依法具有独占地位企业限制竞争行为的职能部门是省级或设区的市的工商行政管理机关，不包括县级工商行政管理机关。

(十一) 政府部门的限制竞争行为

1．政府部门限制竞争行为的含义

政府部门限制竞争行为是指政府及其所属部门滥用行政权力，限定他人购买其指定的经营者的商品，限制其他经营者正当的经营活动，限制外地商品进入本地市场，或者本地商品流向外地市场的行为。

根据《反不正当竞争法》第 7 条的规定，政府及其所属部门不得滥用行政权力，限定他人购买其指定的经营者的商品，限制其他经营者正当的经营活动。政府及其所属部门不得滥用行政权力，限制外地商品进入本地市场，或者本地商品流向外地市场。该条是对政府及其所属部门不得滥用行政权力，限制竞争行为的禁止性规定。其中第 1 款禁止其实施行政性强制经营行为。第 2 款禁止其实施地区封锁行为。

2．政府部门限制竞争行为的表现

行政性强制经营行为是指以政府及其所属部门的行政权力为根据，对市场经营活动进行非法干涉的前提下所发生的经营活动。这种行为，违反了民法关于主体平等，交易自由，等价有偿，诚实信用的基本原则。同时，由于这种行为是政府及其所属部门所为，又滋生着官商结合、权钱交易等腐败因素，其危害性极大。地区封锁行为，是指地方政府及其所属部门以行政权力为后盾，无法律依据地限制商品在本地和外地之间正常流通，以牟取地方利益的行为。这种行为破坏社会主义市场经济体系结构的统一和完善，人为地分割市场，以损害全国大局为代价牟取地方局部利益，干扰正常市场竞争秩序，妨碍国民经济的持续稳定发展。

3．政府部门的限制竞争行为的行为要件

认定政府及其所属部门滥用行政权力限制竞争行为，应把握的要点有三：第一，行为主体限于政府及其所属部门。这里的"政府"指除中央政府外的各级人民政府，"政府所属部门"指中央机构中的各有关职能部门(部、委、局等)和地方各级政府的职能部门。第二，政府及其所属部门，实施了法律、行政法规禁止的限制竞争行为，亦即客观上有滥用行政权力的事实。第三，政府及其所属部门滥用行政权力实施限制竞争的行为，其目的在于保护本部门、本地区的利益，从而损害外地经营者和本地消费者的合法权益。

4．政府部门的限制竞争行为法律责任

根据《反不正当竞争法》第 30 条的规定，政府及其所属部门实施了该法第 7 条所禁止的滥用行政权力的行为，限定他人购买指定的经营者的商品、限制其他经营者正当的经营活动，或者限制商品在地区之间正常流通的，由上级机关责令其改正；情节严重的，由同级或者上级机关对直接责任人员给予行政处分。被指定的经营者借此销售质次价高商品或者滥收费用的，监督检查部门应没收违法所得，还可根据情节处以违法所得 1 倍以上 3 倍以下的罚款。

三、对不正当竞争行为的监督检查

(一) 监督检查的含义和种类

(1) 专门机关的监督检查。我国《反不正当竞争法》在总则中确定县级以上人民政府

工商行政管理部门是不正当竞争行为的监督检查部门。法律、行政法规规定由其他部门监督检查的，依照其规定。所谓其他部门，主要指与市场管理有关的其他行政职能部门，如质量技术监督部门、物价部门、卫生行政管理部门等。

(2) 社会监督。国家鼓励、支持和保护一切组织和个人对不正当竞争行为进行社会监督。

（二）监督检查部门的职权

根据《反不正当竞争法》第 17 条的规定，监督检查部门的职权有以下三项：

(1) 按照规定程序询问被检查的经营者、利害关系人、证明人，并要求提供证明材料或者与不正当竞争行为有关的其他资料；

(2) 查询、复制与不正当竞争行为有关的协议、账册、单据、文件、记录、业务函电和其他资料；

(3) 检查与不正当竞争行为有关的财物，必要时可责令被检查的经营者说明该商品的来源和数量，暂停销售，听候检查，不得转移、隐匿、销毁该财物。

监督检查部门在行使上述职权时，被检查的经营者、利害关系人和证明人应当如实提供有关资料或者情况，这是《反不正当竞争法》规定的、经营者必须履行的义务。同时，监督检查部门的工作人员在行使职权时，应出示检查证件，否则当事人可拒绝接受检查。

四、不正当竞争行为的法律责任

《反不正当竞争法》第四章专章规定了违反该法的法律责任，包括民事责任，行政责任，刑事责任三种。

（一）民事责任

为保护合法经营者的正当竞争权利，《反不正当竞争法》第 20 条规定，经营者违反本法规定，对被侵害的经营者造成损害的，应承担损害赔偿责任；并且应承担被侵害的经营者因调查该经营者侵害其合法权益的不正当竞争行为所支付的合理费用。此条规定，适用于《反不正当竞争法》禁止的所有违法行为造成的损失。《反不正当竞争法》还设有民事行为无效的规定。例如，第 27 条中的"中标无效"，就是专门针对招标投标中的不正当竞争行为而设置的。

（二）行政责任

各级工商行政管理部门是《反不正当竞争法》规定的监督检查部门，具有行政执法职能。因此，《反不正当竞争法》几乎对每一种不正当竞争行为都规定了制裁措施。这些行政制裁措施归纳起来是：① 责令停止违法行为，消除影响；② 没收违法所得；③ 罚款；④ 吊销营业执照；⑤ 责令改正；⑥ 给予行政处分。

需要注意的是：第一，反不正当竞争法列举的不正当竞争行为中，有三种行为在法律责任一章中未被提及，即第 11 条低价倾销行为，第 12 条搭售或附加不合理条件的行为，第 14 条诋毁商誉行为。对此，被侵害的经营者可以依照《反不正当竞争法》第 20 条的规定要求赔偿，还可以依照相关法律(例如民法通则、价格法等)的规定保护自己的权利。第二，对政府及其所属部门的限制竞争行为，仅适用上述三种行政责任中的第五种，即由上级行政机关责令改正。

(三) 刑事责任

对情节严重的不正当竞争行为，给予刑事处罚，是各国竞争法的通行做法。我国《反不正当竞争法》对下列三种行为，即商标侵权行为，销售伪劣商品的行为，商业贿赂行为可以追究刑事责任。此外，《广告法》、《价格法》、《招标投标法》中也有刑事制裁的规定；《刑法》也将侵犯商业秘密犯罪作为罪行之一予以制裁。

实训与练习

实训目的：通过案例分析增强学生对不正当竞争行为知识的理解，同时提升学生运用所学法律知识分析解决问题的能力。

背景资料：

> 娃哈哈集团公司诉珠海巨人高科技集团公司不正当竞争纠纷案
> 原告：杭州娃哈哈集团公司。
> 　法定代表人：宗庆后，董事长兼总经理。
> 　委托代理人：胡建淼、李永明，浙江省杭州市华夏律师事务所律师。
> 　被告：珠海巨人高科技集团公司。
> 　法定代表人：史玉柱，董事长兼总经理。
> 　委托代理人：王建，该公司行政总裁。

原告杭州娃哈哈集团公司(以下简称娃哈哈集团)以被告珠海巨人高科技集团公司(以下简称巨人集团)有不正当竞争行为为由，向浙江省杭州市中级人民法院提起诉讼。

原告诉称："娃哈哈儿童营养液"是本公司研制生产的产品，其广告词"喝了娃哈哈，吃饭就是香"已经家喻户晓。该产品先后获全国最受欢迎的保健产品、国家星火二等奖、我国优质保健品金奖等二十余项大奖，销售额近年来一直保持在全国同类产品的领先地位。原告也由于此产品在海内外享有较高的商业信誉和商品声誉。1995年初，被告巨人集团生产了一种与"娃哈哈儿童营养液"类似的产品"巨人吃饭香"投放全国市场，并专门印制了一种《巨人集团健康产品销售书、巨人大行动》的宣传册子，在全国各地的食品、医药等销售单位、消费者中广为散发。该宣传册子中称："据说娃哈哈有激素，造成小孩早熟，产生许多现代儿童病"。为此，全国各地娃哈哈产品的销售商和消费者纷纷要求原告对此作出解释。被告的这一行为，致使娃哈哈儿童营养液在全国各地的销售量下跌，出现了1987年投产以来的第一次负增长，就连原告"大本营"杭州市的销售量也难逃厄运。截止到1995年12月31日，原告由此减少销售收入4492.92万元，直接经济损失达673.938万元。更为严重的是，原告良好的商业信誉、商品声誉和企业形象亦因此而受到了极大损害。被告的行为已构成不正当竞争，侵害了原告的合法权益。故请求法院判令被告立即停止损害原告商业信誉和商品声誉的不正当竞争行为；要求被告赔偿直接经济损失673.938万元和名誉损失费320万元；并要求被告公开赔礼道歉、恢复影响及承担本案诉讼费用等。

被告巨人集团未作书面答辩。

杭州市中级人民法院经审理查明：原告娃哈哈集团的产品"娃哈哈儿童营养液"经鉴定，证明不存在含"有激素，造成小孩早熟，产生许多现代儿童病"的问题。原告举证充分，经查证明所诉属实。

杭州市中级人民法院认为，《中华人民共和国反不正当竞争法》第 14 条规定，"经营者不得捏造、散布虚伪事实，损害竞争对手的商业信誉、商品声誉。"被告巨人集团散布虚伪事实损害原告的商品声誉，是不正当竞争行为，依照反不正当竞争法第 20 条的规定，应当承担侵权损害赔偿责任，并应当承担原告因调查其不正当竞争行为所支付的合理费用。据此，杭州市中级人民法院依照《中华人民共和国民事诉讼法》第 85 条的规定，在查明事实、分清是非的基础上主持调解。被告表示要对自己的侵权行为进行反思并引以为戒。被告的态度得到原告的谅解。在法院的主持下，双方于 1996 年 10 月 7 日达成调解协议如下：

(1) 被告巨人集团承认有不正当竞争行为，给原告娃哈哈集团的商业信誉和商品声誉造成损害，愿意承担相应的法律责任。

(2) 巨人集团停止不正当竞争行为。在本案结束后，双方以新闻发布会形式，由巨人集团向娃哈哈集团赔礼道歉，消除影响。具体时间与方式双方另行商定。

(3) 巨人集团向娃哈哈集团赔偿直接经济损失人民币 200 万元，由巨人集团以相等价值的房产折抵。具体手续由双方按有关规定办理。

(4) 上述款项由巨人集团在 1996 年 10 月 10 日支付给娃哈哈集团。巨人集团向娃哈哈集团补偿其他费用 190 340 元。

(5) 娃哈哈集团放弃其他诉讼请求。

案件受理费 59 660 元由巨人集团负担。

1997 年 1 月 22 日，巨人集团与娃哈哈集团在杭州联合召开新闻发布会，由巨人集团向娃哈哈集团公开道歉，并履行调解协议中赔偿娃哈哈集团经济损失的义务。

（资料来源：http://bbs.tianya.cn/post-free-615617-1.shtml）

请谈谈你的看法。

实训方法：小组讨论法。

实训内容：根据背景资料进行小组内部讨论并形成答案、小组代表进行汇报。教师对各组表现进行点评。

第三节　消费者权益保护法

一、消费者权益保护法概述

（一）消费者概念

《消费者权益保护法》是调整在保护公民消费权益过程中所产生的社会关系的法律规范的总称。消费者是指为生活需要而购买、使用商品或者接受服务的，由国家法律确认其主体地位和保护其消费权益的个人或单位。

消费者是消费的主体。从整体上讲，与生产者在内涵上是同一的，身份可以转换。消费者也有特殊身份。从实现产品的价值来看，消法研究的是特定意义上的消费者。一般而言，消费者是指为生活需要而购买、使用商品或者接受服务的个人。

（二）消费者的基本法律特征

(1) 消费的性质专指生活消费，不包括生产消费。

(2) 消费的客体是商品和服务。这里的商品是指经营者有偿提供的与生活消费有关的商品。这里的服务是指经营者有偿提供的各种服务。需要注意两点：① 该商品和服务必须是合法经营者在法律允许提供的商品和服务范围内。② 消费者必须通过公开的市场交易购买商品或接受服务，私下交易则不受保护。

(3) 消费者的消费方式包括购买、使用(商品)和接受(服务)。

(4) 消费者的主体包括公民个人和单位。

（三）消费者权益保护法律概述与适用范围

《消费者权益保护法》是调整国家机关、经营者、消费者相互之间因保护消费者利益而产生的社会关系的法律规范的总称。1993 年 10 月 31 日八届全国人大常委会第 4 次会议通过，自 1994 年 1 月 1 日起施行。2009 年 8 月 27 日第十一届全国人民代表大会常务委员会第十次会议《关于修改部分法律的规定》进行第一次修正。2013 年 10 月 25 日十二届全国人大常委会第 5 次会议《关于修改的决定》第二次修正。

2014 年 3 月 15 日，由全国人大修订的新版《消费者权益保护法》(简称"新消法")正式实施。《消费者权益保护法》分总则、消费者的权利、经营者的义务、国家对消费者合法权益的保护、消费者组织、争议的解决、法律责任、附则 8 章 63 条。

除了《消费者权益保护法》外，我国还制定了许多具有保护消费者内容的法律，如《食品卫生法》、《药品管理法》、《产品质量法》、《计量法》、《标准化法》、《价格法》、《反不正当竞争法》等，这些法律与《消费者权益保护法》相辅相成，构成了我国消费者保护的基本法律体系。

二、消费者的基本权利

所谓消费者权利，是指消费者在消费领域中，即在购买、使用商品或者接受服务中所享有的权利法。《消费者权益保护法》第 2 章"消费者的权利"共九条，分别规定了安全权、知情权等九项具体的消费者权利。

（一）安全保障权

安全保障权是消费者最基本的权利，是指消费者在购买、使用商品和接受服务时所享有的保障其人身、财产安全不受损害的权利。

安全权包括两方面内容：一是人身安全权：在这里是指生命安全健康权不受损害，即享有保持身体各器官及其机能的完整以及生命不受危害的权利。二是财产安全权：指消费者购买、使用的商品或接受的服务本身的安全，并包括除购买、使用的商品或接受服务之外的其他财产的安全。为了能使这一权利得到实现，消费者有权要求经营者提供的商品或服务符合保障人身、财产安全的要求。也就是说，有国家标准、行业标准的，消费者有权要求商品和服务符合该国家标准、行业标准。没有国家标准、行业标准的，必须符合社会普遍公认的安全、卫生要求。

（二）知悉真情权

知悉真情权指消费者享有知悉其购买、使用的商品或者接受的服务的真实情况的权利。具体地说，消费者有权根据商品或服务的不同情况，要求经营者提供商品的价格、产地、生产者、用途、性能、规格等级、主要成分、生产日期、有效日期、检验合格证明、使用方法说明书、售后服务的内容、规格、费用等有关情况。

（三）自主选择权

自主选择权是指消费者享有自主选择商品或者服务的权利。该权利包括以下几方面：
(1) 自主选择经营者；
(2) 自主选择商品品种或服务方式；
(3) 自主决定是否购买商品和接受服务；
(4) 在选择商品和服务时，有权进行比较、鉴别和挑选的权利。

（四）公平交易权

公平交易权是消费者在购买商品或者接受服务时所享有的获得质量保障和价格合理、计量正确等公平交易条件的权利。

消费者所享有的公平交易权主要体现在两方面：一是有权获得质量保障、价格合理、计量正确等公平交易条件。二是消费者有权拒绝经营者的强制交易行为。

（五）求偿权

求偿权是指在当权利，资源等因个人或集体而遭受侵害、损失的时候，所具有的要求赔偿的权利。对于商品的购买者、商品的使用者、接受服务者以及在别人购买、使用商品或接受服务的过程中受到人身或财产损害的其他人而言，只要其人身、财产损害是因购买、使用商品或接受服务而引起的，都享有求偿权；商品的生产者、销售者或服务者均要承担赔偿责任，而不论其是否有过错；除非是出于受害者自己的过错，如违反使用说明造成的损害，则商品的制造者、经销者不承担责任。按照法律规定，消费者除因人身、财产的损害而要求获得赔偿损失这一最基本、最常见的方式之外，还可以要求其他多种民事责任承担方式，如修理、重作、更换、恢复原状、消除影响、恢复名誉、赔礼道歉等。

（六）结社权

结社权指消费者享有依法成立维护自身合法权益的社会团体的权利。我国《宪法》明确规定，中华人民共和国公民享有结社的权利。消费者依法成立维护自身合法权益的社会团体，属公民结社权的组成部分，也是《宪法》的规定在本法中的具体化。在消费领域中，消费者与经营者相比，在经济上处于弱者的地位，从而在实际中导致两者之间的法律地位并不平等，这主要是因为：其一，消费者大多是分散的个人，经营者大多是有组织的法人，消费者在议价力量、承受能力等方面，无法与拥有雄厚经济实力的经营者相抗衡；其二，随着科学技术的发展，商品和服务日趋复杂化，交易方式日趋多样化，消费者越来越难以掌握商品和服务的有关知识，在很大程度上仅依靠经营者的介绍和说明，这就容易使消费者被虚假的广告、标签和说明书所欺骗。有鉴于此，赋予消费者以结社权，使消费者通过有组织的活动，维护自身合法权益，是非常必要的，也是国家鼓励全社会共同保护消费者合法权益的体现。

（七）获取知识权

获取知识权是指消费者享有获得有关消费和消费者权益保护方面的知识的权利。消费者应当努力掌握所需商品或者服务的知识和使用技能，正确使用商品，提高自我保护意识。消费者如果缺乏消费和消费者权益保护方面的知识，其他的诸如知悉真情权、自主选择权、公平交易权就无从谈起。消费知识与消费者权益保护方面的知识，包括消费者权益保护法律、法规、政策知识和程序方面的知识。

（八）人格尊重权

指消费者在购买、使用商品和接受服务时，享有人格尊严、民族风俗习惯得到尊重的权利，个人信息得到保护的权利。人格尊严是公民人身权的重要组成部分，我国《宪法》对公民人格尊严不可侵犯有明确规定。因此，尊重消费者在生活消费活动中的人格尊严是消费者享有的最起码的权利，任何人都无权加以污辱和诽谤。公民的人格尊严权利包括姓名权、名誉权、荣誉权、肖像权等。对于侵犯消费者人格尊严的行为，法律视情节轻重予以相应的民事制裁。情节特别严重构成犯罪的，还要予以刑事制裁。另外，保护少数民族消费者的合法权益是至关重要的。

（九）监督权

监督权指消费者享有对商品和服务以及保护消费者权益工作进行监督的权利。监督权有助于制止侵害消费者权益的违法行为，有助于维护消费者的合法权益；有助于经营者提高商品和服务的质量；有助于国家机关和工作人员改进工作作风，有助于保护消费者权益工作的加强；是具体落实我国宪法规定的公民的基本权利的需要。对国家有关机关及其工作人员、消费者组织在保护消费者权益工作中的失职、舞弊等问题进行监督。

三、经营者的义务

经营者的义务的概念是指在消费法律关系中，消费者的权利就是经营者的义务，为了有效地保护消费者的权益，约束经营者的经营行为，《消费者权益保护法》不仅专章规定了消费者的权利，还专章规定了经营者的义务。

（一）履行法定义务

经营者向消费者提供商品或者服务，应当依照《中华人民共和国产品质量法》和其他有关法律、法规的规定履行义务。经营者和消费者有约定的，应当按照约定履行义务，但双方的约定不得违背法律、法规的规定。

经营者向消费者提供商品或者服务，应当恪守社会公德，诚信经营，保障消费者的合法权益；不得设定不公平、不合理的交易条件，不得强制交易。

（二）接受消费者监督的义务

经营者应当听取消费者对其提供的商品或者服务的意见，接受消费者的监督。这是经营者应当履行的义务。经营者必须虚心听取和接受消费者有关商品质量、服务态度、计量标准、质量标志、售后服务、价格状况等各方面的意见和监督。为此，经营者应根据实际情况，采取切实可行的措施，诸如设立意见箱、意见簿，设立专门的机构等，除了直接接受消费者的监督外，经营者还应该认真对待和接受消费者组织、技术监督部门和工商行政部门以及物价监督部门等方面的监督，只有接受各方面的监督，树立起消费者是上帝的观念，经营者才能切实履行好有关的法律和法规所规定的义务。

（三）对商品、服务的安全保证义务

经营者应当保证其提供的商品或者服务符合保障人身、财产安全的要求。对可能危及人身、财产安全的商品和服务，应当向消费者作出真实的说明和明确的警示，并说明和标明正确使用商品或者接受服务的方法以及防止危害发生的方法。

宾馆、商场、车站等经营场所的经营者，未尽到安全保障义务，造成消费者或者其他受害人损害的，应当承担侵权责任。

经营者发现其提供的商品或者服务存在缺陷，可能对人身、财产安全造成危害的，应当立即向有关行政部门报告和告知消费者，并及时采取停止生产、停止销售、警示、召回等消除危险的措施。采取召回措施的，经营者应当承担消费者因商品被召回支出的必要费用。

（四）提供信息义务

经营者应当向消费者提供有关商品或者服务的真实信息，不得作虚假或者引人误解的宣传。

经营者对消费者就其提供的商品或者服务的质量和使用方法等问题提出的询问，应当作出真实、明确的答复。

经营者提供商品或者服务应当明码标价。

（五）标明真实名称和标记的义务

根据《消费者权益保护法》第21条规定，经营者应当标明其真实名称和标记。租赁他人柜台或场所的经营者，应当标明其真实名称和标记。

知情权是消费者的重要权利之一，本条与之对应，规定了经营者对企业名称和营业标记的标示真实的义务。企业名称和标记，是体现商品或者服务质量的重要标志。经营者真实地标明其名称和标记，也是消费者进行购买商品或接受服务的重要依据。这项义务要求经营者不得使用未经核准登记的企业名称，不得假冒他人的企业名称和特有的企业标记；

也不得仿冒、使用与他人企业名称或营业标记相近似的和容易造成消费者误会的企业名称和营业标记；在租赁柜台或场地进行交易活动时，经营者不得以柜台和场地出租者的名称和标记从事经营活动。只有这样，才能保证消费者依据企业名称或标记正确地判断商品和服务的来源，从而做出正确的选择。再者，在发生侵害消费者合法权益的行为时，能够确认经营者，以承担法律责任。

（六）出具凭证、单据的义务

经营者提供商品或者服务，应当按照国家有关规定或者商业惯例向消费者出具购货凭证或者服务单据；消费者索要购货凭证或者服务单据的，经营者必须出具。

购物凭证是消费者向经营者购物或者要求经营者提供服务的合同凭证。它的作用是证明消费者、经营者、服务者之间因购买商品、提供服务建立了某种合同关系，双方根据这种凭证确定各方的权利义务。同时凭证单据也是发生纠纷之后解决问题的依据。所以，消费者对购物凭证和服务单据在一定期限内应妥善保存，对不出具购物凭证和服务单据的经营者，有权要求其出具。

（七）品质担保的义务

经营者应当保证在正常使用商品或者接受服务的情况下其提供的商品或者服务应当具有的质量、性能、用途和有效期限；但消费者在购买该商品或者接受该服务前已经知道其存在瑕疵的除外。

经营者以广告、产品说明、实物样品或者其他方式表明商品或者服务的质量状况的，应当保证其提供的商品或者服务的实际质量与表明的质量状况相符。

经营者提供的机动车、微型计算机、电视机、电冰箱等耐用商品或者装饰装修等服务，自消费者接受商品或者服务之日起六个月内出现瑕疵，发生纠纷的，由经营者承担相关举证责任。

（八）售后服务的义务

经营者提供商品或者服务不符合质量要求的，消费者可以依照国家规定和当事人约定退货，或者要求经营者履行更换、修理等义务；没有国家规定和当事人约定的，消费者可以自收到商品之日起七日内退货；七日后符合《中华人民共和国合同法》规定的解除合同条件的，消费者可以及时退货，不符合解除合同条件的，可以要求经营者履行更换、修理等义务。

依照前款规定对大件商品进行退货、更换、修理的，经营者应当承担运输等必要费用。

典型案例

网 络 购 物

"双十一"购物节时，王小姐在某大型购物网站上看到一双高跟鞋，款式新颖，价格也很便宜，王小姐毫不犹豫点击了购买，并支付了货款。收到货后，王小姐觉得这双高跟鞋虽然新颖，但颜色跟网页上的图片出入很大，于是便联系上网店店主，要求退货，并愿意承担来往的运费，但遭到店主的拒绝。

（资料来源：http://blog.163.com/hrx_ly/blog/static/212149133201421711241 4292/）

本案中消费者王小姐有无反悔权呢？有权要求退货吗？

【分析】　近年来，网络等远程购物方式逐渐成为人们购物的主流方式之一。远程购物的"非现场性"导致消费者和商家的信息极不对称，因为商家可能隐瞒了商品的负面信息，但由于无法直接接触商品，消费者可能被蒙在鼓里而遭受损失。此次修改的《消法》针对网络等远程购物方式赋予了消费者七天的反悔权，旨在促进买卖双方的平等地位。根据修改后的《消法》，上述案例中的王小姐有权要求退货。反悔权仅适用网络等远程购物方式，消费者直接到商店购买的物品，不适用该条规定。另外，反悔权的期限是七日内，且根据商品性质不宜退货的商品，不在此列。

赋予消费者反悔权《消法》第25条第1款、第2款规定，经营者采用网络、电视、电话、邮购等方式销售商品，消费者有权自收到商品之日起七日内退货，且无需说明理由，但下列商品除外：① 消费者定做的；② 鲜活易腐的；③ 在线下载或者消费者拆封的音像制品、计算机软件等数字化商品；④ 交付的报纸、期刊。除前款所列商品外，其他根据商品性质并经消费者在购买时确认不宜退货的商品，不适用无理由退货。

(九) 不得从事不公平、不合理交易的义务

经营者使用格式条款，应当以明显方式提请消费者注意商品或者服务的数量和质量、价款或者费用、履行期限和方式、风险警示、售后服务、民事责任等与消费者有重大利害关系的内容，并按照消费者的要求予以说明。

经营者不得以格式条款、通知、声明、店堂告示等方式作出排除或者限制消费者权利、减轻或者免除经营者责任、加重消费者责任等对消费者不公平、不合理的规定。

格式条款、通知、声明、店堂告示等含有前款所列内容的，其内容无效。

(十) 不得侵犯消费者人格权的义务

经营者不得对消费者进行侮辱、诽谤，不得搜查消费者的身体及其携带的物品，不得侵犯消费者的人身自由。

(十一) 明确个人信息保护

《消法》第29条规定，经营者收集、使用消费者个人信息，应当遵循合法、正当、必要的原则，明示收集、使用信息的目的、方式和范围，并经消费者同意。经营者收集、使用消费者个人信息，应当公开其收集、使用规则，不得违反法律、法规的规定和双方的约定收集、使用信息。经营者及其工作人员对收集的消费者个人信息必须严格保密，不得泄露、出售或者非法向他人提供。经营者应当采取技术措施和其他必要措施，确保信息安全，防止消费者个人信息泄露、丢失。在发生或者可能发生信息泄露、丢失的情况时，应当立即采取补救措施。

典型案例

电 话 骚 扰

吴先生在某大酒店预订了婚宴，并留了电话。可是不久，婚庆、旅游等公司的电话便接踵而至，吴先生不堪其扰。吴先生发觉，在婚礼操办过程中，唯一留号码的就是在订酒席环节。于是他找到酒店，但酒店告诉他，打电话的婚庆公司都是酒店的合作方，这是酒店为方便新人而免费提供的一项增值服务，新人

在这些公司可以享受到相应的折扣优惠。吴先生听了后非常气愤，但却"走投无路"。

（资料来源：http://blog.163.com/hrx_ly/blog/static/21214913320142171112414292/）

【分析】 个人信息被随意泄露或买卖，消费者的正常生活受到严重干扰。谁都知道是商家"出卖"了消费者的个人信息，但却没人管也没地方去投诉。修改后的《消法》首次将个人信息保护作为消费者权益确认下来，是消费者权益保护领域的一项重大突破。

四、争议的解决

（一）争议解决的途径

《消费者权益保护法》第39条明确规定，消费者和经营者发生消费者权争议的，可以通过以下途径解决：

(1) 与经营者协商和解；

(2) 请求消费者协会或其他调解组织调解；

(3) 向有关行政部门申诉；

(4) 根据与经营者达成的仲裁协议提请仲裁机构仲裁；

(5) 向人民法院提起诉讼。

（二）解决争议的几项特定规则

1. 销售者的先行赔付义务

消费者在购买、使用商品时，其合法权益受到损害的，可以向销售者要求赔偿。销售者赔偿后，属于生产者的责任或者向销售者提供商品的其他销售者的责任的，销售者有权向生产者或其他销售者追偿。

2. 生产者与销售者的连带责任

消费者或其他受害人因商品缺陷造成人身、财产损害的，可以向销售者要求赔偿，也可以向生产者要求赔偿。属于生产者责任的，销售者赔偿后，有权向生产者追偿。属于销售者责任的，生产者赔偿后，有权向销售者追偿。此时，消费者和生产者被看做一个整体，对消费者承担连带责任。

3. 消费赔偿

消费者在接受服务时，其合法权益受到损害的可以向服务者要求赔偿

4. 变更后的企业仍应承担赔偿责任

消费者在购买、使用商品或者接受服务时，其合法权益受到损害，因原企业分立、合并的，可以向变更后承受其权利义务的企业要求赔偿。

5. 营业执照持有人及租借人的赔偿责任

使用他人营业执照的违法经营者提供商品或者服务，损害消费者合法权益的，消费者可以向其要求赔偿，也可以向营业执照的持有人要求赔偿。

6. 展销会举办者、柜台出租者或网络交易平台提供者的特殊责任

消费者在展销会、租赁柜台或者通过网络交易平台等购买商品或者接受服务，其合法

权益受到损害的，可以向销售者或者服务者要求赔偿。展销会结束、柜台租赁期满或者网络交易平台上的销售者、服务者不再利用该平台的，也可以向展销会的举办者、柜台的出租者或者网络交易平台提供者要求赔偿。展销会的举办者、柜台的出租者或者网络交易平台提供者赔偿后，有权向销售者或者服务者追偿。

7. 虚假广告的广告主与广告经营者的责任

消费者因经营者利用虚假广告提供商品或者服务，其合法权益受到损害的，可以向经营者要求赔偿。广告经营者、发布者发布虚假广告的，消费者可以请求行政主管部门予以惩处。广告经营者、发布者不能提供经营者的真实名称、地址的，应当承担赔偿责任。

广告经营者、发布者设计、制作、发布食品药品等关系消费者生命健康商品或者服务的虚假广告，造成消费者损害的，广告经营者、发布者与提供该商品或者服务的经营者承担连带责任。

五、法律责任

（一）侵犯消费者合法权益的民事责任

经营者提供商品或者服务有下列情形之一的，除本法另有规定外，应当依照产品质量法和其他有关法律、法规的规定，承担民事责任：

(1) 商品存在缺陷的；

(2) 不具备商品应当具备的使用性能而出售时未作说明的；

(3) 不符合在商品或者其包装上注明采用的商品标准的；

(4) 不符合商品说明、实物样品等方式表明的质量状况的；

(5) 生产国家明令淘汰的商品或者销售失效、变质的商品的；

(6) 销售的商品数量不足的；

(7) 服务的内容和费用违反约定的；

(8) 对消费者提出的修理、重作、更换、退货、补足商品数量、退还货款和服务费用或者赔偿损失的要求，故意拖延或者无理拒绝的；

(9) 法律、法规规定的其他损害消费者权益的情形。

因提供商品或服务造成人身伤害、人格受损、财产损失的民事责任及赔偿范围。

1. 人身伤害的民事责任

经营者提供商品或者服务，造成消费者或者其他受害人人身伤害的，应当赔偿医疗费、护理费、交通费等为治疗和康复支出的合理费用，以及因误工减少的收入。造成残疾的，还应当赔偿残疾生活辅助具费和残疾赔偿金。

2. 侵犯消费者人格尊严、人身自由的民事责任

经营者侵害消费者的人格尊严、侵犯消费者人身自由或者侵害消费者姓名权、肖像权、隐私权等个人信息得到保护的权利的，应当停止侵害、恢复名誉、消除影响、赔礼道歉并赔偿损失。

经营者有侮辱诽谤、限制人身自由等侵害消费者或者其他受害人人身权益的行为，造

成严重精神损害的，受害人可以要求精神损害赔偿。

3. 财产损害的民事责任

经营者提供商品或者服务，造成消费者财产损害的，应当依照法律规定或者当事人约定承担修理、重作、更换、退货、补足商品数量、退还货款和服务费用或者赔偿损失等民事责任。

4. 对欺诈行为的惩罚性规定

经营者提供商品或者服务有欺诈行为的，应当按照消费者的要求增加赔偿其受到的损失，增加赔偿的金额为消费者购买商品的价款或者接受服务费用的三倍；增加赔偿的金额不足五百元的，为五百元。法律另有规定的，依照其规定。

知识拓展 📖

《消法》修改

修改后的《消法》不仅将惩罚性赔偿的倍数由"退一赔二"变为"退一赔三"，而且还对赔偿的最低数额进行确定。此赔偿原则仅针对经营者存在欺诈消费者的行为。所谓欺诈消费者的行为，是指经营者在提供商品或者服务中，采取虚假或者其他不正当手段欺骗、误导消费者，使消费者的合法权益受到损害的行为。

（资料来源：http://blog.163.com/hrx_ly/blog/static/2121491332014217112414292/）

（二）消费者权益保护法的行政责任

经营者有下列情形之一，除承担相应的民事责任外，《中华人民共和国产品质量法》和其他有关法律、法规对处罚机关和处罚方式有规定的，依照法律、法规的规定执行；法律、法规未作规定的，由工商行政管理部门或者其他有关行政部门责令改正，可以根据情节单处或者并处警告、没收违法所得、处以违法所得一倍以上十倍以下的罚款，没有违法所得的，处以五十万元以下的罚款；情节严重的，责令停业整顿、吊销营业执照：

(1) 提供的商品或者服务不符合保障人身、财产安全要求的；

(2) 在商品中掺杂、掺假，以假充真，以次充好，或者以不合格商品冒充合格商品的；

(3) 生产国家明令淘汰的商品或者销售失效、变质的商品的；

(4) 伪造商品的产地，伪造或者冒用他人的厂名、厂址，伪造或者冒用认证标志、名优标志等质量标志的；

(5) 销售的商品应当检验、检疫而未检验、检疫或者伪造检验、检疫结果的；

(6) 对商品或者服务作虚假或者引人误解的宣传的；

(7) 拒绝或者拖延对缺陷商品采取停止生产、停止销售、警示、召回等消除危险措施的；

(8) 对消费者提出的修理、重作、更换、退货、补足商品数量、退还货款和服务费用或者赔偿损失的要求，故意拖延或者无理拒绝的；

(9) 侵害消费者人格尊严、侵犯消费者人身自由或者侵害消费者姓名权、肖像权、隐私权等个人信息得到保护的权利的；

(10) 法律、法规规定的对损害消费者权益应当予以处罚的其他情形。

（三）消费者权益保护法的刑事责任

违反消费者权益保护法构成犯罪的行为包括：

(1) 经营者提供商品或者服务，造成消费者或其他受害人受伤、残疾、死亡的；

(2) 以暴力、威胁等方法阻碍有关行政部门工作人员依法执行职务的；

(3) 国家机关工作人员玩忽职守或者包庇经营者侵害消费者合法权益的。

实训与练习

实训目的： 通过案例分析增强学生对消费者权益保护法知识的理解，同时提升学生运用所学法律知识分析解决问题的能力。

背景资料： 张先生在某商场促销活动中购买了一台迷你小冰箱，可使用两个月后，小冰箱内壁便出现了裂痕。张先生拿着发票找到商场，但商场认为小冰箱系张先生人为损坏，不同意帮张先生免费修理。张先生无奈将商场告上了法庭，但最终因拿不出证据证明所购小冰箱存在质量问题而被判败诉。你怎么看？

（资料来源：http://blog.163.com/hrx_ly/blog/static/212149133201421711241292/）

实训方法： 小组讨论法。

实训内容： 根据背景资料进行小组内部讨论并形成答案、小组代表进行汇报。教师对各组表现进行点评。

相关提示： "谁主张，谁举证"是我国《民事诉讼法》规定的一般证据规则。消费者要想证明某个商品是否存在瑕疵就必须拿出证据来，但因为不掌握相关技术等信息，消费者举证往往非常困难。《消法》修改，将消费者"拿证据维权"转换为经营者"自证清白"，实行举证责任倒置，化解了消费者举证难问题。根据修改后的《消法》上述案例中，冰箱有无质量问题，应由商家来举证。该规则仅适用于机动车等耐用品和装饰装修等服务，且仅限于购买或者接受服务之日起六个月内，超过六个月后，不再适用。

《消法》第23条第三款：经营者提供的机动车、计算机、电视机、电冰箱、空调器、洗衣机等耐用商品或者装饰装修等服务，消费者自接受商品或者服务之日起六个月内发现瑕疵，发生争议的，由经营者承担有关瑕疵的举证责任。

复习思考题

1. 生产者、销售者的法律义务是什么？
2. 反不正当竞争行为的构成要点有哪些？
3. 不正当竞争行为的表现形式主要有哪些？
4. 我国消费者的权利有哪些？
5. 消费者和经营者发生消费者权益争议的，可以通过哪些途径解决？

第九章

税收法律制度

/////////////////////////

税收是国家为了实现其职能，取得财政收入的一种手段，是国家参与国民收入分配与再分配的一种方式。本章讲授我国现行税种的基本内容。阐述每个税种的概念、特点、征税对象、纳税人、税率等主要税法要素，阐明了税法的基本法律规定。

案例导入 📄

某公司 2007 年实现营业收入 860 万元，营业成本 320 万元，税金及附加 35 万元，投资收益 6 万元(其中国库券利息收入 4 万元，金融债券利息收入 2 万元)，营业外收入 20 万元，营业外支出 85 万元(包括赞助某协会 80 万元；因支付某人咨询费 2 万元代扣个人所得税后未缴纳而被税务机关罚款 3 万元)，管理费用 280 万元，财务费用 150 万元。该公司申报 2001 年企业所得税是：

应纳税所得额 = 860 − 320 − 35 + 6 + 20 − 85 − 280 − 150 = 16 (万元)

应纳企业所得税 = 16 × 33% = 5.28 (万元)

(资料来源：http://m.shangxueba.com/ask/538244.html)

📖**点拨**：请分析该公司计算的 2007 年应纳企业所得税是否正确，如不正确请指出错误之处，并正确计算应纳税额。请指出税务机关罚款是否适当，如果处罚不当请指出不当之处，并指出公司为保护自身合法权益可以采取的办法。本案例涉及应纳所得税的计算、税务机关的处罚等内容。需要对本章有一个全面的学习就能很轻松地解决本案。

学习目标 ✍

知识目标：

1. 了解税收的概念、特点及税收理论基本常识；

2. 掌握税法构成要素，理解各要素的含义。

能力目标：

1. 能判定各税种征税范围；

2. 能确定各税种计税依据、计算应纳税额等。

第一节　税　法　概　述

一、税收的概念、特征

（一）税收的概念

税收是一个人们十分熟悉的古老的经济范畴。从它产生到今天，经历了不同的社会形态，有着几千年的历史。所谓税收，是指国家为了满足社会公共需要，凭借其政治权力，按照法律预先规定的标准，强制、无偿地参与社会产品的分配，取得财政收入的一种形式。

（二）税收的特征

（1）税收分配的主体是国家。"以国家为主体"是指在税收分配中，国家居主导地位。对经营活动及收益征何种税、征多少税、如何征税、通过征税应达到什么目的等，都是由国家确定的，体现着国家的意志，纳税人只能服从。

（2）国家征税的目的是为了满足社会公共需要。公共需要是指满足社会公共利益的需要，比如维护社会公共秩序、补救市场失灵、防洪抗旱、环境保护、国家安全等。公共需要具有整体性，无差异性，不同于私人需要。提供公共需要，必须以巨额的资金支出为基础，而且无直接利益获取，所以只能由国家而不是市场来满足人们的需要。

（3）税收具有无偿性、强制性和固定性的特征。

① 无偿性。税收的无偿性是指国家征税后，纳税人缴纳的实物或货币转为国家所有，国家不需要直接给纳税人任何代价、承诺或报酬，也不再将税款直接返还给纳税人；纳税人也不能在法律规定的权利之外提出任何利益要求和回报。因为税收目的的特点，决定了税收的无偿性。无偿性是税收"三性"的核心，居中心地位。

② 强制性。税收的强制性是指国家的征税活动是以国家的法律为依据实施的，任何单位和个人都必须依法履行纳税义务。对拒不纳税或逃避纳税者，国家依法强制征收或进行法律制裁。因为税收是无偿的，会减少纳税人的经济利益，所以纳税人有可能不及时足额缴纳税款以维护其利益，其实在实际中也时有发生。如果对不正确履行纳税义务的行为无有力措施应对，就不能保证纳税人之间的公平性和国家的税收收入。所以，无论纳税人的纳税自觉性如何，国家征税必须是强制的。而强制的表现就是税收是以法的形式规定征收的，若不及时足额纳税，将受到法律制裁。

③ 固定性。税收的固定性是指国家在征税前就以法律的形式规定了每个税种的征收范围、征收标准、征收期限，这个范围是相对固定的。税法一旦公布实施，在一定时期内、在一定条件下不得变动，征纳双方都必须严格遵守。税收只有相对固定，才能使税收有可预测性，给纳税人的经营活动在宏观政策上起到引导作用，也才能使国家税收收入有一定的稳定性。

（4）税收实现的依据是政治权力。作为国家，对其所统治的区域内的所有社会成员均可行使政治权力，但不一定可以行使财产权利，因为国家不是对每个社会成员的财产都拥有财产权利。以政权为依据来获取税收收入，对纳税人而言，是一视同仁的；对国家而言，不涉及经济利益的交换，也是最强有力的依据。

二、税法的基本要素

税法要素是指构成税收法律制度的共同因素。每一种税都有其相应的税收法律制度，尽管各个时期的各个税种有着不同的内容和特点，但构成税制的基本要素是相同的，即任何一部税法都是按照统一的因素来规定本税种对什么征、向谁征、征多少、如何征，也就是税法要素一般包括纳税人、征税对象、税率、纳税环节、纳税期限、减免税、违章处理(法律责任)等。

其中，纳税人、征税对象、税率是税法的基本要素；征税对象是最基本的要素；税率是最重要的要素，或称核心要素。

【举例】 A 公司，生产销售服装。就增值税而言，指出相应的税法要素。在了解了增值税税制内容后，即可知道：纳税人是 A 公司；征税对象是销售服装所取得的增值额；税率是比例税率；纳税环节为取得销售收入环节；纳税期限据纳税人具体情况而定，一般为一个月；若 A 公司或其经营行为有符合国家减免税政策的情形，可申请享受税收优惠；若纳税人未及时足额缴纳税款，则视其情节承担相应的法律责任。

(一) 纳 税 人

纳税人是"纳税义务人"的简称，亦即纳税主体。是税法规定的直接负有纳税义务的单位和个人(法人或自然人)。

(二) 征 税 对 象

征税对象是一个税种征税的标的物，是征税的客体。如消费税的征税对象是应税消费品。

(三) 税 目

税目是征税对象的具体项目，是征税对象的具体化。税目体现了征税的广度，反映了各税种具体的征税范围。

(四) 征 税 范 围

征税范围是指税法规定的征税对象的具体内容，凡列入征税范围的都要征税。

(五) 计 税 依 据

计税依据是指计算应纳税额所依据的标准，分为价值形态和实物形态。如化妆品计征消费税的计税依据是价值形态，即以不含增值税的销售额为计税依据。

知识拓展 📖

我国城镇土地使用税税率表；个人所得税税率表；如表 9-1，9-2 所示。

表 9-1　城镇土地使用税税率表

地　区	每平方米年税额
大城市	1.5～30 元
中等城市	1.2～24 元
小城市	0.9～18 元
县城、建制镇、工矿区	0.6～12 元

表 9-2　个人所得税税率表(工资薪金适用)

级数	全月应纳税所得额	税率(%)	速算扣除数
1	不超过 1500 元的	3	0
2	超过 1500～4500 元的部分	10	105
3	超过 4500～9000 元的部分	20	555
4	超过 9000～35 000 元的部分	25	1 005
5	超过 35 000～55 000 元的部分	30	2 755
6	超过 55 000～80 000 元的部分	35	5 505
7	超过 80 000 元的部分	45	13 505

(六) 税率

税率是指税额与征税对象数量之间的比例。它是计算应纳税额的尺度，体现征税的深度，是税收制度的中心环节、核心要素。

税率的形式有三种：

(1) 比例税率。比例税率是不随着征税对象数量的变化而变化的一个百分比形式的税率。设置比例税率的税种的计税公式为：税额 = 计税依据 × 税率。

(2) 定额税率。定额税率是不随着征税对象数量的变化而变化的一个对征税对象的实物量单位规定税额的税率。设置定额税率的税种的计税公式为：税额 = 计税依据 × 税率。

(3) 累进税率。累进税率是随着征税对象数量的逐级增大而逐级提高的一组百分比形式的税率。在我国现行税制中只存在超额累进税率和超率累进税率。设置累进税率的税种的计税公式为：

$$税额 = 计税依据全额 × 适用税率 - 速算扣除数$$

(七) 纳税环节、纳税期限、纳税地点

纳税环节是指在商品流转过程中某种税应该缴纳税款的环节。流转税类一般在产品销售环节或劳务提供环节征收。

纳税期限指纳税人发生纳税义务后，依法纳税的时间界限。各种税收都需要明确规定缴纳税款的期限。这是税收固定性决定的，也是国家及时取得税收收入的保证。纳税期限分为计算期、入库期。计算期分为：按期(年、季、月、天)、按次。

纳税地点是纳税人依法向征税机关申报纳税的具体地点。一般规定为：纳税人机构所

在地、经营活动发生地、财产所在地、保管地等。

这三项要素由主管税务机关根据纳税人和应缴纳的税种实际情况确定。

(八) 了解减税、免税

减税、免税，也称税收优惠，是对某些纳税人或征税对象的鼓励或照顾措施。减税是从应征税款中减征部分税款；免税是免征全部税款。减税、免税有税基式减免、税率式减免和税额式减免三种形式；分为法定减免、临时减免和特定减免三类。减税、免税政策是税收灵活性的体现。

实训与练习

实训目的： 通过案例分析增强对个人所得税的应税项目和减税、免税优惠的识别，同时提升学生运用所学知识分析解决问题的能力。

背景资料： 中国公民小王在某单位任职，本月取得以下几项收入：工资收入、稿酬收入、保险赔款收入、教育储蓄存款利息收入。小王是否应该就其所有所得项目收入缴纳个人所得税？

提示： 问题涉及个人所得税的应税项目和减税、免税优惠。根据个人所得税的减税、免税政策规定，个人取得的教育储蓄存款利息收入和保险赔款收入为免税项目，所以，小王只需就工资收入、稿酬收入申报个人所得税。

实训方法： 小组讨论法。

实训内容： 根据背景资料进行小组内部讨论并形成答案、小组代表进行汇报。教师对各组表现进行点评。

第二节　国内税收法律制度

一、增值税

增值税是对在中国境内销售货物、提供加工、修理修配劳务以及进口货物的单位和个人，就其取得的法定增值额征收的一种税。"在境内"是指：销售货物的起运地或者所在地在境内；提供的应税劳务发生在境内。"法定增值额"是指：增值额是根据税法的规定计算出来的。由于增值税征收制度对外购货物、外购固定资产的进项税额抵扣的规定不同，所确定的增值额的内涵也有所区别，由此将增值税划分为生产型、收入型、消费型三种类型。我国目前实行的是消费型增值税。

增值税具有以下三个特点：增值税属于价外税，以不含增值税的价格或销售额为计税依据；实行道道征收，形成严密抵扣链，有利于征收管理；不重复征税，具有中性税收的特征。

(一) 征税范围

增值税的征税范围包括销售货物、提供加工、修理修配劳务以及进口货物。

"销售货物"是指有偿转让货物的所有权。货物是指有形动产，包括水、电力、热力、气体在内。有偿是指从购买方取得货币、货物或者其他经济利益。

"提供加工、修理修配劳务"(以下称应税劳务)指有偿提供加工、修理修配劳务。加工劳务是指受托加工货物，即委托方提供原料及主要材料，受托方按照委托方的要求，制造货物并收取加工费的业务。修理修配劳务是指受托对损伤和丧失功能的货物进行修复，使其恢复原状和功能的业务。提供应税劳务不包括单位或者个体工商户聘用的员工为本单位或者雇主提供加工、修理修配劳务。

"进口货物"是指报关进口有形动产。

(二) 纳税人

在中国境内销售货物或者提供加工、修理修配劳务以及进口货物的单位和个人，为增值税的纳税人。单位租赁或者承包给其他单位或者个人经营的，以承租人或者承包人为纳税人。

为配合增值税专用发票的管理，面对增值税纳税人数量多、核算水平差距大的现状，有必要对其要进行分类管理。现行制度以纳税人年应征增值税销售额和会计核算水平两项标准将增值税纳税人划分为小规模纳税人和一般纳税人。

(三) 税率

(1) 纳税人销售或者进口一般的货物、提供加工、修理修配劳务，税率为17%。

(2) 纳税人销售或者进口下列货物，税率为13%：

粮食、食用植物油；自来水、暖气、冷气、热水、煤气、石油液化气、天然气、沼气、居民用煤炭制品；图书、报纸、杂志、音像制品、电子出版物；饲料、化肥、农药、农机、农膜、农产品；二甲醚；国务院规定的其他货物。

(3) 纳税人出口货物，税率为零。但是，国务院另有规定的除外。

纳税人兼营不同税率的货物或者应税劳务，应当分别核算不同税率货物或者应税劳务的销售额；未分别核算销售额的，从高适用税率。

(4) 对小规模纳税人实行简易征收管理，其销售货物、提供应税劳务适用征收率3%。

(四) 优惠政策

1. 下列项目免征增值税

农业生产者销售的自产农产品；避孕药品和用具；古旧图书；直接用于科学研究、科学试验和教学的进口仪器、设备；外国政府、国际组织无偿援助的进口物资和设备；由残疾人的组织直接进口供残疾人专用的物品；销售自己使用过的物品。

除此之外，增值税的免税、减税项目由国务院规定。任何地区、部门均不得规定免税、减税项目。纳税人兼营免税、减税项目的，应当分别核算免税、减税项目的销售额；未分别核算销售额的，不得免税、减税。

2. 起征点

增值税起征点的适用范围限于个人。具体规定为：

(1) 销售货物的，为月销售额 2 000～5000 元；

(2) 提供应税劳务的，为月销售额 1500～3000 元；

(3) 按次纳税的，为每次(日)销售额 150～200 元。

(五) 应纳增值税额的计算

一般纳税人应纳增值税额的计算公式为：

$$应纳增值税额 = 当期销项税额 - 当期进项税额$$

1．销项税额

纳税人销售货物或者提供应税劳务，按照销售额和税率计算并向购买方收取的增值税额为销项税额，其计算公式为：

$$销项税额 = 销售额 \times 税率$$

销售额为纳税人销售货物或者提供应税劳务向购买方收取的不含增值税的全部价款和价外费用。

价外费用，包括价外向购买方收取的手续费、补贴、基金、集资费、返还利润、奖励费、违约金、滞纳金、延期付款利息、赔偿金、代收款项、代垫款项、包装费、包装物租金、储备费、优质费、运输装卸费以及其他各种性质的价外收费。但不包括以下四项：

(1) 受托加工应征消费税的消费品所代收代缴的消费税。

(2) 同时符合以下条件的代垫运输费用：承运部门的运输费用发票并具给购买方的；纳税人将该项发票转交给购买方的。

(3) 同时符合以下条件的代为收取的政府性基金或者行政事业性收费：由国务院或者财政部批准设立的政府性基金；由国务院或者省级人民政府及其财政、价格主管部门批准设立的行政事业性收费；收取时开具省级以上财政部门印制的财政票据，所收款项全额上缴财政。

(4) 销售货物的同时代办保险而向购买方收取的保险费、代购买方缴纳的车辆购置税、车辆牌照费。

价外费用应视为含税收入，换算成不含税收入后再并入销售额。

2．进项税额

纳税人购进货物或者接受应税劳务时支付或者负担的增值税额，为进项税额。增值税是对法定增值额征税，所以，纳税人的进项税额是否可以抵扣，要遵照税法的相关政策，不是所有的进项税额都可以从销项税额中抵扣。

可以抵扣的进项税额包括：

(1) 从销售方取得的增值税专用发票上注明的增值税额；

(2) 从海关取得的海关进口增值税专用缴款书上注明的增值税额；

(3) 购进农产品，除取得增值税专用发票或者海关进口增值税专用缴款书外，按照农产品收购发票或者销售发票上注明的农产品买价按 13% 的扣除率计算的进项税额；

(4) 购进或者销售货物以及在生产经营过程中支付运输费用的，按照运输费用结算单据上注明的运输费用金额和建设基金按 7% 的扣除率计算的进项税额。

提示:

发生以物易物业务时,双方应分别开具合法的票据。若收到的货物不能取得相应的增值税专业发票和其他合法票据的,一律不得抵扣进项税额。

不得抵扣的进项税额如下:

(1) 纳税人购进货物或者应税劳务,取得的增值税扣税凭证不符合法律、行政法规或者国务院税务主管部门有关规定的;

(2) 用于非增值税应税项目、免征增值税项目、集体福利或者个人消费(包括纳税人的交际应酬消费)的购进货物或者应税劳务;

(3) 非正常损失的购进货物及相关的应税劳务;

(4) 非正常损失的在产品、产成品所耗用的购进货物或者应税劳务;

(5) 纳税人有下列情形之一者,应按销售额依照增值税税率计算应纳税额,不得抵扣进项税额,也不得使用增值税专用发票:一般纳税人会计核算不健全,或者不能够提供准确税务资料的;销售额超过小规模纳税人标准,按规定应办理而未办理一般纳税人认定手续的。

知识拓展 📖

* 进口货物应纳税额的计算:

　　　纳税人进口货物,以组成计税价格和适用的税率计算应纳增值税额:

　　　组成计税价格 = 关税完税价格 + 关税 + 消费税

　　　应纳增值税额 = 组成计税价格 × 税率

* 小规模纳税人应纳税额计算:

　　小规模纳税人销售货物或者应税劳务,实行按照不含税销售额和征收率(3%)计算应纳税额的简易办法:应纳增值税额 = 销售额 × 征收率。

二、营业税改增值税

营业税改征增值税涉及面较广,为保证改革顺利实施,国务院选择上海市为先行试点地区,从 2012 年 1 月 1 日开始试点地区先在交通运输业、部分现代服务业等生产性服务业开展行业试点。后又分批扩大至北京等 8 个省市(直辖市)。根据国务院进一步扩大交通运输业和部分现代服务业营业税改增值税(以下简称营改增)试点的要求,经国务院批准,自 2013 年 8 月 1 日起,在全国范围内开展交通运输业和部分现代服务业"营改增"试点(财税[2013]37 号文件)。后经国务院批准,自 2014 年 1 月 1 日起,在全国范围内开展铁路运输和邮政业"营改增"试点(财税[2013]106 号文件),并于 2014 年 6 月 1 日起,将电信业纳入营业税改征增值税范围(财税[2014]43 号文件)。

(一) 应税服务

营业税改增值税的应税服务为交通运输业、部分现代服务业和邮政业。交通运输业,是指使用运输工具将货物或者旅客送达目的地,使其空间位置得到转移的业务活动。包括陆路运输服务、水路运输服务、航空运输服务和管道运输服务。部分现代服务业,是指围绕制造业、文化产业、现代物流产业等提供技术性、知识性服务的业务活动。包括研发和技术服务、信息技术服务、文化创意服务、物流辅助服务、有形动产租赁服务、鉴证咨询服务、广播影视服务。邮政业，是指中国邮政集团公司及其所属邮政企业提供邮件寄递、邮政汇兑、机要通信和邮政代理等邮政基本服务的业务活动。包括邮政普遍服务、邮政特殊服务和其他邮政服务。

(二) 纳税人

在中华人民共和国境内(以下称境内)提供交通运输业、邮政业、部分现代服务业服务和电信业(以下称应税服务)的单位和个人，为增值税纳税人。单位，是指企业、行政单位、事业单位、军事单位、社会团体及其他单位。个人，是指个体工商户和其他个人。

单位以承包、承租、挂靠方式经营的，承包人、承租人、挂靠人(以下统称承包人)以发包人、出租人、被挂靠人(以下统称发包人)名义对外经营并由发包人承担相关法律责任的，以该发包人为纳税人。否则，以承包人为纳税人。

(三) 税率和征收率

提供有形动产租赁服务，税率为17%；提供交通运输业服务、邮政业服务、基础电信服务，税率为11%；提供现代服务业服务(有形动产租赁服务除外)、增值电信服务，税率为6%；财政部和国家税务总局规定的应税服务，税率为零。小规模纳税人适用增值税征收率为3%。

(四) 税收优惠

增值税起征点的适用范围限于个人，不适用于认定为一般纳税人的个体工商户。规定如下：

(1) 按期纳税的，为月销售额5000～20 000元(含本数)。

(2) 按次纳税的，为每次(日)销售额300～500元(含本数)。

(五) 计税方法

增值税的计税方法，包括一般计税方法和简易计税方法。一般纳税人提供应税服务适用一般计税方法计税。一般纳税人提供财政部和国家税务总局规定的特定应税服务，可以选择适用简易计税方法计税，但一经选择，36个月内不得变更。小规模纳税人提供应税服务适用简易计税方法计税。

1. 一般计税方法

一般计税方法应纳增值税额的计算公式为：应纳税额当期销项税额－当期进项税额。当期销项税额小于当期进项税额不足抵扣时，其不足部分可以结转下期继续抵扣。

(1) 销项税额的确定。销项税额，指纳税人提供应税服务按照销售额和增值税税率计算的增值税额。销项税额计算公式为：销项税额销售额×税率。

(2) 销项税额的确定。进项税额，是指纳税人购进货物或者接受加工修理修配劳务和应税服务，支付或者负担的增值税额。

2.简易计税方法

简易计税方法的应纳税额，是指按照销售额和增值税征收率计算的增值税额，不得抵扣进项税额。应纳税额计算公式：

$$应纳税额 = 销售额 \times 征收率$$

三、消费税

(一) 征税对象及税目

我国消费税的征税对象为应税消费品，并对其进行分类，设置了十四个税目：烟；酒及酒精；化妆品；贵重首饰及珠宝玉石；鞭炮、焰火；成品油；汽车轮胎；摩托车；小汽车；高尔夫球及球具；高档手表；游艇；木制一次性筷子；实木地板。

(二) 纳税人、纳税环节

消费税实行单环节征税，一般只在生产、委托加工和进口环节征税。

消费税的纳税人是在中国境内从事生产、委托加工和进口应税消费品的单位和个人。

在中华人民共和国境内从事卷烟批发业务的单位和个人，批发销售的所有牌号规格的卷烟，都要按批发卷烟的销售额(不含增值税)和5%的税率计算缴纳批发环节的消费税。

(三) 税率

消费税税目税率表，如表9-3所示。

表9-3 消费税税目税率表

税 目	计税单位	税 率
一、烟		
1. 卷烟		
(1) 甲类：每标准条(200 支)对外调拨价格在 70 元以上的(含)	标准箱(5 万支)	56%；150 元
(2) 乙类：每标准条(200 支)对外调拨价格在 70 元以下的	标准箱(5 万支)	36%；150 元
2. 卷烟批发环节		5%
3. 雪茄烟		36%
4. 烟丝		30%
二、酒及酒精		
1. 白酒	斤或 500 毫升	20%；0.5 元
2. 黄酒	吨	240 元
3. 啤酒		
(1) 每吨出厂价格在 3000 元(含)以上的；饮食业、娱乐业自制的	吨	250 元/吨
(2) 每吨出厂价格在 3000 元(含)以下的	吨	220 元/吨
4. 其他酒		10%
5. 酒精		5%
三、化妆品		30%

续表

税 目	计税单位	税 率
四、贵重首饰及珠宝玉石		
1. 金、银、铂金首饰和钻石、钻石饰品		5%
2. 其他贵重首饰和珠宝玉石		10%
五、鞭炮、焰火		15%
六、成品油		
1. 汽油		
(1) 含铅汽油	升	1.4 元
(2) 无铅汽油	升	1.0 元
2. 柴油	升	0.8 元
3. 航空煤油	升	1.0 元
4. 石脑油	升	1.0 元
5. 溶剂油	升	1.0 元
6. 润滑油	升	0.8 元
7. 燃料油	升	0.8 元
七、汽车轮胎		3%
八、摩托车		
1. 气缸容量(排气量，下同)在 250 毫升(含)以下的		3%
2. 气缸容量在 250 毫升以上的		10%
九、小汽车		
1. 乘用车		
(1) 气缸容量(排气量，下同)在 1.0 升(含 1.0 升)以下的		1%
(2) 气缸容量在 1.0 升以上至 1.5 升(含 1.5 升)的		3%
(3) 气缸容量在 1.5 升以上至 2.0 升(含 2.0 升)的		5%
(4) 气缸容量在 2.0 升以上至 2.5 升(含 2.5 升)的		9%
(5) 气缸容量在 2.5 升以上至 3.0 升(含 3.0 升)的		12%
(6) 气缸容量在 3.0 升以上至 4.0 升(含 4.0 升)的		25%
(7) 气缸容量在 4.0 升以上的		40%
2. 中轻型商用客车		5%
十、高尔夫球及球具		10%
十一、高档手表		20%
十二、游艇		10%
十三、木制一次性筷子		5%
十四、实木地板		5%

注：卷烟对外调拨价格为不含增值税的价格。

啤酒出厂价格为含包装物及包装物押金、不含增值税的价格。

(四) 应纳消费税额计算

(1) 实行从价定率办法征税的应税消费品，应纳税额计算公式为：

$$应纳消费税 = 应税销售额 \times 比例税率$$

(2) 我国消费税对啤酒、黄酒、成品油等应税消费品采用从量定额的计税方法。应纳税额计算公式为：

$$应纳消费税 = 销售数量 \times 定额税率$$

(3) 消费税对卷烟和白酒实行从价定率和从量定额相结合的复合计征方法。应纳税额计算公式为：

$$消费税额 = 销售额 \times 比例税率 + 销售数量 \times 定额税率$$

四、营业税

营业税是对在我国境内提供应税劳务、转让无形资产、销售不动产的单位和个人所取得的营业额征收的一种税。

营业税具有以下三个特点：一般以营业额全额为计税依据、按行业大类设计税目税率、计算简便，便于征管。

(一) 营业税税目及范围

一般而言，只要在境内提供应税劳务、销售不动产、转让无形资产，均应征收营业税。按照现行营业税的规定，将应税业务分为九个税目(交通运输业、建筑业、金融保险业、邮电通信业、文化体育业、娱乐业、服务业、转让无形资产、销售不动产)。

(二) 营业税纳税人

营业税以从事应税业务、取得应税收入的单位和个人为纳税人。

(三) 营业税税率

营业税设置行业比例税率，具体为：交通运输业、建筑业、邮电通信业、文化体育业的税率为3%，金融保险业、服务业、转让无形资产、销售不动产的税率为5%，娱乐业的税率为5～20%。

(四) 税收优惠

包括免征营业税项目和减税或免税项目。

(五) 营业税计税依据

营业税的计税依据一般为：从事应税业务所取得的营业额，包括价款和价外费用。

营业税计税依据的特殊规定如下：

(1) 纳税人提供的应税业务的营业额明显偏低且无正当理由时，应按下列顺序确定营业额：

① 按纳税人最近期同类应税行为平均价格；

② 按其他纳税人最近期同类应税行为平均价格；

③ 按组成计税价格，即组成计税价格 = 成本 × (1 + 成本利润率) ÷ (1 - 营业税税率)。

(2) 纳税人发生折扣销售时，营业额的确定方法为：若将价款与折扣在同一张发票上注明，则以折扣后的价款为营业额；若将折扣另开发票，无论财务如何处理，均以原价款为营业额。

(六) 营业税税额计算

在确定了具体业务的计税依据和适用税率后，营业税额的计算公式为：

$$营业税 = 营业额 × 适用税率$$

五、城市维护建设税和教育费附加

(一) 城市维护建设税

城市维护建设税是国家对缴纳增值税、消费税、营业税的单位和个人，以其实际缴纳的增值税、消费税、营业税税额为计税依据的一种附加税，是一种具有特殊用途目的的税。

1. 纳税人

城市维护建设税的纳税人，是指在我国境内从事生产、经营，实际缴纳增值税、消费税、营业税的单位和个人。

2. 征税范围

城市维护建设税的征税范围比较广泛，不仅包括城市、县城、建制镇还包括税法规定征收"三税"的其他地区。城市、县城、建制镇的范围应根据行政区划作为划分标准，不得随意扩大或缩小各行政区域的管辖范围。

3. 税率

城市维护建设税实行地区差别比例税率，按照纳税人所在地的不同，设置 3 档差别比例税率，即纳税人所在地为市区的，税率为 7%；纳税人所在地为县城、建制镇的，税率为 5%；纳税人所在地不属于市区、县城或建制镇的，税率为 1%。

4. 计算

城市维护建设税的计税依据是纳税人实际缴纳的增值税、消费税、营业税税额。以"三税"为计税依据，仅指增值税、消费税、营业税的正税，不包括税务机关对纳税人违反增值税、消费税、营业税税法而加收的滞纳金和罚款等非税款项。但纳税人在补查增值税、消费税、营业税和被处以罚款时，应同时对其偷逃的城市维护建设税进行补税和罚款。

城市维护建设税的计税公式为：

应纳税额 = (实际缴纳的增值税额 + 实际缴纳的消费税额 + 实际缴纳的营业税额)
　　　　　　× 适用税率

5. 纳税期限

由于城市维护建设税是由纳税人在缴纳"三税"时同时缴纳的，所以其纳税期限与"三税"的纳税期限一致。

6. 纳税地点

城市维护建设税是以纳税人缴纳"三税"的地点为纳税地点。

7. 税收优惠

城市维护建设税原则上不单独减免，但因城市维护建设税具有附加税性质，当主税发生减免时，势必要影响城市维护建设税而相应发生税收减免。

(二) 教育费附加

教育费附加是国家对缴纳增值税、消费税、营业税的单位和个人，以其实际缴纳的增值税、消费税、营业税税额为计税依据的一种附加税，是一种具有特殊用途的税。

1. 纳税人

教育费附加的纳税人，是指在我国境内从事生产、经营，实际缴纳增值税、消费税、营业税的单位和个人。

2. 征税范围

教育费附加的征税范围比较广泛，即凡缴纳增值税、消费税、营业税的单位和个人所在的地区，无论是城市、县城、建制镇或以外的地区，除税法另有规定者外，都属于教育费附加的征税范围。

3. 税率

教育费附加实行的征收率为3%。

4. 计算

教育费附加的计税公式为：

应纳税额 = (实际缴纳的增值税额 + 实际缴纳的消费税额 + 实际缴纳的营业税额)
　　　　　× 征收率

5. 纳税期限

由于教育费附加是由纳税人在缴纳"三税"时同时缴纳的，所以其纳税期限与"三税"的纳税期限一致。

6. 纳税地点

教育费附加是以纳税人缴纳"三税"的地点为纳税地点。

六、关税

关税是对进出国境或关境的货物或物品征收的一种税。

关税由海关负责征收，海关是国家行政管理机构，主要负责贯彻执行本国有关进出口法令、法规。

(一) 征税对象

关税就物资的种类和流向分为进口货物关税、进口物品关税、出口货物关税、出口物品关税。

（二）纳税人

进口货物的收货人、出口货物的发货人，是关税的纳税人。

（三）税率

我国加入 WTO 之后，从 2004 年 1 月 1 日起，我国进口税率设置了普通税率、最惠国税率、协定税率、特惠税率、关税配额税率等多栏档次。我国对绝大部分出口货物不征收出口关税。仅对鳗鱼苗、部分有色金属矿砂及其精矿、虾、栗、生漆、钨矿砂、山羊板皮和锑及生丝等 36 种商品征收出口关税，实行一栏税率。但对于上述范围内的 23 种商品实行 0～20％暂定税率，其中 16 种商品为零关税，6 种商品税率为 10％以下。事实上我国真正征收出口关税的商品只有 20 种，其税率都很低。

（四）减免优惠

关税减免具体分为法定减免、特定减免、临时减免三种。

（五）关税税额计算

1．计税依据的确定

(1) 从量计税时的计税依据；
(2) 从价计税时的计税依据。

2．关税税额的计算

从价定率计算关税税额时：
$$关税 = 完税价格 × 适用税率$$
从量定额计算关税税额时：
$$关税 = 应税数量 × 单位税额$$
采用复合方法计算关税税额时：
$$关税 = 应税数量 × 单位税额 + 完税价格 × 比例税率$$

（六）进境物品进口税计算

行李和邮递物品进口税简称行邮税，是海关对入境旅客行李物品和个人邮递物品征收的进口税。由于其中包含了在进口环节征收的增值税、消费税，因而也是对个人非贸易性入境物品征收的进口关税和进口工商税收的总称。

行邮税的征税对象是进口物品，包括入境旅客、运输工具、服务人员携带的应税行李物品、个人邮递物品、馈赠物品以及以其他方式入境的个人物品。

行邮税的纳税人是携带应税个人自用物品入境的旅客及运输工具服务人员，进口邮寄物品的收件人，以及以其他方式进口应税个人自用物品的收件人。

行邮税税率为分档次的比例税率。

行邮税的计税依据为完税价格，由海关参照该项物品的境外正常零售平均价格确定。

行邮税采用从价计征，计税公式如下：

$$行邮税 = 完税价格 × 比例税率$$

纳税人应当在海关放行应税个人自用物品之前缴清税款。

七、企业所得税

企业所得税是对在我国境内的企业和其他取得收入的组织，就其生产经营所得和其他所得征收的一种税。

企业所得税具有以下三个特点：通常以净所得为征税对象、以经过计算得出的应纳税所得额为计税依据、纳税人和实际负担人通常是一致的。

(一) 纳税人

企业所得税纳税人，是指在中华人民共和国境内的企业和其他取得收入的组织(以下统称企业)。个人独资企业和合伙企业不作为企业所得税的纳税人。

(二) 征税对象

企业所得税的征税对象是指企业的生产经营所得、其他所得和清算所得。包括销售货物所得、提供劳务所得、转让财产所得、股息红利所得、利息所得、租金所得、特许权使用费所得、接受捐赠所得和其他所得。

(三) 税率

我国企业所得税实行比例税率。具体分为：

基本税率 25%，适用于居民企业和在中国境内设有机构、场所且所得与机构、场所有关联的非居民企业；

低税率 20%，适用于在中国境内未设立机构、场所的，或者虽设立机构、场所但取得的所得与其所设机构、场所没有实际联系的非居民企业(实际征税时适用 10%)，及符合条件的小型微利企业；

低税率 15%，适用于国家需要重点扶持的高新技术企业。

(四) 基本税收优惠政策

税法规定的企业所得税的税收优惠方式包括免税、减税、加计扣除、加速折旧、减计收入、税额抵免等。

(五) 确定企业所得税的应纳税所得额

企业所得税的计税依据是应纳税所得额，指企业每一纳税年度的收入总额，减除不征税收入、免税收入、各项扣除以及允许弥补的以前年度亏损后的余额。基本公式为：

$$应纳税所得额 = 收入总额 - 不征税收入 - 免税收入 - 各项扣除$$
$$- 允许弥补的以前年度亏损$$

也可以对会计利润按照税法规定进行调整，以调整所得作为企业所得税的计税依据。

因此应纳税所得额的确定也可是：应纳税所得额＝利润总额±按税法调整项目金额。

1．收入总额

收入总额包括以货币形式和非货币形式从各种来源取得的收入。

2．不征税收入和免税收入

国家为了扶持和鼓励某些特殊的纳税人和特定的项目，或者避免因征税影响企业的正常经营，对企业取得的某些收入予以不征税或免税的特殊政策，以减轻企业的负担，合理征税。

3．各项扣除

企业实际发生的与取得收入有关的、合理的支出，包括成本、费用、税金、损失和其他支出，准予在计算应纳税所得额时扣除。

4．亏损弥补

亏损是指企业依照《企业所得税法》和实施条例的规定，将每一纳税年度的收入总额减除不征税收入、免税收入和各项扣除后小于零的数额。税法规定，企业某一纳税年度发生的亏损可以在一定年限内税前弥补。

（六）计算企业所得税税额

应纳企业所得税税额的计算公式为：应纳税额应纳税所得额×适用税率－减免税额－抵免税额。

八、个人所得税

个人所得税是对个人(自然人)取得的各项应税所得征收的一种税。

我国个人所得税具有以下五个特点：实行分项征收、比例税率和累进税率并用、费用扣除面宽、计算简便、采用源泉扣缴和自行申报两种征收方法。

（一）纳税人

个人所得税的纳税人是个人，也称自然人。一般情况下，以支付单位或个人为扣缴义务人。

（二）征税对象

个人所得税对个人的应税所得项目征税，具体征税范围如下：

(1) 工资、薪金所得；

(2) 个体工商户生产、经营所得；

(3) 对企事业单位的承包、承租经营所得；

(4) 劳务报酬所得；

(5) 稿酬所得；

(6) 特许权使用费所得；

(7) 利息、股息、红利所得；

(8) 财产租赁所得；

(9) 财产转让所得；

(10) 偶然所得；

(11) 经国务院财政部门确定的其他所得。

(三) 税率

(1) 工资、薪金所得，适用七级超额累进税率，见表 9-4。

表 9-4　七级超额累进税率表

级数	全月应纳税所得额	税率(%)	速算扣除数
1	不超过 1500 元的	3	0
2	超过 1500～4500 元的部分	10	105
3	超过 4500～9000 元的部分	20	555
4	超过 9000～35 000 元的部分	25	1005
5	超过 35 000～55 000 元的部分	30	2755
6	超过 55 000～80 000 元的部分	35	5505
7	超过 80 000 元的部分	45	13 505

(2) 个体工商户生产、经营所得适用五级超额累进税率。

(3) 对企事业单位的承包、承租经营所得，视分配性质适用不同税率：承包、承租人对企业的经营所得拥有支配权，适用五级超额累进税率，见表 9-5；承包、承租人对企业的经营所得不拥有支配权，则适用九级超额累进税率。

表 9-5　五级超额累进税率表

级数	全年应纳税所得额	税率(%)	速算扣除数
1	不超过 15 000 元的	5	0
2	超过 15 000～30 000 元的部分	10	750
3	超过 30 000～60 000 元的部分	20	3750
4	超过 60 000～100 000 元的部分	30	9750
5	超过 100 000 元的部分	35	14 750

(4) 稿酬所得、劳务报酬所得、特许权使用费所得、利息股息红利所得、财产租赁所得、财产转让所得、偶然所得和其他所得适用比例税率，税率为 20%。

(四) 优惠政策

知识拓展 📖

下列各项个人所得免税

(1) 省级人民政府、国务院部委和中国人民解放军军以上单位，以及外国组织、国际组织颁发的科学、教育、技术、文化、卫生、体育、环境保护等方面的奖金。

(2) 国债和国家发行的金融债券利息。

(3) 按照国家统一规定发给的补贴、津贴。

(4) 福利费、抚恤金、救济金，保险赔款。

(5) 军人的转业费、复员费。

(6) 按照国家统一规定发给干部、职工的安家费、退职费、退休工资、离休工资、离休生活补助费。

(7) 达到离休、退休年龄，但确因为工作需要，适当延长离休、退休年龄的高级专家(指享受国务院发放的政府特殊津贴的专家、学者)，其在延长离休、退休期间的工资、薪金所得，视同离休、退休工资免征个人所得税。

(8) 依照我国有关法律规定应予免税的各国驻华使馆、领事馆的外交代表、领事官员和其他人员的所得。

(9) 中国政府参加的国际公约、签订的协议中规定免税的所得。

(10) 经国务院财政部门批准免税的所得。

下列情形经批准可以减征个人所得税

(1) 残疾、孤老人员和烈属的所得。

(2) 因严重自然灾害造成重大损失的。

(3) 其他经国务院财政部门批准减免的。

以下项目暂予免征个人所得税

(1) 外籍个人以非现金形式或实报实销形式取得的住房补贴、伙食补贴、搬迁费、洗衣费。

(2) 外籍个人按合理标准取得的境内、外出差补贴。

(3) 外籍个人取得的探亲费、语言训练费、子女教育费等，经当地税务机关审核批准为合理的部分。

(4) 外籍个人从外商投资企业取得的股息、红利所得。

(5) 凡符合下列条件之一的外籍专家取得的工资、薪金所得：

① 根据世界银行专项贷款协议由世界银行直接派往我国工作、其他经国务院财政部门批准减税的外国专家；

② 联合国组织直接派往我国工作的专家；

③ 为联合国援助项目来华工作的专家；

④ 援助国派往我国专为该国无偿援助项目工作的专家；

⑤ 根据两国政府签订文化交流项目来华工作两年以内的文教专家，其工资、薪金所得由该国负担的；

⑥ 根据我国大专院校国际交流项目来华工作两年以内的文教专家，其工资、薪金所得由该国负担的；

⑦ 通过民间科研协定来华工作的专家，其工资、薪金所得由该国政府机构负担的。

(6) 个人举报、协查各种违法、犯罪行为而获得的奖金。

(7) 个人办理代扣代缴税款，按规定取得的扣缴手续费。

(8) 个人转让自用达 5 年以上，并且是唯一的家庭生活用房取得的所得。

(9) 居民存款自 2008 年 10 月 9 日起孳生的利息所得。

(10) 个人购买社会福利有奖募捐奖券一次中奖收入不超过 10 000 元的。

(五) 确定个人所得税计税依据

个人所得税实行分项计税，应纳税所得额为纳税人每一收入项目的收入总额减去准予扣除金额后的余额。

(六) 计算个人所得税应纳税额

个人所得税的两个基本计税公式如下:

$$应纳税额 = 应纳税所得额 × 适用税率 - 速算扣除数$$
$$应纳税额 = 应纳税所得额 × 适用税率$$

工资薪金所得、个体工商户的生产经营所得、对企事业单位的承包承租经营所得以及劳务报酬(加成征收),都使用公式一进行计算;稿酬所得、特许权使用费所得、财产租赁所得、财产转让所得、利息、股息红利所得、偶然所得和其他所得,都使用公式二进行计算。

【举例】　A 为中国公民,本年取得的各项收入如下:

(1) 1~5 月份,每月参加文艺演出一次,每次收入 20 000 元;

(2) 取得国债利息收入 3000 元;

(3) 取得一年期定期存款利息 6000 元;

(4) 转让居住 4 年的个人住房,取得收入 300 000 元,该房屋的购入原值 150 000 元,转让时发生合理费用 21 000 元;

(5) 1 月 1 日投资设立个人独资企业,当年取得收入 140 000 元,营业成本 31 000 元;管理费用等允许扣除的费用合计 15 000 元。

要求:计算 A 应纳个人所得税。

处理:

(1) 参加文艺演出应纳税额=20 000 × (1 − 20%) × 20% × 5 = 16 000(元);

(2) 国债利息收入免税;

(3) 储蓄存款利息暂免税;

(4) 财产转让所得应纳税额 = (300 000 − 150 000 − 21 000) × 20% = 25 800(元);

(5) 投资个人独资企业应纳税额 = (140 000 − 31 000 − 15 000 − 42 000) × 20% − 3750 = 6650(元)。

所以, A 应纳个人所得税额 = 16 000 + 25 800 + 6650 = 48 450(元)。

九、资源税类的计算

(一) 资源税

资源税是对在我国境内从事应税矿产品开采或生产盐的单位和个人征收的一种税。

我国资源税具有以下 3 个特点:只对特定资源征税,即矿产品和盐;具有受益税的性质,体现了对国有资源的有偿占用;可以调节级差收益,对同一资源采用差别税率,剔除自然条件对开采者的经济核算的影响,保证征税的公平性。

1. 纳税人和扣缴义务人

资源税的纳税人为在我国境内开采应税矿产品或者生产盐的单位和个人。资源税以收购资源税未税矿产品的独立矿山、联合企业及其他单位为扣缴义务人。

2. 征税对象

资源税的征税对象是应税矿产品和盐。

3. 税率

资源税税率见表9-6。具体适用税额，由财政部会同国务院有关部门，根据纳税人开采或者生产应税产品的资源状况，在规定的幅度内执行。

表9-6 资源税税目税率表

税　目		税　率
一、原油		销售额的 5%～10%
二、天然气		销售额的 5%～10%
三、煤炭	焦煤	每吨 8～20 元
	其他煤炭	每吨 0.3～5 元
四、其他非金属矿原矿	普通非金属矿原矿	每吨或者每立方米 0.5～20 元
	贵重非金属矿原矿	每千克或者每克拉 0.5～20 元
五、黑色金属矿原矿		每吨 2～30 元
六、有色金属矿原矿	稀土矿	每吨 0.4～60 元
	其他有色金属矿原矿	每吨 0.4～30 元
七、盐	固体盐	每吨 10～60 元
	液体盐	每吨 2～10 元

4. 计算

资源税的计税公式为：

$$应纳税额 = 应税数量 \times 单位税额 = 销售额 \times 比例税率$$

5. 税收优惠

开采原油过程中用于加热、修井的原油免税。

纳税人开采或者生产应税产品过程中，因意外事故或者自然灾害等原因遭受重大损失的，由省、自治区、直辖市人民政府酌情决定减税或者免税。

对地面抽采煤层气暂不征收资源税。

自 2012 年 2 月 1 日起，对冶金矿山铁矿石资源税，暂减按规定税率标准的 80%征收。

6. 纳税义务发生时间

(1) 纳税人采取分期收款结算方式的，为销售合同规定的收款日期的当天；

(2) 纳税人采取预收货款结算方式的，为发出应税产品的当天；

(3) 纳税人采取其他结算方式的，为收讫销售款或者取得销售款凭据的当天；

(4) 纳税人自采自用应税产品，为移送使用应税产品的当天；

(5) 扣缴义务人代扣代缴税款，为支付货款的当天。

7．纳税期限

资源税纳税期限为 1 日、3 日、5 日、10 日、15 日或者 1 个月，由主管税务机关根据实际情况具体核定。不能按固定期限计算纳税的，可以按次计算纳税。

纳税人以 1 个月为一期纳税的，自期满之日起 10 日内申报纳税；以 1 日、3 日、5 日、10 日或者 15 日为一期纳税的，自期满之日起 5 日内预缴税款，于次月 1 日起 10 日内申报纳税并结清上月税款。

8．纳税地点

纳税人应当向应税产品的开采或者生产所在地主管税务机关缴纳资源税。纳税人在本省、自治区、直辖市范围内开采或者生产应税产品，其纳税地点需要调整的，由省、自治区、直辖市税务机关决定。

（二）城镇土地使用税

1．纳税人

城镇土地使用税的纳税人，是指在税法规定的征税范围内使用土地的单位和个人。

2．征税范围

城镇土地使用税的征税范围是城市、县城、建制镇、工矿区。

3．税率

城镇土地使用税采用幅度定额税率。每平方米年税额为：大城市 1.5 元全 30 元；中等城市 1.2 元至 24 元；小城市 0.9 元至 18 元；县城、建制镇、工矿区 0.6 元至 12 元。

4．计算

城镇土地使用税的计税公式为：

$$年应纳税额 = 实际使用面积 \times 单位税额$$

5．税收优惠

(1) 国家机关、人民团体、军队自用的土地免征土地使用税。但如果上述单位将自用土地对外出租、经营，则不属于免税范围。

(2) 由国家财政部门拨付事业经费的单位自用的土地免征土地使用税。

(3) 宗教寺庙、公园、名胜古迹自用土地免征土地使用税。经营用地不免。

(4) 市政街闭道、广场、绿化地带等公共用地免征土地使用税。非社会性的公共用地不免税。

(5) 直接用于农、林、牧、渔业的生产用地免征土地使用税。

(6) 经批准开山填海整治的土地和改造的废弃土地，从使用的月份起免缴城镇土地使用税 5 年至 10 年。

(7) 对非营利性医疗机构、疾病控制机构和妇幼保健机构等卫生机构自用的土地免征城镇土地使用税。对营利性医疗机构自用的土地自 2000 年起免征城镇土地使用税 3 年。

(8) 企业办的学校、医院、托儿所、幼儿园，其用地能与企业其他用地明确区分的，免征城镇土地使用税。

(9) 老年服务机构自用的土地免征土地使用税。

6. 纳税义务发生时间

(1) 购置新建商品房，自房屋交付使用之次月起缴纳城镇土地使用税；

(2) 购置存量房，自办理房屋权属转移、变更登记手续，房地产权属登记机关签发房屋权属证书之次月起缴纳城镇土地使用税；

(3) 纳税人出租、出借房产，自交付出租、出借房产之次月起，缴纳城镇土地使用税；

(4) 以出让或转让方式有偿取得土地使用权的，应由受让方从合同约定交付土地时间的之次月起缴纳城镇土地使用税；合同未约定土地交付时间的，由受让方从合同签订的次月起缴纳城镇土地使用税；

(5) 纳税人新征用的耕地，自批准征用之日起满一年时，开始缴纳土地使用税；

(6) 纳税人新征用的非耕地，自批准征用次月起，缴纳土地使用税。

(三) 土地增值税

土地增值税是对转让国有土地使用权、地上建筑物及其附着物(以下简称转让房地产)并取得收入的单位和个人，就其转让房地产所取得的增值额征收的一种税。开征土地增值税，对增强国家对房地产开发和房地产市场的调控力度，抑制炒买炒卖土地，投机获取暴利的行为有较强的调节作用。

1. 纳税人

凡是有偿转让我国国有土地使用权、地上建筑物及其附着物(以下简称转让房地产)产权，并且取得收入的单位和个人，为土地增值税的纳税人。

2. 征税范围

(1) 土地增值税只对转让国有土地使用权的行为征税，转让非国有土地使用权和出让国有土地使用权的行为均不征税。

(2) 土地增值税既对转让土地使用权征税，也对转让地上建筑物和其他附着物的产权征税。

(3) 土地增值税只对有偿转让的房地产征税，对以继承、赠与等方式无偿转让的房地产，不予征税。

3. 税率

土地增值税实行四级超率累进税率，具体见表9-7。

表9-7　四级超率累进税率表

级数	土地增值额与扣除项目金额比例	税率(%)	速算扣除系数(%)
1	未超过50%的	30	0
2	超过50%～100%以内的	40	5
3	超过100%～200%以内的	50	15
4	超过200%的	60	35

4. 计算

土地增值税的计税公式为：

$$增值额 = 转让房地产收入 - 扣除项目金额$$

$$应纳税额 = 增值额 \times 税率 - 扣除项目金额 \times 速算扣除系数$$

5. 税收优惠

(1) 纳税人建造普通标准住宅，增值额未超过扣除项目金额 20%的，给予免税。增值额超过扣除项目金额之和 20%的，应就其全部增值额按规定计税。

(2) 因国家建设需要，依法征用、回收的房地产，免税。

(3) 个人因工作调动或改善居住条件而转让原自用住房，经向税务机关申报核准，凡居住满 5 年或 5 年以上的，免予征收土地增值税；居住满 3 年未满 5 年的，减半征收土地增值税。居住未满 3 年的，按规定计征土地增值税。

(4) 以房地产进行投资、联营的，投资、联营的一方以土地(房地产)作价入股进行投资或作为联营条件，将房地产转让到所投资、联营的企业中时，暂免征收土地增值税；一方出地，一方出资金，双方合作建房的，建成后按比例分房自用的，可免缴土地增值税。

(5) 企事业单位、社会团体以及其他组织转让旧房作为廉租住房、经济适用房房源且增值额未超过扣除项目金额 20%的，免征土地增值税。

6. 纳税义务发生时间

纳税人应当自转让房地产合同签订之日起七日内向房地产所在地主管税务机关办理纳税申报，并在税务机关核定的期限内缴纳土地增值税。

7. 纳税期限

土地增值税的纳税期限，由主管税务机关根据房地产的不同情况具体确定。

8. 纳税地点

土地增值税的纳税人应向房地产所在地主管税务机关办理纳税申报，并在税务机关核定的期限内缴纳土地增值税。

(四) 耕地占用税

耕地占用税是对占用耕地建房或从事其他非农业建设的单位和个人，就其占用的耕地面积征收的一种税。

1. 纳税人

耕地占用税的纳税人，是指在占用耕地建房或从事其他非农业建设的单位和个人。

2. 征税范围

耕地占用税的征税范围为国家所有和集体所有的耕地。

3. 税率

耕地占用税采用幅度定额税率。

4. 计算

耕地占用税以纳税人实际占用的耕地面积为计税依据，按照规定的单位税额计算应纳税额一次性征收。其计税公式为：

$$应纳税额 = 实际占用应税耕地面积 \times 单位税额$$

5. 税收优惠

免征耕地占用税的有：军事设施占用耕地；学校、幼儿园、养老院、医院占用耕地。

减征耕地占用税包括如下两类：

(1) 铁路线路、公路线路、飞机场跑道、停机坪、港口、航道占用耕地，减按每平方米 2 元的税额征收耕地占用税。

根据实际需要，国务院财政、税务主管部门商国务院有关部门并报国务院批准后，可以对前款规定的情形免征或者减征耕地占用税。

(2) 农村居民占用耕地新建住宅，按照当地适用税额减半征收耕地占用税。

农村烈士家属、残疾军人、鳏寡孤独以及革命老根据地、少数民族聚居区和边远贫困山区生活困难的农村居民，在规定用地标准以内新建住宅缴纳耕地占用税确有困难的，经所在地乡(镇)人民政府审核，报经县级人民政府批准后，可以免征或者减征耕地占用税。

6. 征收管理

经批准占用耕地的，耕地占用税纳税义务发生时间为纳税人收到土地管理部门办理占用农用地手续通知的当天。未经批准占用耕地的，耕地占用税纳税义务发生时间为纳税人实际占用耕地的当天。

十、财产税类的计算

(一) 房产税

房产税是以房屋为征税对象，按照房屋的计税余值或租金收入向房产所有人征收的一种税。

1. 纳税人

凡在我国境内拥有房屋产权的单位和个人均为房产税的纳税义务人。

2. 征税范围

所谓房产，是指以房屋形态表现的财产。房屋指有屋面和围护结构(有墙或两边有柱)，能够遮风避雨，可供人们在其中生产、生活、工作、学习、娱乐、居住或储藏物资的场所。

房产税的征税范围为城市、县城、建制镇、工矿区，不包括农村。

3. 税率

依照房产余值计算缴纳的，房产税的税率为 1.2%；依照房产租金收入计算缴纳的，税率为 12%。

4. 计算

(1) 计税依据的确定：房产税的计税依据是计税余值或房产租金收入，分别称为从价计征和从租计征。

当从价计征时，房产税依照房产原值一次减除 10%～30%后的余额，即计税余值计算缴纳。房产原值是指纳税人"固定资产"科目中记载的房屋原价，具体减除幅度，由省、自治区、直辖市人民政府规定。没有房产原值的，由房产所在地税务机关参考同类房产核定。

当从租计征时，以房产租金收入为房产税的计税依据。房产的租金收入是指房屋产权所有人出租房产使用权所得的报酬，包括货币收入和实物收入。

(2) 税额的计算：

从价计征时，应纳税额 = 房产原值 × (1 − 扣除比例) × 适用税率。

从租计征时，应纳税额 = 租金收入 × 适用税率。

5. 税收优惠

(1) 国家机关、人民团体、军队自用房产，国家财政部门拨付事业经费的单位自用房产免税。

(2) 宗教寺庙、公园、名胜古迹自用房产免税。将自有房产出租以及用于非本身业务的生产、营业用房产，不属于免税范围。

(3) 个人所有非营业用房免税。

(4) 经财政部批准免税的其他房产免税。

6. 纳税义务发生时间

(1) 纳税人将原有房产用于生产经营，从生产经营之月起，缴纳房产税。

(2) 纳税人自行新建房屋用于生产经营，从建成之次月起，缴纳房产税。

(3) 纳税人委托施工企业建设的房屋，从办理验收手续之次月起，缴纳房产税。

(4) 纳税人购置新建商品房，自房屋交付使用之次月起，缴纳房产税。

(5) 纳税人购置存量房，自办理房屋权属转移、变更登记手续，房地产权属登记机关签发房屋权属证书之次月起，缴纳房产税。

(6) 纳税人出租、出借房产，自交付出租、出借房产之次月起，缴纳房产税。

(7) 房地产开发企业自用、出租、出借本企业建造的商品房，自房屋使用或交付之次月起，缴纳房产税。

7. 纳税期限

房产税实行按年计算、分期缴纳的征收方法，具体纳税期限由省、自治区、直辖市人民政府确定。

8. 纳税地点

房产税在房产所在地缴纳。房产不在同一地方的纳税人，应按房产的坐落地点分别向房产所在地的税务机关纳税。

(二) 契税

契税是因房屋、土地买卖、典当、赠与或交换而发生产权转移时，依据当事人双方订立的契约及相应价格，向权属承受人征收的一种税。

1. 纳税人

契税以在我境内承受土地、房屋权属的单位和个人为纳税人。

2. 征税对象和范围

契税以发生土地使用权和房屋所有权权属转移的土地和房屋为征税对象，具体的征税范围包括：

(1) 国有土地使用权出让。国有土地使用权出让是指土地使用者向国家交付土地使用权出让费用，国家将国有土地使用权在一定年限内让予土地使用者的行为。

(2) 土地使用权转让。土地使用权转让是指土地使用者以出售、赠与、交换或者其他方式将土地使用权转移给其他单位和个人的行为。

(3) 房屋买卖。房屋买卖是指房屋所有者将其房屋出售，由承受者交付货币、实物、无形资产或者其他经济利益的行为。包括房屋抵债、房产投资或作股权转让、买房拆料、翻建新房。

(4) 房屋赠与。房屋赠与是指房屋所有者将其房屋无偿转让给受赠者的行为。

(5) 房屋交换。房屋交换是指房屋所有者之间相互交换房屋的行为。

3. 税率

契税的适用税率为 3%～5%，纳税人具体适用税率由省、自治区、直辖市人民政府在此幅度内按照本地区的实际情况确定，并报财政部和国家税务总局备案。对个人购买 90 平方米及以下且属家庭唯一住房的普通住房，减按 1% 税率征收契税。

4. 应纳税额计算

(1) 计税依据的确定：契税的计税依据，是指土地使用权、房屋所有权发生转移，权属承受人应支付的价格。依不动产的转移方式、定价方法不同，契税计税依据具体规定不同。

(2) 税额的计算。契税应纳税额计算公式如下：

$$应纳税额 = 计税依据 \times 适用税率$$

应纳税额以人民币计算。以外汇结算的，按照纳税义务发生之日中国人民银行公布的人民币市场汇率中间价折合成人民币计算。

5. 税收优惠

(1) 国家机关、事业单位、社会团体、军事单位承受土地、房屋用于办公、教学、医疗、科研和军事设施的，免征契税；

(2) 城镇职工按规定第一次购买公有住房的，免征契税；

(3) 因不可抗力灭失住房而重新购买住房的，酌情准予减征或者免征契税；

(4) 纳税人承受荒山、荒沟、荒丘、荒滩土地使用权，用于农、林、牧、渔业生产的，免征契税；

(5) 依照我国有关法律规定以及我国缔结或参加的双边和多边条约或协定的规定应当予以免税的外国驻华使馆、领事馆、联合国驻华机构及其外交代表、领事官员和其他外交人员承受土地、房屋权属的，经外交部确认，可以免征契税；

(6) 财政部规定的其他减征、免征契税的项目。

6. 纳税义务发生时间

契税的纳税义务发生时间，为纳税人签订土地、房屋权属转移合同的当天，或者纳税人取得其他具有土地、房屋权属转移合同性质凭证的当天。纳税人因改变土地、房屋用途应当补缴已经减征、免征契税的，其纳税义务发生时间为改变有关土地、房屋用途的当天。

7. 纳税期限

纳税人应当自纳税义务发生之日起 10 日内，向土地、房屋所在地的契税征收机关办理纳税申报，并在契税征收机关核定的期限内缴纳税款。

8．纳税地点

契税征收机关为土地、房屋所在地的财政机关或者地方税务机关。

（三）车船税

车船税是对在我国车船管理部门登记的车辆、船舶，按照车船的种类和规定的税额计算征收的一种税。

1．征税对象和范围

车船税的征税对象是应税车辆和船舶，范围包括依法在公安、交通、农业、渔业、军队、武警部队、船舶检验机构等车船管理部门登记和接受管理的车船。

2．纳税人和扣缴义务人

在中华人民共和国境内，车辆、船舶(以下简称车船)的所有人或者管理人为车船税的纳税人。

3．税率

车船税设置定额税率，见表9-8。

表9-8　车船税税目税额表

税　　目		计税单位	每年税额	备　　注
乘用车		每辆	60元至5400元	核定载客人数9人(含)以下 按发动机汽缸容量(排气量)分档： (1) 1.0升(含)以下，60元至360元； (2) 1.0升以上至1.6升(含)，300元至540元； (3) 1.6升以上至2.0升(含)，360元至660元； (4) 2.0升以上至2.5升(含)，660元至1200元； (5) 2.5升以上至3.0升(含)，1200元至2400元； (6) 3.0升以上至4.0升(含)，2400元至3600元； (7) 4.0升以上的，3600元至5400元
商用车	客车	每辆	480元至1440元	核定载客人数9人以上，包括电车
	货车	整备质量每吨	16元至120元	包括半挂牵引车、三轮汽车和低速载货汽车等
挂车		整备质量每吨	按货车税额的50%	
其他车辆	专用作业车	整备质量每吨	16元至120元	不包括拖拉机
	轮式专用机械车			
摩托车		每辆	36元至180元	
船舶	机动船舶	净吨位每吨	3元至6元	具体适用税额为： (1) 净吨位小于或者等于200吨的，每吨3元； (2) 净吨位201吨至2000吨的，每吨4元； (3) 净吨位2001吨至10000吨的，每吨5元； (4) 净吨位10001吨及其以上的，每吨6元 拖船和非机动驳船分别按船舶税额的50%计算
	游艇	艇身长度每米	600元至2000元	具体适用税额为： (1) 艇身长度不超过10米的，每米600元； (2) 艇身长度超过10米至18米的，每米900元； (3) 艇身长度超过18米至30米的，每米1300元； (4) 艇身长度超过30米的，每米2000元； (5) 辅助动力帆艇，每米600元

4．计算

(1) 计税依据：所涉及的排气量、整备质量、核定载客人数、净吨位、千瓦、艇身长度，以车船登记管理部门核发的车船登记证书或者行驶证所载数据为准。依法不需要办理登记的车船和依法应当登记而未办理登记或者不能提供车船登记证书、行驶证的车船，以车船出厂合格证明或者进口凭证标注的技术参数、数据为准；不能提供车船出厂合格证明或者进口凭证的，由主管税务机关参照国家相关标准核定，没有国家相关标准的参照同类车船核定。

(2) 应纳税额的计算公式：

$$车船税的应纳税额 = 应税数量 \times 适用税率$$

5．税收优惠

下列车船免征车船税：非机动车船；拖拉机；捕捞、养殖渔船；军队、武警专用的车船；警用车船；按照有关规定已经缴纳船舶吨税的船舶；依照我国有关法律和我国缔结或者参加的国际条约的规定应当予以免税的外国驻华使馆、领事馆和国际组织驻华机构及其有关人员的车船。

6．纳税义务发生时间

车船税的纳税义务发生时间为车船管理部门核发的车船登记证书或者行驶证书所记载日期的当月。

7．纳税期限

车船税按年申报，分月计算，一次性缴纳。

8．纳税地点

车船税由地方税务机关负责征收。

十一、行为税类的计算

(一) 印花税

印花税是对经济活动和经济交往中书立、领受或使用的应税经济凭证所征收的一种税。它具有维护社会经济交易秩序的重要作用。

1．征税范围

印花税的征税范围包括：经济合同；产权转移书据；营业账簿；权利、许可证照；经财政部确定征税的其他凭证。

2．纳税人

印花税的纳税人是书立、领受或使用凭证的单位或个人。

3．税率

印花税的税率有两种形式，即比例税率和定额税率。各类合同以及具有合同性质的凭证、产权转移书据、营业账簿中记载资金的账簿，适用比例税率；权利许可证照和营业账簿中的其他账簿，适用定额税率。具体税率见表9-9。

表 9-9 印花税税目税率表

序号	税 目	计税依据	税 率	纳税人	说 明
1	购销合同	购销金额	0.3‰		
2	加工承揽合同	加工或承揽收入	0.5‰		
3	建设工程勘察设计合同	收取费用	0.5‰		
4	建筑安装工程承包合同	承包金额	0.3‰		
5	财产租赁合同	租赁金额	1‰		税额不足1元，按1元贴花
6	货物运输合同	运输费用	0.5‰	立合同人	单据作为合同使用的，按合同贴花
7	仓储保管合同	仓储保管费用	1‰		仓单或栈单作为合同使用的，按合同贴花
8	借款合同	借款金额	0.05‰		单据作为合同使用的，按合同贴花
9	财产保险合同	保险费收入	1‰		单据作为合同使用的，按合同贴花
10	技术合同	所载金额	0.3‰		
11	产权转移书据	所载金额	0.5‰	立据人	
12	营业账簿	记载资金的账簿按实收资本和资本公积的合计金额	0.5‰	立账簿人	
		其他账簿按件	5元		
13	权利、许可证照	件	5元	领受人	

注：证券交易印花税(股票印花税)根据书立证券交易合同的金额对卖方(或继承、赠与A股、B股股权的出让方)计征，税率为1‰。

4. 计税依据

印花税根据应税凭证的不同，设置了价值形态和实物形态两种计税依据。

5. 计算

从价定率计税时，应纳印花税额＝计税金额×适用税率。

从量定额计税时，应纳印花税额＝应税凭证数量×定额税率。

6. 减免优惠

(1) 法定凭证免税。以下凭证依法免税：已缴纳印花税的凭证的副本或者抄本；财产所有人将财产赠给政府、社会福利单位、学校所立的书据；经财政部批准免税的其他凭证。

(2) 免税额。应纳税额不足1角的，免征印花税。

(3) 特定凭证免税。以下凭证按规定免税：国家指定的收购部门与村民委员会、农民个人书立的农副产品收购合同；无息、贴息贷款合同；外国政府或者国际金融组织向我国政府及国家金融机构提供优惠贷款所书立的合同。

(4) 特定情形免税。商店、门市部的零星加工修理业务开具的修理单，不贴印花；房地产管理部门与个人订立的租房合同，凡用于生活居住的，暂免贴印花；用于生产经营的，应按规定贴花；铁路、公路、航运承运快件行李、包裹开具的托运单据，暂免贴印花税；对企业车间、门市部、仓库设置的不属于会计核算范围，或虽属会计核算范围，但不记载金额的登记簿、统计簿、台账等，不贴印花；实行差额预算管理的单位，不记载经营业务的账簿不贴花。

7. 纳税义务发生时间

印花税的纳税义务发生时间分别为：账簿起用时；合同(协议)签订时；证照领受时；资本注册时或增加时。

8. 纳税期限

印花税应税凭证应当于书立或者领受时贴花(申报缴纳税款)。同一种类应纳税凭证，需频繁贴花的，应向主管税务机关申请按期汇总缴纳印花税。汇总缴纳限期由地方税务机关确定，但最长期限不得超过 1 个月。

9. 纳税地点

印花税一般实行就地纳税。对于全国性订货会(包括展销会、交易会等)所签合同，由纳税人回其所在地办理贴花完税手续；地方主办，不涉及省际关系的订货会(包括展销会、交易会等)，由省级政府自行确定纳税地点。

10. 缴纳方法

印花税的缴纳可按一般纳税方法或简化纳税方法缴纳。

(二) 车辆购置税

车辆购置税是以在中国境内购置规定的车辆为课税对象、在特定的环节向车辆购置者征收的一种税。

1. 征税范围

车辆购置税的开征区域在"中华人民共和国境内"，即应税车辆的购置地或自用地在境内，即应缴纳车辆购置税。

2. 纳税人

在我国境内购置应税车辆的单位和个人为车辆购置税的纳税人。

3. 税率

车辆购置税的税率为 10%。

4. 计税依据

车辆购置税的计税价格根据不同情况确定为：

(1) 购买自用应税车辆计税依据的确定；

(2) 进口自用应税车辆计税依据的确定；

(3) 其他自用应税车辆计税依据的确定；

(4) 以最低计税价格为计税依据的确定。

5. 计算

车辆购置税实行从价定率的办法计算应纳税额。应纳税额的计算公式为：

$$应纳税额 = 计税价格 \times 税率$$

6. 优惠

(1) 外国驻华使馆、领事馆和国际组织驻华机构及其外交人员自用的车辆，免税；

(2) 中国人民解放军和中国人民武装警察部队列入军队武器装备订货计划的车辆，免税；

(3) 设有固定装置的非运输车辆，免税；

(4) 有国务院规定予以免税或者减税的其他情形的，按照规定免税或者减税。

7. 纳税环节

车辆购置税实行购置环节一次性征收制度。购置已征车辆购置税的车辆，不再征收车辆购置税。

8. 纳税地点及期限

纳税人购置应税车辆，应当向车辆登记注册地的主管税务机关申报纳税；购置不需要办理车辆登记注册手续的应税车辆，应当向纳税人所在地的主管税务机关申报纳税。

十二、税收征管法概述

为了规范税款的征收和缴纳行为，保证国家财政收入，维护纳税人合法权益，促进经济发展和社会和谐，1992 年 9 月 4 日，第七届全国人大常委会第 27 次会议通过了《中华人民共和国税收征收管理法》，于 1993 年 1 月 1 日起施行，后又于 2001 年 4 月 28 日第九届全国人民代表大会常务委员会第二十一次会议对其进行了修订。2002 年 9 月 7 日，国务院又颁布了《中华人民共和国税收征收管理法实施细则》。

《税收征管法》及《实施细则》适用于依法由税务机关征收的各税种的征收管理。

(一) 税收、税法、税收法律关系

税收是国家为了满足公共需要，凭借政治权力，强制、无偿地参与国民收入的分配，以取得财政收入的形式。税法是调节国家与纳税人之间在征纳税过程中的权利和义务的法律规范的总称。

税收和税法是密切相关的：税收是税法的具体内容；税法是税收的法律表现形式。税收是经济活动，属于经济基础；税法是法律规范，属于上层建筑。税收必须依税法进行；税法是税收的依据和保障。

税收法律关系是指税法所确认和调整的税收征纳双方在税款征纳过程中形成的权利和义务关系，由主体、客体和内容三要素构成。税收法律关系的主体，是指在税收法律关系中依法享有权利和承担义务的当事人，包括征税主体和纳税主体。征税主体是指在税收法律关系中代表国家享有征税权利的一方当事人，具体指各级税务机关和海关等。纳税主体是指税收法律关系中负有纳税义务的一方当事人，包括法人、自然人和其他组织。在税收

法律关系中，征税主体和纳税主体是行政管理中管理和被管理的关系，但法律地位是平等的。税收法律关系的客体，是指税收法律关系主体双方权利和义务共同指向的对象。可以是提供产品、劳务所取得的流转额、所得额，也可以是财产、资源或行为。

税收法律关系的内容，是指税收法律关系的主体双方所享受的权利和应承担的义务。

（二）征纳双方的权利和义务

1. 税务机关的权利

税务机关，作为税收法律关系的征收主体，作为税收征收管理的职能部门，享有以下权利：

(1) 税收法规的起草、拟定权。税务机关有权提出税收政策建议，拟定税收法规草案，制定税收征管的部门规章等。

(2) 税务管理权。税务机关有权对纳税人进行税务登记、账簿凭证、纳税申报等日常税务管理。

(3) 税款征收权。税务机关有权征收税款。这是税务机关最基本、最主要的权利。

(4) 税务检查权。税务机关有权检查纳税人的纳税义务履行情况。

(5) 行政处罚权。税务机关有权对税收违法行为依法进行行政制裁。

(6) 其他权利。税务机关在税收征管过程中，根据不同的情形有：审批减免税、延期纳税申请的权力，委托代征税款的权力，阻止纳税人离境的权力等。

2. 税务机关的义务

税务机关在行使职权的过程中，也应承担相应的义务：

(1) 无偿宣传、辅导税法的义务。

(2) 保密义务。税务机关在税收征管过程中，应为纳税人、扣缴义务人保守商业秘密和隐私，为检举者保密。

(3) 办理税务登记的义务。在纳税人依法办理各种税务登记时，应及时提供相关服务。

(4) 开具完税凭证的义务。在受理纳税人缴纳税款业务时，应及时开具完税凭证。

(5) 受理税务行政复议的义务。当征纳双方发生税收争议，纳税人或其代理人向相关税务机关提出税务行政复议申请时，应积极受理。

(6) 回避义务。税务人员在实施税收征管过程中，与纳税人或相关人员有利害关系，可能影响到公正执法的，应当回避。

(7) 其他义务。税务机关在税收征管过程中，根据不同的情形，有：进行纳税检查时出示证明义务，返还多征税款的义务，保护纳税人合法权益的义务等。

3. 纳税人、扣缴义务人的义务

纳税人，作为税收法律关系的纳税主体，作为税收征收管理中的被管理者，应履行以下义务：

(1) 按规定办理纳税登记，正确使用税务登记证的义务。

(2) 按规定设置、使用和保管账簿凭证的义务。

(3) 按期办理纳税申报的义务。

(4) 接受税务检查的义务。

（5）其他义务。视具体情形有：在税收征管发生争议时先按税务机关决定缴纳税款和滞纳金的义务，欠税较大的纳税人在处分较大财产前向税务机关报告的义务，提供纳税担保的义务等。

4．纳税人、扣缴义务人的权利

纳税人、扣缴义务人在主要履行纳税义务的同时，也享有一定权利：

（1）有向税务机关了解税收法律、行政法规权利。

（2）有要求税务机关就相关信息保密的权利。

（3）有依法申请减税、免税、退税的权利。

（4）对税务机关所作出的决定，有陈述权、申辩权的权利。

（5）对税务机关所作出的决定不服时，有依法申请行政复议、提起行政诉讼、请求国家赔偿等权利。

（6）对税务机关、税务人员的违法违纪行为有控告和检举的权利。

（三）税收征收管理体制

我国现行的财政管理体制是分税制，即在划分中央与地方政府事权的基础上，根据税种划分中央与地方的财政收入。按照分税制的要求，将开征的所有税种划分为中央税、地方税和中央地方共享税。中央税为影响面涉及全国、需要国家统一管理、收入较大的税种；共享税为税源较广、征管难度较大的税种；地方税为与地方资源和经济联系紧密、税源较分散的税种。

我国的税收主要由税务机关、海关等部门负责征收管理。在省级以下，税务机关分设国家税务机关和地方税务机关。

国家税务机关系统负责征收和管理的税种有：增值税；消费税；车辆购置税；铁道部门、各银行总行、各保险公司总公司集中缴纳的营业税；企业所得税和城市维护建设税；中央企业缴纳的所得税；中央与地方所属企业、事业单位组成的联合企业、股份制企业缴纳的企业所得税；地方银行、非银行金融企业缴纳的企业所得税；海洋石油企业缴纳的所得税、资源税；从 09 年起，新增企业中缴纳增值税的企业和在国家税务局缴纳营业税的企业的企业所得税。

地方税务机关系统负责征收和管理的税种有：营业税；企业所得税；个人所得税；资源税；印花税；城市维护建设税；房产税；城镇土地使用税；耕地占用税；土地增值税；车船税；烟叶税。

海关系统负责征收管理的税种有：关税；船舶吨税；进口环节的增值税、消费税。

（四）税收征收管理法

1．税收管理

（1）税务登记。税务登记是指纳税人为履行纳税义务，就有关纳税事宜依法向税务机关办理登记的一种法定手续，是税收征收管理的起点，也是税务机关掌握税源的手段。办理了税务登记，纳税人的身份及征纳双方的法律关系即得到确认。

凡是从事生产经营的纳税人，包括企业、企业在外地设立的分支机构和从事生产经营的场所、个体工商业户和从事生产经营的事业单位均应办理税务登记。依法负有扣缴税款义务的扣缴义务人，应当办理扣缴税款登记。

县级以上(含)国家税务局、地方税务局是税务登记的主管机关，负责办理各项税务登记，以及税务登记证的验证、换证等事项。各级工商行政管理机关应当向同级国家税务机关或地方税务机关定期通报办理开业、变更、注销登记，以及吊销营业执照的情况。

设立税务登记是指纳税人依法成立，进行工商行政登记后，为确认其纳税人身份、确定税收法律关系、纳入国家税务管理体系而进行的登记。

纳税人提交资料齐全、税务登记表填写符合规定的，税务机关应及时发放税务登记证件。纳税人办理变更税务登记的，若变更的内容未涉及到税务登记证中的内容的，不重新核发税务登记证件。

(2) 账簿、凭证管理。账簿是指纳税人连续登记各类经济业务的账册、簿籍，包括总账、明细账、日记账及其他辅助性账簿。凭证是指记录经纪业务、明确经济责任的书面证明。纳税人、扣缴义务人应按规定设置账簿，根据有效凭证进行核算。

从事生产经营的纳税人，应自领取营业执照或发生纳税义务之日起 15 日内设置账簿。生产规模小、无建账能力的纳税人，可聘请有资格的专业人员代为建账和处理账务。聘请专业人员有困难的，经县以上税务机关批准，可按规定建立收支凭证粘贴簿、进货销货登记簿或使用税控装置。扣缴义务人应自规定的扣缴义务发生之日起 10 日内，按税种分别设置代扣代缴、代收代缴税款账簿。纳税人、扣缴义务人会计制度健全，能够通过计算机正确完整记录收入、所得和代扣代缴税款情况的，其计算机输出的完整的书面会计记录，视同会计账簿。

发票是指在购销货物、提供或接受劳务及从事其他经济业务时，开具或收取的收付款凭证。发票是会计核算的原始凭证，也是税务检查的重要依据。

税务机关是发票的主管机关，发票从印制、领购、开具、取得、保管到缴销，均由税务机关负责。全国统一发票监制章是税务机关管理发票的法定标志，除特殊情况外，发票均应套印全国统一发票监制章。

从事生产经营的纳税人，应自领取税务登记证件之日起 15 日内，将其财务会计制度报送主管税务机关备案。若实行了会计电算化管理，则应在使用前将会计核算软件及说明书等资料报送主管税务机关备案。

账簿、会计凭证和报表应用中文填报，民族自治区可同时使用当地通用的一种民族文字，涉外企业可同时使用一种外国文字。

账簿、会计凭证、报表、发票、完税凭证等涉税资料，不得伪造、变造、擅自损毁，应妥善保存 10 年(另有规定的除外)。

(3) 纳税申报。纳税申报是指纳税人按照税务机关核定的期限就计算缴纳税款的相关事宜向税务机关提交的书面报告的过程。

纳税人进行纳税申报、扣缴义务人报告其代扣(代收)代缴税款时，由于对不同税种的管理和需掌握的信息的不同，各税种的《纳税申报表》所反映的纳税申报内容有所区别。但基本的内容有：税种、税目、计税依据、适用税率、应纳税额、应代扣(代收)税款额、税款所属期限等。纳税人办理纳税申报时，应如实填写各税种的纳税申报表，同时按规定报送相关资料。一般有：财会报表及说明材料；与纳税相关的合同、协议和凭证；税控装置的电子报税资料；若有外出经营活动，则应报送《外管证》和异地完税凭证；其他有关证件资料。

纳税申报方式是指纳税人、扣缴义务人在纳税申报期限内，按规定到指定税务机关进行纳税申报的形式。一般有：自行申报、邮寄申报、数据电文申报等其他方式。

2．税款征收

税款征收是税务机关以税收法律法规为依据，组织税款入库的一系列活动的总称。他是税收征管的核心、目的和归宿。

税款征收方式是指税务机关根据不同税类、税种的特点和不同纳税人的实际情况，确定的税款征收方式。税款缴纳方式是指税务机关根据不同税类、税种的特点和不同纳税人的实际情况，确定的税款缴纳方式。

无论是税款征收方式，还是缴纳方式，都是为了既保证国家税款及时足额入库，又方便纳税人申报缴纳，还应使税收成本尽量少。

为了保证税款的即时足额入库，税务机关可以采取相应的措施。

3．税务检查

税务检查是指税务机关依法对纳税人、扣缴义务人履行纳税义务、扣缴义务和其他税务事项进行检查、核实、监督等活动的总称。是保证国家利益、税收法律法规贯彻落实的重要手段。

税务机关的权利包括：

(1) 查账权。税务机关有权检查纳税人的账簿、凭证、报表等，检查扣缴义务人代扣代缴、代收代缴税款账簿、凭证、报表等。

(2) 场地检查权。税务机关有权到纳税人的生产经营场所和货物存放地检查其货物或其他财产。

(3) 责成提供资料权。税务机关有权责成纳税人、扣缴义务人提供与纳税或代扣代缴、代收代缴有关的文件、证明等资料。

(4) 询问权。税务机关有权询问纳税人、扣缴义务人与纳税或代扣代缴、代收代缴有关的问题和情况。

(5) 交通邮政检查权。税务机关有权到车站、码头、机场、邮政部门等场所检查纳税人托运、邮寄应税商品、货物的有关单据、凭证及资料。

(6) 存款账户检查权。经县以上税务局(分局)长批准，凭全国统一格式的检查存款账户许可证明，可以查询被查纳税人的存款账户。经设区的市、自治州以上税务局(分局)长的批准，可以查询个人的储蓄存款。

(7) 获取证据权。税务机关在调查税务违法案件时，对与案件有关的情况和资料，可以记录、录音、录像、复制和照相。

税务机关的义务包括：

(1) 税务机关派出人员进行税务检查时，应当出示税务检查证和税务检查通知书；

(2) 税务检查人员有责任为被检查人员保守秘密；

(3) 税务机关在税务及检查中获得的资料不得用于税收以外的用途。

4．税务行政复议

为保障纳税人、扣缴义务人机其他税务当事人的合法权益，监督税务机关依法行使职权，国家税务总局依据《中华人民共和国行政复议法》等有关法律法规，经过试行、修改，于2004年2月24日发布《税务行政复议规则(暂行)》，自2004年5月1日起施行。

(1) 税务行政复议。纳税人及其他当事人(申请人，下同)认为税务机关(被申请人，下同)的具体行政行为侵犯了其合法权益，可依法向税务行政复议机关(简称复议机关，是指依法受理税务行政复议申请，对具体行政行为进行审查并作出行政复议决定的税务机关，下同)申请行政复议。

(2) 税务行政诉讼。税务行政诉讼是当事人认为税务机关及其工作人员的税务具体行政行为违法或不当，侵犯了其合法权益，依法向法院提起诉讼，由法院对税务具体行政行为的合法性和适当性进行审理并作出裁判的司法活动。

当事人对税务机关作出的征税行为不服的，应当先申请行政复议，对行政复议决定不服的，再向法院提起行政诉讼。当事人对税务机关作出的其他具体行政行为不服的，可以直接向法院提起行政诉讼。

5. 税收法律制度的法律责任

(1) 纳税人、扣缴义务人及其他行政相对人违反税收法律制度的法律责任。税收法律责任是指税收法律关系的主体因其违反税收法律法规的行为须承担的处罚，包括行政责任和刑事责任。

(2) 税务机关和税务人员违反税收法律法规的法律责任。

实训与练习

实训目的：通过案例分析增强学生对车辆购置税知识的理解，同时提升学生运用所学知识分析解决问题的能力。

背景资料：李某2014年3月18日，从上海大众汽车有限公司购买一辆小轿车，支付含增值税车价款106 000元，支付车辆装饰费1250元。支付的各项价款均由上海大众汽车有限公司开具"机动车销售统一发票"和有关票据。

计算车辆购置税应纳税额。

实训方法：小组讨论法。

实训内容：根据背景资料进行小组内部讨论并形成答案、小组代表进行汇报。教师对各组表现进行点评。

政策提示：支付的车辆装饰费，应作为价外费用并入计税价格中计税。

复习思考题

1. 简述我国税法的构成要素。
2. 营业税改增值税的应税服务有哪些？
3. 营业税的税目分别是什么？
4. 如何计算当期城市维护建设税？
5. 企业所得税计税依据有哪些？
6. 个人所得税征税项目有哪些？

第十章

证券法律制度

////////////////////////////////

　　证券法律制度是现代金融法律制度的重要组成部分，在市场经济法律体系中占有重要地位。证券法律制度调整有价证券的发行、交易、清算以及国家在证券监管过程中所发生的各种社会关系，为我国的证券市场规范运行并充分发挥积极作用提供重要保障。《中华人民共和国证券法》于1998年12月29日九届人大第六次会议通过，1999年7月1日开始实施。

案例导入 📄

浙江新和成股份有限公司上市融资案例

　　2004年6月，浙江新和成股份有限公司上市，是深交所中小企业板第一家发行挂牌的企业，一时引得万众瞩目。这家从事有机化工产品及饲料添加剂生产和销售的公司，从创办初期十几万元的校办工厂，短短的十几年时间，就发展成为现有总资产10亿元，年销售额超过10亿元的国家重点高新技术公司。

　　浙江新和成股份有限公司于2004年5月28日采取全部向二级市场投资者定价配售的方式发行3000万股A股，该股每股发行价格为13.41元，发行总市值40 230万元，扣除发行费用后预计可募集资金38 560万元，将用于投资新的生产项目。

　　通过上市发行筹集的资金，帮助公司成功上马新的生产项目，继续保持在化学药品原药产业中的竞争优势地位，并且在以后的市场竞争中成为公司新的利润增长点。

学习目标 ✍

知识目标：

1. 了解证券的概念、特征、股票、债券和投资基金的种类。
2. 理解股票与债券的异同、发行的程序和方式。
3. 掌握证券发行的条件，掌握股票、债券交易、上市的一般规则。
4. 熟悉证券交易的禁止行为、上市公司持续信息、公开制度的要求、内容。

能力目标：

查阅有关法律法规，学习分析案例，识别证券违法行为。

第一节 证券及证券法概述

一、证券的概念及特征

证券是指资金需求者为了长期筹措资金，面向社会公众出售的、记载并表示购买者一定权利的投资凭证，专指依法规范的证券，即资本证券。包括股票、公司债券、证券投资基金券和其他依法认定的证券。证券具有以下特征：

(1) 证券是一种权利凭证。证券通常是财产权利的凭证，是反映具有特定物质内容的财产关系的法律表现形式，直接涉及证券持有人的物质利益，是对特定财产关系的证明或创设。

(2) 证券具有流通性。由于证券与其所代表的证券权利存在一定的联系，证券可以依照法律的规定，通过一定的方式进行转让，并产生相应的法律效果。

(3) 证券具有要式性。证券的制作和转让必须符合有关法律规定的格式和条件方能产生法律效力。

二、证券的种类

（一）股票

股票是股份有限公司签发的证明股东权利义务的要式有价证券，股票是股份的表现形式。股票具有风险较高、非返还性、流通性强等特征。按照不同的划分标准，股票可以分为下述几种类型：

1. 普通股和优先股

按股东权益和风险大小分为普通股和优先股。

普通股是指在公司的经营管理和盈利及财产的分配上享有普通权利的股份，它是股票的基本表现形式。目前在证券交易所上市交易的股票都是普通股。

优先股是在公司筹集资金时，给予投资者某些享有优先权的股票。公司在分配股息时，持有优先股的股东先于普通股股东领取股息；当公司破产清算时，优先股股东先于普通股股东取得公司剩余财产。但优先股股东一般不参与公司决策和红利分配。

2. 国有股、法人股和社会公众股

按投资主体不同分为国有股、法人股和社会公众股。

国有股是指有关代表国家投资的部门或机构以国有资产向公司投资形成的股份。

法人股是由企业法人或其他具有法人资格的事业单位或社会团体，以其资产向公司非上市流通股权部分投资所形成的股份。

社会公众股是指个人或机构以其合法财产购买并可依法流通的股份。

3. 内资股和外资股

按认购股票投资者身份和上市地点的不同分为内资股和外资股。

内资股是由境内机构、组织或个人(港、澳、台投资者除外)以人民币认购和交易的普通股股票，也称为境内上市内资股(称为 A 股)。

外资股分为境内上市外资股(称为 B 股)和境外上市外资股，后者以境外上市地的英文名称中的第一个字母命名，如 H 股(香港)、N 股(纽约)、S 股(新加坡)。外资股以人民币标明面值，以外币认购。

(二) 公司债券

公司债券是指公司依照法定程序发行的、约定在一定期限还本付息的有价证券。同股票相比，公司债券具有风险小、收益稳定、优先受偿、有偿还期限等特征。

公司债券按照不同的标准，可以划分为下述两类：

(1) 记名公司债券和无记名公司债券。前者在转让时必须背书并到债券发行公司登记；后者在转让时仅以交付债券即可。

(2) 可转换公司债券和非转换公司债券。

(三) 证券投资基金券

证券投资基金券是证券投资基金发起人向社会公开发行的，表明持有人对基金享有收益分配权和其他相关权利的有价证券。投资者按其所持有的基金券在基金中的比例来分享基金盈利，同时分担基金亏损。证券投资基金券具有集合投资、专家经营、分散风险的特点。投资基金按照受益凭证是否可以赎回，分为开放式基金和封闭式基金。

(四) 经国务院依法认定的其他证券

经国务院依法认定的其他证券是指立法上尚未规定，但具有证券性质和特点，需将其纳入证券范围调整的证券品种。这是一条灵活性的规定，以便适应不断发展的证券市场的需要。

知识拓展 📖

证券投资基金、股票、债券的区别

证券投资基金和股票、债券一样都是金融投资工具，但又有别于股票和债券，其区别主要有以下几点：

(1) 它们所体现的关系不同。股票所体现的是股权关系，债券所体现的是债权关系，而基金所体现的则是信托关系。

(2) 它们的资金投向不同。由于股票和债券是融资工具，其融资投向主要在于实业，而基金由于是信托工具，其投向则在于股票或债券等有价证券。

(3) 它们的收益与风险不同。股票的收益取决于公司的经营效益，投资股市风险较大；债券的收益是既定的，其投资风险较小；基金主要投资于有价证券，其运作方式较为灵活，可在获得较高收益的同时而风险较小。

三、证券市场

证券市场是股票、债券、基金单位等有价证券及其衍生产品(如期货、期权等)发行和

交易的场所，主要由发行人、投资者、金融工具、交易场所、中介机构、监管机构和自律组织等要素构成。

(一) 证券市场的主体

(1) 证券发行人。证券发行人是指为筹措资金而发行债券、股票等证券的发行主体。它包括公司(企业)、政府和政府机构、金融机构。企业的组织形式很多，但只有股份公司才能发行股票。

(2) 投资者。投资者是指在资本市场从事投资的人们。投资者付出的是资本，承担的是商业风险，收取的是盈利。

(3) 证券交易所。证券交易所是为证券集中交易提供场所和设施，组织和监督证券交易，实行自律管理的法人。目前，我国有两家证券交易所，即1990年12月设立的上海证券交易所和1991年7月设立的深圳证券交易所。证券交易所的设立和解散由国务院决定。

(4) 证券经营机构。证券经营机构是指经国家证券监管机构批准，依法设立的可以经营证券业务具有法人资格的证券公司。

(5) 证券登记结算机构。证券登记结算机构是为证券交易提供集中的登记、托管与结算服务的不以营利为目的的法人。

(6) 证券交易服务机构。指为证券的发行、上市或者证券交易活动出具审计报告、资产评估报告或者法律意见书等文件的具有从事证券业务资格的会计师事务所、审计事务所、资产评估事务所和律师事务所及其专业人员，以及为证券投资和证券交易提供中介服务的专业的证券投资咨询机构和资信评级机构。

(7) 证券业协会。证券业协会是证券经营机构依法自行组织的自律性会员组织，具有独立的社团法人资格。按照证券法的规定，证券业协会是证券业的自律性组织，是社会团体法人。证券公司应当加入证券业协会。

(8) 证券监管机构。国家证券监管机构是依法对证券市场实行监督管理，维护证券市场秩序，保障其合法运行的专门机构，即中国证券监督管理委员会。

(二) 证券市场的作用

1. 配置资源

证券市场的重要功能在于配置资源，市场经济是通过市场机制来配置资源的，证券市场作为市场经济的重要组成部分，能够促使资金自发地向优秀企业和朝阳产业集结，从而发挥优化资源配置的作用。投资者可以通过企业的各种经营信息，进行投票，把资金投到发展前景良好的企业，以获得更大的收益，这种趋利行为会使产业结构得到调整和优化。

2. 筹集资金

证券市场的另一个重要功能在于筹集资金。企业通过发行股票和债券把社会上闲置的资金集中起来，形成巨大的、可供长期使用的资本。这种直接融资相对于从银行贷款等间接融资，成本低而且具有高度的稳定性和长期性。

3. 分散投资风险

证券市场还具有分散投资风险的功能。经营者可以通过证券市场分散经营风险，投资者则通过建立投资组合来降低投资风险。在我国，证券市场当前还具有促进国有企业转换经营机制的重要功能。

四、证券法的基本原则

(一) 公开、公平、公正原则

《证券法》第 3 条规定，"证券的发行、交易活动，必须实行公开、公平、公正的原则"。该原则简称"三公"原则。是维护投资者合法权益，保障证券市场健康发展的重要原则。

公开原则是证券法的精髓所在，也是"三公原则"的核心。世界各国都将公开原则作为《证券法》的基础。该原则主要是指证券市场的有关信息应该公开，要求证券市场具有充分的透明度。只有如此，才能防止出现各种证券欺诈和舞弊行为。公开原则通常包括三个方面的要求：一是证券的发行和交易活动必须公开，必须在依法设立的证券交易场所公开进行，否则就要受到法律的制裁。二是证券的交易行为、交易结果、交易行情等必须公开，以实现市场的较高透明度。三是证券发行人具有信息披露义务。

公平原则是指在证券发行和交易活动中，各类市场主体法律地位平等，平等地展开竞争。首先，证券市场应当为各类投资者提供进行交易的同等机会；其次，各类投资者应当有同等的机会获得信息；最后，应保证各类投资者按照相同的规则进行交易。

公正原则包含两方面的含义：一是立法机关和主管部门所制定的规则制度应体现公正的观念，确立各类证券市场主体在权利、地位和利益等方面的平衡和秩序；二是执法者和相关职能部门以公正的精神解决证券纠纷，严厉惩治证券违法犯罪行为，保护投资者的权益。

(二) 平等、自愿、有偿、诚实信用原则

《证券法》第 4 条规定，"证券发行、交易活动的当事人具有平等的法律地位，应当遵守自愿、有偿、诚实信用的原则。"该原则也是民商法的基本原则。自愿原则的含义在于：投资者有依法参与证券的发行、交易活动的自由，他人无权干涉，投资者有选择行为相对人、行为内容和方式的自由，当事人有权约定或决定解决纠纷的方式。有偿原则要求投资主体参与证券活动时，应当按照价值规律的要求进行等价交换。诚实信用原则要求证券主体在进行证券活动时，意思表示真实，不规避法律，禁止一切欺诈、虚假、误导操纵等损害广大投资者利益的行为。

(三) 守法和禁止欺诈原则

《证券法》第 5 条规定，"证券发行、交易活动必须遵守法律、行政法规；禁止欺诈、内幕交易和操纵市场的行为。"

(四) 国家监管和行业自律相结合的原则

根据我国证券法第 7、8 条的规定，我国实行国家集中统一监管与行业组织自律管理

相结合，国家集中统一监管为主，行业组织自律管理为辅的证券市场监管原则和监管模式。我国政府履行证券市场的国家集中统一监管职能的机构是中国证监会。

实训与练习 📝

实训目的：增强学生对证券类型、证券市场主体及证券法基本原则的认知。

实训方法：小组讨论法。

实训内容：根据教师准备的资料，进行小组内部讨论，正确认识证券的类型、证券市场主体，理解证券案例体现了证券法的哪些原则。教师对各组表现进行点评。

实训步骤：教师分发资料，学生分组，组内讨论分析，组际交流，代表汇报，教师点评。

实训考核标准：

1. 证券认识准确；

2. 对证券法的基本原则的理解基本准确。

第二节 证券发行

一、证券发行概述

（一）证券发行的定义与特征

证券发行是指经批准符合发行条件的证券发行人，以筹集资金为目的，按照一定程序将证券销售给投资者的行为。证券发行的特征如下：

(1) 证券发行是一种直接融资行为。证券发行人通过证券市场将证券销售给投资者，获得相应的资金。

(2) 证券发行是发行人向社会各类投资者从事的技术性较强的筹资活动，必须遵守严格的条件和程序规则。

(3) 证券发行本质上是指发行人发行资本权利凭证的行为。

（二）证券发行的分类

1. 股票发行、债券发行和基金单位发行

依据发行种类，证券发行可以分为股票发行、债券发行和基金单位发行三种类型。

2. 公开发行与非公开发行

依据发行对象，证券发行可以分为公开发行与非公开发行。《证券法》规定，有下列情形之一的，为公开发行：① 向不特定对象发行证券的；② 向特定对象发行证券累计超过200人的；③ 法律、行政法规规定的其他发行行为。公开发行证券，必须符合法律、行政法规规定的条件，并依法报经国务院证券监督管理机构或者国务院授权的部门核准；未经依法核准，任何单位和个人不得公开发行证券。

非公开发行证券,不得采用广告、公开劝诱和变相公开方式。

3. 直接发行和间接发行

根据发行方式,证券发行可以分为直接发行和间接发行。

(1) 直接发行,又称自办发行,是指筹资者直接向投资者发行证券,证券中介机构不参与或者只参与小部分的工作。直接发行的不足之处在于发行风险由筹资者独立承担,会影响资金的筹集。

(2) 间接发行,是指证券发行人通过银行、信托投资公司和证券公司等证券经营机构代为发行。这种发行方式成本较高,但风险比较小。

二、股票的发行

股票发行是指符合发行条件的股份有限公司,以筹集资金为目的,依法定程序,以同一条件向特定或不特定的公众招募或出售股票的行为。

(一) 股票发行条件

股票发行一般有两种:一是为设立新公司而首次发行股票,即设立发行;二是为扩大已有的公司规模而发行新股,即增资发行。

1. 设立发行股票的条件

设立股份有限公司公开发行股票,应当符合《公司法》规定的条件和经国务院批准的国务院证券监督管理机构规定的其他条件,此外,根据股票发行与交易管理暂行条例的规定,设立发行股票还应当符合下列条件:

(1) 股份有限公司的生产经营符合国家的产业政策。

(2) 发行的普通股限于一种,同股同权。设立股份有限公司申请发行普通股时,只能申请发行一种,每一股份数额相等,持有相同股份数额的股东,具有同等权利。

(3) 发起人认购的股本数额不少于公司拟发行的股本总额的35%。

(4) 在公司拟发行的股本总额中,发起人认购的部分不少于人民币3000万元,但国家另有规定的除外。

(5) 向社会公众发行的部分不少于公司拟发行股本总额的 25%,其中公司职工认购的股本数额不得超过拟向社会公众发行的股本总额的 10%;公司拟发行的股本总额超过人民币 4 亿元的,证监会按规定可酌情降低向社会公众发行部分的比例,但最低不得少于公司拟发行股本总额的 15%。

(6) 发起人在近 3 年内没有重大违法行为;

(7) 证监会规定的其他条件。

2. 增资发行新股

(1) 公开发行新股一般需遵守如下 6 条规定:① 具备健全且运行良好的组织机构;② 具有持续盈利能力;③ 财务状况良好;④ 最近 36 个月内财务会计文件无虚假记载,无其他重大违法行为;⑤ 募集资金的数额和使用应当符合规定;⑥ 不存在不得公开发行证券的情形。

(2) 配股条件(6+3 条)。上市公司向原股东配股，除符合公开发行新股的一般条件外，还应符合下列条件：① 拟配售股份数量不超过本次配售股份前股本总额的 30%；② 控股股东应当在股东大会召开前公开承诺认配股份的数量；③ 采用代销方式发行。

(3) 公开增发(6+3 条)。上市公司向不特定对象公开募集股份的，除符合公开发行新股的一般条件外，还应符合下列条件：① 最近 3 个会计年度加权平均净资产收益率平均不低于 6%；② 除金融类企业外，最近一期期末不存在持有金额较大的交易性金融资产和可供出售的金融资产、借予他人款项、委托理财等财务性投资的情形；③ 发行价格应不低于公告招股意向书前 20 个交易日公司股票均价或前 1 个交易日的均价。

知识拓展 📖

上市公司不得公开发行证券的情形

上市公司存在下列情形之一的，不得公开发行证券：① 本次发行申请文件有虚假记载、误导性陈述或重大遗漏；② 擅自改变前次公开发行证券募集资金的用途而未作纠正；③ 上市公司最近 12 个月内受到过证券交易所的公开谴责；④ 上市公司及其控股股东或实际控制人最近 12 个月内存在未履行向投资者作出的公开承诺的行为；⑤ 上市公司或其现任董事、高级管理人员因涉嫌犯罪被司法机关立案侦查或涉嫌违法违规被中国证监会立案调查；⑥ 严重损害投资者的合法权益和社会公共利益的其他情形。

(二) 股票发行程序

(1) 上市辅导。凡是在中国境内首次公开发行股票的股份有限责任公司，在提出首次公开发行股票的申请前，必须经过主承销商一年辅导，并由主承销商出具承诺函。

(2) 保荐。一般出主承销商负责组织各个中介机构开始准备申请公开发行的上报材料。

(3) 报送募股申请等文件。公开发行股票，应当向国务院证券监督管理机构报送申请文件。

(4) 证监会受理申请和初审。

(5) 发审委审核。

(6) 证券承销。

三、公司债券的发行

(一) 公司债券的概念和种类

1. 公司债券的概念

公司债券是公司依照法定程序发行的、约定在一定期限内还本付息的有价证券。公司债券与公司股票有不同的法律特征：

(1) 性质不同。股票表示的是股东权，是股权凭证；债券表示的是债权，是债权凭证。

(2) 收益不同。股票持有人是从公司利润中分取股息、红利；债券持有人则不论公司是否盈利，都有权依事先约定的利率计取利息。

(3) 承担风险不同。债券持有人承担的风险相对于股票持有人要小。

(4) 对公司经营管理享有的权利不同。股票持有人可通过在股东大会上行使表决权参与公司的经营管理，而债券持有人则无权参与公司的经营管理。

2. 债券的分类

依照不同的标准，对公司债券可做不同的分类：

(1) 记名公司债券和不记名公司债券。记名公司债券是指在公司债券上记载债券人姓名或者其他名称的债券。无记名公司债券是指在公司债券上不记载债券人姓名或者其他名称的债券。

(2) 可转换公司债券和不可转换公司债券。可转换公司债券是指可以转换成公司股票的公司债券。这种公司债券在发行时规定了转换为公司股票的条件与办法，当条件具备时，债券持有人拥有将公司债券转换为公司股票的选择权。不可转换公司债券是指不能转换为公司股票的公司债券。凡在发行债券时未做出转换约定的，均为不可转换公司债券。

(二) 公司债券发行的条件

1. 普通债权发行条件

根据《公司法》第 159 条的规定，股份有限公司、国有独资公司和两个以上的国有公司或者国有投资主体投资设立的有限责任公司，为筹集生产经营资金，可以发行公司债券。发行公司债券必须符合以下条件：

公司发行公司债券应当符合《证券法》规定的发行条件与程序：

(1) 股份有限公司的净资产不低于人民币 3000 万元，有限责任公司的净资产不低于人民币 6000 万元；

(2) 累计债券余额不超过公司净资产的 40%；

(3) 最近 3 年平均可分配利润足以支付公司债券 1 年的利息；

(4) 筹集的资金投向符合国家产业政策；

(5) 债券的利率不超过国务院限定的利率水平；

(6) 国务院规定的其他条件。

根据《证券法》第十六条的规定，公开发行公司债券募集的资金，必须用于核准的用途，不得用于弥补亏损和非生产性支出。

凡有下列情形之一的，不得再次发行公司债券：

(1) 前一次发行的公司债券尚未募足的；

(2) 对已发行的公司债券或者其债务有违约或者延迟支付本息的事实，且仍处于继续状态的；

(3) 违反《证券法》规定，改变公开发行债券所募集资金的用途。

典型案例

发行公司债券

2012 年 5 月某股份有限公司成功发行了 3 年期公司债券 1000 万元，1 年期公司债券 500 万元。该公司截至 2013 年底净资产额为人民币 5000 万元，到期债务均已偿还，计划于 2014 年 3 月再次发行公司债券。

【问题】 根据《公司法》以及相关法律规定，该公司此次发行公司债券额最多不得超过多少万元？

【分析】 根据规定，发行公司债券时，其累计债券余额不超过公司净资产的 40%。本题中，截至

2013 年底,该公司累计债券余额 1000 万元,净资产额为 5000 万元,累计债券余额不得超过 2000 万元(净资产 5000 万元×40%=2000 万元),本次发行的公司债券不得超过(2000 万元－1000 万元)=1000 万元。

(资料来源:http://www.shangxueba.com/ask/637279.html)

2.可转换公司债券发行的条件

可转换公司债券是指发行人依照法定程序发行,在一定期限内,依据约定的条件可以转换成股份的公司债券。上市公司发行可转换公司债券应当符合下列条件:

(1) 最近 3 年连续盈利,且最近 3 年净资产利润率平均在 10%以上,属于能源、原材料、基础设施类的公司可以略低,但是不得低于 7%;

(2) 可转换公司债券发行后,资产负债率不高于 70%;

(3) 累计债券余额不超过净资产额的 40%;

(4) 募集资金的投向符合国家产业政策;

(5) 可转换公司债券的利率不超过银行同期存款利率水平;

(6) 可转换公司债券的发行额不少于人民币 1 亿元;

(7) 国务院证券委员会的其他规定。

3.有下列情形之一的,不得再次公开发行公司债券:

(1) 前一次公开发行的公司债券尚未募足。

(2) 对已公开发行的公司债券或者其他债务有违约或者延迟支付本息的事实,仍处于继续状态。

(3) 违反证券法规定,改变公开发行公司债券所募资金的用途。

(二)公司债券发行程序

(1) 作出发行债券的决议。股份有限公司、有限责任公司发行公司债券,由董事会制订方案,股东会作出决议。国有独资公司发行公司债券的应由国家授权投资的机构或者国家授权的部门作出决定。

(2) 提出债券发行申请。提出债券发行申请时应当提交公司债券发行章程或募集办法、由债券资信评估机构对发行人进行资信评估后出具的资产评估和验资报告等文件。

(3) 公告公司债券募集办法。

(4) 制作公司债券。

(5) 进行公司债券认购。

典型案例

发行公司债券

甲、乙、丙三人设立的有限责任公司现有净资产 4000 万元,为扩大生产经营,向省政府申请发行 3000 万的公司债券。经批准后,该公司印制了记载票面金额、利率、企业名称及债券发行日期和编号的债券,并雇用人员到街头销售。

【问题】 该公司发行债券的行为是否合法?为什么?

【分析】 该公司发行债券的行为不合法。其一,发行公司债券的有限责任公司的净资产不能低于人民币 6 000 万元;其二,累计债券余额不超过公司净资产的 40%;其三,该公司销售证券的程序不合法。

四、证券承销

根据我国《证券法》的规定，我国证券承销业务分为代销和包销两种方式。证券代销，又称代理发行，是指证券公司代发行人发售证券，在承销期结束时，将未售出的证券全部退还给发行人的承销方式。对发行人而言，这种承销方式风险较大，但承销费用相对较低。证券包销，是指证券公司将发行人的证券按照协议全部购入或者在承销期结束时将售后剩余证券全部自行购入的承销方式。

【举例】　甲公司向社会公开发行股票，与证券公司乙签订股票承销协议。规定乙公司代理发售全部向社会公开发行的股票，发行期结束后，若股票未全部售出，则剩余部分退还甲公司。发行期将至，甲公司又与另一证券公司丙签订协议，由丙承销未售出的股票，且丙公司承诺，若承销期结束未能售完股票，则由丙公司全部自行购入。甲与乙的协议属于代销协议，甲与丙的协议属包销协议

证券公司承销证券，应当同发行人签订代销或者包销协议。证券的代销、包销期最长不得超过 90 日。

向社会公开发行的证券票面总值超过人民币 5000 万元的，必须采取承销团的形式来销售。

股票发行采用代销方式，代销期限届满，向投资者出售的股票数量未达到拟公开发行股票数量 70%的，为发行失败。发行人应当按照发行价并加算银行同期存款利息返还股票认购人。

典型案例

增 资 扩 股

天涯股份有限公司经过法定程序批准，于 2006 年 2 月 10 日通过向社会公开发行股票成立，注册资本为 5000 万元。为了扩大生产经营规模，公司决定通过增资扩股方式筹集资金。2006 年 8 月 28 日，该公司董事会向股东大会提交了一份增资扩股方案，该方案的主要内容如下：① 本次发行的新股一律为人民币普通股，每股面额为人民币 1 元，拟发行 6000 万股，并委托大海证券公司独家承销。② 如果一切进展顺利，新股销售时间将安排在 2007 年 2 月 2 日至 6 月 2 日之间进行。

【问题】　上述内容是否符合法律的规定？为什么？

【分析】　《证券法》第 32 条规定，向不特定对象发行的证券票面总值超过人民币 5000 万元的，应当由承销团承销。承销团应当由主承销和参与承销的证券公司组成。本案中，该次股票发行的每股面额为 1 元人民币，拟发行 6000 万股，证券票面总值超过人民币 5000 万元，应当由承销团承销，委托大海证券公司独家承销的做法是违法的，根据《公司法》第 33 条规定，证券的代销、包销期限最长不得超过 90日。而本次新股配售超过了 90 日，因而是违法的。

知识拓展

证券承销的实施

证券公司承销证券，应当对公开发行募集文件的真实性、准确性、完整性进行核查，发现含有虚假记载、误导性陈述或者重大遗漏的，不得进行销售活动，已经销售的，必须立即停止销售活动并采取纠正措施。

证券承销发行人和承销人首先应确定证券承销的方式。发行人与承销人之间应签订承销协议，载明下列事项：当事人的名称、住所及法定代表人姓名；代销、包销证券的种类、数量、金额、发行价格；代销、包销的期限及起止日期；代销、包销的付款方式及日期；代销、包销的费用和结算办法；违约责任；国务院证券监督管理机构规定的其他事项。最后，承销商应根据协议，宣传并发售代销或包销的证券，并在规定的日期内把款项划至发行人指定的账户中。

实训与练习 ✍

实训目的： 通过案例分析增强学生对证券发行知识的理解，同时提升学生运用所学法律知识分析解决问题的能力。

背景资料： 一家上市公司的情况如下：8 月 8 日公司成立时共发行人民币普通股 1 亿元并且已经募足，公司净资产额为人民币 1.8 亿元人民币，资金使用效益良好，而且公司 3 年来连续盈利并向股东支付了股利，没有违法行为。现在，公司因业务发展需要筹集资金 8000 万元。公司董事会开会，共提出了向银行借款、增资发行新股 A 股、发行公司债券、发行公司可转换债券四种设想。你作为公司的法律顾问，请提出这几种融资方式在法律上的可行性。

（资料来源：http://racktom.com/read/29cc1479a2160912871b62c7.html）

实训方法： 小组讨论法。

实训内容： 根据背景资料进行小组内部讨论并形成答案，小组代表进行汇报。教师对各组表现进行点评。

第三节　证券交易与上市

一、证券交易

证券交易又称证券买卖，是指证券所有人将已经发行并且已交付的证券依一定的程序有偿转让给他人的行为。证券交易的一般条件如下：

(1) 证券交易当事人依法买卖的证券，必须是依法发行并交付的证券。非依法定程序发行的证券，不得买卖。

(2) 依法发行的股票、公司债券及其他证券，法律对其转让期限有限制性规定的，在限定的期限内不得买卖。如我国《公司法》对股份有限公司发起人持有的股份有限公司的股份的转让限定为 3 年之内不得转让。

(3) 经依法核准上市交易的股票、公司债券及其他证券，应当在依法设立的证券交易所上市交易或者在国务院批准的其他证券交易场所转让。

二、证券上市

证券上市，是指已公开发行的股票、债券等有价证券，符合法定条件并经证券主管机关核准后，在证券交易所集中竞价交易的行为。

1. 股票上市的条件

股份有限公司申请股票上市，应当符合下列条件：

(1) 股票经国务院证券监督管理机构核准已公开发行。

(2) 公司股本总额不少于人民币 3000 万元。

(3) 公开发行的股份达到公司股份总数的 25%以上；公司股本总额超过人民币 4 亿元的，公开发行股份的比例为 10%以上。

(4) 公司最近 3 年无重大违法行为，财务会计报告无虚假记载。

证券交易所可以规定高于上述规定的上市条件，并报国务院证券监督管理机构批准。国家鼓励符合产业政策并符合上市条件的公司股票上市交易。

符合条件申请股票上市交易，应当向证券交易所提出申请，由证券交易所依法审核同意，并由双方签订上市协议。签订上市协议的公司应当在规定的期限内公告股票上市的有关文件，并将该文件置备于指定场所供公众查阅。

2. 债券上市

公司申请其发行的公司债券上市交易，必须报经国务院证券监督管理机构核准，并符合下列条件：

(1) 公司债券的期限为 1 年以上；

(2) 公司债券实际发行额不少于人民币 5000 万元；

(3) 公司申请其债券上市时仍符合法定的公司债券发行条件。

同样，公司债券上市交易申请经证券交易所审核同意后，签订上市协议的公司应当在规定的期限内公告公司债券上市文件及有关文件，并将其申请文件置备于指定场所供公众查阅。

三、证券交易的暂停和终止

证券交易的暂停，是指已获准上市的证券，因公司一定事由的发生，由证券主管机关或证券交易所决定或自动停止其在交易所的集中竞价交易的情形。证券交易的终止则是指已获准上市的证券，因发生法定事由，由证券主管机关或证券交易所决定终止其上市资格的情形。证券交易的暂停和终止主要包括股票和债券交易的暂停和终止。

1. 股票交易的暂停和终止

上市公司丧失《公司法》规定的上市条件的，其股票依法暂停上市或者终止上市。上市公司有下列情形之一的，由证券交易所决定暂停其股票上市交易：

(1) 公司股本总额、股权分布等发生变化，不再具备上市条件。

(2) 公司不按照规定公开其财务状况，或者对财务会计报告作虚假记载，可能误导投资者。

(3) 公司有重大违法行为。

(4) 公司最近 3 年连续亏损。

(5) 证券交易所上市规则规定的其他情形。

上市公司有下列情形之一的，由证券交易所决定终止其股票上市交易：

(1) 公司股本总额、股权分布等发生变化，不再具备上市条件，在证券交易所规定的期限内仍不能达到上市条件。

(2) 公司不按照规定公开其财务状况，或者对财务会计报告作虚假记载，且拒绝纠正。

(3) 公司最近 3 年连续亏损，在其后一个年度内未能恢复盈利。

(4) 公司解散或者被宣告破产。

(5) 证券交易所上市规则规定的其他情形。

2. 债券交易的暂停和终止

公司债券上市交易后，公司有下列情形之一的，由证券交易所决定暂停其公司债券上市交易：

(1) 公司有重大违法行为。

(2) 公司情况发生重大变化，不符合公司债券上市条件。

(3) 发行公司债券所募集的资金不按照核准的用途使用。

(4) 未按照公司债券募集办法履行义务。

(5) 公司最近 2 年连续亏损。

公司有上述第(1)项、第(4)项所列情形之一，经查实后果严重的，或者有上述第(2)项、第(3)项、第(5)项所列情形之一，在限期内未能消除的，由证券交易所决定终止其公司债券上市交易。公司解散或者被宣告破产的，由证券交易所终止其公司债券上市交易。

对证券交易所作出的不予上市、暂停上市、终止上市决定不服的，可以向证券交易所设立的复核机构申请复核。

四、上市公司收购制度

上市公司收购是指投资者依法定程序公开收购股份有限公司已经发行上市的股份以达到对该公司控股或兼并目的的行为。实施收购行为的投资者称为收购人，作为收购目标的上市公司称为被收购公司。

按照证券法的规定，投资者可以采取要约收购、协议收购及其他合法方式收购上市公司。

采取协议收购方式的，收购人可以依照法律、行政法规的规定同被收购公司的股东以协议方式进行股权转让。以协议方式收购上市公司时，达成协议后，收购人必须在 3 日内将该收购协议向国务院证券监督管理机构及证券交易所作出书面报告，并予公告。在未作出公告前不得履行收购协议。

收购要约是指根据证券法的规定，通过证券交易所的证券交易，投资者持有一个上市公司已发行的股份的 30%时，继续进行收购的，应当依法向该上市公司所有股东发出收购要约。依照规定发出收购要约，收购人必须事先向国务院证券监督管理机构报送上市公司收购报告书，并应将公司收购报告书同时提交证券交易所。收购人在依照规定报送上市公司收购报告书之日起 15 日后，公告其收购要约。

收购要约的期限不得少于 30 日，并不得超过 60 日。收购要约的期限届满，收购人持有的被收购公司的股份数达到该公司已发行的股份总数的 75%以上的，该上市公司的股票应当在证券交易所终止上市交易。

五、上市公司持续信息公开制度

持续信息公开制度是指上市公司在持续经营过程中，依法公开公司信息的法律制度，持续信息公开包括中期报告、年度报告和临时报告。

（一）中期报告

根据《证券法》的规定，中期报告应于每一会计年度上半年结束之日起 2 个月内向国务院证券监督管理机构和证券交易所提供，并向社会公告。中期报告的内容主要包括以下几个方面：公司财务会计报告和经营情况；涉及公司的重大诉讼事项；已发行的股票、公司债券变动情况；提交股东大会审议的重要事项；国务院证券监督管理机构规定的其他事项。

（二）年度报告

年度报告是上市公司在每个会计年度结束后的 4 个月内向证券主管机关提交的并向社会公开的、反映公司在某一会计年度中经营财务状况的报告。根据证券法的规定，年度报告主要包括：公司概况，公司财务会计报告和经营情况，董事、监事、经理及有关高级管理人员简介及其持股情况，包括持有公司股份最多的前 10 名股东名单和持股数额；国务院证券监督管理机构规定的其他事项。

（三）临时报告

临时报告是指在发生可能对上市公司股票交易价格产生较大影响、而投资者尚未得知的重大事件时，上市公司应当立即将该有关重大事件的情况和实质内容向国务院证券监督管理机构和证券交易所报告，并向社会公告。重大事件主要包括：公司经营方针和经营范围的变化；公司的重大投资行为和重大的购置财产的决定等。临时报告制度的目的在于让投资者及时、全面了解公司的信息并为证券监督管理机构提供便利。

典型案例

临 时 报 告

立华矿业公司属于上市公司，2006 年 5 月 10 日，该公司向证监会和证券交易所报送了上一年的年度报告并予以公告，当年 8 月 20 日又递送了中期报告。这两份报告都报告了经营状况，并附有财务报告与股份最多的前 10 名股东的名单与持股数额。当年 9 月 2 日，该公司董事长因突发脑出血病故，公司工作一度有些混乱，所以一直未报告证监会和证券交易所。

【问题】　该公司上述做法有哪些不符合《证券法》规定？

【分析】　《证券法》第 66 条规定，上市公司和公司债券上市交易的公司，应当在每一会计年度结束之日起 4 个月内，向国务院证券监督管理机构和证券交易所报送年度报告，并予公告。据此，立华矿业公司应当在 2006 年 4 月底以前报送年度报告。《证券法》第 65 条和第 66 条，分别规定了中期报告和年度报告的内容。其中中期报告的内容，不要求申报股份最多的前 10 名股东的名单和持股数额。《证券法》第 67 条规定，发生可能对上市公司股票交易价格产生较大影响的重大事件，投资者尚未得知时，上市公司应当立即将有关该重大事件的情况向国务院证券监督管理机构和证券交易所报送临时报告，并予公告，说明事件的起因、目前的状态和可能产生的法律后果。其中被称为重大事件的就包括公司的董事、1/3 以上监事或者经理发生变动。该公司董事长突然病故，属于董事发生变动，应当上报临时报告，并予以公告。

实训与练习 ✍

实训目的： 通过案例分析增强学生对上市公司收购、上市公司信息公开等法理知识的理解，同时提升学生运用所学法律知识分析解决问题的能力。

背景资料： 蓝天公司是一家上市公司。1 月 16 日，该公司通过证券交易，已经持有另一家上市公司祥云公司股票的 2.91%。宝蓝公司和蓝保公司是蓝天公司投资的两家控股企业，在 1 月 17 日所持有的祥云公司的股票也已经分别达到了 1.52%和 0.67%。三家公司继续秘密买进祥云公司的股票，至 1 月 29 日，蓝天公司持有祥云公司的股票已经达到了 5.02%，而宝蓝公司和蓝保公司持有祥云公司的股票则分别达到了 4.8%和 3.61%。1 月 30 日，蓝天公司下单扫盘(即无论价位多高，一概买入)，同时作出其持股比例已超过 5%的公告，并据此要求祥云公司召开董事会，重新选举董事长。

请问：

(1) 依照我国《证券法》，蓝天公司应何时进行公告？为什么？

(2) 对于蓝天公司的违法收购行为，依照《证券法》应如何予以处罚？

(3) 假设蓝天公司已合法持有了祥云公司 5%以上的股份，并计划继续收购祥云公司的股票，达到祥云公司已发行的股份的 30%时，将会发生什么法律后果？

实训方法： 小组讨论法。

实训内容： 根据背景资料进行小组内部讨论并形成答案，小组代表进行汇报。教师对各组表现进行点评。

第四节 证券交易禁止行为

一、证券交易禁止行为概述

证券交易的限制和禁止行为是指我国《证券法》、《公司法》等法律、法规规定的，证券市场的参与者在证券交易过程中限制或者禁止从事的行为。证券交易禁止行为主要有：

1. 禁止内幕交易行为

知悉证券交易内幕信息的知情人员或者非法获取内幕信息的其他人员，不得买入或者卖出所持有的该公司的证券，或者泄露该信息，或者建议他人买卖该证券。内幕交易行为给投资者造成损失的，行为人应当依法承担赔偿责任。内幕信息包括：① 法律规定上市公司必须公开的、可能对股票价格产生较大影响、而投资者尚未得知的重大事件；② 公司分配股利或者增资的计划。③ 公司股权结构的重大变化；④ 公司债务担保的重大变更；⑤ 公司营业用主要资产的抵押、出售或者报废一次超过该资产的 30%；⑥ 公司的董事、监事、经理、副经理或者其他高级管理人员的行为可能依法承担重大损害赔偿责任；⑦ 上市公司收购的有关方案；⑧ 国务院证券监督管理机构认定的对证券交易价格有显著影响的其他重要信息。

知识拓展 📖

证券交易内幕信息知情人

《证券法》第74条明确规定，证券交易内幕信息的知情人包括：① 发行人的董事、监事、高级管理人员。② 持有公司5%以上股份的股东及其董事、监事、高级管理人员，公司的实际控制人及其董事、监事、高级管理人员。③ 发行人控股的公司及其董事、监事、高级管理人员。④ 由于所任公司职务可以获取公司有关内幕信息的人员。⑤ 证券监督管理机构工作人员以及由于法定职责对证券的发行、交易进行管理的其他人员。⑥ 保荐人、承销的证券公司、证券交易所、证券登记结算机构、证券服务机构的有关人员。⑦ 国务院证券监督管理机构规定的其他人员。

2．禁止操纵证券市场行为

所谓操纵市场，是指单位或个人利用掌握的资金、信息等优势或滥用职权，采用不正当手段，人为地制造证券市场假象，操纵或影响证券市场价格，以诱导证券投资者盲目进行证券买卖，从而为自己谋取利益或者转嫁风险的行为。

《证券法》第77条规定，禁止任何人以下列手段操纵证券市场：单独或者通过合谋，集中资金优势、持股优势利用信息优势联合或者连续买卖，操纵证券交易价格或者证券交易量；与他人串通，以事先约定的时间、价格和方式相互进行证券交易，影响证券交易价格或者证券交易量；在自己实际控制的账户之间进行证券交易，影响证券交易价格或者证券交易量；以其他手段操纵证券市场。操纵证券市场行为给投资者造成损失的，行为人应当依法承担赔偿责任。

《证券法》第80条规定，禁止法人非法利用他人账户从事证券交易；禁止法人出借自己或者他人的证券账户。

【举例】　广东欣盛投资顾问有限公司、广东中百投资顾问有限公司、广东百源投资顾问有限公司、广东金易投资顾问有限公司自1998年10月5日起，集中资金，利用627个个人股票账户及3个法人股票账户，大量买人"深锦兴"（后更名为"亿安科技"）股票。持仓量从1998年10月5日的53万股，占流通股的1.52%，到最高时2000年1月12日的3001万股，占流通股的85%。同时，还通过其控制的不同股票账户，以自己为交易对象，进行不转移所有权的自买自卖，影响证券交易价格和交易量，联手操纵"亿安科技"的股票价格。截至2001年2月5日，上述四家公司控制的627个个人股票账户及3个法人股票账户共实现盈利4.49亿元，股票余额77万股。上述四家公司的行为属于操纵市场和利用个人账户炒作股票的行为。

（资料来源：http://wenku.baidu.com/view/62c7871b0912a216147929cc.html?re=view）

3．禁止虚假陈述和信息误导行为

证券法规定，禁止国家工作人员、传播媒介从业人员和有关人员编造、传播虚假信息，扰乱证券市场。

禁止证券交易所、证券公司、证券登记结算机构、证券服务机构及其从业人员，证券业协会、证券监督管理机构及其工作人员，在证券交易活动中作出虚假陈述或者信息误导。

各种传播媒介传播证券市场信息必须真实、客观，禁止误导。

4. 禁止欺诈客户行为

《证券法》规定，禁止证券公司及其从业人员从事下列损害客户利益的欺诈行为：

(1) 违背客户的委托为其买卖证券；

(2) 不在规定时间内向客户提供交易的书面确认文件；

(3) 挪用客户所委托买卖的证券或者客户账户上的资金；

(4) 未经客户的委托，擅自为客户买卖证券，或者假借客户的名义买卖证券；

(5) 为牟取佣金收入，诱使客户进行不必要的证券买卖；

(6) 利用传播媒介或者通过其他方式提供、传播虚假或者误导投资者的信息；

(7) 其他违背客户真实意思表示，损害客户利益的行为。

欺诈客户行为给客户造成损失的，行为人应当依法承担赔偿责任。

5. 其他禁止行为

在证券交易中的其他禁止行为，是指除上述所列禁止行为之外的其他可能影响正常证券交易或损害投资者利益的行为。如在证券交易中，严禁账外交易、另列非法账户；禁止法人以个人名义开立账户，买卖证券；禁止任何人挪用公款买卖证券；国有企业和国有资产控股的企业买卖上市交易的股票，必须遵守国家有关规定等。

二、对特定人员的交易行为的限制

《证券法》对特定人员的交易行为作出了以下限制性规定：

(一) 对证券机构及其从业人员的限制

证券交易所、证券公司和证券登记结算机构的从业人员、证券监督管理机构的工作人员以及法律、行政法规禁止参与股票交易的其他人员，在任期或者法定限期内，不得直接或者以化名、借他人名义持有、买卖股票，也不得收受他人赠送的股票。任何人在成为前述所列人员时，其原已持有的股票必须依法转让。

为股票发行出具审计报告、资产评估报告或者法律意见书等文件的证券服务机构和人员，在该股票承销期内和期满后 6 个月内，不得买卖该种股票。为上市公司出具审计报告、资产评估报告或者法律意见书等文件的证券服务机构和人员，自接受上市公司委托之日起至上述文件公开后 5 日内，不得买卖该种股票。

(二) 对上市公司有关人员的限制

上市公司董事、监事、高级管理人员、持有上市公司股份5%以上的股东，将其持有的该股份公司的股票在买入后 6 个月内卖出，或者在卖出后 6 个月内又买入，由此所得收益归该公司所有，公司董事会应当收回其所得收益。但是，证券公司因包销购入售后剩余股票而持有5%以上股份的，卖出该股票不受 6 个月时间限制。公司董事会不按照规定执行的，股东有权要求董事会在 30 日内执行。公司董事会未在上述期限内执行的，股东有权为了公司的利益以自己的名义直接向人民法院提起诉讼。公司董事会不按照上述规定执行的，负有责任的董事依法承担连带责任。

三、证券监管

我国证券市场的监督管理体制是以中国证监会为主体,以自律组织的自律管理为补充。

(一)证监会

《证券法》对中国证监会的监管职责作了明确规定,主要包括制定有关规章、规则,依法行使核准或审批权;对证券的发行、交易、登记结算等主要环节进行监管;对上市公司和各类证券中介服务机构进行监管;对证券市场的信息披露进行监管,以及对证券市场违法违规行为进行查处等。证监会可以采取的执法手段主要有:现场调查取证;就调查事件情况询问有关单位和个人;查阅、复制或封存有关单位或个人的证券交易资料等;查询有关单位或个人的账户,并根据情况申请司法机关予以冻结。证监会在全国中心城市设立了 36 个证券监管局,作为证监会的派出机构,履行监管职责。

(二)证券业协会

依照《证券法》的规定,以证券公司为主要会员的证券业协会是证券业的自律性组织,对会员进行自律管理。

(三)证券交易所

《证券法》对证券交易所作了专章规定,证券交易所除负责组织市场交易和维护市场运行外,还依法承担着监管上市公司、证券公司及证券交易等监管职责。

四、法律责任

(一)法律责任的主体

根据《证券法》的规定,其法律责任的主体主要包括:证券发行人,发行人的控股股东、实际控制人,保荐人,信息披露义务人,内幕知情人员,证券交易所、证券公司、证券登记结算机构、证券服务机构及其工作人员,证券监督管理机构、证券业协会的工作人员,其他国家工作人员等。

(二)法律责任的形式

《证券法》对应当承担法律责任的证券违法行为作出了具体的规定。同时,《证券法》规定了承担法律责任的形式,具体包括民事责任、行政责任和刑事责任。其主要形式有:赔偿损失,责令停止,责令改正,责令依法处理,责令关闭,退还资金,取缔、撤销证券任职或从业资格,暂停或撤销证券自营业务、相关业务许可,吊销公司营业执照,给予警告、罚款、没收、行政处分等。违反《证券法》规定、构成犯罪的,依法追究刑事责任。

实训与练习

实训目的:通过案例分析增强学生对证券交易禁止行为知识的理解,同时提升学生运用所学法律知识分析解决问题的能力。

背景资料：1996 年 4 月，某股份公司的股票在上海证券交易所上市，上市当年，每股收益 0.4 元，以后逐年下降。1998 年 8 月，该公司中期报告表明，中期净利润 7797.76 万元，是去年同期的 473 倍。1999 年 1 月，该公司在某家证券报上刊登的 1998 年年度报告中称，1998 年实现利润 5.7 亿余元，每股收益 0.715 元，净利润 3.75 亿余元，是去年净利润的 1005 倍，分配预案每 10 股转送 8.9 股。同年 2 月 24 日，该股票成交量创了 4996.7 万股纪录，换手率 28%，成交金额达 17.93 亿元。与此同时，各种不利传闻在场内外流传，对此，该公司在报纸上刊登公告，其董事长李某也通过新闻媒体向外传递公司业绩高速增长毋庸置疑等信息，负责年报审计的某会计师事务所公开表示财务报表是真实准确的。据调查，该公司的几大股东在 1998 年中期报告披露之前低价大量购进股票，抢在 1999 年 3 月之间高价抛售，大量获利，而该公司所称其实现的 5.7 亿元利润中，虚假利润 5 亿多元。

根据案例回答下列问题：

(1) 我国证券法规定了哪三种不法证券交易行为？

(2) 本案属于其中的哪一种？

(3) 简答证券法对此禁止交易行为的具体规定。

(4) 本案中哪些单位和个人应承担法律责任？

（资料来源：http://eduwebexam.com-edu.cn/paper.aspx?pid=524）

实训方法：小组讨论法。

实训内容：根据背景资料进行小组内部讨论并形成答案、小组代表进行汇报。教师对各组表现进行点评。

复习思考题

1. 设立发行股票的条件有哪些？
2. 公司首次公开发行股票的条件是什么？
3. 什么是内幕信息？证券法上规定的哪些信息是内幕信息？

第十一章

票据法律制度

////////////////////////////

　　票据具有信用工具和支付手段的双重职能，在经济活动领域被广泛使用。票据法的作用在于规范票据流通行为，保障票据流通的安全性。《中华人民共和国票据法》以下简称《票据法》，于 1995 年 5 月 10 日第八届全国人民代表大会常务委员会第十三次会议通过，根据 2004 年 8 月 28 日第十届全国人民代表大会常务委员会第十一次会议《关于修改〈中华人民共和国票据法〉的决定》修正。

案例导入 📖

　　甲公司向某工商银行申请一张银行承兑汇票，该银行作了必要的审查后受理了这份申请，并依法在票据上签章。甲公司得到这张票据后没有在票据上签章便将该票据直接交付给乙公司作为购货款。乙公司又将此票据背书转让给丙公司以偿债。到了票据上记载的付款日期，丙公司持票向承兑银行请求付款时，该银行以票据无效为理由拒绝付款。

（资料来源：http://www.ynpxrz.com/n146729c1116p8.aspx）

　　📞点拨：从以上案情显示的情况看，这张汇票有效吗？根据我国《票据法》关于汇票出票行为的规定，记载了哪些事项的汇票才为有效票据？银行既然在票据上依法签章，它可以拒绝付款吗？本案例涉及票据的生效要件、记载事项、主要条款、银行承兑的效力与依法拒绝付款等票据法内容。需要对本章有一个全面的学习就能解决本案纠纷。

学习目标 ✍

知识目标：

1. 了解票据起源和发展，票据法的相关规定；
2. 理解背书连续性、空白背书、空头支票、票据无因性的法律规定；
3. 掌握出票、背书、保证、付款、追索权及汇票承兑的基本原理。

能力目标：

1. 能按照法律规定模拟出票、背书、保证、付款、追索权及汇票承兑行为；
2. 能根据无因性、文义性、记载事项、背书等规定，判别票据的合法有效性；
3. 能处理实践票据纠纷的相关问题。

第一节 票据和票据法概述

一、票据的概念与特征

票据是出票人依票据法签发的，由自己或委托他人于到期日或见票时无条件支付一定金额给收款人或持票人的一种有价证券。票据具有其独特的法律属性：

(1) 票据是设权证券。票据权利因作成票据而创设。

(2) 票据是债券证券。票据权利人对票据义务人可行使付款请求权和追索权。

(3) 票据是金钱证券。票据以一定的金钱为交付标的。

(4) 票据是流通证券。票据通过背书或交付而转让，在市场上自由流通。

(5) 票据是无因证券。票据权利的成立，不必以债权人与债务人的原因关系的成立为前提。

(6) 票据是文义证券。票据上所创设的权利和义务，均依票据上记载的文字内容来确定。

(7) 票据是要式证券。票据必须依法定形式制作才能具有法律效力。

(8) 票据是占有证券。任何人欲主张票据权利，就必须实际占有票据。

(9) 票据是提示证券。票据权利人请求付款或行使追索权时，必须向义务人提示票据。

(10) 票据是返还证券。票据权利人在实现票据权利后，必须将票据返还给义务人。

二、我国票据的起源与发展

我国票据的起源可以追溯到唐代。唐宪宗(公元 806 年—820 年)时期，各地茶商交易，往来频繁，但交通不便，携带款项困难。为方便起见，创制了"飞钱"。商人在京城长安(今西安)把现金支付给地方(各道)驻京的进奏院及各军各使等机关，或者在各地方设有联号的富商，由他们发给半联票券，另半联票券则及时送往有关的院、号，持券的商人到目的地时，凭半联票券与地方的有关院、号进行"合券"，然后支取现金。当时，飞钱只是一种运输、支取现金的工具，不是通用的货币。

到了宋代，出现了"便钱"和"交子"。宋太祖开宝三年(公元 970 年)，官府设官号"便钱务"。商人向"便钱务"纳付现金，请求发给"便钱"；商人持"便钱"到目的地向地方官府提示付款时，地方官府应当日付款，不得停滞。这种"便钱"类似现代的"见票即付'的汇票。宋真宗时期，蜀地(今四川)出现"交子"，地方富户联办"交子铺"，发行称为"交子"的票券，供作异地运送现款之工具。后来，官府设"交子务"专办此事，发行"官交子"。"交子"与现代的本票相似。

明朝末年(公元 17 世纪)，山西地区商业发达，商人设立"票号"(又叫票庄、汇兑庄)，在各地设立分号，经营汇兑业务以及存放款业务。名为汇券、汇兑票、汇条、庄票、期票等的金钱票券大为流行，票号逐渐演变，叫做"钱庄"，19 世纪中叶进入盛期。票号签发的这些票券，类似现代的汇票和本票。

清朝末年，西方银行业进入我国，钱庄逐渐衰落。我国固有的票据规则终被外来票据制度取代。1929 年，国民政府制定票据法，规定票据为汇票、本票和支票，与西方国家票据制度接轨，我国原有的各种票据遂被淘汰。

新中国成立后，曾一度限制票据的使用，当时规定，汇票、本票在国内不得使用，汇票仅限国际贸易中使用，个人不得使用支票，企业与其他单位使用以转账支票为主。进入 20 世纪 80 年代，随着改革开放深入到各个方面，票据在我国逐渐开始大规模使用。

三、我国票据立法概述

我国的票据立法在近年来取得了实质性进展，1995 年 5 月 10 日第八届全国人大常委会第十三会议通过了《中华人民共和国票据法》(以下简称《票据法》)，该法自 1996 年 3 月 1 日起施行。根据国际上票据立法的惯例，我国的《票据法》所规范的对象，仅包括汇票、本票和支票三种三类。

实训与练习

实训目的：通过情景再现"飞钱"、"便钱"和"交子"，和小组内部讨论总结以票据方式结算的好处及潜在的风险，增强学生对票据的感性认知为后续学习打好基础。

实训方法：情景扮演与小组讨论法。

实训内容：教师根据本节内容，让学生分成小组情景再现"飞钱"、"便钱"和"交子"，并进行小组内部讨论指导总结以票据方式结算的好处及潜在的风险。教师对各组表现进行点评。

实训步骤：学生分组，情景再现"飞钱"、"便钱"和"交子"，组内讨论分析、组际交流、代表汇报、教师点评。

第二节　汇　　票

一、汇票概述

（一）汇票的概念

汇票是出票人签发的，委托付款人在见票时或者在指定日期无条件支付确定的金额给收款人或者持票人的票据。

汇票是委付证券，包括三方当事人，即出票人、收款人和付款人。

（二）汇票的分类

(1) 按照出票人不同，汇票可分为银行汇票和商业汇票。商业汇票按照承兑人的不同分为银行承兑汇票和商业承兑汇票。

(2) 按照付款日期不同，汇票可分为见票即付、定日付款、出票后定期付款、见票后定期付款。

（三）汇票的记载事项

票据记载事项是指依法在票据上记载票据相关内容的行为。

票据记载事项一般分为绝对记载事项、相对记载事项、任意记载事项和不产生票据法上效力的记载事项。

1．绝对记载事项

绝对记载事项是指《票据法》明文规定必须记载的，如不记载，票据即为无效的事项。汇票必须记载下列事项：

(1) 表明"汇票"的字样；

(2) 无条件支付的委托；

(3) 确定的金额；

(4) 付款人名称与收款人名称；

(5) 出票日期与出票人签章。

汇票上未记载前款规定事项之一的，汇票无效。

2．相对记载事项

相对记载事项即如果未在汇票上记载，并不影响汇票本身的效力，其含义可依法律规定的事项。包括三项：

(1) 付款日期，汇票上未记载付款日期的，为见票即付；

(2) 付款地，汇票上未记载付款地的，付款人的营业场所、住所或者经常居住地为付款地；

(3) 出票地，汇票上未记载出票地的，出票人的营业场所、住所或者经常居住地为出票地。

3．任意记载事项

任意记载事项是不强制当事人必须记载而允许当事人自行选择，不记载是不影响票据效力，记载时则产生票据效力的事项。例如，出票人在汇票上记载"不得转让"字样的，即汇票的不转让，其中的"不得转让"事项即为任意记载事项。

4．不产生票据法上的效力的记载事项

不产生票据法上的效力的记载事项是指除了绝对记载事项、相对记载事项、任意记载事项外，票据上还可以记载其他一些事项，但这些事项不具有票据效力。

二、出票

(一) 出票的概念

出票行为，也称为票据的签发行为，是票据关系产生的基础。出票指出票人签发票据并将其交付给收款人的票据行为。

各种票据，包括汇票、本票和支票，都是设权证券，即票据所记载的权利和义务，是在票据制作并交付后才发生的。而其他票据行为，如背书行为、承兑行为、保证行为和付款行为，只有在出票行为发生后才可能发生。如果票据没有制作，或者制作后没有交付，就不会产生任何票据的权利和义务。所以，出票行为是基本票据行为，也称主票据行为。

出票行为由做成票据和交付票据前后两个环节构成。在出票行为中，这两个环节缺一不可，共同构成了出票行为的法律要件：

1．做成票据

出票人依据《票据法》的规定做成票据的过程，即在原始票据上记载法定事项并签章。

2．交付票据

交付票据是指出票人把做成的票据出手，交付给收款人，从而使票据所记载的权利义务发生法律效力。如果出票人不将票据交付给收款人，票据的权利义务就不会发生法律效

力，出票行为就没有完成。

汇票的出票人必须与付款人具有真实的委托付款关系，并且具有支付汇票金额的可靠资金来源。

不得签发无对价的汇票用以骗取银行或者其他票据当事人的资金。除因税收、继承、赠与可以依法无偿取得票据外，汇票的出票人不得签发无对价汇票。

汇票的出票还应满足《票据法》关于汇票形式要件的基本要求，票据金额以中文大写和阿拉伯数码同时记载的，两者必须一致，不一致时，票据无效。

（二）出票的法律效力

出票人在完成出票行为之后，即产生票据上的效力，表现为：

1．出票对收款人的效力

收款人在接受出票人交付的汇票后，即取得包括付款请求权和追索权在内的票据权利。

2．出票对付款人的效力

付款人依法具有承兑人的地位，但并不当然负有付款的义务，只有在其对汇票进行承兑之后，才成为汇票上的主债务人。

3．出票对出票人的效力

出票人签发汇票后，即承担保证该汇票承兑和最终付款的责任。

三、背书

（一）背书的概念

背书是票据的收款人或持有人在转让票据时，在票据背面签名或书写文句的手续。背书时写明受票人姓名或受票单位名称的，称记名背书；未写明受票人姓名或受票单位名称的，称不记名背书或空白背书，我国票据法禁止空白背书。经过背书转让的票据，背书人负有担保票据签发者到期付款的责任，如果出票人到期不付款，则背书人必须承担偿付责任。经过背书，票据的所有权由背书人转给被背书人。一张票据可以多次背书、多次转让。

背书应做成记名背书的形式，按照规定记载在汇票背面和粘单上。

多头背书、部分背书无效。《票据法》第33条规定，背书不得附有条件。背书附有条件的，所附条件不具有汇票上的效力。将汇票金额的一部分转让的背书或者将汇票金额分别转让给二人以上的背书无效。

（二）背书的记载事项

票据背书是一种要式行为。背书法定记载事项包括：绝对记载事项、相对记载事项。

1．绝对记载事项

绝对记载事项有两项，即背书人签章和被背书人名称。未记载前述事项之一的，背书无效。

2．相对记载事项

相对记载事项有一项，即背书日期，背书未记载日期的，视为在汇票到期日前背书。

出票人在汇票上记载"不得转让"字样的，汇票不得转让。其后再背书转让的，原背书人对后手的被背书人不承担保证责任。

汇票可以设定质押。质押时应当以背书记载"质押"字样。被背书人依法实现其质权时，可以行使汇票权利。

背书记载"委托收款"字样，被背书人有权利代背书人行使被委托的汇票权利。但是，被背书人不得再以背书转让汇票权利。

(三) 背书"连续性"的要求

背书连续是指在票据转让中，转让汇票的背书人与受让汇票的被背书人在汇票上的签章依次前后衔接。

汇票的背书应当连续，以表明汇票上的一切权利实现了由背书人向被背书人的转移，并起到票据权利担保的效力，当汇票不获承兑或不获付款时，背书人对于被背书人及其所有后手均负有偿还票款的义务。

持票人以背书的连续，证明其汇票权利；非经背书转让，而以其他合法方式取得汇票的，依法举证，证明其汇票权利。

以背书转让的汇票，后手应当对其直接前手背书的真实性负责。

典型案例

空白背书案例

10 月 5 日，鱼龙经济发展有限责任公司持一个异地建设银行签发的未到期银行承兑汇票，在其所在地工商银行办理了汇票贴现手续。贴现时，鱼龙经济发展有限责任公司在汇票背面背书人一栏内加盖了单位公章和法定代表人印章，但是未作文字背书。12 月 5 日，汇票到期后，该工商银行向本地建设银行，即汇票承兑行，提示付款。建设银行受理该提示付款以后，并未向工商银行付款，而是向汇票最后签章人，鱼龙经济发展有限责任公司付出票款，划入鱼龙经济发展有限责任公司在建设银行开立的存款账户。随后直接扣收，抵偿了鱼龙经济发展有限责任公司欠建设银行的借款。工商银行交涉未果。

(资料来源：http://www.chinaacc.com/new/403/404/414/2008/6/)

【问题】　谁是最后的合法持票人？

【分析】　鱼龙经济发展有限责任公司是最后的合法持票人。上述背书，属于空白背书。我国票据法禁止空白背书，《中华人民共和国票据法》第 30 条规定，"汇票以背书转让或者以背书将一定的汇票权利授予他人行使时，必须记载被背书人名称。"在本案中，被背书人不可因空白背书取得票据权利。因此，本案最后的合法持票人不是工商银行，而是鱼龙经济发展有限责任公司是最后的合法持票人。

四、承兑

(一) 承兑的概念

承兑是指汇票付款人承诺在汇票到期日支付汇票金额的票据行为。承兑程序上包括：提示承兑和付款人承兑两个环节。

就远期商业汇票而言，付款人与出票人之间存在的具体委托关系游离于票据关系之外，因此付款人并不负有当然的付款义务。为此，必须在出票之外设定一个新的票据程序，以补足票据的整体效力，其基本功能在于使付款人的付款责任得以确认。由于本票与支票都不具有这样的特性，因此承兑便成为汇票所独有的制度。

（二）提示承兑

提示承兑是指持票人向付款人出示汇票，并要求付款人承诺付款的行为。

见票即付的汇票无需提示承兑。

定日付款或者出票后定期付款的汇票，持票人应当在汇票到期日前向付款人提示承兑。

见票后定期付款的汇票，持票人应当自出票日起1个月内向付款人提示承兑。

汇票未按照规定期限提示承兑的，持票人丧失对其前手的追索权。

（三）付款人承兑

付款人对向其提示承兑的汇票，应当自收到提示承兑的汇票之日起3日内承兑或者拒绝承兑。

付款人收到持票人提示承兑的汇票时，应当向持票人签发收到汇票的回单。回单上应当记明汇票提示承兑日期并签章。

付款人承兑汇票的，应当在汇票正面记载"承兑"字样和承兑日期并签章；见票后定期付款的汇票，应当在承兑时记载付款日期。

付款人承兑汇票，不得附有条件；承兑附有条件的，视为拒绝承兑。

付款人承兑汇票后，应当承担到期付款的责任。

五、保证

（一）保证的概念

票据保证是指票据债务人以外的第三人以担保特定债务人履行票据债务为目的，而在票据上所为的一种附属票据行为。

（二）保证的记载事项

保证人必须在汇票或者粘单上记载下列事项：

(1) 表明"保证"的字样；

(2) 保证人名称和住所；

(3) 被保证人的名称(未记载，已承兑的汇票，承兑人为被保证人；未承兑的汇票，出票人为被保证人)；

(4) 保证日期(未记载，出票日期为保证日期)；

(5) 保证人签章。

保证不得附条件，附条件的不影响对汇票的保证责任。

（三）保证的法律效力

保证人对合法取得汇票的持票人所享有的汇票权利承担保证责任。但是，被保证人的债务因汇票记载事项欠缺而无效的除外。

被保证的汇票，保证人应当与被保证人对持票人承担连带责任。汇票到期后得不到付款的，持票人有权向保证人请求付款，保证人应当足额付款。

保证人为两人以上的，保证人之间承担连带责任。

保证人清偿汇票债务后，可以行使持票人对被保证人及其前手的追索权。

六、付款

付款是指付款人依据票据文义支付票据金额并收回票据，以消灭票据关系的行为。付款不属于票据行为。付款在程序上包括提示与支付两个环节。

（一）提示付款

持票人应当按照下列期限提示付款：

(1) 见票即付的汇票，自出票日起1个月内向付款人提示付款；

(2) 定日付款、出票后定期付款或者见票后定期付款的汇票，自到期日起10日内向承兑人提示付款。

持票人未按照前款规定期限提示付款的，在作出说明后，承兑人或者付款人仍应当继续对持票人承担付款责任。

通过委托收款银行或者通过票据交换系统向付款人提示付款的，视同持票人提示付款。

（二）支付

持票人依照规定提示付款的，付款人必须在当日足额付款。

持票人获得付款的，应当在汇票上签收，并将汇票交给付款人。

持票人委托银行收款的，受委托的银行将代收的汇票金额转账收入持票人账户，视同签收。

持票人委托的收款银行的责任，限于按照汇票上记载事项将汇票金额转入持票人账户。

付款人委托的付款银行的责任，限于按照汇票上记载事项从付款人账户支付汇票金额。

付款人及其代理付款人付款时，应当审查汇票背书的连续，并审查提示付款人的合法身份证明或者有效证件。

付款人及其代理付款人恶意或者有重大过失付款的，应当自行承担责任。

对定日付款、出票后定期付款或者见票后定期付款的汇票，付款人在到期日前付款的，由付款人自行承担所产生的责任。

汇票金额为外币的，按照付款日的市场汇价，以人民币支付。

汇票当事人对汇票支付的货币种类另有约定的，从其约定。

付款人依法足额付款后，全体汇票债务人的责任解除。

七、追索权

（一）被追索人

汇票到期被拒绝付款的，持票人可以对背书人、保证人、承兑人、出票人行使追索权。

（二）追索的条件

汇票到期日前，有下列情形之一的，持票人也可以行使追索权：

(1) 汇票被拒绝承兑的;

(2) 承兑人或者付款人死亡、逃匿的;

(3) 承兑人或者付款人被依法宣告破产的或者因违法被责令终止业务活动的。

持票人行使追索权时,应当提供被拒绝承兑或者被拒绝付款的有关证明。

持票人提示承兑或者提示付款被拒绝的,承兑人或者付款人必须出具拒绝证明,或者出具退票理由书。未出具拒绝证明或者退票理由书的,应当承担由此产生的民事责任。

【举例】　甲向乙出具一张中国 x 银行的承兑汇票,出票日期为 7 月 20 日,付款行为中国 x 银行佛山 x 均安支行,收款人为乙,记载金额为 85 440 元,付款期限为出票后两个月,用途为往来款,并加盖有付款人甲的印章。乙于 9 月 27 日持该支票向付款行请求兑付时,付款人以甲的账户余额不足为由拒付,并出具了退票通知书。据查该票据合法有效。乙作为支票的收款人,持票据于付款期限内请求付款,并依法取得了退票通知,依法对出票人甲享有追索权,要求甲支付票面金额及请求付款日起至清偿日止的利息以及实现追索权的费用。

持票人因承兑人或者付款人死亡、逃匿或者其他原因,不能取得拒绝证明的,可以依法取得其他有关证明。

承兑人或者付款人被人民法院依法宣告破产的,人民法院的有关司法文书具有拒绝证明的效力。

承兑人或者付款人因违法被责令终止业务活动的,有关行政主管部门的处罚决定具有拒绝证明的效力。

持票人不能出示拒绝证明、退票理由书或者未按照规定期限提供其他合法证明的,丧失其对前手的追索权。但是,承兑人或者付款人仍应当对持票人承担责任。

持票人应当自收到被拒绝承兑或者被拒绝付款的有关证明之日起 3 日内,将被拒绝事由书面通知其前手;其前手应当自收到通知之日起 3 日内书面通知其再前手。持票人也可以同时向各汇票债务人发出书面通知。

未按规定期限通知的,持票人仍可以行使追索权。因延期通知其前手或者出票人而造成损失的,由没有按照规定期限通知的汇票当事人,承担对该损失的赔偿责任,但是所赔偿的金额以汇票金额为限。

在规定期限内将通知按照法定地址或者约定的地址邮寄的,视为已经发出通知。

(三) 追索义务人

追索义务人即被追索人,包括:汇票的出票人、背书人、承兑人和保证人等,这些主体对持票人承担连带付款责任。持票人可以不按照汇票债务人的先后顺序,对其中任何一人、数人或者全体行使追索权。

持票人对汇票债务人中的一人或者数人已经进行追索的,对其他汇票债务人仍可以行使追索权。被追索人清偿债务后,与持票人享有同一权利。

持票人为出票人的,对其前手无追索权。

持票人为背书人的,对其后手无追索权。

(四) 追索权范围

持票人行使追索权,可以请求被追索人支付下列金额和费用:

(1) 被拒绝付款的汇票金额；

(2) 汇票金额自到期日或者提示付款日起至清偿日止，按照中国人民银行规定的利率计算的利息；

(3) 取得有关拒绝证明和发出通知书的费用。

被追索人清偿债务时，持票人应当交出汇票和有关拒绝证明，并出具所收到利息和费用的收据。

（五）再追索权

被追索人依照前述规定向持票人清偿后，可以向其他汇票债务人行使再追索权，请求其他汇票债务人支付下列金额和费用：

(1) 已清偿的全部金额；

(2) 前项金额自清偿日起至再追索清偿日止，按照中国人民银行规定的利率计算的利息；

(3) 发出通知书的费用。

行使再追索权的被追索人获得清偿时，应当交出汇票和有关拒绝证明，并出具所收到利息和费用的收据。

第三节　本　　票

一、本票的概念

本票是出票人签发的，承诺自己在见票时无条件支付确定的金额给收款人或者持票人的票据。我国本票，是指银行本票，并限于见票即付。

按照《票据法》总则中的内容，汇票中关于出票、背书、保证、付款、追索权等有关规定，除法律有明确规定以外，都适用于本票。

二、本票记载事项

（一）本票必须记载事项

(1) 表明"本票"的字样；

(2) 无条件支付的承诺；

(3) 确定的金额；

(4) 收款人名称；

(5) 出票日期与出票人签章。

本票上未记载前述规定事项之一的，本票无效。

（二）本票相对记载事项

(1) 付款地，未记载付款地的，出票人的营业场所为付款地。

(2) 出票地，本票上未记载出票地的，出票人的营业场所为出票地。

本票的出票人在持票人提示见票时，必须承担付款的责任。

本票自出票日起，付款期限最长不得超过 2 个月。

本票的持票人未按照规定期限提示见票的，丧失对出票人以外的前手的追索权。

实训与练习 ✉

实训目的：通过案例分析增强学生对本票有效性、票据行为、追索权等法理知识的理解，同时提升学生运用所学法律知识分析解决问题的能力。

背景资料：3 月 7 日，甲商店同乙公司签订一份彩电购销合同。该合同规定，由乙公司在 10 日内向甲商店提供彩电 100 台，共计货款 25 万元。双方约定以本票进行支付。3 月 15 日，乙公司将 100 台彩电交付甲商店，甲遂向其开户银行 A 申请签发银行本票。3 月 20 日，A 银行遂发出了出票人、付款人为 A 银行，收款人为乙公司，票面金额 25 万元，付款期限为 6 个月的本票。但由于疏忽，银行工作人员未记载出票日期。甲商店将该本票交付乙公司。后来，乙公司又将该本票背书转让给丙公司。9 月 4 日，丙公司持该本票向 A 银行提示见票，要求付款。A 银行以甲商店存款不足支付为由拒绝付款。丙公司遂向乙公司进行追索。

（资料来源：http://www.ynpxrz.com/n146729c1116p8.aspx）

请问：

(1) 该本票是否为有效票据？

(2) 甲本票上关于提示见票期限的约定是否有效？

(3) 丙公司能否对乙公司进行追索？

实训方法：小组讨论法。

实训内容：根据背景资料进行小组内部讨论并形成答案、小组代表进行汇报。教师对各组表现进行点评。

第四节　支　　票

一、支票的概念

支票是出票人签发的，委托办理支票存款业务的银行或者其他金融机构在见票时无条件支付确定的金额给收款人或者持票人的票据。支票限于见票即付。

支票可以支取现金，也可以转账。用于转账时，应当在支票正面注明。

支票中专门用于支取现金的，可以另行制作现金支票，现金支票只能用于支取现金。

支票中专门用于转账的，可以另行制作转账支票，转账支票只能用于转账，不得支取现金。

支票的出票、背书、付款行为和追索权的行使，除另有规定外，适用《票据法》对汇票的相关法律规定。

二、开立支票存款账户

开立支票存款账户申请人必须使用其本名，并提交证明其身份的合法证件。

开立支票存款账户和领用支票,应当有可靠的资信,并存入一定的资金。

开立支票存款账户,申请人应当预留其本名的签名式样和印鉴。

三、支票记载事项

根据我国《票据法》和《支付结算办法》规定,支票记载事项包括三类内容,即,绝对记载事项、相对记载事项、非法定记载事项等:

(一) 绝对记载事项

(1) 表明"支票"的字样;

(2) 无条件支付的委托;

(3) 确定的金额;

(4) 付款人名称;

(5) 出票日期与出票人签章。

支票上未记载前述规定事项之一的,支票无效。

我国《票据法》和《支付结算办法》规定,支票的金额、收款人名称两项内容空缺,出票人可授权补记。未补记前不得使用。

出票人可以在支票上记载自己为收款人。

典型案例

补记支票票面金额

A 公司签发一张以 B 公司为收款人的转账支票,票据金额栏空缺,由 B 公司财务人员补记,补记后的票面金额为 30 万元。B 公司在法定期限内提示付款,因票据上补记的手写体字体与其他字体不统一而遭 A 公司的开户行退票。理由是票据有可能系变造。

【问题】

(1) A 公司的开户行退票理由是否正当?

(2) B 公司的补记行为是否属于票据的变造?为什么?

(3) 票据的变造与票据的伪造有什么区别?

【分析】

(1) 不正当。

(2) 不属于票据的变造。因为根据我国《票据法》的规定,支票是有限空白票据,票据金额可以由出票人授权补记,但补记前不得使用。

(3) 票据伪造主要是针对票据上的签章事项,其目的在于伪造票据债务人;票据变造主要是针对签章以外的其他事项,其目的是变更票据责任的内容。

(二) 相对记载事项

相对记载事项是指《票据法》规定应当记载而没有记载,如未记载可以通过法律规定进行推定而不会导致票据无效。

(1) 付款地。如果支票上未记载付款地的,则付款地为付款人的营业场所。

(2) 出票地。支票上未记载出票地的，则出票人的营业场所、住所、经常居住地为出票地。

（三）非法定记载事项

非法定记载事项并不发生支票上的效力，主要包括：支票的用途；合同编号；约定的违约金；管辖法院等。

四、禁止性规定

(1) 禁止签发空头支票。

空头支票是指支票持有人请求付款时，出票人在付款人处实有的可供合法支配的存款不足以支付票据金额的支票。

《票据法》规定支票出票人所签发的支票金额不得超过其在付款人处实有的存款金额，即不得签发空头支票，这就要求出票人自出票日起至支付完毕止，保证其在付款人处的存款账户中有足以支付支票金额的资金。

对签发空头支票骗取财物的，要依法追究刑事责任。如果签发空头支票骗取财物的行为情节轻微，不构成犯罪，《票据法》规定要依照国家有关规定给予行政处罚。

出票人必须按照签发的支票金额承担保证向该持票人付款的责任。

典型案例

空 头 支 票

甲公司在银行的支票存款共有一百万元人民币，该公司签发了一张面额为二百万元的转账支票给乙公司。之后甲公司再没有向开户银行存款。

【问题】

(1) 乙公司所持的支票是否为空头支票?如何判断空头支票?

(2) 空头支票的付款人是否为票据债务人?为什么?

(3) 甲公司对空头支票的持票人应负什么责任?

【分析】

(1) 是空头支票。出票人所签发的支票是否为空头支票，应以持票人依该支票向付款银行提示付款之时为准，而不能以出票人签发支票时为准。

(2) 付款人不是票据上的当然债务人，支票中的付款人在支票存款中足以支付时才有法定的付款义务。

(3) 甲公司作为出票人必须按照签发的支票金额承担保证向该持票人付款的责任。此外，持票人有权要求出票人赔偿支票金额2%的赔偿金。

(2) 支票的出票人不得签发与其预留本名的签名式样或者印鉴不符的支票。

(3) 支票限于见票即付，不得另行记载付款日期。另行记载付款日期的，该记载无效。

五、提示付款

支票的持票人应当自出票日起 10 日内提示付款。

异地使用的支票，其提示付款的期限由中国人民银行另行规定。

超过提示付款期限的,付款人可以不予付款。付款人不予付款的,出票人仍应当对持票人承担票据责任。

六、付款

出票人在付款人处的存款足以支付支票金额时,付款人应当在当日足额付款。

付款人依法支付支票金额的,对出票人不再承担受委托付款的责任,对持票人不再承担付款的责任。但是,付款人以恶意或者有重大过失付款的除外。

实训与练习 📝

实训目的:通过案例分析增强学生对汇票的票据行为及其无因性、文义性、交易真实性、追索权等法理知识的理解,同时提升学生运用所学法律知识分析解决问题的能力。

背景资料:原审原告石×,男,汉族,197*年**月**日出生,住佛山市×区大良街道办事处新基三路**楼***号。原审被告钟×,男,汉族,196*年**月*7日出生,住佛山市×区伦教街道办事处常教居委会新成路御景坊**楼*座**号。

钟×向石×出具一张中国×银行的支票,支票号码为07035***,出票日期为2004年7月20日,付款银行为中国×银行佛山×均安支行,收款人为石×,记载金额为45440元,付款期限为十天,用途为往来款,并加盖有付款人钟×的印章。石×于2004年7月27日持该支票向付款行请求兑付时,付款行以钟×的账户余额不足为由拒付,并出具了退票通知书。石×因支票无兑现,于2004年8月4日向原审法院起诉,请求判令钟×支付票据金额45 440元及利息。

佛山市×区人民法院审理查明:钟×向石×出具一张中国×银行的支票,出票日期为2004年7月20日,收款人为石×,记载金额为45 440元,付款期限为十天,用途为往来款,并加盖有付款人钟×的印章。石×于2004年7月27日持该支票向付款行请求兑付时,付款行以钟×的账户余额不足为由拒付,并出具了退票通知书。

一审诉讼中,钟×抗辩称其出具支票给石×是用于支付货物的预付款,但因石×没有履行交货义务故不支付货款。

佛山市×区人民法院审理认为:本案石×提供的支票,其形式及记载事项均符合法律规定,且双方当事人均确认,石×取得该支票的手段是合法的,故该支票合法有效。石×作为支票的收款人,持票据于付款期限内请求付款,并依法取得了退票通知,故石×依法对出票人即钟×享有追索权,要求钟×支付票面金额及请求付款日起至清偿日止的利息。

钟×以其向石×出具支票是用于支付货物预付款,因石×没有履行交货义务,双方并不存在真实交易关系的情况下向石×出具支票,且支票用途记载为"往来",而非"预付款",故钟×的抗辩理由不充分,不予以采纳。石×于法定期限内向法院起诉,请求钟×支付票面金额45 440元,并从起诉之日起按银行同期贷款利率计算利息,理由充分,予以支持。

因此判决:钟×于判决发生法律效力之日起十日内,一次性给付石×支票金额45 440元及利息(从2004年8月4日起,按中国人民银行同期贷款利率计至清偿日止)。

一审判决后钟×不服原审判决，向佛山市中级人民法院上诉称：

(1) 原审判决认定事实不清。石×在一审的诉状中自认钟×于 2004 年 5 月 20 日向石×购买货物，且该支票是用于支付该货款，但石×没有举证予以证明。石 x 也没有证据证明其已履行了支票的给付对价；

(2) 原审法院对本案的法律性质认定错误。根据石×在诉状中陈述的事实和理由，本案应定为买卖合同纠纷，而不是票据纠纷；

(3) 原审适用法律错误。原审法院在石×没有举证证明与钟×发生了真实交易关系和债权债务关系，也没有举证证明为该支票支付过对价的情况下，适用《中华人民共和国票据法》的有关规定作为判决依据来判决是完全错误的。请求二审法院依法改判。

被上诉人石×答辩称，石×取得支票有真实的交易关系和债权债务关系为基础：① 双方一致确认石×是合法取得支票；② 支票上写明支票用途是支付"往来"款，这意味着业务往来已经成立，交易关系已经发生了，否则买方不存在开具支票支付交易"对价"；③ 支票上没有写是支付预付款，钟×没有证据表明该支票用途是支付预付款。而且，钟×也无法合理解释，既然不存在真实的交易关系，只是"预付"货款，为何支票上却写支付"往来"款。请求二审法院依法维持原审判决。

佛山市中级人民法院认为：根据《中华人民共和国票据法》第十条的规定，票据的取得应当遵守诚实信用的原则，具有真实的交易关系和债权债务关系，且必须给付对价，即应当给付票据双方当事人认可的相对应的代价。本案石×持钟×开出不能兑现的支票的退票通知向法院主张票据权利，因石×提供的支票和退票通知无法证明双方的买卖关系成立，因此，石×的主张不能成立，不予支持。

石×认为钟×向其开出支票，其即成为合法的票据持有人，意味着双方的买卖关系成立，钟×应支付货款的答辩意见，因理据不足，不予支持。因而判决：一、撤销广东省佛山市×区人民法院(2004)顺法民二初字第 2504 号民事判决。二、驳回石×的诉讼请求。

(资料来源：找法网 http://china.findlaw.cn)

请你依据相关法律对一、二审法院判决进行分析，并说说你的主张？

实训方法：小组讨论法。

实训内容：根据背景资料进行小组内部讨论并形成答案、小组代表进行汇报。教师对各组表现进行点评。

第五节　涉外票据的法律适用

一、涉外票据的概念

涉外票据是指出票、背书、承兑、保证、付款等行为中，既有发生在中华人民共和国境内又有发生在中华人民共和国境外的票据。

二、涉外票据的法律适用

涉外票据的法律适用，依照我国《票据法》确定。

中华人民共和国缔结或者参加的国际条约同我国《票据法》有不同规定的，适用国际条约的规定。但是，中华人民共和国声明保留的条款除外。

我国《票据法》和中华人民共和国缔结或者参加的国际条约没有规定的，可以适用国际惯例。

票据债务人的民事行为能力，适用其本国法律。

票据债务人的民事行为能力，依照其本国法律为无民事行为能力或者为限制民事行为能力而依照行为地法律为完全民事行为能力的，适用行为地法律。

汇票、本票出票时的记载事项，适用出票地法律。

支票出票时的记载事项，适用出票地法律，经当事人协议，也可以适用付款地法律。

票据的背书、承兑、付款和保证行为，适用行为地法律。

票据追索权的行使期限，适用出票地法律。

票据的提示期限、有关拒绝证明的方式、出具拒绝证明的期限，适用付款地法律。

票据丧失时，失票人请求保全票据权利的程序，适用付款地法律。

典型案例

涉外票据案例

6 月间，国内 X 银行某分行收到一美籍华人陈大维提示的一张旅行支票。该支票记载的出票人及付款人均为美国纽约 M 银行，指定的代理付款人为 X 银行。支票的金额为 10 万美元，支票上收款人记载为陈大维，并记载有陈大维的美国护照号码。X 银行某分行按照惯常柜台审查手续进行审查后，认为除代理付款人记载较特别外，并无其他异常，于是兑付了票款。为稳妥起见，X 银行将持票人陈大维以 X 银行为被背书人，进行了转让背书。支票兑付后的第 6 天，M 银行发来传真给 X 银行称：因上述支票原持票人挂失，请求 X 银行立即停止对该支票付款。此时，M 银行拒绝付款及支付手续费给 X 银行，理由是：支票款被冒领，实际领取支票款的持票人的护照是伪造的。X 银行于是依据双方业务关系协议中的仲裁条款，向某仲裁机构提起仲裁。

【问题】

(1) 本案支票属于涉外票据还是国外票据？

(2) X 银行的实际法律地位如何？

(3) 你对本案适用法律方面有何见解？

【分析】

(1) 本案支票属于涉外票据。因为背书行为发生在境内，而出票行为发生在境外。

(2) 由于进行了转让背书，X 银行已经不是单纯的代理付款人，而且是善意持票人。

(3) 对支票出票记载事项，应适用出票地即美国或者纽约州法律，或者适用当事人双方约定选择的法律，对背书行为和付款(本案最终将演化为 X 银行将以代理付款人身份对已付款)行为，应当适用中国法律。

实训与练习

实训目的：通过案例分析增强学生涉外票据法律知识的理解，同时提升学生运用所学法律知识分析解决问题的能力。

背景资料：10 月间，广州某(中外合资)鞋业有限公司(下称鞋业公司)与英国某公司(下称 Y 公司，该公司为鞋业公司的外国合营者)签订了补偿贸易合同，约定：鞋业公司向 Y 公司进口价值 50 万美元的意大利产鞋面真皮革，用于生产 Y 公司定作的某名牌皮鞋，成品全部返销。进口意大利鞋面真皮革的交易则先行通过托收方式结算，具体托收方式为 D/A(承兑交单)。鞋业公司的中方上级主管公司某石化公司(下称石化公司)按要求在上述皮革的进出口合同上签署了保证，承诺鞋业公司若不能依约支付进口货款时，将承担付款保证责任。各方并签订了适用于整个补偿贸易合同(包括进出口合同)的仲裁条款。同年 11 月 18 日，Y 公司通过香港汇丰银行，向鞋业公司的开户行中行某市分行传递了托收凭证。其中，托收凭证项下的承兑汇票的出票人及收款人均记载为 Y 公司，付款人记载为鞋业公司，到期日为次年 2 月 28 日。经中行某分行传递和提示汇票后，鞋业公司承兑了汇票，并取得了有关装运提单。其后，因所进口真皮革的质量问题，双方发生纠纷而诉诸仲裁。仲裁期间，Y 公司将前述已承兑汇票背书转让给了其子公司香港某商行。因汇票到期不获付款，香港某商行提供给它的进出口合同，托收凭证副本，及前述汇票等，向内地中级法院起诉鞋业公司和石化公司，诉求前者支付票款，后者承担汇票的连带付款责任。被告方则立即以仲裁条款为依据，对法院提起管辖异议。

(资料来源：http://www.ynpxrz.com/n146729c1116p8.aspx)

请问：

(1) 本案诉讼属于国内票据纠纷还是涉外票据纠纷？

(2) 鞋业公司提起管辖异议的理由是否成立？

(3) 石化公司是否应当成为本案诉讼的当事人？

(4) 假设票据纠纷的诉讼能够继续进行，而诉讼期间，题述仲裁案的仲裁机构作出了所进口意大利真皮革具有严重质量问题，Y 公司应承担解除合同责任和赔偿鞋业公司所有损失的裁决。那么，香港某商行在诉讼中的胜诉机会如何？

实训方法：小组讨论法。

实训内容：根据背景资料进行小组内部讨论并形成答案、小组代表进行汇报。教师对各组表现进行点评。

复习思考题

1. 我国《票据法》上所指的票据有哪几种？

2. 票据行为包括哪些？

3. 汇票、本票、支票在哪些方面的法律规定是相同的？

4. 什么是票据的追索权？行使该项权利的主体是谁？要符合什么样的条件才能行使？

5. 简述涉外票据的法律适用范围。

6. 什么是空头支票？支票的哪些空白项可以补记？

7. 如何理解票的文义性、无因性及其限制？

8. 如何理解票据背书记载的连续性？我国法律允许空白背书吗？

第十二章

劳动法律制度

////////////////////////////

　　劳动法(labour law)，是调整劳动关系以及与劳动关系密切联系的社会关系的法律规范的总称。它是资本主义发展到一定阶段而产生的法律部门，是从民法中分离出来的法律部门，是一种独立的法律部门。这些法律条文规管工会、雇主及雇员的关系，并保障各方面的权利及义务。我国的劳动法是《中华人民共和国劳动法》，于 1995 年 1 月 1 日起施行。(最新立法为 2008 年的《劳动合同法》，需配合使用。)

案例导入

　　2011 年 11 月 1 日，毕业一年的张波(化名)被 A 市场的一家汽车装饰公司聘为配货员。上班的当日，公司人事部张经理告诉张波，他属于临时工，试用期 3 个月，先不签劳动合同，等到 2 月份正式签订，若同意就留下，若不同意公司将不予聘用。张经理要求其签字确认。想到找工作的不容易，张波签字同意。2012 年 2 月开始，张波与部门的主管发生矛盾，也因单位不与自己签订合同，决定辞职，以公司未签合同为由要求给予双倍工资补偿。公司以张波和公司有约定在先，不给予任何补偿。张波无奈请求律师给予帮助。

（案例来源：http://www.110.com/ziliao/article-295656.html。）

　　点拨： 张波的主张能否获得支持？装饰公司与张波的"先上班后订立劳动合同"的约定具有不具有法律效力？装饰公司应该不应该按照法律的规定给予张波双倍工资的补偿？张波属于不属于临时工的身份？2008 年 1 月 1 日我国《劳动合同法》正式颁布实施，这一部法律强化了在劳动法中强调的劳动合同制度，也为实践中劳动合同的签订提供了正式的法律依据。本案例涉及劳动合同的概念、种类、订立与生效等内容。需要对劳动合同内容深入地学习才能解决本案纠纷。

学习目标

知识目标：

1. 理解劳动法的概念及调整对象；
2. 掌握劳动合同的订立；
3. 掌握劳动合同的解除与终止；
4. 掌握社会保险。

能力目标：

1. 让学生树立劳动法律意识；
2. 运用劳动法律关系分析相关法律问题。

第一节　劳动法律制度概述

一、劳动法律制度的概念和调整对象

1．劳动法律制度的概念

劳动法法律制度是调整劳动关系以及与劳动关系有密切联系的其他社会关系的法律规范的总称。劳动过程一般包括三个要素：人类有目的的活动、劳动资料和劳动对象。

我国现行的相关劳动法律制度有：《中华人民共和国劳动合同法》(以下简称《劳动合同法》)(由中华人民共和国第十届全国人民代表大会常务委员会第二十八次会议于 2007 年 6 月 29 日通过，自 2008 年 1 月 1 日起施行)，《中华人民共和国劳动法》(以下简称《劳动法》)(1994 年 7 月 5 日第八届全国人民代表大会常务委员会第八次会议通过，于 1995 年 1 月 1 日起正式生效)，《宪法》中有关劳动领域事务的规定，全国人民代表大会及其常务委员会制定的劳动法律，国务院制定的劳动行政法规，国务院所属各部委制定的劳动规章，地方性劳动法规和劳动规章，我国批准的国际劳工公约，其他规范性或准规范性文件(如中华全国总工会制定的《工会参与劳动争议处理试行办法》)。

2．劳动法律制度的调整对象

劳动法律制度的调整对象包括两个方面的关系。一是劳动关系，即实现集体劳动过程中劳动者与用人单位之间所发生的关系，这是劳动法调整的最基本、最重要的关系。二是与劳动者关系密切相关的其他关系，主要包括：① 因处理劳动争议而发生的关系；② 因执行社会保险而发生的关系；③ 因有关部门监督检查劳动法律、法规的执行而发生的关系；④ 因工会组织的活动而发生的关系；⑤ 因劳动行政部门管理劳动工作而发生的关系等。

二、我国劳动法的适用范围

《中华人民共和国劳动法》第二条明确规定，"在中华人民共和国境内的企业、个体经济组织(以下统称用人单位)、民办非企业单位和与之形成劳动关系的劳动者，适用本法。国家机关、事业单位、社会团体和与之建立劳动合同关系的劳动者，依照本法执行。"根据这一规定及有关劳动行政法规和劳动规章的规定，《中华人民共和国劳动法》对人的适用范围如下：

(一) 与中国境内的企业、个体经济组织、民办非企业单位形成劳动关系的劳动者

这里的"企业"包括国有企业、集体所有制企业、中外合资企业、中外合作企业、外商独资企业、股份制企业、混合性企业、港澳台企业、私营企业、联营企业、乡镇企业等。个体经济组织是指雇工在 7 人以下的个体工商户。在中国境内的企业、个体经济组织与劳动者之间，只要形成劳动关系，即劳动者事实上已成为企业、个体经济组织的成员，并为其提供有偿劳动，不论他们之间是否订立劳动合同都适用《中华人民共和国劳动法》。

（二）国家机关、事业单位、社会团体实行劳动合同制度的以及按规定实行劳动合同制度的工勤人员

其他通过劳动合同与国家机关、事业单位、社会团体建立劳动关系的劳动者，适用《中华人民共和国劳动法》。"工勤人员"即是我国传统人事体制中"工人"编制的人员。实行劳动合同制度的以及按照规定应当实行劳动合同制度的国家机关、事业组织、社会团体与其工勤人员之间，无论是否存在劳动合同关系均适用《中华人民共和国劳动法》。建立劳动合同关系的非工勤人员与国家机关、事业组织、社会团体之间，也适用《中华人民共和国劳动法》。未建立劳动合同关系的工勤人员与国家机关、事业组织、社会团体之间的关系，不适用《中华人民共和国劳动法》。

（三）实行企业化管理的事业单位的人员

实行企业化管理的事业组织是指国家不再拨经费，实行独立核算、自负盈亏的事业单位。但是公务员和比照公务员制度的事业组织，例如教师和社会团体的工作人员、农村劳动者、现役军人和家庭保姆、享有外交特权与豁免权的外国人，不适用《劳动法》。劳动者在试用期内、退休后都享受我国《劳动法》调整。

三、劳动法律制度的原则

（一）劳动权平等原则

劳动权平等原则是宪法的平等原则以及劳动权的规范性在劳动法中的具体体现。平等不仅仅是公民的基本权利，还是一项宪法原则，其指引着劳动法等部门法制度的构建。劳动权平等原则作为劳动法的基本原则，其内容的根本性和效力的贯穿始终性体现为：第一，在就业促进法领域，劳动权平等原则体现为平等就业；第二，在劳动基准法领域，劳动权平等原则体现为待遇均等；第三，在劳动保护法领域，劳动权平等原则体现为劳动条件平等。

（二）劳动自由原则

劳动自由作为基本原则，其内容的根本性和效力的贯穿始终性体现为：第一，在劳动合同法领域，劳动自由原则体现为契约自由；第二，在集体合同法领域，劳动自由原则体现为结社自由与团体自治；第三，在劳动保护法领域，劳动自由原则体现为禁止强迫劳动。劳动自由原则仅指劳动者的劳动自由，不包括用人单位的用工自由。

（三）倾斜保护原则

倾斜保护原则作为劳动法的基本原则，其深入贯彻到劳动法的具体制度之中，其内容的根本性和效力的贯穿始终性具体体现为：第一，在劳动合同法中，倾斜保护原则主要体现为解雇保护；第二，在劳动基准法中，倾斜保护原则主要体现为基准法定；第三，在劳动争议调解仲裁法中，倾斜保护原则主要体现为对于劳动者的救济保障；第四，在劳动者和用人单位之间，倾斜保护劳动者的合法权益；第五，在一般劳动者与特殊劳动者之间，倾斜保护特殊劳动者的权益，如妇女、未成年劳动者以及残疾人劳动者在工作岗位、工作时间以及劳动条件等方面享有的保障要优于一般劳动者。

四、劳动法律关系

(一) 劳动法律关系概念

所谓劳动法律关系，是指劳动者同企业、事业单位、机关团体和个体经营单位之间，依据劳动法律规范，在实现社会集体劳动过程中形成的权利义务关系。劳动法律关系是劳动关系在法律上的表现，是劳动关系为劳动法律规范调整的结果。

劳动关系虽然与劳动法律关系不同，但它们之间仍有密切的联系。劳动关系是劳动法律关系产生的基础，劳动法律关系是劳动关系在法律上的反映。因此，制定劳动法律规范，形成某种劳动法律关系，必须以存在劳动关系为基础。

(二) 劳动法律关系构成要素

劳动法律关系构成要素，是指构成劳动法律关系的组成部分。劳动法律关系由主体、客体和内容三部分组成。

1. 劳动法律关系主体

劳动法律关系主体是在劳动关系中承担劳动权利和劳动义务的参加者。主要包括，劳动者、用人单位。

(1) 劳动者的资格。劳动者必须具有劳动权利能力和劳动行为能力才能成为劳动法上的个人劳动法律关系主体。按照《劳动法》的规定，劳动者是达到法定年龄，具有劳动能力，独立给付劳动并获得劳动报酬的自然人。

(2) 用人单位的资格。作为用人单位也必须具备劳动权利能力和劳动行为能力才能成为劳动法律关系主体。根据我国法律规定，用人单位劳动权利能力和行为能力的取得即用工资格的取得就是依法登记。只有经合法登记后，才能招聘和使用劳动者进行生产经营活动。

2. 劳动法律关系客体

劳动法律关系客体是指劳动法律关系主体双方权利义务共同指向的对象。劳动法律关系的主要客体是劳动者的劳动行为和劳动报酬，次要客体是劳动条件。

劳动行为可分为完成一定工作成果的行为和提供一定劳务活动的行为，完成一定工作成果的行为，又可分为产生物质形态工作成果的行为和非物质形态智力成果的行为。

劳动报酬是指劳动者因实施劳动行为而有权获得的、用人单位因支配劳动行为而有义务提供的待遇，具体包括工资、社会保险和福利等。

劳动条件是指生产过程中有关劳动者的安全、卫生和劳动强度等方面的条件，具体包括用人单位提供的各种劳动工具、劳动保护设施、技术资料等。

3. 劳动法律关系内容

劳动法律关系内容，是指劳动法律关系主体依法享有的权利和承担的义务，它是劳动法律关系的核心。劳动法律关系主体依法享有的权利，是指劳动法律规范确认的劳动法律关系主体享受权利和获得利益的可能性。劳动法律关系主体依法承担的义务，是指负有义务的主体为了满足权利主体的要求，履行应尽义务的必要性。

实训与练习 ✍

实训目的：1. 深入理解劳动法的概念；2. 培养学生劳动法律的意识。

实训方法：小组讨论法。

实训内容：

(1) 将全班以 5 人为一小组分组，分为若干组，同时选出小组组长。

(2) 每个小组讨论对劳动法的认识。

(3) 每个小组汇总讨论结果。

(4) 以小组为单位进行班级发言。

实训步骤：教师分发资料，学生分组，组内讨论分析，组际交流，代表汇报，教师点评。

实训考核标准：

(1) 劳动法和劳动法律关系认识准确；

(2) 劳动法律制度的基本原则理解基本准确。

第二节　劳动就业和职业培训

一、劳动就业

（一）劳动就业的概述

1. 劳动就业的概念和特征

劳动就业是指具有劳动权利能力和劳动行为能力并有劳动意愿的公民获得有报酬的职业。劳动就业具有以下特征：

(1) 主体是指具有劳动权利能力和劳动行为能力的公民，或称是在法定劳动年龄内，并且具有劳动能力的公民。关于法定劳动年龄，我国《劳动法》第十五条规定，禁止用人单位招用未满 16 周岁的未成年人。文艺、体育和特种工艺单位招用未满 16 周岁的未成年人，必须依照国家有关规定，履行审批手续，并保障其接受义务教育的权利。《关于落实再就业政策考核指标几个具体问题的函》规定，就业人员是指在法定劳动年龄内(男 16～60 岁，女 16～55 岁)，从事一定的社会经济活动，并取得合法劳动报酬或经营收入的人员。

(2) 公民在主观上有就业意愿，或称公民出于自愿。

(3) 公民所从事的是合法的经济活动，以提供满足社会需要的商品或服务为目的。

(4) 公民从事这种社会劳动可以获得相应的劳动报酬或经营收入。

2. 劳动就业权

劳动就业权也称为就业权或工作权，是指具有劳动能力并且具有就业愿望的劳动者享有的获得有报酬或经济收入的工作的权利。

（二）促进就业

国家通过促进经济和社会发展，创造就业条件，扩大就业机会。地方各级人民政府应当采取措施，发展多种类型的职业介绍机构，提供就业服务。

国家鼓励企业、事业组织、社会团体在法律、行政法规规定的范围内兴办产业或者拓展经营，增加就业。国家支持劳动者自愿组织起来就业和从事个体经营实现就业。

劳动者就业，不因民族、种族、性别、宗教信仰不同而受歧视。妇女享有与男子平等的就业权利。在录用职工时，除国家规定的不适合妇女的工种或者岗位外，不得以性别为由拒绝录用妇女或者提高对妇女的录用标准。残疾人、少数民族人员、退出现役的军人的就业，法律、法规有特别规定的，从其规定。

禁止用人单位招用未满 16 岁的未成年人。文艺、体育和特种工艺单位招用未满 16 周岁的未成年人，必须依照国家有关规定，履行审批手续，并保障其接受义务教育的权利。

知识拓展 📖

就业促进法简介

为了促进就业，促进经济发展与扩大就业相协调，促进社会和谐稳定，第十届全国人民代表大会常务委员会第二十九次会议于 2007 年 8 月 30 日通过了《中华人民共和国就业促进法》(以下简称《就业促进法》)，自 2008 年 1 月 1 日起施行。该法主要包括以下内容：总则、政策支持、公平就业、就业服务和管理、职业教育和培训、就业援助、监督检查、法律责任等内容。

二、职业教育和职业培训

(一) 职业教育和职业培训的概念

职业教育和职业培训，也称职业技术训练，是指按照职业或工作岗位的要求，以开发和提高劳动者的职业技能为目的，对要求就业或者已就业的劳动者进行的培养和训练。职业培训大致可分为两大类，即就业前培训和就业后培训。就业前培训主要是给没有参加过工作的青年以从事某种职业的专门知识和技术，使其成为新的技术工人，其培训方式包括学徒培训(招培养生)和学校培训；就业后培训是对已经参加工作的在职劳动者进行的以提高其文化素质和职业技能为目的的培训，包括在岗培训、转业培训和再就业培训几种方式，职业培训是国民教育体系中职业教育的一种主要形式，目前已成为世界各国现代教育制度的重要组成部分。我国尚无一部统一的《职业培训法》，对职业培训的规定主要以劳动行政部门的规章为主，如《从事技术工程劳动者就业上岗前必须培训的规定》(1995 年 6 月 11 日，劳动部)、《就业训练规定》(1994 年 12 月 9 日，劳动部)、《职业资格证书规定》(1993 年 7 月 9 日，劳动部)等。

(二) 职业分类和职业技能标准

职业分类是指根据社会经济发展、技术进步和劳动管理的需要，在工种分析的基础上，对所有的职业按照劳动者所从事工作类别和一定性质进行归类界定。

职业技能标准是指在职业分类的基础上，通过科学划分工种，对工种进行分类，据各工种对知识和技能水平的要求，对其进行概括和描述而形成的技能准则。职业技能标准分为国家标准、行业(地区)标准和企业标准三级。并非所有的职业都要制定职业技能标准，目前我国《工人技术等级标准》，其内容按不同工种和等级分别包括应知、应会和工作实例三部分。

（三）职业资格证书制度和职业技能考核鉴定

职业资格证书制度是指对劳动者从事某一职业所必需的学识、技术和能力进行认证的制度，其中包括对劳动者从业资格和职业资格进行考查、考核、发证等内容。我国劳动保障部门负责以技能为主的职业资格证书的核发与管理工作，其核发的证书主要有《技术等级证书》《技师合格证书》《高级技师合格证书》和《特种作业人员操作证》。

职业技能考核鉴定是指依据技能标准对劳动者技术水平和工作能力的评价与认定。此项工作可分为职业技能考核和职业技能鉴定两部分，经考核鉴定合格者发放相应的证书。目前我国工人职业技能鉴定和职员职业技能鉴定分别由劳动行政部门、人事行政部门综合管理。

实训与练习 📝

实训目的：增强学生对就业和培训法律法规理论知识的理解。

背景资料：2003 年左右，民航总局批准成立鹰联航空、春秋航空和奥凯航空等民营航空公司，并允许民营资本进入航空领域。这些蓬勃发展的民营航空公司不会等上 10 年培养一个飞行员，各大航空公司现有的飞行员成为他们的目标，引发飞行员流动加速，飞行员跳槽事件屡屡见诸报端。据报道，2004 年 6 月，海航集团控股的中国新华航空公司 14 名飞行员集体向公司提交辞职书投奔奥凯，赔偿金由奥凯和海航协商解决；同年 11 月，海航一飞行员提出辞职，2005 年 8 月转签鹰联航，鹰联航支付 100 万元人民币赔偿款给海航。

除了民营航空公司高薪挖人外，规模较大的航空公司之间，也会互相争夺飞行员，虽然他们不像民营航空公司那样赤裸裸地强行挖人，也会暗中与其他公司的飞行员联系。2004 年 7 月，东航江苏分公司两机长提出辞职，最终法院判决两机长分别支付航空公司赔偿款 100 万元；同年 10 月，国航一飞行员提出辞职，国航要求其支付 845 万元赔偿款。

目前，全国有 1 万多名民航飞行员，负责国内 800 多个航班。业内人士称，飞行员人数刚够。但是随着国内各大航空公司新购置飞机数量的增长，越来越多的航空公司觉得手中的飞行员数量不够用了。权威人士估计，未来 20 年中国至少需要增加 4 万名左右的飞行员，而目前国内的培养速度还远远不能满足这一需要。

飞行员从航校毕业，到上岗要经过一系列严格的培训。培训对于航空公司是一项高费用，平均一个飞行员在上机前的培训至少要 200 万元以上，此后每年的培训也不是一笔小数目。因此，任何一个飞行员拥有的飞行执照，实际上都是"个人能力+企业投入"的总和。所以，飞行员的跳槽不仅会给企业的正常运转带来困难，也会给企业带来巨大的经济损失。面对日益激烈的飞行员争夺战，航空公司通常采取两类方法留住人才，一是提高待遇，二是签订培训协议，约定服务期以及高额的违约金。

（资料来源：央视国际网，2005-11-23）

请结合本节内容，提出你对航空公司培训协议的看法。

实训方法：小组讨论法。

实训步骤：教师分发资料，学生分组，组内讨论分析、组际交流、代表汇报、教师点评。

第三节　劳动合同

一、劳动合同的概念和特征

劳动合同是劳动者和用人单位(企业、事业、机关、团体等)之间关于设立、变更和终止劳动权利和劳动义务关系的协议。

劳动合同法是调整劳动者和用人单位之间确立、变更和终止劳动关系的法律规范的总称。

关于劳动合同法的适用范围,《劳动合同法》第 2 条规定,中华人民共和国境内的企业、个体经济组织、民办非企业单位等组织(以下称用人单位)与劳动者建立劳动关系,订立、履行、变更、解除或者终止劳动合同,适用本法。国家机关、事业单位、社会团体和与其建立劳动关系的劳动者,订立、履行、变更、解除或者终止劳动合同,依照本法执行。

劳动合同具有如下法律特征:

(1) 劳动合同的主体是特定的。一方是具有法人资格的用人单位或能独立承担民事责任的经济组织和个人,另一方是具有劳动权利能力和劳动行为能力的劳动者。

(2) 劳动合同具有从属性,即劳动者在身份、组织、经济上从属于用人单位。用人单位和劳动者在履行劳动合同的过程中,存在着管理与被管理的关系,即劳动者一方必须加入到用人单位一方中去,成为该单位的一名职工,接受用人单位的管理并依法取得劳动报酬。

(3) 劳动合同具有较强的法定性,即劳动合同主体双方在订立、变更、解除、终止劳动合同时,须遵守劳动法律、法规的强制性和禁止性规定。法律虽允许劳动者和用人单位协商订立劳动合同,但协商的内容不得违反法律、行政法规的规定,否则无效。

(4) 劳动合同具有诺成、双务、有偿的特性。其诺成性在于劳动合同经双方意思表示一致即可成立,法律上并不将双方先履行相应义务作为合同成立的前提。其双务性在于劳动合同主体双方均具有相应的权利和义务。其有偿性在于劳动者向用人单位提供劳动,用人单位须支付相应的劳动报酬。

二、劳动合同的分类

1. 有固定期限的劳动合同

有固定期限的劳动合同是双方当事人明确约定合同有效的起始日期和终止日期的劳动合同。期限届满,劳动合同终止。双方当事人可以根据生产、工作的需要确定劳动合同的期限。为保护劳动者的身体健康,我国《劳动法》规定从事矿山井下以及其他有害身体健康的工种、岗位工作的农民工,实行定期轮换制度,合同期限最长不得超过 8 年。

2. 无固定期限的劳动合同

无固定期限的劳动合同是双方当事人只约定合同的起始日期,不约定合同的终止日期的劳动合同。

根据我国《劳动合同法》规定,用人单位与劳动者协商一致,可以订立无固定期限劳动合同。有下列情形之一的，劳动者提出或者同意续订、订立劳动合同的，除劳动者提出订立固定期限劳动合同外，应当订立无固定期限劳动合同。

(1) 劳动者在该用人单位连续工作满 10 年的。

(2) 用人单位初次实行劳动合同制度或者国有企业改制，重新订立劳动合同时，劳动者在该用人单位连续工作满 10 年且距法定退休年龄不足 10 年的。

(3) 连续订立两次固定期限劳动合同，且劳动者没有《劳动合同法》第三十九条和第四十条第一项、第二项规定的情形，续订劳动合同的。除此以外，《劳动合同法》还规定，用人单位自用工之日起满 1 年不与劳动者订立书面劳动合同的，视为用人单位与劳动者已订立无固定期限劳动合同。

3. 以完成一定工作为期限的劳动合同

以完成一定工作为期限的劳动合同一般适用于建筑业、临时性、季节性的工作或由于其工作性质可以采取此种合同期限的工作岗位。

知识拓展 📖

《劳动合同法》与《劳动法》的关系如何

《劳动合同法》与《劳动法》关系密切，正确把握二者的关系，需要弄清以下几点：

(1) 从法律效力上来看，《劳动合同法》和《劳动法》都是全国人民代表大会常务委员会制定的法律，效力相同。

(2) 从法律规范的内容上来看，《劳动法》是一部综合性的法律，它规范的内容，除了劳动合同制度外，还包括就业促进、集体合同、工作时间和休息休假、工资、劳动安全卫生、女职工保护和未成年人特殊保护、职业培训、社会保险和福利、劳动争议、监督检查等内容。而《劳动合同法》仅就劳动合同内容予以规定，是一部有关劳动合同的单行法。

(3) 从适用次序来看，根据《中华人民共和国立法法》第 83 条关于"同一机关制定的法律、行政法规、地方性法规、自治条例和单行条例、规章，特别规定与一般规定不一致的，适用特别规定；新的规定与旧的规定不一致的，适用新的规定"，《劳动合同法》相对于《劳动法》是特别法，是新法，对于《劳动法》和《劳动合同法》都有规定的，适用《劳动合同法》的规定，《劳动合同法》没有规定而《劳动法》有规定的，则适用《劳动法》的相关规定。

劳动合同与就业协议的区别

劳动合同与就业协议都是用人单位与劳动者确立劳动关系的协议，但两者属于不同类型的协议，其主要区别在于：

(1) 两者的主体不同。就业协议专指高等院校应届毕业生与用人单位签订的就业工作协议；而劳动合同是指劳动者与用人单位确立劳动关系、明确双方权利与义务的协议，劳动者既可以是高校毕业生，也可以是其他社会就业人员。

(2) 两者的内容不同。就业协议是高校毕业生与用人单位签订的初次工作协议，主要在于确定毕业生与用人单位双向选择的关系，一般并未详细规定双方具体的权利与义务；而劳动合向则是用人单位与劳动者确定工作关系之后签订的规范双方权利义务的协议。

三、劳动合同的订立与生效

劳动合同的订立，是指劳动合同双方当事人，即劳动者和用人单位就双方的权利义务进行协商，意思表示一致，从而签订对双方具有法律约束力的劳动合同的行为。

（一）劳动合同的订立原则

劳动合同的订立一般应遵循以下原则：

1. 合法性原则

合法原则即劳动合同必须依法订立，不得违反法律、行政法规的规定。具体包括以下内容：

(1) 劳动合同的主体合法。即劳动合同的当事人必须具备合法资格，当事人应是年满16 周岁，身体健康，具有劳动权利能力和劳动行为能力的公民。用人单位应是依法成立或核准登记的企业、个体经济组织、国家机关、事业单位、社会团体，具有用人的权利能力和行为能力。

(2) 劳动合同的内容合法。劳动合同的内容是对劳动合同双方当事人劳动权利和义务的具体规定，其内容必须符合国家法律、行政法规的规定，包括国家的劳动法律、法规，也包括国家的其他法律、行政法规。

(3) 劳动合同订立的程序和形式合法。劳动合同订立的程序必须符合法律规定，未经双方协商一致强迫订立的劳动合同无效。《劳动合同法》第 10 条规定，"建立劳动关系，应当订立书面劳动合同。"

2. 平等自愿、协商一致的原则

平等是指在订立劳动合同过程中，双方当事人的法律地位平等，不存在管理与服从的关系；自愿是指劳动合同的订立及内容的达成，完全出于当事人自己的意志，是其真实意思的表示，任何一方不得将自己的意志强加于对方，也不允许第三者非法干预；协商一致是指经过双方当事人充分协商，达成一致意见，签订劳动合同。

（二）劳动合同应采用书面形式订立

建立劳动关系，应当订立书面劳动合同，用人单位和劳动者各执一份。

1. 劳动者不订立书面劳动合同的处理

(1) 自用工之日起 1 个月内，经用人单位书面通知后，劳动者不与用人单位订立书面劳动合同的，用人单位应当书面通知劳动者终止劳动关系，依法向劳动者支付其实际工作时间的劳动报酬，但无须向劳动者支付经济补偿而使双方的劳动关系消灭。

(2) 自用工之日起超过 1 个月不满 1 年，劳动者不与用人单位订立书面劳动合同的，用人单位应当书面通知劳动者终止劳动关系，但应依法向劳动者支付经济补偿金。

2. 用人单位不订立书面劳动合同的处理

签订劳动合同是劳动合同法规定的用人单位应履行的强制性义务。不签订书面劳动合同，用人单位将承担相应的法律责任：

（1）用人单位自用工之日起超过一个月不满一年未与劳动者订立书面劳动合同的，应当向劳动者每月支付两倍的工资，并与劳动者补订书面劳动合同；每月支付 2 倍工资的起算时间为用工之日起满 1 个月的次日，截止时间为补订书面劳动合同的前 1 日。

（2）用人单位自用工之日起满一年未与劳动者订立书面劳动合同的，自用工之日起满一个月的次日至满一年的前一日应当依照劳动合同法的规定向劳动者每月支付两倍的工资，并视为自用工之日起满一年的当日已经与劳动者订立无固定期限劳动合同，应当立即与劳动者补订书面劳动合同。

劳动合同的书面形式除劳动合同书外，还包括作为劳动合同书补充内容的书面文件，如岗位协议书、专项劳动协议以及用人单位依法制定的劳动规章制度等劳动合同书的附件。

用人单位制定的内部规章制度与集体合同或者劳动合同约定的内容不一致，劳动者请求优先适用合同约定的，人民法院应予支持。

典型案例 📚

用人单位的告知义务

在某大型人才招聘会上，一外资公司打出了"诚聘精英，待遇优厚"的横幅。一时间，吸引了大量应聘者。应聘者孙某想询问一下公司的具体情况，该公司人事部经理却拒绝回答，说："你被聘用上班工作后，自然就知道了。"

两周后，孙某被通知面试。面试过程中，面试官详细地介绍了公司的发展历程和愿景，力图使孙某了解公司各阶段的发展战略以及公司的企业文化，甚至还提到了历任领导的管理风格，却闭口不提给员工的工作条件以及福利待遇等。当孙某问到工作地点时，得到的回答是现在还不确定，根据公司的需要，会指派他们到不同的分公司工作，这些分公司分布在全国几大城市，有北京、上海、广州、南京和西安，只要与公司签订劳动合同，就必须服从公司分配。另外，关于劳动报酬问题，在订立之前也没有固定数额，根据工作业绩来确定。孙某有点担心，心里也犯嘀咕，开始对这个公司产生了怀疑。

（资料来源：劳资法规论坛，2003-09）

【分析】

这是一用人单位在招聘时没有履行告知义务的案例。由于我国劳动力市场供求关系不平衡，用人单位往往处于相对强势的地位，不能平等对待求职者。招聘单位的情况、信息对求职者的透明度往往较低，劳动者在应聘时不能全面了解信息，盲目订立劳动合同，在履行过程中容易出现问题，由此产生的争议案件屡见不鲜，给用人单位和劳动者双方都带来巨大损失。

四、劳动合同的订立程序

劳动者与用人单位建立劳动关系，应当订立书面劳动合同，订立劳动合同的程序一般分为招收录用和签订劳动合同两个阶段。

（一）招收录用阶段

招收录用阶段，是用人单位通过招收录用确定劳动合同双方当事人的程序，此阶段一般包括下述主要环节：① 公布招聘简章并发布广告；② 自愿报名；③ 全面考核；④ 择优录用。

（二）签订劳动合同阶段

签订劳动合同阶段，是劳动合同的主体双方对劳动合同的具体内容通过平等协商达成一致意见的程序。此阶段一般包括下述主要环节。

1. 用人单位向劳动者履行告知义务

《劳动合同法》第八条规定，用人单位招用劳动者时，应当如实告知劳动者工作内容、工作条件、工作地点、职业危害、安全生产状况、劳动报酬，以及劳动者要求了解的其他情况；告知方式应尽量采用书面形式，并经劳动者签字确认。其中，劳动报酬应是重点告知内容，具体包括：① 工资分配制度、工资标准和分配形式；② 工资支付办法；③ 加班加点工资支付及津贴、补贴标准和奖金分配办法；④ 工资调整办法；⑤ 试用期及病、事假等期间的工资待遇；⑥ 特殊情况下劳动者工资(生活费)支付办法；⑦ 其他劳动报酬的分配办法。

2. 查验劳动者相关证明

用人单位有权了解劳动者与劳动合同直接相关的基本情况，查验内容主要包括：① 身份证；确认劳动者出生日期以及安排未成年工从事禁忌的劳动；② 解除或终止劳动关系证明(初次就业者免)，防止招用与其他单位有劳动关系(非全日制工除外)的劳动者，以免承担因此给原企业造成损失的连带赔偿责任；③ 身体健康检查证明，确认劳动者身体状况符合录用条件，且没有影响工作的传染病或职业病；④ 相关的职业资格证明。确认劳动者职业能力，特别是特殊工种和工作岗位是否具备上岗资格。

3. 提出劳动合同文本

建立劳动关系必须订立书面劳动合同，用人单位须提前 10 日向劳动者提供拟订立的劳动合同文本，并说明各条款的具体内容和依据。

4. 商定劳动合同内容

用人单位与劳动者就劳动合同内容，尤其是对劳动合同期限、工作时间、劳动报酬等条款内容进行协商，协商一致后以书面形式确定具体内容。双方可以在劳动合同中作出不同于内部劳动规则某项内容或者指明不受内部劳动规则某项内容约定的对劳动者更有利的约定，但不得违背劳动者真实意愿和平等自愿签约原则，侵害劳动者人身自由、择业自由以及财产权。

5. 签字盖章

劳动合同内容经双方协商一致，用人单位与劳动者在劳动合同文本上签字或者盖章生效。劳动合同文本由用人单位和劳动者各执一份。

典型案例

用人单位的知情权

现年 21 岁的刘某是重庆市某重点高校中文系应届毕业生，成绩优秀，面容姣好。某日，刘某经系里推荐到市内某合资企业面试。应聘时常遇到尴尬的事件，以前媒体曾多次报道，寝室的室友也曾遇到类似事件，生性聪颖的刘某便多长了一个心眼，偷偷带上自己的微型录音机，经过几个一般性的提问后，中年男考官突然问："你有男朋友吗？"刘某有些措手不及，不知如何回答才能让负责人满意，只得硬着头皮回答："有。"男考官似乎并不满足，接下来的一系列问题让刘某更是心慌乱、脸发红："你赞成婚外性行为吗？""你现在与男朋友过同居生活吗？""今后如果客户对你提出性要求，你选择合作还是拒绝？"

面对不断的发问和男考官那咄咄逼人的眼光，刘某说："我不知道当时是如何回答的，只好搪塞应付了事。"对刘某的回答，男考官显然不满意，意犹未尽的他居然拿起手中的软尺站起来，欲亲自给刘某测量其"三围"。实在无法忍受的刘某只得抓起背包，仓皇冲出应聘的办公室。

(资料来源：女生应聘遭遇"性拷问"欲上公堂讨说法. 中国教育在线就业频道， 2002-04-01)

【分析】　这是一个用人单位在招聘过程中侵犯劳动者隐私权的案例。用人单位招聘时可以了解劳动者哪些信息？《劳动合同法》第 8 条规定，用人单位有权了解劳动者与劳动合同直接相关的基本情况，劳动者应当如实说明。这是对用人单位知情权的规定。

用人单位的知情权，是指用人单位对劳动者与劳动合同直接相关的基本情况有真实、适当地知晓的权利，如劳动者的年龄、知识技能、身体状况、学历、工作经历以及就业现状等情况。用人单位无权了解劳动者与劳动合同无关的个人情况，比如血型、性取向、对婚姻的态度等，以尊重和保护劳动者的个人隐私权。本案例中的企业，利用招聘的机会，询问和了解刘某对婚前性行为的看法和态度，超出了其知情权的范围，与缔结劳动合同无关，侵犯了刘某的个人隐私，刘某有权拒绝回答。

五、劳动合同的内容

劳动合同的内容具体表现为劳动合同的条款，一般分为必备条款和可备条款。

(一) 必备条款

必备条款是法律规定的生效劳动合同必须具备的条款。根据我国《劳动合同法》的规定，劳动合同应当具备以下条款。

(1) 用人单位的名称、住所和法定代表人或者主要负责人。

(2) 劳动者的姓名、住址和居民身份证或者其他有效身份证件号码。

(3) 劳动合同期限。

(4) 工作内容和工作地点。

(5) 工作时间和休息休假。

(6) 劳动报酬与社会保险。

(7) 劳动保护、劳动条件和职业危害防护。

(8) 法律、法规规定应当纳入劳动合同的其他事项。

(二) 可备条款

可备条款是法律规定的生效合同可以具备的条款。当事人可以协商约定可备条款，缺少可备条款不影响劳动合同的成立。根据我国《劳动法》的规定，可备条款包括以下内容。

1. 试用期条款

试用期是一个法定的宽限期，因为劳动具备人身性，劳动的品质不能直接测量出来，双方都需要一段适应时间。劳动合同试用期规定包括四点。

第一，试用期的次数有限制。同一用人单位与同一劳动者只能约定一次试用期，且试用期包含在合同之内。试用期包含在劳动合同期限内。劳动合同仅约定试用期的，试用期不成立，该期限为劳动合同期限。实践中，有的用人单位和劳动者只签订试用合同，则该试用合同无效。

第二，试用期的期限有限制。劳动合同期限三个月以上不满一年的，试用期不得超过一个月；劳动合同期限一年以上不满三年的，试用期不得超过二个月；三年以上固定期限和无固定期限的劳动合同，试用期不得超过六个月。以完成一定工作任务为期限的劳动合同或者劳动合同期限不满三个月的，不得约定试用期。

第三，试用期的工资有规定。该工资不得低于本单位相同岗位最低档工资或者劳动合同约定工资的百分之八十，并不得低于用人单位所在地的最低工资标准。

第四，试用期的解聘有规定。试用期中，除非有法定理由，用人单位不得解除劳动合同；解除时，单位应向劳动者说明理由。

2. 约定培训协议

用人单位为劳动者提供专项培训费用，对其进行专业技术培训的，可以与该劳动者订立协议，约定服务期。

3. 约定保密协议和竞业限制条款

用人单位与劳动者可以在劳动合同中约定保守用人单位的商业秘密和与知识产权相关的保密事项。

对负有保密义务的劳动者，如对用人单位的高级管理人员、高级技术人员和其他负有保密义务的人员，用人单位可以在劳动合同或者保密协议中与劳动者约定竞业限制条款，并约定在解除或者终止劳动合同后，在竞业限制期限内按月给予劳动者经济补偿。但竞业限制期限不得超过 2 年，约定的竞业限制范围、地域、期限，不得违反法律、法规的规定。

其他可备条款还有第二职业条款、违约金和赔偿金条款、补充保险、福利条款等。

除以上必备条款和可备条款外，我国《劳动法》还规定了禁止双方当事人约定的条款，即用人单位在与劳动者订立劳动合同时，不得以任何形式向劳动者收取定金、保证金(物)或抵押金(物)。对违反规定的，由公安部门和劳动保障行政部门责令用人单位立即退还给劳动者本人。

《劳动合同法》第十九条在试用期的期限上进行了详细的规定，具体见表 12-1。

表 12-1 《劳动合同法》详细规定

劳动合同期限	试用期	劳动合同期限	试用期
完成一定任务期限劳动合同	不能约定试用期	一年以上不满 3 年	不超过 2 个月
3 个月以下	不能约定试用期	3 年以上	不超过 6 个月
3 个月以上不满一年	不超过 1 个月	无固定期限劳动合同	不超过 6 个月

知识拓展 📖

《劳动合同法》

除了试用期，我们还会看到见习期、学徒期这样的情况，见习期不是劳动合同制度中的概念，而是人事制度下的做法。劳动部办公厅在对《劳动用工管理有关问题的请示》的复函(劳办发[1996]5 号)中规定，大中专、技校毕业生新分配到用人单位工作的，仍应按原规定执行为期一年的见习制度，见习期内可以约定不超过半年的试用期。随着毕业分配制度的变革，企业用工制度的变化，实践中见习期制度已经不多见，将慢慢退出历史舞台。根据劳动部办公厅对《关于劳动用工管理有关问题的请示》的复函(劳用办发[1996]5号)的规定，学徒期是对进入某些工作岗位的新招工人熟悉业务、提高工作技能的一种培训方式，在实行劳动合同制度后，这一培训方式仍应继续采用，并按照技术等级标准规定的期限执行。

除此之外，针对用人单位利用试用期是非正式的劳动关系，肆意侵犯劳动者的权益，《劳动合同法》对此进行了特别的规定。

首先，试用期包括在劳动合同期限内。如果只规定了试用期，没有确定劳动合同期限的，那么试用期就是劳动合同期限。实践中，用人单位往往利用只约定了试用期，而没有约定劳动合同期限而否定劳动关系的存在，因而在工资、福利待遇上区别于建立了正式的劳动关系的员工。因此，不管试用期之后订立劳动合同还是不订立劳动合同，都不允许单独约定试用期。

其次，用人单位只能和劳动者约定一次试用期。实践中劳动者只要重新和用人单位建立劳动关系，用人单位都可以和劳动者约定试用期，但是试用期的性质决定了这只是用人单位了解新员工、彼此相互适应的期间，因此《劳动合同法》对此作出了限制。

最后，试用期的工资和社会保险问题。劳动者在试用期的工资不得低于本单位相同岗位最低档工资或者劳动合同约定工资的百分之八十，并不得低于用人单位所在地的最低工资标准。除了工资之外，对于在试用期内需不需要为劳动者购买社会保险的问题，在《劳动合同法》中是不存在争议的，因为试用期是包含在劳动合同期限内的，所以作为劳动合同的义务，用人单位负有为劳动者购买社会保险的义务。

典型案例

不得约定试用期

由于某些时段客流量比较集中，忙闲不均，某超市招聘了一批非全日制的收银员，他们每天的工作时间分别为上午10点到下午1点，或者下午5点到晚上9点，每人每个月可以调休4天。主管与应聘者约定口头协议时提出：超市需要对他们试用1天，如果手脚麻利，头脑清晰，那么超市会继续录用他们，也将发放第一天的工资；但如果动作很慢，经常出错，遭到顾客的抱怨甚至投诉，那么他们会被直接辞退，也不会有任何报酬。

对于超市的这个规定，大部分的应聘者都接受了；但也有两位提出了异议，认为这个规定不合理。主管对此冷冷地说："上我们这儿应聘的人多着呢，你要不愿意就拉倒，我们再招别人。"应聘者迫于压力，只能接受这一条件。

(资料来源：程延园主编. 劳动合同新规则之HR应对. 北京：中国法制出版社，2007.247)

【分析】 这是一起由非全日制用工是否可以约定试用期引发的争议。《劳动合同法》第70条规定，非全日制用工不得约定试用期。由于非全日制用工一般都是对劳动技能要求不高的岗位，不需要通过试用来考查员工是否能胜任这项工作。另一方面，非全日制用工的劳动关系相对而言灵活松散，按照法律规定，用人单位可以随时通知对方终止用工，并且不需要支付经济补偿，如果允许试用期的存在，部分用人单位可能以试用期为名压低劳动者的工资，甚至无偿使用劳动力。

在本案例中，超市对录用的非全日制收银员规定有一天的试用期，属于违法行为。根据法律规定，超市可以辞退不合格的非全日制员工，但对他们已经付出的劳动，同样需要支付足额的劳动报酬。

4. 服务期

服务期是劳动合同当事人通过协商约定的，因劳动者获得特殊的劳动条件，而劳动者为用人单位服务的期限。

(1) 法律对服务期的规定。

用人单位为劳动者提供专项培训费用，对其进行专业技术培训的，可以与该劳动者订立协议，约定服务期。培训费包括有凭证的专业技术培训费用、培训期的差旅费及因培训产生的其他直接费用。

(2) 服务期的约定。

服务期的约定是与用人单位对劳动者的培训、福利等特殊待遇联系在一起的。服务期的约定是以用人单位提供培训或其他特殊待遇为前提，否则，用人单位与劳动者就不得约定服务期。

服务期一般长于劳动合同期限。合同期满但约定的服务期尚未到期的，劳动合同应当延续至服务期满，另有约定的，从其约定。

(3) 劳动者违反服务期的违约责任。

劳动者违反服务期约定的，应当按照约定向用人单位支付违约金。约定违反服务期违约金的数额不得超过用人单位提供的培训费用。违约时，劳动者所支付的违约金不得超过服务期尚未履行部分所应分摊的培训费用。用人单位与劳动者约定的服务期较长的，用人单位应当按照工资调整机制提高劳动者在服务期间的劳动报酬。

如果用人单位没有对劳动者培训出资，则无权要求劳动者按约定承担违约责任，缺乏支付凭证证据的，也不能要求劳动者承担违约责任。

知识拓展 📖

《劳动合同法》关于服务期的规定

《劳动合同法》第二十二条规定，用人单位为劳动者提供专项培训费用，对其进行专业技术培训的，可以与该劳动者订立协议，约定服务期。劳动者违反服务期约定的，应当按照约定向用人单位支付违约金。违约金的数额不得超过用人单位提供的培训费用。

关于保密和禁止同业竞争的规定

《劳动合同法》第二十三条规定，用人单位与劳动者可以在劳动合同中约定保守用人单位的商业秘密和与知识产权有关的保密事项。对负有保密义务的劳动者，用人单位可以在劳动合同或者保密协议中与劳动者约定竞业限制条款，并约定在解除或者终止劳动合同后，在竞业限制期限内按月给予劳动者经济补偿。劳动者违反竞业限制约定的，应当按照约定向用人单位支付违约金。

六、劳动合同的效力

(一) 劳动合同的生效

一般情况下，双方当事人意思表示一致，签订劳动合同之日，劳动合同就产生法律效力。双方当事人约定须鉴证或公证方可生效的劳动合同，其生效的时间始于鉴证或公证之日。

(二) 劳动合同的无效

1. 劳动合同无效的情形

劳动合同无效的情形包括以下几种。

(1) 订立劳动合同的主体不合法，即合同双方当事人不具备法律规定的主体资格。

(2) 订立劳动合同的程序或形式不合法。

(3) 违反法律、行政法规的劳动合同。

(4) 用人单位免除自己的法定责任、排除劳动者权利的。

(5) 采取欺诈、威胁等手段订立的劳动合同。值得注意的是，劳动法里面的欺诈、胁迫不是可以撤销的行为，而是完全无效的行为。无效劳动合同，从订立时起就没有法律约束力。确认劳动合同部分无效的，如果不影响其余部分的效力，其余部分仍然有效。

2. 劳动合同无效的确认

劳动合同的无效由劳动仲裁委员会或者人民法院确认。

3. 劳动合同无效的法律后果

(1) 撤销劳动合同，适用于被确认为全部无效的劳动合同。被确认为无效的劳动合同，尚未履行的不得履行，正在履行的停止履行。对已经履行部分，应按事实劳动关系对待，劳动者付出劳动的，应得到相应的报酬和有关待遇。用人单位对劳动者付出的劳动，一般可参照本单位同期、同工种、同岗位的工资标准支付劳动报酬。

(2) 修正劳动合同，适用于被确认为部分无效的劳动合同及程序不合法而无效的劳动合同。

(3) 赔偿损失。由于用人单位的原因订立的无效劳动合同，对劳动者造成损害的，应承担赔偿责任。

七、劳动合同的履行

劳动合同的履行，是指劳动合同双方当事人按照合同的约定完成各自义务的行为。《劳动合同法》第二十九条规定了劳动合同履行的原则：用人单位与劳动者应当按照劳动合同的约定，全面履行各自的义务。所谓全面履行，是指劳动者和用人单位应当按照劳动合同约定全面履行合同项下的义务。《劳动合同法》第三条第二款规定，依法订立的劳动合同具有约束力，用人单位与劳动者应当履行劳动合同约定的义务。全面履行原则包含以下内容。

1. 实际履行

全面履行原则首先强调用人单位和劳动者必须依据劳动合同的约定实际履行各自的义务，要求劳动合同的当事人双方必须按照合同约定的时间、期限、地点，用约定的方式，按质、按量全部履行自己承担的义务。劳动合同是劳动者和用人单位确立劳动关系、明确双方劳动权利和义务的协议，经双方协商一致订立后产生约束力，劳动者和用人单位按照劳动合同的约定全面履行义务，是劳动合同具有约束力的具体体现。

2. 亲自履行

亲自履行是指劳动合同当事人双方都必须以自己的行为履行劳动合同约定的义务，不得由他人代理。亲自履行是全面履行原则的应有之义。劳动关系产生于特定的主体之间，具有很强的人身信赖性和不可替代性，劳动者提供劳动与其人身紧密联系、不可分割，受个人素质、工作技能和工作态度等因素的影响，不同的劳动者提供的劳动质量有明显差别。用人单位选择与特定的劳动者建立劳动关系，是对劳动者综合素质全面考察后所作的判断，劳动合同是在双方彼此信赖的基础上订立的，因此全面履行必然要求当事人应当亲自履行合同规定的义务，而不得由他人代理。劳动者不能将应由自己完成的工作交由第三方代办，用人单位也不能将应由自己对劳动者承担的义务转嫁给其他第三方承担。

3. 协作履行

按照全面履行原则，双方当事人不仅要严格按合同的约定履行义务，而且当事人在履行劳动合同的过程中应当互相给予对方必要的协作。劳动者提供劳动力，用人单位使用劳动力，劳动关系只有在双方互相协助的基础上才能在既定期限内顺利实现，劳动者和用人单位在劳动合同的履行过程中应相互配合，为对方履行义务提供条件与必要的协助。

八、劳动合同的变更

(一) 变更劳动合同的原则和条件

劳动合同的变更是指当事人双方对尚未履行的劳动合同，依照法律规定的条件和程序，对劳动合同进行修改或增删的法律行为。劳动合同变更应遵循平等自愿、协商一致的原则，不得违反法律、行政法规的规定。任何一方不得擅自变更，否则要承担相应的法律责任。

(二) 劳动合同变更的程序

劳动合同的变更一般是协议变更，必须依照法律程序变更。分为三个步骤。

(1) 及时提出变更合同的建议。即当事人一方向对方提出变更合同的建议，说明变更合同的理由、内容、条件以及请求对方答复的期限等项内容。

(2) 按期作出答复。当事人一方得知另一方提出变更合同的建议，应在对方规定的时间内作出答复，可以依法表示同意、不完全同意和不同意。

(3) 签订书面协议。双方就变更的内容及条件进行协商，达成一致意见，应签订书面协议。

我国《劳动法》规定，提出变更合同的一方，给对方造成经济损失的，应当承担赔偿责任。

九、劳动合同的解除

(一) 劳动合同解除的概念

劳动合同的解除是指劳动合同在订立以后，尚未履行完毕或者未全部履行以前，由于合同双方或者单方的法律行为导致双方当事人提前消灭劳动关系的法律行为。

劳动合同的解除，只对未履行的部分发生效力，不涉及已履行的部分。

劳动合同的解除分为协商解除和单方解除，单方解除分为劳动者单方解除和用人单位单方解除。

(二) 协商解除

协商解除是指用人单位与劳动者在完全自愿的情况下，互相协商，在彼此达成一致意见的基础上提前终止劳动合同的效力。

用人单位与劳动者协商一致且不违背国家利益和社会公共利益的情况下，可以解除劳动合同，但必须符合以下几个条件：

(1) 被解除的劳动合同是依法成立的、有效的劳动合同。

(2) 解除劳动合同的行为必须是在被解除的劳动合同依法订立生效之后、尚未全部履行之前进行。

(3) 用人单位与劳动者均有权提出解除劳动合同的请求。

(4) 在双方自愿、平等协商的基础上达成一致意见，可以不受劳动合同中约定的终止条件的限制。

协商解除劳动合同的过程中，如果用人单位提出解除劳动合同的，则应依法向劳动者支付经济补偿。劳动者主动辞职的，用人单位无需支付经济补偿。

(三) 单方解除

1. 用人单位的单方解除权

一是过失性辞退(《劳动合同法》第三十九条)。劳动者有下列情形之一的，用人单位可以解除劳动合同：① 在试用期间被证明不符合录用条件的；② 严重违反用人单位的规章制度的；③ 严重失职，营私舞弊，给用人单位造成重大损害的；④ 劳动者同时与其他用人单位建立劳动关系，对完成本单位的工作任务造成严重影响，或者经用人单位提出，拒不改正的；⑤ 因本法第二十六条第一款第一项规定的情形致使劳动合同无效的；⑥ 被依法追究刑事责任的。

二是无过失性辞退(《劳动合同法》第四十条)。有下列情形之一的，用人单位提前三十日以书面形式通知劳动者本人或者额外支付劳动者一个月工资(即工资替代形式)后，可以解除劳动合同：① 劳动者患病或者非因工负伤，在规定的医疗期满后(现行医疗期规定为 3 至 24 个月)不能从事原工作，也不能从事由用人单位另行安排的工作的；② 劳动者不能胜任工作，经过培训或者调整工作岗位，仍不能胜任工作的；③ 劳动合同订立时所依据的客观情况发生重大变化，致使劳动合同无法履行，经用人单位与劳动者协商，未能就变更劳动合同内容达成协议的。

三是经济性裁员(《劳动合同法》第四十一条)。有下列情形之一，需要裁减人员二十人以上或者裁减不足二十人但占企业职工总数百分之十以上的，用人单位提前三十日向工会或者全体职工说明情况，听取工会或者职工的意见后，裁减人员方案经向劳动行政部门报告，可以裁减人员：① 依照企业破产法规定进行重整的；② 生产经营发生严重困难的；③ 企业转产、重大技术革新或者经营方式调整，经变更劳动合同后，仍需裁减人员的；④ 其他因劳动合同订立时所依据的客观经济情况发生重大变化，致使劳动合同无法履行的。

注意：裁减人员时，应当优先留用下列人员：① 与本单位订立较长期限的固定期限劳动合同的；② 与本单位订立无固定期限劳动合同的；③ 家庭无其他就业人员，有需要扶养的老人或者未成年人的。用人单位依照第四十一条第一款规定裁减人员，在六个月内重新招用人员的，应当通知被裁减的人员，并在同等条件下优先招用被裁减的人员。

2. 劳动者可以解除合同的情形

有下列情形之一的，劳动者可以随时通知用人单位解除劳动合同：

(1) 在试用期内的；

(2) 用人单位以暴力、威胁或者非法限制人身自由的手段强迫劳动的；

(3) 用人单位未按照劳动合同约定支付劳动报酬或者提供劳动条件的。

3. 用人单位不得解除劳动合同情形

劳动者有下列情形之一的，用人单位不得依照本法第四十条、第四十一条的规定解除劳动合同(《劳动合同法》第四十二条)：① 从事接触职业病危害作业的劳动者未进行离岗前职业健康检查，或者疑似职业病病人在诊断或者医学观察期间的；② 在本单位患职业病或者因工负伤并被确认丧失或者部分丧失劳动能力的；③ 患病或者非因工负伤，在规定的医疗期内的；④ 女职工在孕期、产期、哺乳期的；⑤ 在本单位连续工作满十五年，且距法定退休年龄不足五年的；⑥ 法律、行政法规规定的其他情形。

注意："不得解除"是指不得依据两种情况而解除：一是不得依据《劳动合同法》第 40 条所列的"用人单位可提前 30 日书面通知劳动者解除劳动合同"情况而解除；二是不得依据《劳动合同法》第 41 条所列的"经济裁员"情况而解除。

知识拓展

劳务合同与劳动合同的区别

劳务合同与劳动合同的主要区别在于：

1. 合同双方当事人关系不同

劳务合同中双方当事人可以是自然人，也可以是法人，没有身份、经济、组织上的从属性；劳动合同主体特定，一方是劳动者，另一方是用人单位，劳动者从属于用人单位。

2. 劳动支配权和劳动风险责任承担不同

劳务合同中劳务支配权在提供劳务者，劳动风险责任亦由提供劳务者自行承担；劳动合同中劳动支配权在用人单位，劳动风险由社会、用人单位、劳动者三方承担。

3. 报酬性质和支付方式不同

劳务报酬根据劳务市场价格确定，由双方当事人约定，国家无强制性规定，支付方式一般为一次性或分批支付；劳动报酬根据劳动的数量和质量确定，由双方当事人约定，但须遵守国家最低工资等强制性规定。

4. 是否允许多重建立不同

劳务合同关系可以多重建立，一个人可以与多个主体建立劳务合同关系；而劳动合同关系具有唯一性，我国劳动法尚不承认双重劳动关系。

5. 法律调整不同

劳务合同关系由《民法》调整；劳动合同关系由《劳动法》调整。实践中，由于我国实行市场经济后，如小时工、非全日制工、劳务派遣工、承包承揽工等用工形式多样化，《劳动法》适用范围的局限性，使劳务合同与劳动合同难以区别。

十、劳动合同的终止

1. 劳动合同终止的概念

劳动合同终止是指劳动合同的法律效力依法被消灭，劳动者与用人单位之间原有的权利和义务不复存在。

2. 劳动合同终止的情形

(1) 劳动合同期满；劳动者开始依法享受基本养老保险待遇；劳动者死亡，或者被人民法院宣告死亡或者宣告失踪的；用人单位被依法宣告破产的；用人单位被吊销营业执照、责令关闭、撤销或者用人单位决定提前解散的；法律、行政法规规定的其他情形。

(2) 劳动合同期满或者当事人约定的劳动合同终止条件出现。劳动者在医疗期、孕期、产期和哺乳期内，劳动合同期限届满时，劳动合同期限应自动延续至医疗期、孕期、产期和哺乳期满为止。

十一、劳动合同解除和终止的经济补偿

(一) 经济补偿的性质

(1) 经济补偿不同于经济赔偿，经济补偿不以过错为条件，没有惩罚性，不是一种惩罚手段。

(2) 经济补偿是法定的，主要针对劳动关系的解除和终止。如果劳动者无过错，用人单位则应给予一定的经济上的补偿。

(二) 经济补偿的范围

(1) 用人单位有违法、违约行为，劳动者可以随时或者立即解除劳动合同的。

(2) 由用人单位提出解除劳动合同并与劳动者协商一致而解除劳动合同的。

(3) 用人单位符合提前 30 日以书面形式通知劳动者本人或者额外支付劳动者 1 个月工资后可以解除劳动合同的规定而解除劳动合同的。

(4) 用人单位符合可裁减人员的规定而解除劳动合同的。

(5) 除用人单位维持或者提高劳动合同约定条件续订劳动合同，劳动者不同意续订的情形外，劳动合同期满终止固定期限劳动合同的。

(6) 以完成一定工作任务为期限的劳动合同因任务完成而终止的。

(7) 用人单位被依法宣告破产终止劳动合同的。

(8) 用人单位被吊销营业执照、责令关闭、撤销或者用人单位决定提前解散而终止劳动合同的。

(9) 法律、行政法规规定的其他情形。

(三) 经济补偿的支付标准

经济补偿 = 合同解除或终止前劳动者在本单位的工作年限 × 每工作 1 年应得的经济补偿，即：

$$经济补偿 = 工作年限 × 月工资$$

1. 补偿年限的计算标准

(1) 按在本单位的工作年限，每满 1 年支付 1 个月工资的标准支付。6 个月以上不满 1 年的，按 1 年计算；不满 6 个月的，向劳动者支付半个月工资。

(2) 劳动者非因本人原因从原用人单位被安排到新用人单位工作的，劳动者在原用人单位的工作年限合并计算为新用人单位的工作年限。原用人单位已经向劳动者支付经济补偿的，新用人单位在依法解除、终止劳动合同计算支付经济补偿的工作年限时，不再计算劳动者在原用人单位的工作年限。

2．补偿基数的计算标准

(1) 月工资按照劳动者应得工资计算，包括计时或计件工资以及奖金、津贴和补贴等货币性收入。

(2) 合同解除或者终止前 12 个月的平均工资低于当地最低工资标准的，按最低工资标准计算。工作不满 12 个月的，按实际工作的月数计算平均工资。

(3) 劳动者月工资高于用人单位所在直辖市、地区的市级人民政府公布的本地区上年度职工月平均工资 3 倍的，向其支付经济补偿的标准按职工月平均工资 3 倍的数额支付，向其支付经济补偿的年限最高不超过 12 年。

3．特殊规定

(1) 用人单位未依法为劳动者缴纳社会保险的，劳动者有权解除劳动合同。该情形下经济补偿的计算年限自 2008 年 1 月 1 日起算。

(2) 其他情形下，经济补偿的年限自建立劳动关系算起。2008 年 1 月 1 日前后的补偿基数的计算略有不同。

2008 年 1 月 1 日前的经济补偿按在本单位的工作年限，满 1 年的支付 1 个月工资，不满 1 年的按 1 年算。而 2008 年 1 月 1 日后，6 个月以上不满 1 年的，按 1 年计算；不满 6 个月的，向劳动者支付半个月工资。

(3) 劳动合同期满后，若用人单位不同意按维持或高于原劳动合同约定条件与劳动者续订劳动合同的，用人单位在计算经济补偿时，经济补偿的计算年限自 2008 年 1 月 1 日开始计算，之前的工作年限，不属于经济补偿的计算范畴。

十二、劳务派遣

1．劳务派遣单位

劳务派遣单位是经营劳务派遣业务的公司，是用人单位。

设立劳务派遣单位，首先应当具备注册资本不得少于人民币二百万元，有与开展业务相适应的固定的经营场所和设施，有符合法律、行政法规规定的劳务派遣管理制度等基本条件；然后向劳动行政部门依法申请行政许可；经许可的，才能依法办理相应的公司登记，经营劳务派遣业务。

2．三方关系的规制

第一，合同问题，劳务派遣单位应当与被派遣劳动者订立二年以上的固定期限劳动合同。

劳务派遣单位派遣劳动者应当与接受以劳务派遣形式用工的单位(以下称用工单位)订立劳务派遣协议。用工单位应当根据工作岗位的实际需要与劳务派遣单位确定派遣期限，不得将连续用工期限分割订立数个短期劳务派遣协议。

劳务派遣单位应当将劳务派遣协议的内容告知被派遣劳动者。

第二，工资问题，派遣单位按月支付劳动报酬；被派遣劳动者在无工作期间，劳务派遣单位应当按照所在地人民政府规定的最低工资标准，向其按月支付报酬。

劳务派遣单位不得克扣用工单位按照劳务派遣协议支付给被派遣劳动者的劳动报酬。

被派遣劳动者享有与用工单位的劳动者同工同酬的权利。

第三，工作条件，用工单位应当履行执行国家劳动标准，提供相应的劳动条件和劳动保护等义务。

3. 劳务派遣范围

劳动合同用工是我国企业的基本用工形式。劳务派遣用工是补充形式，只能在临时性、辅助性或者替代性的工作岗位上实施。

用工单位应当严格控制劳务派遣用工数量，不得超过其用工总量的一定比例，具体比例由国务院劳动行政部门规定。

4. 劳务派遣合同的解除

被派遣劳动者可以依照《劳动法》、《劳动合同法》的一般规定与劳务派遣单位解除劳动合同。被派遣劳动者有法律规定的非过失性解除和过失性解除情形的，用工单位可以将劳动者退回劳务派遣单位，劳务派遣单位依照本法有关规定，可以与劳动者解除劳动合同。

知识拓展 📖

相关工作岗位

临时性工作岗位是指存续时间不超过六个月的岗位；

辅助性工作岗位是指为主营业务岗位提供服务的非主营业务岗位；

替代性工作岗位是指用工单位的劳动者因脱产学习、休假等无法工作的一定期间内，可以由其他劳动者替代工作的岗位。

十三、非全日制用工合同

（一）非全日制用工的概念

非全日制用工，是指以小时计酬为主，劳动者在同一用人单位一般平均每日工作时间不超过四小时，每周工作时间累计不超过二十四小时的用工形式。

（二）非全日制用工合同概述

近年来非全日制用工发展较快，这种用工形式突破了传统的全日制用工模式，适应了用人单位灵活用工和劳动者自主择业的需要，成为促进就业的重要途径。但其也有不足之处，例如劳动者的工作不稳定且没有社会保险，劳动者的权益难以得到保障；用工单位的人员流动性大，对用工单位的稳定运行、持续发展有一定的负面影响。因此，为了规范用人单位非全日制用工行为，保障劳动者和用工单位的合法权益，促进非全日制就业的健康发展，劳动和社会保障部印发了《关于非全日制用工若干问题的意见》，对全日制用工劳动关系作了规范性规定。

(1) 非全日制用工双方当事人可以订立口头协议，劳动者可以与一个或者一个以上用人单位订立劳动合同；但是，后订立的劳动合同不得影响先订立的劳动合同的履行，并且双方当事人不得约定试用期。

(2) 非全日制用工双方当事人任何一方都可以随时通知对方终止用工。终止用工时，用人单位不向劳动者支付经济补偿。

(3) 非全日制用工小时计酬标准不得低于用人单位所在地人民政府规定的最低小时工资标准，劳动报酬结算支付周期最长不得超过十五日。

十四、集体合同

(一) 集体合同的概念和特征

集体合同又称为集体协议，是指用人单位与本单位职工根据法律、法规、规章的规定，劳动报酬、工作时间、休息休假、劳动安全卫生、职业培训、保险福利等事项，通过集体协商签订的书面协议。我国集体协商签订集体合同始于 20 世纪 80 年代。

集体合同与劳动合同主要有以下区别，也即构成集体合同的特征：① 当事人不同。劳动合同当事人为单个劳动者和用人单位，集体合同当事人为劳动者团体(即工会或相应组织)和用人单位；② 内容不同。劳动合同仅限于规定劳动者个人与用人单位之间的权利、义务，其具体内容一般包括劳动关系的各个方面。集体合同规定集体劳动关系中全体劳动者共同的权利和义务，其内容可能涉及劳动关系的各个方面，也可能只涉及某个方面；③ 订立的时间不同。劳动合同订立于劳动者进入用人单位劳动之前，集体合同订立于劳动关系运行过程中；④ 作用不同。劳动合同侧重于建立劳动关系，集体合同侧重于改善劳动关系，维护职工合法权益；⑤ 效力不同。劳动合同对单个劳动者和用人单位有法律效力，集体合同的法律效力则表现在两个方面：依法签订的集体合同对企业和企业全体职工具有约束力集体合同的法律效力高于劳动合同。

知识拓展 📖

集体合同规定

根据《劳动法》和《工会法》，劳动和社会保障部制定了《集体合同规定》，于 2004 年 5 月 1 日起施行。《集体合同规定》目的是为规范集体协商和签订集体合同行为，依法维护劳动者和用人单位的合法权益。

(二) 集体合同的内容和期限

1. 集体合同订立的基本原则

用人单位与本单位职工签订集体合同，应当遵循以下原则：① 遵守法律、法规、规章及国家有关规定；② 相互尊重，平等协商；③ 兼顾双方合法权益。

2. 集体合同的主要内容

集体合同双方可以就下列多项或某项内容进行集体协商，签订集体合同：劳动报酬；工作时间；休息休假；劳动安全与卫生；补充保险和福利；女职工和未成年工特殊保护；职业技能培训；劳动合同管理；奖惩；裁员。此外，双方还可就集体合同期限、变更或解除集体合同的程序、履行集体合同发生争议时的协商处理办法、违反集体合同的责任等进行协商，订立集体合同。

（三）集体合同的订立、履行、变更、解除和终止

1．集体合同的订立

集体合同的订立是指工会或职工代表与企业或事业单位之间，为规定用人单位和全体职工的权利和义务而依法就集体合同条款经过协商一致，确立集体关系的法律行为。集体合同订立应遵循以下原则：① 合法原则；② 平等合作、协商一致的原则。在集体合同订立时，双方当事人的法律地位平等，应平等合作地进行集体协商。经双方协商达成一致意见，方可订立集体合同。

集体合同按如下程序订立：

(1) 确定集体协商双方代表；

(2) 拟订集体合同草案，进行集体协商；

(3) 审议通过，双方签字；

(4) 报送登记、审查、备案；

(5) 公布。

2．集体合同的履行

集体合同的履行是指集体合同双方按照集体合同的规定履行自己应当承担的义务。集体合同的履行应遵循全面履行、协作履行、相互监督履行的原则。

3．集体合同的变更和解除

集体合同的变更是指集体合同双方对依法成立、尚未履行的或尚未完全履行的集体合同条款所作的修改或增删。集体合同的解除是指提前终止集体合同的法律效力。

4．集体合同的终止

集体合同的终止是指因某种法律事实的发生导致集体合同法律关系消灭。集体合同届满或双方约定的终止条件出现时，集体合同即行终止。

十五、违反劳动合同的法律责任

（一）用人单位的法律责任

1．规章制度违法的法律责任

用人单位直接涉及劳动者切身利益的规章制度违反法律、法规规定的，由劳动行政部门责令改正，给予警告，给劳动者造成损害的，应当承担赔偿责任。

2．订立劳动合同违法应承担的法律责任

(1) 用人单位提供的劳动合同文本未载明本法规定的劳动合同必备条款或者用人单位未将劳动合同文本交付劳动者的，由劳动行政部门责令改正；给劳动者造成损害的，应当承担赔偿责任。

(2) 用人单位自用工之日起超过 1 个月不满 1 年未与劳动者订立书面劳动合同的，应

当向劳动者每月支付 2 倍的工资；用人单位违反本法规定不与劳动者订立无固定期限劳动合同的，自应当订立无固定期限劳动合同之日起向劳动者每月支付 2 倍的工资。

(3) 用人单位违法与劳动者约定试用期的，由劳动行政部门责令改正；违法约定的试用期已经履行的，由用人单位以劳动者试用期满月工资为标准，按已经履行的超过法定试用期的期间向劳动者支付赔偿金。

(4) 用人单位违反规定，扣押劳动者居民身份证等证件的，由劳动行政部门责令限期退还劳动者本人，并依照有关法律规定给予处罚；用人单位违反规定，以担保或者其他名义向劳动者收取财物的，由劳动行政部门责令限期退还劳动者本人，并以每人 500 元以上 2000 元以下的标准处以罚款；给劳动者造成损害的，应当承担赔偿责任。用人单位违反劳动合同法有关建立职工名册规定的，由劳动行政部门责令限期改正；逾期不改正的，由劳动行政部门处 2000 元以上 2 万元以下的罚款。

3. 侵犯劳动者劳动报酬权应承担的法律责任

用人单位有下列情形之一的，由劳动行政部门责令限期支付劳动报酬、加班费或者经济补偿；劳动报酬低于当地最低工资标准的，应当支付其差额部分；逾期不支付的，责令用人单位按应付金额 50% 以上 100% 以下的标准向劳动者加付赔偿金。

(1) 未按照劳动合同的约定或者国家规定及时足额支付劳动者劳动报酬的。

(2) 低于当地最低工资标准支付劳动者工资的。

(3) 安排加班不支付加班费的。

(4) 解除或者终止劳动合同，未依照本法规定向劳动者支付经济补偿的。

4. 劳动合同无效应承担的法律责任

劳动合同依照《劳动合同法》第 26 条规定被确认无效，给对方造成损害的，有过错的一方应当承担赔偿责任。

5. 违法解除或终止劳动合同应承担的法律责任

用人单位违法解除或者终止劳动合同的，劳动者要求继续履行劳动合同的，用人单位应当继续履行；劳动者不要求继续履行劳动合同或者劳动合同已经不能继续履行的，应当依照法律规定的经济补偿标准的 2 倍向劳动者支付赔偿金；用人单位依法支付了赔偿金的，不再支付经济补偿。赔偿金的计算年限自用工之日起计算。

6. 解除或者终止劳动合同的赔偿

用人单位违法未向劳动者出具解除或者终止劳动合同的书面证明，由劳动行政部门责令改正；给劳动者造成损害的，应当承担赔偿责任。

7. 赔偿金的支付

用人单位依照劳动合同法的规定应当向劳动者每月支付 2 倍的工资或者应当向劳动者支付赔偿金而未支付的，劳动行政部门应当责令用人单位支付。

8. 连带赔偿责任

用工单位违反劳动合同法有关劳务派遣规定的，由劳动行政部门和其他有关主管部门责令改正；情节严重的，以每位被派遣劳动者 1000 元以上 5000 元以下的标准处以罚款；给被派遣劳动者造成损害的，劳务派遣单位和用工单位承担连带赔偿责任。

9．侵犯劳动者人身权应承担的法律责任

用人单位有下列情形之一的，依法给予行政处罚；构成犯罪的，依法追究刑事责任；给劳动者造成损害的，应当承担赔偿责任：

(1) 以暴力、威胁或者非法限制人身自由的手段强迫劳动的。

(2) 违章指挥或者强令冒险作业危及劳动者人身安全的。

(3) 侮辱、体罚、殴打、非法搜查或者拘禁劳动者的。

(4) 劳动条件恶劣、环境污染严重，给劳动者身心健康造成严重损害的。

对不具备合法经营资格的用人单位的违法犯罪行为，依法追究法律责任；劳动者已经付出劳动的，该单位或者其出资人应当依照本法有关规定向劳动者支付劳动报酬、经济补偿、赔偿金；给劳动者造成损害的，应当承担赔偿责任。

（二）劳动者的法律责任

劳动者违法解除劳动合同，或者违反劳动合同中约定的保密义务或者竞业限制，给用人单位造成损失的，应当承担赔偿责任。

劳动者应赔偿用人单位下列损失：① 用人单位招收录用其所支付的费用。② 用人单位为其支付的培训费用，双方另有约定的按约定办理。③ 对生产、经营和工作造成的直接经济损失。④ 劳动合同约定的其他赔偿费用。劳动者违反劳动合同中约定的保密事项，对用人单位造成经济损失的，按《劳动合同法》第20条的规定支付用人单位赔偿费用。

（三）连带赔偿责任

连带赔偿责任就是指权利人可以向任何一个责任人要求权利时，各个责任人不分份额、不分先后次序地根据权利人的请求对外承担全部责任。在权利人提出请求时，各个责任人不得以超过自己应承担的部分为由而拒绝。劳动法规定的连带赔偿责任主要有：

(1) 用人单位与劳动者的连带赔偿责任。用人单位招用与其他用人单位尚未解除或者终止劳动合同的劳动者，给其他用人单位造成损失的，应当承担连带赔偿责任。

(2) 劳务派遣单位与用工单位的劳动赔偿责任。劳务派遣单位违反法律规定给被派遣劳动者造成损害的，劳务派遣单位与用工单位承担连带赔偿责任。

(3) 没有经营资质的个人承包经营违反《劳动合同法》规定招用劳动者，给劳动者造成损害的，发包的组织与个人承包经营者承担连带赔偿责任。

十六、劳动合同法概述

1．《劳动合同法》的法律依据

《劳动合同法》的法律依据主要是《中华人民共和国劳动合同法》。该法于2007年6月29日第十届全国人民代表大会常务委员会第二十八次会议通过，自2008年1月1日起施行，其后经过2012年12月28日修改，修改后的劳动合同法自2013年7月1日起施行。

《劳动合同法》的目的是为了完善劳动合同制度，明确劳动合同双方当事人的权利和义务，保护劳动者的合法权益，构建和发展和谐稳定的劳动关系。

2.《劳动合同法》的适用范围

中华人民共和国境内的企业、个体经济组织、民办非企业单位等组织(以下称用人单位)与劳动者建立劳动关系，订立、履行、变更、解除或者终止劳动合同，适用本法。

国家机关、事业单位、社会团体和与其建立劳动关系的劳动者，订立、履行、变更、解除或者终止劳动合同，依照本法执行。

可以看出，适用《劳动合同法》的用人单位包括以下四种类型：中国境内的企业、个体经济组织、民办非企业单位及与劳动者建立劳动关系的国家机关、事业单位、社会团体。

知识拓展 📖

民办非企业单位

所谓"民办非企业单位"是指企业、事业单位、社会团体和其他社会力量以及公民个人利用非国有资产举办的，从事非营利性社会服务活动的社会组织。

在我国现行体制下，民办非企业单位和社会团体、基金会，其实质均为民间组织的一种形式，如民办的院校、俱乐部、医院等。

实训与练习 ✍

训练目标：1. 深入理解《劳动合同法》知识；2. 培养学生劳动法律的意识。

背景资料：1996 年 3 月，20 岁的刘灿在河东宾馆招聘中，经考核被录用为服务员。宾馆与刘灿签订了为期 5 年的劳动合同。合同条款之　是："因宾馆服务业的特殊要求，凡被录用为本宾馆服务员的，不经公司批准在合同期内不得结婚，否则，宾馆有权提前解除合同。"刘灿在合同签字时，对该条款比较犹豫，经其同学、朋友劝导："找个工作不容易，5 年后你年龄也不大，就签了吧！"刘灿于是与该宾馆签订了该劳动合同。1999 年 5 月，刘灿与其恋爱两年的男朋友李斌结婚，因李的单位正在分配最后一次房改房，为了房子能够分得大一点儿，刘灿怀孕了。宾馆以此为由提前解除了与刘灿的劳动合同，提前解除劳动合同的通知书写道："鉴于合同乙方刘灿违约，甲方通知乙方，决定自即日起解除与乙方的劳动合同，乙方应在本月内办理有关工作交接手续，领取本月份工资……"刘灿不服，向当地劳动争议仲裁委员会申请仲裁。

(资料来源：http://www.58.com/laodonghetongfa/laodongfazixun/20110129/3581.html)

问题：

(1) 该宾馆提前解除合同是否合理？为什么？

(2) 刘灿应享有的权利有哪些？

实训方法：小组讨论法。

实训内容：

(1) 将全班以 5 人为一小组分组，分为若干组，同时选出小组组长。

(2) 由小组组长带领同学们分析。

(3) 每个小组汇总分析结果。

(4) 每个人撰写一份个人分析报告。

(5) 以小组为单位进行班级发言。

第四节　社会保险法律制度

一、社会保险关系及其特点

社会保险关系，即参与社会保险的劳动者与作为社会保险的主办者(即政府)之间所形成的社会关系。与其他社会关系相比，社会保险关系有以下三个突出特点。

(1) 社会保险关系只能产生于社会保险过程之中，即只有在发展社会保险事业的过程中所引发的社会关系，才有可能形成社会保险关系。

(2) 社会保险关系的当事人是特定的，即一方是政府，另一方主要是劳动者的社会成员。

(3) 社会保险关系主要表现为一种社会权利和社会义务关系，当事人之间是由社会权利和社会义务连接起来的，这种权利和义务的内容一般由法律确定，不是由社会保险关系的参与者自由商定的。

社会保险关系依其具体内容的不同，又可分为养老、医疗、失业、工伤、生育等保险关系。从各国发展社会保险的历史和趋势看，社会保险呈现出范围扩大、项目增多的态势，与此相对应，社会保险关系的外延也会不断有所扩展。

二、社会保险的功能

社会保险具有以下几方面的功能：

1. 有利于防范风险

社会保险制度的最基本作用，就是当劳动者遇到自身无法抵御或避免的风险而造成个人通过劳动获得收入暂时中断或减少的情况时，对个人提供收入损失补偿，保证其享有基本的生活保障。这种方式有利于将个人风险转化为社会风险，让社会为个人买单，避免个人因独木难支而陷入困境，使其在风险来临时仍能维护家庭及个人的生存尊严。

2. 有利于社会稳定

社会保险是社会稳定的"调节器"和"缓冲器"。一方面，能使社会成员产生安全感，对未来生活有良好的心理预期，安居乐业；另一方面，能缓解社会矛盾，构建和谐的社会环境来实现整个社会的稳定。

3. 有利于实现社会公平

社会保险可以通过强制征收保险费，对收入较低或失去收入来源的个人给予补助，提高其生活水平，在一定程度上实现社会的公平分配，这是通过对社会收入的再次分配而实现的社会公平。

4. 有利于保证社会劳动力再生产顺利进行

尽管劳动力市场的运作模式是按照市场经济竞争的优胜劣汰的方式，但是劳动力不是简单的商品，其存在于劳动者的身体里，与人身有着紧密的联系。因此在市场经济发展中创造的社会保险制度就是要保证劳动者在劣汰的竞争中保证其基本的生活需要，为其劳动力再生产提供物质基础，从而为维持市场经济正常运行提供劳动力后备军。

知识拓展 📖

社会保险与商业保险的区别

社会保险与商业保险的区别是明显的。第一，社会保险具有非营利性质，国家不征税费；而商业保险则按自愿原则通过签订契约来实现，具有营利性质。第二，社会保险的作用在于保障劳动者在永久或暂时丧失劳动能力或失业时的基本生活；而商业保险的作用是使投保人达到一定年龄或发生人身事故后获得一定的经济补偿。第三，社会保险实行的是强制原则、统筹原则、权利和义务相互联系或对等原则；而商业保险实行的是自愿原则、赢利原则。赔付与交费对等原则。第四，社会保险着眼于长期性的生活保险，给付水平与社会平均工资水平相适应；而商业保险则着眼于一次性经济补偿，给付水平只考虑被保险人缴费额的大小，而不考虑其他因素。第五，社会保险由政府主管社会保险的部门负责组织管理；而商业保险则是由商业保险公司自主经营。

三、与社会保险关系有密切联系的其他社会关系

这是指那些本身不是社会保险关系，但或是基于社会保险关系而产生，或是为维护社会保险关系而产生，离开社会保险即丧失其存在之必要的那些关系。这些社会关系包括以下四项：

1. 社会保险行政管理关系

社会保险行政管理关系是指社会保险行政管理机关在进行社会保险行政管理过程中与管理对象(或称被管理者或称管理相对人)所形成的社会关系。社会保险作为政府推行的一项社会经济措施，要使之顺利推行且富有成效，除要进行必要的立法外，还必须建立起一套行之有效的行政管理系统。社会保险行政管理机关在行政管理过程中与管理对象所形成的社会关系，如与社会保险经办机构、用人单位形成的社会关系等，这些关系虽不属社会保险关系的范畴，但由社会保险制度调整和规范。

2. 社会保险经办关系

社会保险经办关系是指社会保险经办机构在经办社会保险过程中，与用人单位、劳动者之间所形成的社会关系。社会保险的大量日常工作都是由相应的社会保险经办机构来完成的，如社会保险费的征缴、保险基金的管理、各类保险金的发放等。社会保险经办机构在办理社会保险事务的过程中，必然会与相对一方发生一定的社会关系，这些社会关系亦应由社会保险制度调整和规范。

3. 社会保险监督关系

社会保险监督关系是指享有法律监督权的国家机关在监督社会保险管理、经办过程中所发生的社会关系。其监督主体是享有法律监督权的有关国家机关，以及其他社会组织。后者如有的国家的社会保险监督机构是由国家机关代表、缴费主体的代表共同组成。社会保险监督的对象主要是社会保险行政管理部门、社会保险经办机构。

4. 处理社会保险争议所发生的某些社会关系

在社会保险的实施过程中，肯定会发生这样或那样的争议，如社会保险经办机构与用

人单位的争议、用人单位与劳动者的争议、劳动者与社会保险经办机构的争议等。在争议发生后如何迅速地解决这些争议，社会保险制度应做相应的规定。当然，如果争议的解决进入到司法程序，则应由诉讼法来调整。

四、社会保险项目

(一) 养老保险

养老保险是指劳动者离休、退休以后，为了保障其基本生活，国家和社会给予物质帮助的一种制度。养老保险适用于城镇各类企业职工和个体劳动者。享受养老保险待遇的主体是达到离退休年龄而退出劳动岗位的离退休人员。他们并非在职职工，之所以享受养老保险待遇是基于其曾与用人单位建立过劳动关系，对他们的过去劳动予以补偿。

根据我国养老保险制度改革的目标和模式，我国的养老保险由三部分组成：基本养老保险、企业补充养老保险、个人储蓄性养老保险。

(1) 基本养老保险，亦称国家法定养老保险，是由国家通过立法强制实行，保证劳动者在年老丧失劳动能力时，给予基本生活保障的养老保险。基本养老保险强制适用于各类企业职工，标准基本统一，费用实行国家、企业、个人三方共同负担，基金实行社会统筹与个人账户相结合，有利于在较大范围内平衡调剂，保障各类职工退休养老的基本生活。

(2) 企业补充养老保险，是在国家法定的基本养老保险的基础上，另由企业为提高本企业职工的养老保险待遇水平，用自有资金设立的一种辅助性养老保险。企业补充养老保险由企业根据其效益情况自行确定，经职工代表大会或职工大会通过后实施。对于企业补充养老保险基金，企业经济条件好时可以多补充，经济条件差时可以少补充或不补充。实行补充养老保险的企业可以自主选择经办机构(境外金融机构除外)，并应为职工建立个人账户，以便退休后按积累数额的多少来决定享受待遇的高低。国家鼓励企业为职工建立补充养老保险。

(3) 个人储蓄性养老保险，是由职工根据个人收入情况自愿参加的一种养老保险。个人储蓄性养老保险由职工个人自主选择经办机构，所建账户中的资金归职工个人所有。国家提倡职工参加个人储蓄性养老保险。

上述三种养老保险形式之中，基本养老保险属强制性的，由国家主办，在大范围内进行平衡调剂，居于基础和核心地位；企业补充养老保险与个人储蓄性养老保险皆属自愿性的，居于辅助地位，可在基本养老保险保证离退休人员基本生活的基础上，起到提高其生活水平的作用。

知识拓展 📖

养老保险制度建立的重要规定

养老保险制度建立的重要规定有：《关于企业职工养老保险制度改革的决定》、《国务院关于深化企业职工养老保险制度改革的通知》、《国务院关于建立统一的企业职工基本养老保险制度的决定》、《国务院关于完善企业职工基本养老保险制度的决定》等。

(二) 医疗保险

1. 医疗保险制度概述

医疗保险这一名称并非为各国所通用，有些国家又称疾病保险、疾病津贴或者健康保险等，我国也曾称之为疾病保险，近年来则习惯统一称为医疗保险。它是社会保障制度中非常重要的一个项目，是当人们生病或者受到伤害后，由国家和社会给予物质帮助，即提供医疗服务和经济补偿的一种社会保障制度。

医疗保险具有社会保险的强制性、互济性、福利性、社会性等特征。因此，医疗保险制度通常由国家立法强制实施，建立基金制度，费用由雇主和雇员共同缴纳，医疗费由医疗保险机构支付，以解决劳动者因患病或者受伤带来的医疗风险。

从世界范围看，社会保险项目中立法最早的是医疗保险。1883 年，德国制定了《劳工疾病保险法》，这是世界上第一个医疗保险法，也是社会保障立法的首创。医疗保险法律制度，普及面仅次于养老保险、工伤保险，是鼎足而立的三大保险立法项目之一。

我国的医疗制度最早建立在 20 世纪 50 年代初。1998 年 12 月 14 日，国务院正式颁布《国务院关于建立城镇职工基本医疗保险制度的决定》(以下简称《98 年决定》)，确立了医疗制度改革的方向和目标。在 1999—2004 年间颁布大量的相关法规，这些制度和法规共同组成了我国医疗保险的法律制度体系，并且逐步完善和健全。

2. 我国城镇医疗保险制度

(1) 三种医疗制度。即公费医疗、劳保医疗、合作医疗三种制度并存。公费医疗制度和劳保医疗制度是适用于城镇职工的医疗保险制度，均产生于 20 世纪 50 年代初。在随后的几十年中，这两种制度在保障职工身体健康方面发挥了积极的作用。但在社会主义市场经济建立的过程中，这种制度的弊端日益明显，医疗保险制度不得不进行改革。

(2) 适用范围、统筹、缴费办法。《98 年决定》规定，"城镇所有用人单位，包括企业(国有企业、集体企业、外商投资企业、私营企业等)、机关、事业单位、社会团体、民办非企业单位及其职工，都要参加基本医疗保险。乡镇企业及其职工、城镇个体经济组织业主及其从业人员是否参加基本医疗保险，由各省、自治区、直辖市人民政府决定。"

关于医疗保险缴费率，在试点和扩大试点中各地进行多种试验，规定不一。《98 年决定》规定，医疗保险费由用人单位和职工共同缴纳；用人单位缴费率控制在职工工资总额的 6%左右，职工缴费率一般为本人工资收入的 2%；随着经济的发展，缴费率可做相应调整。职工个人缴费的全部及用人单位缴费的 30%左右，划入个人账户；用人单位缴费的其余部分用于建立统筹基金。

要确定统筹基金的起付标准和最高支付限额，起付标准原则上控制在当地职工年平均工资的 10%左右，最高支付限额原则上控制在当地职工年平均工资的 4 倍左右。起付标准以下的医疗费用，从个人账户中支付或由个人自付。起付标准以上、最高支付限额以下的医疗费用，主要从统筹基金中支付，个人也要负担一定比例。超过最高支付限额的医疗费用，可以通过商业医疗保险等途径解决。

(3) 医疗保险待遇。《98 年决定》规定了退休人员参加基本医疗保险，个人不缴纳基本医疗保险费。对退休人员个人账户的计入金额和个人负担医疗费的比例给予适当照顾。

国家公务员在参加基本医疗保险的基础上，享受医疗补助政策。具体办法另行制定。

国有企业下岗职工的基本医疗保险费，包括单位缴费和个人缴费，均由再就业服务中心按照当地上年度职工平均工资的60%为基数缴纳。

3. 补充医疗保险

我国最早的补充医疗保险实践出现在1996年。这种形式的医疗保险在1998年《国务院关于建立城镇职工基本医疗保险制度的决定》(简称《98年医疗保险决定》)发布后，引起越来越多的人的关注。它的功能在于分散基本医疗保险参保人员承担的超过基本医疗保险最高支付限额以上和基本医疗保险范围以外个人自付高额医疗费用的风险，发挥风险再分散的作用，是基本医疗保险的一种补充形式。

目前我国现行补充医疗保险政策还仅限于《98年医疗保险决定》。根据它的规定，为了不降低一些行业(如邮电、银行、保险公司等)职工现有的医疗消费水平，在参加基本医疗保险的基础上，作为过渡措施，允许建立企业补充医疗保险。

(三) 失业保险

失业保险是指国家通过立法强制实行的，由社会集中建立基金，对因失业而暂时中断生活来源的劳动者提供物质帮助的制度。它是社会保障体系的重要组成部分，是社会保险的主要项目之一。它具有几个主要特点：一是普遍性，二是强制性，三是互济性。

城镇各类企业及其职工、事业单位及其职工、社会团体及其职工、民办非企业单位及其职工、国家机关和与之建立劳动合同关系的职工，都必须参加失业保险并按规定缴纳失业保险费。

城镇企业、事业单位、社会团体和民办非企业单位按照本单位工资总额的2%缴纳失业保险费，其职工按照本人工资的1%缴纳失业保险费。国家机关按照与之建立劳动合同关系的职工工资总额的2%缴纳失业保险费，其职工按照本人工资的1%缴纳失业保险费。无固定工资额的缴费单位，以统筹地区上年度社会平均工资为基数缴纳失业保险费。单位招用的农牧民合同制工人本人不缴纳失业保险费。

典型案例

失业人员可申请职业培训、职业介绍补贴

秦某是某县化肥厂的工人，并与该厂签订了为期3年的劳动合同。该化肥厂依法为秦某缴纳了失业保险。合同期内，由于该化肥厂经营不善，为了扭转企业亏损的状况，化肥厂决定裁员，秦某属于被裁的人员。失去工作后，秦某每月从社会保险经办机构领取失业保险金。为了提高自己再就业的能力，秦某参加了职业介绍和职业培训活动，并通过失业保险待遇报销了相关的培训费和职业介绍费。

【分析】 这是一起劳动者依法享受失业保险待遇的典型案例。失业保险是指国家通过建立失业保险基金，是因失业而暂时中断生活来源的劳动者在法定期内获得失业保险金，以维持基本生活水平的一项社会保险制度。建立失业保险制度有利于保证失业劳动者的基本生活，促进劳动者的再就业，建立和培育劳动力市场。

在案例38中，秦某在失业的情况下，不气馁、不消极，在充分享受自己的权利的同时，寻找机会提高自己再就业的技能和能力，是值得提倡和学习的。

（四）工伤保险

工伤保险中的"工伤"，也称职业性伤害，是指劳动者在劳动过程中或法定特殊情况下遭受的意外伤害和职业病。劳动者因工伤暂时或永久丧失劳动能力而失去生活来源；国家为保障其医疗和基本生活需要，建立了工伤保险制度。

根据《工伤保险条例》的规定，我国的工伤保险覆盖全体劳动者，即在中国境内工作的所有职工都可以按照条例规定的工伤保险待遇水平享受相应的救治和补偿。《工伤保险条例》要求所有的企业、有雇工的个体户都必须参加工伤保险体系。对于缴费参加工伤保险体系的单位，工伤保险的大部分费用由工伤保险基金支付；没有参加工伤保险体系的单位，其工伤职工的所需费用均由本单位承担。

工伤保险与其他社会保险相比，有以下三项特征：① 保险实行无过错补偿原则，即无论工伤责任属于劳动者本人、用人单位还是第三人，劳动者均应依法享受工伤保险待遇。② 工伤保险费由用人单位全部缴纳，劳动者个人不缴纳任何费用。③ 工伤保险待遇的项目较多、标准较高。

1．工伤的范围

因工造成职工人身伤害(包括轻伤、重伤、死亡、急性中毒)和职业病或因其他原因造成伤亡的，符合下列情况之一的应认定为工伤：① 从事本单位日常生产、工作或者本单位负责人临时指定的工作的，在紧急情况下，虽未经本单位负责人指定但从事直接关系本单位重大利益的工作的；② 经本单位负责人安排或者同意，从事与本单位有关的科学试验、发明创造和技术改进工作的；③ 在生产工作环境中接触职业性有害因素造成职业病的；④ 在生产工作的时间和区域内，由于不安全因素造成意外伤害的，或者由于工作紧张突发疾病造成死亡或经第一次抢救治疗后全部丧失劳动能力的；⑤ 因履行职责遭受人身伤害的；⑥ 从事抢险、救灾、救人等维护国家、社会和公众利益的活动的；⑦ 因公、因战致残的军人复员转业到企业工作后旧伤复发的；⑧ 因公外出期间，由于工作原因，遭受交通事故或其他意外事故造成伤害或者失踪的，或因突发疾病造成死亡或者经第一次抢救治疗后全部丧失劳动能力的；⑨ 在上下班的规定时间和必经路线上，发生无本人责任或者非本人主要责任的道路交通机动车事故的；⑩ 法律、法规规定的其他情况。

知识拓展 📖

不得认定为工伤的情形

《工伤保险条例》规定，职工有下列情形之一的，不得认定为工伤或视为工伤：① 因故意犯罪的；② 醉酒或者吸毒的。

2．工伤保险待遇确定的程序

(1) 报告与申请。用人单位应当自工伤事故发生之日或职业病确诊之日起 15 日内向当地劳动行政部门提出工伤报告。工伤职工或其亲属应当于同样期限内向当地劳动行政部门提出工伤保险待遇申请，申请应当经用人单位签字后报送，用人单位不予签字的，申请人可直接报送。

(2) 工伤认定。劳动行政部门接到工伤报告或工伤保险待遇申请后，应组织工伤保险经办机构进行调查取证，在 7 日内作出是否认定为工伤的决定。

(3) 劳动鉴定和工伤评残。劳动鉴定和工伤评残的法定机构为各级劳动鉴定委员。职工在工伤医疗期内治愈或者伤情处于相对稳定状态，或者医疗期满仍不能工作的，应当进行劳动能力鉴定，评定伤残等级并定期复查伤残状况。符合《工伤与职业病致残程度鉴定标准》一级至四级为全部丧失劳动能力；五级至六级为大部分丧失劳动能力；七级至十级为部分丧失劳动能力。

(4) 作出给付决定。工伤保险待遇给付决定，由劳动行政部门作出。

知识拓展 📖

第三人造成工伤的规定

由于第三人的原因造成工伤，第三人不支付工伤医疗费用或者无法确定第三人的，由工伤保险基金先行支付。工伤保险基金先行支付后，有权向第三人追偿。

(五) 生育保险

生育保险是指妇女劳动者因怀孕、分娩导致不能工作，收入暂时中断，国家和社会给予必要物质帮助的社会保险制度。建立生育保险的目的，是为了保证生育状态的劳动妇女的身体健康，减轻其因繁衍后代而产生的经济困难，同时也是为了保证劳动力再生产的延续。生育保险不单单是指对女职工生育子女所花费的生育手术费、住院费等费用的补偿，还应当包括通过建立社会生育基金的方式，对女职工在规定的生育假期内因未从事劳动而不能获得工资收入的补偿。

行政区域内所有用人单位(包括各类机关、社会团体、企业、事业、民办非企业单位)及其职工都要参加生育保险。《企业职工生育保险试行办法》规定，生育保险费的提取比例由当地人民政府根据计划内生育人数、生育津贴、生育费用规定，并可根据费用支出情况适时调整，但最高不得超过工资总额的 1%。

下列费用可以从生育保险基金中支出：女职工产假期间的生育津贴，女职工生育发生的医疗费用，职工计划生育手术费用，国家规定的与生育保险有关的其他费用。

知识拓展 📖

女职工在"三期"内，单位不能终止劳动合同

23 岁的小芳结婚 3 个月后到某纺织厂工作，与该厂签订了为期 2 年的劳动合同。在合同到期前 1 个月，纺织厂向小芳发出了终止劳动合同通知书。劳动合同期满当日，双方办理了终止劳动合同的手续。但是，在双方终止劳动合同后的第 10 天，小芳的丈夫刘某来到了纺织厂，将小芳在北京红十字朝阳医院早孕八周的超声波检查结果复印件交给了纺织厂领导(原件没有公章)，提出在终止合同时，小芳已经处于孕期，要求纺织厂收回与小芳终止劳动合同的决定，续延劳动合同至小芳哺乳期满。纺织厂经请示上级公司，被告知"没有公章，不能作为证明"。5 天后纺织厂将此结果告知小芳，小芳又加盖了北京妇产医院门诊部诊断证明公章的怀孕证明交给了领导，上面清清楚楚地写着："小芳已怀孕 56 天。"这次他们得到的答复是：终止合同在先、诊断证明在后，诊断证明无效。无奈之下，小芳只能将纺织厂诉到劳动仲裁机关，要求纺织厂收回终止劳动合同决定、续延劳动合同，同时补发终止合同时至裁决之日的工资。

(资料来源：中国人力资源法律网，2005-06-29)

【分析】　这是一个劳动者在孕期，劳动合同是否可以终止的劳动争议。根据《劳动合同法》第 42 条、第 45 条规定，女职工在孕期、产期、哺乳期的，劳动合同在女职工哺乳期结束后才可以终止。

本案例中，纺织厂与小芳终止劳动合同时，不知道小芳已经怀孕，因此纺织厂与小芳终止劳动合同的行为并不存在过错。由于怀孕的特殊性，当事人不一定能及时地知道自己是否怀孕。正如案例 63 中，小芳是在劳动合同终止后第 10 天，才知道自己已怀孕，但其怀孕的事实毕竟是发生在劳动合同期内的。根据《劳动合同法》第 42 条第 4 项、第 45 条，劳动合同期满，女职工在孕期、产期、哺乳期的，劳动合同应延续至哺乳期满时终止。案例 63 中，小芳提供了足够的证据证明其在劳动合同期内怀孕。也就是说，劳动合同到期之日，小芳已经处于孕期，用人单位应当正视这一现实，将双方的劳动合同予以顺延。纺织厂以终止合同在前，怀孕诊断证明在后为由，不同意续延劳动合同的做法是不符合法律规定的。

《劳动合同法》在规定劳动合同终止的法定情形的同时，也明确了合同终止的限制性规定。在实际工作中，企业需要掌握好哪些情形下可以终止合同，哪些情形下终止合同受到法律限制。否则，就会引发争议，给企业带来不必要的损失。

五、社会保险法概述

（一）《社会保险法》的概念

《社会保险法》是调整社会保险关系的法律规范的总称。广义上的社会保险法是指凡是调整社会保险法律关系的法律、法规或规章的总称。狭义上的社会保险法是指我国 2011 年 7 月 1 日生效实施的《社会保险法》法典，这一法律应时而生，给我国尚在建设和完善中的社会保险制度提供了法律依据、法律标准和原则。

（二）《社会保险法》的基本原则

我国的《社会保险法》主要遵循以下原则：
(1) 社会保险水平与社会生产力发展水平相适应原则；
(2) 社会保险权利和义务相统一的原则；
(3) 社会保险一体化和社会化相统一的原则；
(4) 建立起多层次社会保险制度的原则；
(5) 保障功能与激励机制相结合的原则。

（三）社会保险法的调整对象

社会保险法的调整对象具体是指社会保险关系，是社会保险主体之间在社会保险费用的缴纳、支付、管理和监督的过程中所形成的社会关系。根据社会保险的内容，社会保险关系可分为养老保险关系、医疗保险关系、工伤保险关系、失业保险关系和生育保险关系。

（四）社会保险法律关系

社会保险法律关系，是指社会保险各主体间，如国家与劳动者之间、社会保险经办机构与劳动者之间、社会保险经办机构之间、社会保险经办机构与用人单位之间、用人单位与劳动者之间，就社会保险的权利义务所产生的法律关系。

1. 社会保险法律关系主体

(1) 保险人。保险人是指依法收取社会保险费，并按照规定支付保险待遇的主体。在我国，保险人一般是指设立在各地人力资源和社会保障局之下的社会保险经办机构。

(2) 投保人。投保人是为被保险人的利益投保社会保险的主体。投保人一般为用人单位。

(3) 被保险人。被保险人是对社会保险标的具有直接保险利益的主体。被保险人为在参保单位中就业的劳动者，自谋职业的劳动者在履行缴费义务后，也可以成为被保险人。

(4) 受益人。社会保险的受益人除了被保险人本人以外还可以是其家庭成员。

(5) 管理人。管理人是依法负有管理职责的社会保险行政管理部门。主要职责是负责社会保险工作的组织、管理、监督和指导，研究制定社会保险的政策和发展规划，指导社会保险经办机构的工作，组织实施社会保险的各项制度。

(6) 监督人。社会保险监督人既有专门设立的社会保险监督机构，也包括负有监督职责的社会保险行政主管部门。社会保险监督机构的职责主要是监督社会保险法律、法规、政策的执行和社会保险基金的运营。

2. 社会保险法律关系的客体

社会保险法律关系客体是社会保险法律关系主体的权利和义务所指向的对象。由于社会保险主体的多元化，因此不同主体之间权利义务所指向的对象可以是资金、物，也可以是服务行为。例如，养老保险中缴纳的养老保险费和支付的养老保险待遇；失业保险中的失业保险金、就业服务项目；医疗保险中的医疗津贴、医疗服务等。

3. 社会保险法律关系的内容

社会保险法律关系的内容是指社会保险法律关系主体保险人、投保人、被保险人、受益人之间所享有的各种社会保险的权利义务。

4. 社会保险法律关系事实

社会保险法律事实是指社会保险法律规定的，能引起社会保险法律关系产生、变更、消灭的客观情况。社会保险法律规定是产生、变更、消灭社会保险关系的前提，社会保险法律事实是引起社会保险法律关系产生、变更、消灭的原因和条件。

实训与练习 ✑

实训目的：通过案例分析增强学生对劳动保险等知识的理解，同时提升学生运用所学法律知识分析解决问题的能力。

背景资料：于娜是某纺织厂一名纺织工人，与纺织厂签订了为期两年的劳动合同。在一次例行的操作中，由于操作不慎，于娜发生工伤事故，右臂被卷进机器中。经过半年的治疗后，于娜的病情基本处于稳定状态。于娜的伤经当地劳动能力鉴定委员会鉴定为"工伤六级"，属于"大部分丧失劳动能力"。工厂认为这次工伤事故完全是因为于娜安全意识淡薄、违反操作规程引起的。于娜承认自己在工作中不小心，存在过错，但没想到老板却以此为由拒绝给予自己工伤待遇。于娜认为虽然自己违反操作规程，但并非故意行为，不给工伤待遇是不合理的，遂与老板发生了争议。

问题：于娜的过失造成的事故，劳动者受到伤害是否属于工伤？

实训方法：小组讨论法。

实训内容：根据背景资料进行小组内部讨论并形成答案、小组代表进行汇报。教师对各组表现进行点评。

第五节　劳动争议和劳动监督检查

一、劳动争议的概念和分类

劳动争议又称劳动纠纷，是指劳动关系双方当事人因执行劳动法律、法规或履行劳动合同、集体合同发生的纠纷。

劳动争议的发生在劳动者与用人单位之间，即：在中国境内的企业、个体经济组织、和与之形成劳动关系的劳动者之间；在我国境内签订的、履行劳动合同的当事人之间，如中国境外的企业或劳动者与我国境内企业的公民之间；国家机关、事业组织、社会团体、与本单位工人以及与之建立劳动合同关系的劳动者之间；个体工商户与帮工、学徒之间；以及军队、武警部队的事业组织及其无军籍的职工之间。

（一）劳动争议标准

劳动争议按照不同的标准，可划分为以下几种。

(1) 按照劳动争议当事人人数多少的不同，可分为个人劳动争议和集体劳动争议。

(2) 按照劳动争议的内容，可分为：因履行劳动合同发生的争议；因履行集体合同发生的争议；因企业开除、除名、辞退违纪职工和职工辞职、自动离职发生的争议；因执行国家有关工作时间和休息休假、工资、保险、福利、培训、劳动保护的规定发生的争议等。

(3) 按照当事人国籍的不同，可分为国内劳动争议与涉外劳动争议。国内劳动争议是指我国的用人单位与具有我国国籍的劳动者之间发生的劳动争议；涉外劳动争议是指具有涉外因素的劳动争议，包括我国在国(境)外设立的机构与我国派往该机构工作的人员之间发生的劳动争议、外商的投资企业的用人单位与劳动者之间发生的劳动争议等。

（二）劳动争议处理原则

1. 合法公正原则

处理劳动争议，必须在查清事实的基础上依法协商，按照法律规定的程序和权利义务要求解决劳动争议。劳动争议双方当事人无论社会地位强弱、是否劳动关系存在隶属性，在适用法律上一律平等，不得因适用法律的不平等出现不公正的处理结果。

2. 着重调解原则

处理劳动争议应当重视调解方式，实行着重调解原则必须遵守当事人自愿，不得对争议案件强行调解，也不得采取强迫等其他方式进行调解。必须坚持合法公正调节原则，使当事人在法律许可的范围内达成和解协议。

3. 及时处理原则

劳动争议发生后，当事人应当及时协商或及时申请调解和仲裁，劳动争议处理机构受理案件后，应当在法定期限内尽快处理完毕，对处理结果当事人不履行协议或决定的，要及时采取申请强制执行等措施，以保证争议案件顺利处理和处理结果的最终落实。

二、劳动争议的产生与预防

劳动争议是劳动关系的产物，劳动关系的状况直接影响着劳动争议的情况。当劳动关系处于一种稳定与和谐的状况下时，劳动争议的发生则较少；而当劳动关系紧张时，劳动争议的数量则会急剧上升。

(一) 劳动争议产生的根本原因——劳动关系多样化

劳动制度的改革、企业经营机制的转换，特别是劳动合同的普遍推广，使得劳动关系也发生了很大变化。作为劳动关系主体一方的劳动组织，已从过去单一的公有制经济组织发展到不同所有制的多种经济组织；劳动关系主体之间也因劳动合同制的推广，逐渐转变成为一种平等的民事关系；由劳动时间、劳动保护条件、劳动纪律、劳动报酬等产生的权利义务也因企业经营自主权的不断扩大而发生了较大变化。

(二) 劳动争议产生的主观原因

劳动争议产生的主观原因是指劳动关系双方主体以及有关监管部门的过错；劳动关系双方主体的过错主要是指用人单位或劳动者违反劳动法律的规定。

(1) 用人单位片面追逐利润，损害劳动者的合法权益。例如有的企业主尤其是一些非公有制企业，以尽可能少的劳动力成本获取丰厚利润，甚至减少劳动者正常的社会保障支出，不配备必要的劳动保障设施。

(2) 一些劳动者为了维持生计，明知合法权益受到侵害而忍辱负重，由此导致大量不公正和违法的事实劳动关系的存在。此外，一些职工无视劳动合同的法律约束力，不认真履行合同，擅自离职违约"跳槽"，特别是企业技术骨干违约"跳槽"后，带走了客户或技术等商业秘密，给原单位造成了一定的经济损失，导致许多企业不得不采取收取押金或扣押证件、档案等不合法手段来控制职工的随意流动。

(3) 监管不力。劳动保障部门的行政执法权力相对软弱，强制性手段有限，在执法过程中与其他行政部门的配合不协调，造成对企业的惩处力度不够大，加之自身在经费、设备和人员的不足，削弱了执法力量，致使对违规企业失去有效的监督。一些地方政府担心因严格执法管理影响区域经济发展，往往采取过多的干预政策，致使劳动保障部门执法查处力度大打折扣，对企业的威慑力不大。个别执法单位甚至存在消极作为和不作为的现象，使得一些违反劳动法律、法规的现象得不到及时纠正和查处，造成大量纠纷走向仲裁与诉讼。

(三) 劳动争议产生的客观原因

在我国现阶段，劳动争议产生的客观原因主要有：① 大量富余的劳动力造成劳动力市场供大于求；② 法律法规及配套政策的不完善；③ 工会组织的法律缺位。

(四) 劳动争议的预防

建立和谐社会离不开劳动关系的和谐, 而劳动关系的和谐就必然要求减少和预防劳动争议的产生。因此, 预防劳动争议对于构建和谐社会具有重要意义。预防劳动争议的措施主要有以下几方面:

1. 完善调整劳动关系方面的法律法规及政策

我国现在已经颁布了一系列调整劳动关系的法律, 并且劳动和社会保障部以及国务院其他相关部门也颁布了相关的规章, 但部分立法存在着滞后或漏洞。另外, 我国"法律"的规定往往比较有原则, 只规定一些基本的规范, 往往可操作性并不强, 必须通过授权部门制定"实施细则"来解决法律的可操作性问题。因此, 完善劳动关系方面的法律法规, 首先应当由有关部门尽快制定《劳动合同法》、《劳动争议调解仲裁法》等法律的实施细则; 其次, 完善劳动法律体系, 制定与《劳动合同法》、《劳动法》等法律配套的一些法律法规, 对于现行法律法规中不完善之处尽快修订; 再次, 完善有关劳动立法的立法程序。

2. 增强用人单位及劳动者的法律意识

要提高用人单位及劳动者的法律意识, 使他们能够依法行使自己的权利和承担自己的义务。增强劳动关系主体的法律意识, 首先, 要加强有关劳动法律法规和政策的宣传, 如通过电视、电台或其他媒体向社会公众宣传有关法律法规和政策, 使劳动者及用人单位了解相关的法律法规和政策; 其次, 要向社会公开有关典型案例, 制止或震慑有关违反劳动法的行为; 再次, 要加大对违法行为的处理力度, 特别是对用人单位侵害劳动者合法权益的行为加大惩处力度。

3. 强化劳动监管部门的责任意识

劳动监管部门应当主动了解用人单位的用工情况, 实地调查用人单位的劳动安全保护情况, 对于用人单位的违法行为, 劳动监管部门应当依法及时查处。对于劳动监管部门失职或渎职导致的劳动争议, 特别是对于劳动监管部门失职或渎职所导致的严重侵害劳动者合法权益的案件, 应当追究劳动监管部门的法律责任。

(五) 劳动争议的适用范围

2008 年 5 月 1 日起施行的《中华人民共和国劳动争议调解仲裁法》第 2 条规定, 中华人民共和国境内的用人单位与劳动者发生的下列劳动争议, 适用本法:

(1) 因确认劳动关系发生的争议。

(2) 因订立、履行、变更、解除和终止劳动合同发生的争议。

(3) 因除名、辞退和辞职、离职发生的争议。

(4) 因工作时间、休息休假、社会保险、福利、培训以及劳动保护发生的争议。

(5) 因劳动报酬、工伤医疗费、经济补偿或者赔偿金等发生的争议。

(6) 法律、法规规定的其他劳动争议。

下列纠纷不属于劳动争议:

(1) 劳动者请求社会保险经办机构发放社会保险金的纠纷。

(2) 劳动者与用人单位因住房制度改革产生的公有住房转让纠纷。

(3) 劳动者对劳动能力鉴定委员会伤残等级鉴定结论或者对职业病诊断鉴定委员会的职业病诊断鉴定结论的异议纠纷。

(4) 家庭或者个人与家政服务人员之间的纠纷。

(5) 个体工匠与帮工、学徒之间的纠纷。

(6) 农村承包经营户与受雇人之间的纠纷。

三、劳动争议的处理机构

（一）劳动争议调解委员会

劳动争议调解委员会，是用人单位根据法律规定，在本单位内部设立的专门处理劳动争议的群众性组织。劳动争议调解委员会由职工代表、用人单位代表和工会代表组成，调解委员会主任由工会代表担任。未成立工会组织的用人单位，调解委员会的设立及其组成由职工代表与用人单位代表协商确定。劳动争议发生后，当事人可以向劳动争议调解委员会申请调解，也可以不经调解而直接申请仲裁。

（二）劳动争议仲裁委员会

劳动争议仲裁委员会，是国家授权、依法独立处理劳动争议案件的专门仲裁机构。劳动争议仲裁委员会由劳动行政部门代表、同级工会代表、用人单位方面的代表组成，劳动争议仲裁委员会主任由劳动行政部门代表担任。劳动争议仲裁委员由专职和兼职两部分构成。专职仲裁员由仲裁委员会从劳动行政主管部门专门从事劳动争议处理工作的人员中聘任，兼职仲裁员由仲裁委员会从劳动主管部门或其他行政部门的人员、工会工作者、专家、学者和律师中聘任。专职和兼职仲裁员在执行仲裁事务时享有同等权利。

（三）地方人民法院

地方人民法院对劳动争议案件依法享有审判权。凡不服劳动争议仲裁机关对劳动争议裁决的双方当事人，自收到裁决书之日起15日内，可以向人民法院起诉。地方人民法院对劳动争议案件的审理是劳动争议处理的最终程序。

四、劳动争议处理程序

（一）协商

协商解决是劳动者和用人单位协商，通过和解的方式自行解决纠纷的方式。协商解决以双方当事人自愿为基础，不愿协商或者经协商不能达成一致的，当事人可以选择其他方式。

（二）调解

调解是指双方当事人选择向企业劳动争议调解委员会、基层人民调解组织或者在乡镇、街道设立的具有劳动争议调解职能的组织申请调解处理劳动纠纷的方式。调解委员会主要是由企业代表和工会代表组成。这种通过与案件没有任何利益关系的第三方从中斡旋的解决纠纷的方式，可以更加迅捷地平息纠纷，而且能够保持原有的劳动关系，而不使诉讼让当事人双方关系走向破裂。但是这种方式缺乏法律的强制力，如果一方当事人反悔调解中达成的调解协议，那么仍然要选择仲裁和诉讼的手段，从另一方面而言，这也是一种解纷资源的浪费。

（三）仲裁

劳动仲裁是指劳动争议仲裁委员会根据当事人的申请，依法对劳动争议在事实上作出判断、在权利义务上作出裁决的一种法律制度。劳动纠纷适用"先裁后审"的方式，因此仲裁程序成为劳动诉讼程序的前置程序。劳动仲裁一般由设立在劳动行政部门的劳动仲裁委员会组织进行仲裁，劳动争议仲裁委员会由劳动行政部门代表、工会代表和企业方面代表组成。当事人对劳动争议案件的仲裁裁决不服的，可以自收到仲裁裁决书之日起十五日内向人民法院提起诉讼。

（四）仲裁

1. 劳动争议案件的受理

法院审理劳动争议案件的受理条件是：① 起诉人(原告)是劳动争议的当事人，当事人因故不能亲自起诉的，可以委托代理人起诉；② 不服劳动争议仲裁委员会的仲裁裁决或劳动争议仲裁委员会不予受理或者逾期未作出决定或劳动争议仲裁委员会超过审理期限未作出仲裁裁决；③ 有明确的被告、具体的诉讼请求和事实根据；④ 提起诉讼的时间，必须在收到仲裁裁决书之日起 15 日内；⑤ 向有管辖权的法院提出。

劳动争议案件由劳动合同履行地或者用人单位所在地基层人民法院管辖。

2. 劳动争议案件的审理

劳动争议案件的审理是由人民法院的民事审判庭具体负责，与一般民事案件的审理程序相同，依照《民事诉讼法》规定的诉讼程序进行审理。

关于劳动争议案件中举证责任的分配问题，《最高人民法院关于民事诉讼证据的若干规定》第 6 条规定，在劳动争议纠纷案件中，因用人单位作出开除、解除劳动合同、减少劳动报酬、计算劳动者工作年限等决定而发生劳动争议的，由用人单位负举证责任。

3. 劳动争议案件的裁决

对劳动争议案件，人民法院经审理可根据不同情况作出裁决：

(1) 劳动合同被确认无效后，用人单位对劳动者付出的劳动，一般可参照本单位同期、同工种、同岗位的工资标准支付劳动报酬。由于用人单位的原因订立无效合同，给劳动者造成损害的，应当比照违反和解除劳动合同经济补偿的支付标准，赔偿劳动者因合同无效所造成的经济损失。

(2) 用人单位有下列情形之一，迫使劳动者提出解除合同的，用人单位应当支付劳动者的劳动报酬和经济补偿，并可支付赔偿金：一是以暴力、威胁或者非法限制人身自由的手段强迫劳动的；二是未按照劳动合同约定支付劳动报酬或者提供劳动条件的；三是克扣或者无故拖欠工资的；四是拒不支付劳动者延长工作时间工资报酬的；五是低于当地最低工资标准支付劳动者工资的。

(3) 劳动合同期满后，劳动者仍在原用人单位工作，原用人单位未表示异议的，视为双方同意以原条件继续履行劳动合同。一方提出终止劳动关系的，人民法院应当支持。用人单位应当与劳动者签订无固定期限劳动合同而未签订的，人民法院可以视为双方之间存在无固定期限劳动合同关系，并以原劳动合同确定双方的权利义务关系。

(4) 劳动争议仲裁委员会对多个劳动者的劳动争议作出仲裁裁决后，部分劳动者对仲裁裁决不服，依法向人民法院起诉的，仲裁裁决对提出起诉的劳动者不发生法律效力；对未提出起诉的部分若发生法律效力，如其申请执行的，人民法院应当受理。

(5) 用人单位根据《劳动法》第 4 条之规定，通过民主程序制定的规章制度，不违反国家法律、行政法规及政策规定，并已向劳动者公示的，可以作为人民法院审理劳动争议案件的依据。

(6) 用人单位对劳动者作出的开除、除名、辞退等处理，或者因其他原因解除劳动合同确有错误的，人民法院可以依法判决予以撤销。对于追索劳动报酬、养老金、医疗费以及工伤保险待遇、经济补偿金、培训费及其他相关费用等案件，给付数额不当的，人民法院可以予以变更。

五、监督检查

(一) 劳动监督

1. 劳动监督的定义及特征

劳动监督又称劳动监督检查、劳动法监督，是指依法享有劳动监督权的单位和个人对用人单位执行劳动法的情况进行检查、督促、处罚等活动和制度的统称。

劳动监督具有以下四方面的特征。

(1) 监督主体的广泛性。根据《劳动法》的规定，监督主体是依法享有劳动监督权的劳动行政部门、其他有关国家机关、工会以及其他任何组织和个人。可见，监督主体的范围是很广泛的，可以多渠道、多角度地对用人单位执行《劳动法》的情况进行监督、检查。

(2) 监督对象的特定性。劳动监督对象为用人单位，包括各类企业、个体经济组织、国家机关、事业组织和社会团体。

(3) 监督内容的全面性。劳动监督包含众多内容，不仅是对用人单位执行劳动安全卫生法规的监督检查，同时也是对有关劳动就业、劳动报酬、工作时间与休息休假、劳动合同与集体合同、职业培训、奖励和惩罚、社会保险等全部劳动法内容执行情况的监督检查。

(4) 监督性质的多样性。劳动监督主体的广泛性及各自职权的不同，决定了劳动监督的性质也不同。劳动行政部门的监督是专门的强制性监督，其他行政部门的监督是非专门的强制性监督，工会的监督是专门的非强制性监督，其他组织和个人的监督是非专门的非强制性监督。

2. 劳动监督主体及职责

(1) 劳动行政部门监督。《劳动法》第85条规定，"县级以上各级人民政府劳动行政部门依法对用人单位遵守劳动法律、法规的情况进行监督检查，对违反劳动法律、法规的行为有权制止，责令改正。"

在劳动监督体系中，劳动行政部门监督是最基本、最有效的劳动监督形式，其他劳动监督形式都是配合劳动行政部门监督而实施的，并且只有在劳动行政部门监督的保障下才能发挥其应有作用。这主要表现在：① 劳动行政部门监督是一种全面监督，范围涉及所有用人单位在劳动关系各个环节上遵守各项劳动法律、法规的全部情况。② 劳动行政部门监督是一种约束力最强的劳动监督。劳动行政部门作为同级人民政府主管劳动工作的职能部门，其劳动监督行为是代表同级政府实施，对用人单位具有强制约束力。

(2) 其他行政机关监督。《劳动法》第 87 条规定，县级以上各级人民政府有关部门在各自职责范围内，对用人单位遵守劳动法律、法规的情况进行监督。

其他行政机关监督有两类：一是用人单位主管部门监督。用人单位主管部门是政府中对用人单位进行直接综合管理的机关，对劳动法的贯彻执行情况进行监督检查，是各个主管部门的当然职责。二是其他专项行政执法机关监督。主要指工商行政管理部门、公安部门、教育行政部门、卫生行政部门等专项行政执法机关在各自职责范围之内对劳动法律、法规的执行情况进行监督检查。

其他行政机关进行劳动监督的方式主要有三种：① 依法独立开展劳动监督活动；② 依法对劳动行政部、其他行政机关或工会的建议进行调查处理；③ 会同劳动行政部门、工会等集中开展监督检查活动。

(3) 工会监督。《劳动法》第 88 条规定，"各级工会依法维护劳动者的合法权益，对用人单位遵守劳动法律、法规的情况进行监督。"《中华人民共和国工会法》(以下简称《工会法》)第三章"工会的权利和义务"也对工会的劳动监督权作了比较具体的规定。但是，工会监督在性质上属非强制性的社会监督，不同于行政机关的行政监督。工会对用人单位违反劳动法律、法规的行为没有采取强制措施和进行行政处罚的权力，只能向用人单位或有关行政机关提出意见、建议和要求。

根据《劳动法》、《工会法》等法律的规定，工会对执行劳动法律、法规情况进行监督的职责主要有：① 参加用人单位研究涉及职工劳动权益问题的各种会议，提出工会的意见和建议。② 对用人单位辞退、处分职工不适当的，提出意见。如果用人单位的决定违反劳动法律、法规和有关合同规定的，工会有权要求重新处理。③ 参加伤亡事故和其他严重危及职工健康问题的调查，有权向有关部门提出处理意见，要求追究直接负责的行政领导人和有关责任人员的责任。④ 会同劳动行政部门、其他行政机关对用人单位实施劳动监督检查。

(4) 群众监督。我国《劳动法》第 88 条规定，"任何组织和个人对于违反劳动法律、法规的行为有权检举和控告。"

(二) 劳动监察

1. 监察职责

《劳动保障监察条例》规定了劳动保障监察的四项职责：① 宣传劳动保障法律、法规和规章，督促用人单位贯彻执行；② 检查用人单位遵守劳动保障法律、法规和规章的情况；③ 受理对违反劳动保障法律、法规或者规章的行为的举报、投诉；④ 依法纠正和查处违反劳动保障法律、法规或者规章的行为。

2. 监察事项

《劳动保障监察条例》还规定了九项具体的劳动保障监察事项：① 用人单位制定内部劳动保障规章制度的情况；② 用人单位与劳动者订立劳动合同的情况；③ 用人单位遵守禁止使用童工规定的情况；④ 用人单位遵守女职工和未成年工特殊劳动保护规定的情况；⑤ 用人单位遵守工作时间和休息休假规定的情况；⑥ 用人单位支付劳动者工资和执行最低工资标准的情况；⑦ 用人单位参加各项社会保险和缴纳社会保险费的情况；⑧ 职业介绍机构、职业技能培训机构和职业技能考核鉴定机构遵守国家有关职业介绍、职业技能培训和职业技能考核鉴定的规定的情况；⑨ 法律、法规规定的其他劳动保障监察事项。

3. 监察措施

劳动保障行政部门实施劳动保障监察，有权采取下列措施：① 进入用人单位的劳动场所进行检查；② 就调查、检查事项询问有关人员；③ 要求用人单位提供与调查、检查事项相关的文件资料，必要时可以发出调查询问书；④ 采取记录、录音、录像、照相和复制等方式收集有关的情况和资料；⑤ 对事实确凿、可以当场处理的违反劳动保障法律、法规或规章的行为当场予以纠正；⑥ 可以委托注册会计师事务所对用人单位工资支付、缴纳社会保险费的情况进行审计；⑦ 法律、法规规定可以由劳动保障行政部门采取的其他调查、检查措施。

实训与练习 ✍

实训目的：通过案例分析增强学生对劳动争议法律知识的理解，同时提升学生运用所学法律知识分析解决问题的能力。

背景资料：刘某是某服装有限公司的会计，双方订立了无固定期限的合同，在该劳动合同中，双方除就合同解除的条件作了比较详细的约定外，还就合同终止的条件作了约定。其中约定的一项终止条件就是，如果因国家政策规定或者因刘某个人原因导致刘某的会计从业资格丧失的，双方合同即行终止，劳动合同关系终结。

刘某作为一名资历较深的会计，拥有比较多的社会关系，其利用业余时间从事兼职会计工作，以增加收入，对此该公司并不反对。但是，在从事兼职业务时，刘某因违反国家关于会计从业人员的管理规定而被吊销会计从业资格，该服装有限公司随即依双方劳动合同的约定，通知刘某终止了双方的劳动合同。刘某不同意终止合同，向当地的劳动争议仲裁委员会申请仲裁，请求裁令该公司继续履行双方的劳动合同。

问题：劳动争议仲裁委员会能否支持刘某的请求？为什么？

实训方法：小组讨论法。

实训内容：根据背景资料进行小组内部讨论并形成答案、小组代表进行汇报。教师对各组表现进行点评。

第六节 劳动基准法律制度

《劳动法》对劳动关系的协调以劳动标准为基础，劳动基准法律制度就是劳动法律制度对劳动者劳动条件所规定的最低标准，要求用人单位必须遵守，用人单位向劳动者提供的劳动条件不能低于该基准，以保护劳动者的安全与健康，保证劳动者权益的实现。

一、工作时间

工作时间是指《劳动法》所规定的劳动者在单位中应从事劳动或工作的时间，包括每日应工作的时数和每周应工作的天数，它们分别称为工作日和工作周。工作时间的种类包括标准工作时间、缩短工作时间、延长工作时间、不定时工作时间和综合计算工作时间。

1．标准工作时间

标准工作时间又称标准工时，是指法律规定的在一般情况下都普遍适用的，按照正常作息办法安排的工作日和工作周的工时制度。

劳动者每日工作时间不得超过 8 小时，平均每周不超过 44 小时。因工作性质和工作职责限制的，实行不定时工作制度，但平均每周不超过 44 小时。用人单位应当保证劳动者每周至少休息 1 日。

我国《劳动法》实行限制延长工作时间制度。用人单位由于生产经营需要，经与工会和劳动者协商后可以延长工作时间，一般每日不得超过 1 小时；因特殊原因需要延长工作时间的，在保障劳动者身体健康的条件下延长工作时间每日不得超过 3 小时，但是每月不得超过 36 小时。延长工作时间，用人单位必须依法支付工资报酬。

有下列情况之一的，可以不受《劳动法》第四十一条的限制：发生自然灾害、事故或者其他原因，威胁劳动者生命健康和财产安全，需要紧急处理的；生产设备、交通运输线路、公共设施发生故障，影响生产和公众利益，必须及时抢修的；法律、行政法规规定的其他情形。

2．缩短工作时间

缩短工作时间是指法律规定的在特殊情况下劳动者的工作时间长度少于标准工作时间的工时制度，即每日工作少于 8 小时。缩短工作日适用于：从事矿山井下、高山、有毒有害、特别繁重或过度紧张等作业的劳动者；从事夜班工作的劳动者；哺乳期内的女职工。

3．不定时工作时间和综合计算工作时间

不定时工作时间又称不定时工作制，是指无固定工作时数限制的工时制度，适用于工作性质和职责范围不受固定工作时间限制的劳动者，如企业中的高级管理人员、外勤人员、推销人员、部分值班人员，从事交通运输的工作人员以及其他因生产特点、工作特殊需要或职责范围的关系，适合实行不定时工作制的职工等。

综合计算工作时间又称综合计算工时工作制，是指以一定时间为周期，集中安排并综合计算工作时间和休息时间的工时制度。即分别以周、月、季、年为周期综合计算工作时间，但其平均日工作时间和平均周工作时间应与法定标准工作时间基本相同。

对符合下列条件之一的职工，可以实行综合计算工作日：交通、铁路、邮电、水运、航空、渔业等行业中因工作性质特殊，需连续作业的职工；地质及资源勘探、建筑、制盐、制糖、旅游等受季节和自然条件限制的行业的部分职工；其他适合实行综合计算工时工作制的职工。

实行不定时工作制和综合计算工时工作制的企业，应根据劳动法的有关规定，履行审批手续，在保障职工身体健康并充分听取职工意见的基础上，采用集中工作、集中休息、轮流调休、弹性工作时间等适当方式，确保职工的休息休假权利和生产、工作任务的完成。

4．延长工作时间

延长工作时间，即俗称的加班加点。加班是指劳动者在法定节日或公休假日从事生产或工作；加点是指劳动者在标准工作日以外延长工作的时间。

为保证劳动者休息权的实现，《劳动法》规定任何单位和个人不得擅自延长职工工作时间。

《劳动法》第四十一条规定了以下情况下的加班加点：用人单位由于生产经营需要，经与工会和劳动者协商后可以延长工作时间，一般每日不得超过 1 小时；因特殊原因需要延长工作时间的，在保障劳动者身体健康的条件下延长工作时间每日不得超过 3 小时，但是每月不得超过 36 小时。

但在下列特殊情况下，延长工作时间不受《劳动法》第四十一条的限制。

(1) 发生自然灾害、事故或者因其他原因，威胁劳动者生命健康和财产安全，或使人民的安全健康和国家资财遭到严重威胁，需要紧急处理的。

(2) 生产设备、交通运输线路、公共设施发生故障，影响生产和公共利益，必须及时抢修的。

(3) 在法定节日和公休假日内工作不能间断，必须连续生产、运输或营业的。

(4) 必须利用法定节日或公休假日的停产期间进行设备检修、保养的。

(5) 为了完成国防紧急生产任务，或者完成上级在国家计划外安排的其他紧急生产任务，以及商业、供销企业在旺季完成收购、运输、加工农副产品紧急任务的。

(6) 法律、行政法规规定的其他情形。

作为补偿，《劳动法》规定了加班加点的工资标准。

(1) 安排劳动者延长工作时间的，支付不低于工资的150%的工资报酬。

(2) 休息日安排劳动者工作又不能安排补休的，支付不低于工资的200%的工资报酬。

(3) 法定休假日安排劳动者工作的，支付不低于工资的300%的工资报酬。

二、休息休假时间

（一）休息休假的概念

休息休假是指按照法律规定，劳动者在劳动关系存续期间内不必从事劳动或者工作，可以自行安排和支配时间。实际上，休息休假时间就是指在工作时间以外自行支配的时间。

（二）休息休假时间的种类

休息休假时间包括两种，即休息时间和休假时间。

1．休息时间的种类

(1) 工作时间内间歇时间。这是指在工作日内给予劳动者休息和用膳的时间，一般为1～2 小时，最少不得少于半小时。

(2) 工作日间的休息时间。这是指两个邻近工作日之间的休息时间,一般不少于16小时。

(3) 公休假日。这又称周休息日,是指劳动者在一周(7日)内享有的连续休息时间。公休假日一般为每周2日,星期六和星期日为周休息日。企业和不能实行上述统一时间的事业单位,可根据实际情况灵活安排周休息日。《劳动法》第38条规定,"用人单位应当保证劳动者每周至少休息一日。"

2. 休假时间的种类

(1) 法定节假日。按照相关法律规定,我国法定节假日包括:元旦(放假1天)、春节(放假3天)、国际劳动节(放假1天)、国庆节(放假3天)、清明节(放假1天)、端午节(放假1天)、中秋节(放假1天)。

(2) 探亲假。劳动者享有保留工资、工作岗位而同分居两地的父母或配偶团聚的假期。

(3) 年休假。年休假是指职工每年在一定时期内享有的保留工作和工资的连续休息的时间。《劳动法》第45条规定,"国家实行带薪年休假制度。劳动者连续工作一年以上的,享受带薪年休假。具体办法由国务院规定。"

知识拓展 📖

探亲假的路费报销

1. 探亲路费能否报销

根据国务院《关于职工探亲待遇的规定》,职工探望配偶和未婚职工探望父母的往返路费,由所在单位负担;已婚职工探望父母的往返路费,在本人月标准工资30%以内的,由本人自理,超过部分由所在单位负担。可见,只有职工探望配偶,未婚职工探望父母所休探亲假之往返路费完全由企业买单,而对于已婚职工探望父母的,企业只需要支付员工月标准工资30%以上的部分。

2. 顺带旅游费能否报销

休探亲假要注意往返地点的一致性,否则报销会出现困难。如小王请了20天探亲假,他工作地点是北京,父母居住地是武汉,可是他想顺带去一趟长沙,于是他回家是从北京坐火车到长沙,玩够之后再从长沙回武汉,在家逗留十几天后从武汉回北京。在他到人事处报销返程路费时遇到了困难,虽然他只打算报销武汉至北京段的车费,但是由于车票上写的是,"北京—长沙",仍然没成功。

三、加班加点的条件与限制措施

加班是指劳动者在法定节日或公休假日从事生产或工作,加点是指劳动者在标准工作日以外延长工作的时间。为保证劳动者休息权的实现,劳动法规定任何单位和个人不得擅自延长职工工作时间。

四、工资

(一) 工资的定义和特征

1. 工资的定义

工资是指用人单位依据国家有关规定和集体合同、劳动合同约定的标准,根据劳动者提供劳动的数量和质量,以货币形式支付给劳动者的劳动报酬。

工资有广义、狭义之分。狭义工资，仅是指用人单位以货币形式支付给劳动者的基本工资。广义工资，是指用人单位以法定货币形式支付给劳动者的各种劳动报酬，包括基本工资、奖金、津贴、补贴、加班加点工资、特殊情况下的工资。

2. 工资的特征

工资的特征是：① 工资是基于劳动关系支付给劳动者的劳动报酬；② 工资是对付出的劳动所给予的物质补偿，以劳动者提供劳动的数量和质量为依据；③ 工资是依据工资法规、工资政策、集体合同、劳动合同的规定确定的；④ 工资必须以法定货币定期支付给劳动者本人。

(二) 工资分配原则

工资分配原则主要包括：① 工资总量宏观调控原则；② 用人单位自主分配，劳动者参与工资分配过程原则；③ 按劳分配原则；④ 同工同酬原则；⑤ 工资水平随经济发展逐步提高原则。

(三) 工资制度

工资制度，是指依法规定的确定工资水平、工资标准、工资形式、工资增长等项办法的总称。企业根据本单位的生产经营特点，自主确定适用本单位的工资制度。企业工资制度主要有：

1. 等级工资

它是根据劳动的复杂程度、繁简程度和工作责任大小等因素，将各类劳动划分成不同的等级，并按等级规定工资标准的制度。等级工资制度又分为：① 技术等级工资制度，是按照职工实际达到的技术等级确定其工资等级和工资标准的一种工资等级制度；② 职务等级工资制度，是根据不同的职务规定不同的工资标准，同一职务内又划分若干等级，每一等级规定一个工资标准的一种等级工资制度。

2. 结构工资

它是由不同职能的工资，按照一定比例规定不同职能工资的工资额，组合成职工标准工资的一种工资制度。结构工资组成项目可多可少，一般包括基础工资、职务(岗位、技能、职称)工资、年功工资、奖励工资等项目工资。

3. 岗位工资

它是按照不同工作岗位的工作难易、劳动轻重、责任大小以及劳动环境确定工资标准，同一岗位规定一个或几个工资标准的一种工资制度。

4. 岗位技能工资

它是以劳动技能、劳动责任、劳动强度和劳动条件等劳动要素的评价为基础，以岗位工资和技能工资为主要内容，按照职工提供的劳动数量和质量确定劳动报酬的一种工资制度。

岗位评价内容包括：① 劳动技能是指不同劳动岗位要求达到的专业技术水平；② 劳动责任，是指不同岗位或职务所应承担的责任；③ 劳动强度，是指不同岗位劳动的紧张程度或繁重程度；④ 劳动条件，是指劳动环境对劳动者身体健康的影响程度。

（四）工资形式

工资形式，是指计量劳动和支付劳动报酬的方式。企业根据本单位的生产经营特点和经济效益，依法自主确定本单位的工资分配形式。工资形式主要有计时工资、计件工资、定额工资、浮动工资、奖金、津贴、特殊情况下的工资等形式。

（五）工资支付保障

工资支付是工资分配的最终环节，也是在工资分配上保护劳动者合法权益的一种措施。因此，我国劳动法律法规对工资支付规定了一系列的保障措施，包括以下方面：

1. 工资支付的一般保障

《劳动法》第五十条规定，"工资应当以货币形式按月支付给劳动者本人。"

(1) 工资支付形式。工资应当以法定货币形式支付给劳动者。用人单位不可以用实物及有价证券替代工资支付。

(2) 工资支付方法。用人单位应将工资支付给劳动者本人。劳动者本人因故不能领取工资时，可由亲属或委托他人代领。

(3) 工资支付时间。工资至少每月一次在用人单位与劳动者约定的日期支付，如遇节假日或休息日，则应提前在最近的工作日支付。

2. 工资支付的特殊保障

(1) 对代扣、扣除工资的工资支付保障。

《劳动法》第 50 条规定，"用人单位不得克扣或者无故拖欠劳动者的工资。"为了保障用人单位足额支付劳动者工资，劳动法做了如下限制性规定。① 对代扣工资的限制。用人单位不得非法克扣劳动者工资。有下列情况之一的，用人单位可以代扣劳动者工资：用人单位代扣代缴的个人所得税；用人单位代扣代缴的应当由劳动者个人支付的社会保险费用；用人单位依审判机关判决、裁定扣除劳动者工资；法律、法规规定可以从劳动者工资中扣除的其他费用。② 对扣除工资金额的限制。因劳动者本人原因造成经济损失的，用人单位可以按照劳动合同的约定要求劳动者赔偿其经济损失。经济损失的赔偿，可以从劳动者本人的工资中扣除。但每月扣除金额不得超过劳动者月工资的 20%，若扣除后的余额低于当月最低工资标准的，则应按最低标准支付。另外，用人单位对劳动者违纪罚款，一般不得超过本人工资标准的 20%。

(2) 特殊情况下的工资支付保障。

具体包括以下方面：① 法定休假日期间。劳动者在法定休假日和法定带薪年休假期间，用人单位应当依法支付工资。② 婚丧假期间。劳动者本人结婚或直系亲属死亡而依法休假期间，用人单位应支付工资。③ 依法参加社会活动期间。劳动者在法定工作期间内依法参加选举、出庭作证等社会活动期间，用人单位应视其提供了正常劳动而支付工资。④ 探亲假期间。职工在探亲假期间的工资，由用人单位按照职工本人的标准工资发放。⑤ 产假期间。女职工在按规定享受的产假期间，工资照发。⑥ 停工期间。非因劳动者本人原因造成单位停工、停产，在一个工资支付周期内的，用人单位应按照劳动合同规定的标准支付劳动者工资；超过一个工资支付周期的，若劳动者提供了正常劳动，则支付给劳动者的劳动报酬不得低于当地的最低工资标准。⑦ 企业依法破产时。用人单位依法破产时，劳动者有权获得其工资，用人单位应按破产清偿顺序首先支付其所欠的本单位劳动者的工资。

（六）最低工资保障制度

1. 最低工资的概念和范围

最低工资是指劳动者在法定工作时间内提供正常劳动的前提下，用人单位应当支付的最低劳动报酬。其中，法定工作时间是指国家规定的工作时间；正常劳动是指劳动者按照劳动合同的有关规定，在法定工作时间内从事的劳动。

根据国家有关规定，下列各项不得作为最低工资的组成部分：① 加班加点工资；② 中班、夜班、高温、低温、井下、有害有毒等特殊工作环境条件下的津贴；③ 国家法律、法规、政策规定的劳动保险、福利待遇等。

另外，需注意的是，最低工资制度适用于我国境内各种经济类型的企业以及在其中领取报酬的劳动者。但是，下列范围内的企业和劳动者不适用最低工资制的规定：① 公务员和公益团体工作人员；② 租赁经营企业或者承包经营企业的承租人或者承包人；③ 学徒、利用假期勤工俭学的学生、残疾人。乡镇企业能否适用最低工资制，由省、自治区、直辖市人民政府决定。

2. 最低工资标准的确定和调整

最低工资标准，又称最低工资率，是指国家依法规定的单位劳动时间的最低工资数额。《劳动法》第48条规定，"国家实行最低工资保障制度。最低工资的具体标准由省、自治区、直辖市人民政府规定，报国务院备案。"在我国，由于各地区经济发展水平不平衡，工资水平和物价水平差距较大，因此全国没有统一的标准。按《劳动法》第49条规定，"确定和调整最低工资标准应当综合参考下列因素：① 劳动者本人及平均赡养人口的最低生活费用；② 社会平均工资水平；③ 劳动生产率；④ 就业状况；⑤ 地区之间经济发展水平。"

3. 最低工资支付

《劳动法》第48条规定，"用人单位支付劳动者的工资不得低于当地最低工资标准。"

最低工资应以法定货币形式支付。用人单位支付给劳动者的工资低于最低工资标准的，由当地人民政府劳动保障行政部门责令改正；逾期未改的，由劳动保障行政部门对用人单位和责任者给予经济处罚，并视其欠付工资时间的长短向劳动者支付赔偿金。

知识拓展 📖

对代扣工资的限制

用人单位不得非法克扣劳动者的工资，有下列情况之一的，用人单位可以代扣劳动者工资：① 用人单位代扣代缴的个人所得税；② 用人单位代扣代缴的应由劳动者个人负担的社会保险费用；③ 用人单位依审判机关判决、裁定扣除劳动者工资，依照人民法院判决、裁定，用人单位可以从应负法律责任的劳动者工资中扣除其应负担的赡养费、抚养费和损害赔偿等款项；④ 法律、法规规定可以从劳动者工资中扣除的其他费用。

对扣除工资金额的限制：① 因劳动者本人原因给用人单位造成经济损失的，用人单位可以按照劳动合同的约定要求劳动者赔偿其经济损失。经济损失的赔偿，可从劳动者本人的工资中扣除，但每月扣除金额不得超过劳动者月工资的 20%，若扣除后的余额低于当地月最低工资标准的，则应按最低工资标准支付；② 用人单位对劳动者违纪罚款，一般不得超过本人月工资标准的 20%。

典型案例

用人单位不得拖欠工资

于某、高某是某鞋业有限公司(台湾独资)的员工。于某自 2005 年 6 月被公司聘用，与公司签订了为期 2 年的劳动合同。合同明确约定了劳动报酬等事项。其中于某的月工资为 1800 元。从 10 月 21 日到 12 月 4 日，公司无故拖欠于某的工资 2595 元和期间 10 个休息日的加班工资。高某自 2005 年 5 月 9 日被公司聘用，7 月 8 日签订了劳动合同，约定工资为 1500 元/月。同样，自 10 月 21 日到 12 月 4 日，公司拖欠高某工资 2120 元。于某、高某多次向公司追要，但相关负责人一直以公司财务紧张为由，拖延支付。多次协商未果后，于某和高某终于将鞋业公司告到当地劳动仲裁委员会，要求支付拖欠他们的工资。

（资料来源：夏召龙. 研究探索，安徽省马鞍山市劳动保障局）

【分析】　这是一起关于用人单位无故拖欠员工工资的案例。《劳动法》第 50 条规定，工资应当以货币形式按月支付给劳动者本人。不得克扣或者无故拖欠劳动者的工资。哪些情况属于"无故拖欠"呢？

所谓"无故拖欠"是指，用人单位无正当理由超过规定付薪时间未支付劳动者工资。《工资支付暂行规定》(劳动部发[1994] 489 号)规定，"工资必须在用人单位与劳动者约定的日期支付。如遇节假日或休息日，则应提前在最近的工作日支付。工资至少每月支付一次。"对于工资的支付应从以下两方面理解：

首先，工资至少每月支付劳动者一次。在 1 个月内，用人单位无论确定哪一天为工资支付日都是可以的，但必须固定日期。实行周、日、小时工资制的，可按周、日、小时支付工资。对于完成一次性临时劳动或某一项具体工作的劳动者，应按有关规定或劳动合同约定，在其完成任务后即支付工资。

其次，工资必须在用人单位与劳动者约定的日期支付。用人单位与劳动者约定的工资支付日期是按月支付的工资日期，用人单位只要与劳动者约定了发薪日期，每月必须在约定之日发薪，不得任意变动，过了约定日期发薪，就是拖欠职工工资。

五、劳动安全卫生与劳动保护

(一) 劳动安全卫生的概念

劳动安全卫生法律制度，是指国家为了改善劳动条件，保护劳动者在劳动过程中的安全健康而制定的各种法律规范的总称，包括劳动安全、劳动卫生两类法律规范。前者是国家为了保障劳动者在劳动过程中的安全，防止和消除伤亡事故而制定的各种法律规范；后者是国家为了保护劳动者在劳动过程中的健康，预防和消除职业病、职业中毒和各种职业危害而制定的各种法律规范。

劳动安全卫生工作方针是：安全第一，预防为主。安全第一，是指在劳动过程中，始终把劳动者的安全放在第一位。预防为主，就是采取有效措施消除事故隐患和防止职业病的发生。

《劳动法》第 52 条规定，"用人单位必须建立健全劳动安全卫生制度，严格执行国家劳动安全卫生标准，防止和减少劳动过程中的事故，降低职业危害"。《劳动法》第 56 条规定，"劳动者在劳动过程中必须遵守安全操作规程"。

(二) 职业安全卫生制度

职业安全卫生，包括职业安全、职业卫生两类。职业安全是为防止和消除劳动过程中的伤亡事故而制定的各种法律规范；职业卫生是为保护劳动者在劳动过程中的健康，预防和消除职业病、职业中毒和其他职业危害而制定的各种法律规范。我国职业安全卫生工作方针是：安全第一，预防为主。

职业安全卫生制度主要包括职业安全卫生标准制度、安全生产保障制度、职业卫生与职业病防治制度、职业安全卫生责任制度、职业安全教育制度、职业安全卫生认证制度、安全卫生设施"三同时"制度、安全卫生检查与监察制度、伤亡事故报告处理制度等内容。

典型案例

不提供安全生产条件，企业须承担赔偿责任

1994 年秋，某贫困山区的张某、吴某等数百名农民为了谋生，受雇于 A 县隧道工程公司，到一高速公路隧道"打山洞"。该项工程的地质结构为石英砂岩、石英岩，二氧化硅含量高达 97.6%。公司很清楚，如此高浓度的含量会导致工人患硅肺病。然而，公司却隐瞒地质实情，令工人们用风钻"干式掘进"打炮眼。这种作业方法速度快、生产成本比边钻边喷水的"湿打"低得多。公司也不提供工人有效的防尘面罩，不知情的工人们不得不戴着无济于事的口罩，在二氧化硅粉尘飞扬的隧道中从早到晚长时间埋头作业。1997 年，该隧道工程竣工验收。而 1998 年以来，许多民工先后被发现患有不同程度的硅肺病。2000 年，经该省职业病诊断鉴定委员会对 100 多名民工进行鉴定，其中 20 多名民工患有一期至三期(危险期)硅肺病。受害人张某等 60 多名民工陆续向该市中级人民法院提起诉讼。

(资料来源：改编自：黎建飞. 劳动法案例评析. 北京：中国人民大学出版社，2007.149)

【分析】 这是一起用人单位没有为劳动者提供安全生产条件，损害劳动者生命健康的典型案例。用人单位作为工作场所的主要提供者，必须履行法定的保证工作场所安全的义务。用人单位保证工作环境安全的义务，是指用人单位依法应当保证工作场所的安全，包括工作场所厂房建筑物、提供的生产资料、生产工具等物质环境安全；也包括保证工作场所内人文环境的安全。具体而言，包括：(1) 遵守法定技术标准的义务。即用人单位应当严格遵守国家劳动安全卫生规程和标准。(2) 资金保障义务。用人单位应依法进行保护工作环境安全的资金投入，包括安全生产条件的建立、安全防护用品的提供、劳动者的培训、健康检查等所需资金等。(3) 对劳动者进行劳动安全卫生教育和培训的义务。用人单位应当依法对劳动者进行安全生产教育和培训，保证从业人员具备必要的安全生产知识，熟悉有关的安全生产规章制度和安全操作规程，掌握本岗位的安全技能操作。(4) 提供劳动保护用品的义务。用人单位应当依法为从业的劳动者提供符合国家标准或者行业标准的劳动防护用品。(5) 对劳动者进行健康检查的义务。用人单位应当对从事危险职业的劳动者提供符合国家标准或者行业标准的劳动防护用品。(6) 参加工伤保险的义务。用人单

位应当依法参加工伤社会保险，为从业劳动者缴纳保险费。

　　在案例中，用人单位 A 县隧道工程公司违反劳动卫生法规，未采取相关的劳动安全防范措施，致使大量劳动者吸入高含量的二氧化硅，换上硅肺职业病，对劳动者的生命健康造成了严重的损害。因此，根据相关规定，该公司需承担赔偿责任。

（三）女职工劳动特殊保护

　　女职工劳动特殊保护，是指根据女职工生理特点和抚育子女需要，对其在劳动过程中的安全健康所采取的有别于男子的特殊保护。

1. 女职工禁忌劳动范围

　　禁忌女职工从事下列作业：① 矿山井下作业；② 森林业伐木，归楞及流放作业；③《体力劳动强度分级》标准中第四级体力劳动强度的作业；④ 建筑业脚手架的组装和拆除作业，以及电力、电信行业的高处架线作业；⑤ 连续负重(指每小时负重次数在 6 次以上)每次负重超过 20 公斤，间断负重每次负重超过 25 公斤的作业；⑥ 已婚待孕女职工禁忌从事铅、汞、苯、镉等作业场所属于《有毒作业分级》标准中第三、四级的作业。

2. 女职工"四期"保护

　　(1) 月经期保护。它是为保障女职工月经期身体健康而采取的保护措施。不得安排女职工在经期从事高处、低温、冷水作业和国家规定的第三级体力劳动强度的劳动。

　　(2) 怀孕期保护。它是为保障怀孕女职工及其胎儿的安全健康而采取的保护措施。不得安排女职工在怀孕期间从事国家规定的第三级体力劳动强度的劳动和孕期禁忌从事的劳动。对怀孕七个月以上的女职工，不得安排其延长工作时间和夜班劳动。

　　(3) 生育期保护。它是为保障生育期女职工及婴儿的安全健康而采取的保护措施。女职工生育享受不少于 90 天的产假。

　　(4) 哺乳期保护。它是为保障哺乳期女职工及婴儿身体健康而采取的保护措施。对有未满一周岁婴儿的女职工，应依照法律规定，在每班工作时间内安排其哺乳时间。不得安排女职工在哺乳未满一周岁的婴儿期间从事国家规定的第三级体力劳动强度的劳动和哺乳期禁忌从事的其他劳动，不得安排其延长工作时间和夜班劳动。

典型案例

哺乳期不得降低女职工的工资案例介绍

　　2004 年 5 月 13 日，王小姐应聘进入北京"欧莱雅"(中国)有限公司担任主管，双方签订了劳动合同，期限至 2005 年 6 月 24 日，每月税前工资为 3986 元。2005 年年初，王小姐工资调整为税前 4142 元。2005 年 1 月 7 日，王小姐在医院生育，同年 3 月 22 日，王小姐休完产假回公司上班，4 月份被借调至销售部门担任美容顾问主管，双方续订劳动合同至 2005 年 12 月 23 日。同年 5 月间，"欧莱雅"公司按美容顾问主管岗位工资标准向王小姐发放工资。可拿到工资后，王小姐发现自己的月工资比原来标准减少了，便向"欧莱雅"公司提出异议，在没有获得满意答复后，王小姐提出劳动仲裁申请，但未获支持。2005 年 12 月 26 日，王小姐起诉至法院，要求公司补足原工资水平。原告认为，"欧莱雅"公司在原告哺乳期内擅自降低工资的行为，违反了相关法律法规的规定。法院认为，王小姐在 2006 年 1 月 7 日之前正处于哺乳期阶段，依据《女职工劳动保护规定》，用人单位不得在女职工哺乳期间降低女职工的基本工资，判决王小姐胜诉。

　　　（资料来源：改编自：黎建飞，劳动法案例评析．北京：中国人民大学出版社，2007.215-216）

　　【分析】　这是一起因用人单位在哺乳期降低女职工的工资引发的劳动争议。妇女肩负着人类生产、繁衍哺育后代的重任，同时又参与社会劳动，为人类自身的发展、物质文明和精神文明建设作出了巨大贡献。妇女在生育过程中必然影响其参加社会活动，同时会增加其经济负担。妇女生育不仅仅是个人行为，也是一种社会行为。因此，为了提供女职工生育期间的经济保障，《女职工劳动保护规定》第 4 条规定，不得在女职工怀孕期、产期、哺乳期降低其基本工资，或者解除劳动合同。

　　根据《女职工劳动保护规定问题解答》，哺乳期是从其生育之日起至婴儿满 1 周岁。在该案例中，王小姐的哺乳期到 2006 年 1 月 7 日结束。也就是说，在 2006 年 1 月 7 日之前，王小姐正处于哺乳期，"欧莱雅"公司不得降低其工资。

（四）未成年工劳动特殊保护

　　未成年工是指年满 16 周岁、未满 18 周岁的劳动者。未成年工的特殊保护是针对未成年工处于生长发育期的特点，以及接受义务教育的需要，而采取的特殊劳动保护措施。根据《未成年人保护法》、《劳动法》以及《未成年工特殊保护规定》等法规，对于未成年工的特殊劳动保护主要体现在以下几方面。

1. 未成年工禁忌劳动范围

　　《劳动法》第六十四条规定，不得安排未成年工从事矿山井下、有毒有害、国家规定的第四级体力劳动强度的劳动和其他禁忌从事的劳动。为贯彻该规定，原劳动部《未成年工特殊保护规定》规定，用人单位不得安排未成年工从事以下范围的劳动：

　　（1）《生产性粉尘作业危害程度分级》国家标准中第一级以上的接尘作业；

　　（2）《有毒作业分级》国家标准中第一级以上的有毒作业；

　　（3）《高处作业分级》国家标准中第二级以上的高处作业；

　　（4）《冷水作业分级》国家标准中第二级以上的冷水作业；

　　（5）《高温作业分级》国家标准中第三级以上的高温作业；

　　（6）《低温作业分级》国家标准中第三级以上的低温作业；

　　（7）《体力劳动强度分级》国家标准中第四级体力劳动强度的作业；

　　（8）矿山井下及矿山地面采石作业；

　　（9）森林业中的伐木、流放及守林作业；

　　（10）工作场所接触放射性物质的作业；

　　（11）有易燃易爆、化学性烧伤和热烧伤等危险性大的作业；

　　（12）地质勘探和资源勘探的野外作业；

　　（13）潜水、涵洞、涵道作业和海拔 3000 米以上的高原作业(不包括世居高原者)；

　　（14）连续负重每小时在 6 次以上并每次超过 20 公斤,间断负重每次超过 25 公斤的作业；

　　（15）使用凿岩机、捣固机、气镐、气铲、铆钉机、电锤的作业；

　　（16）工作中需要长时间保持低头、弯腰、上举、下蹲等强迫体位和动作频率每分钟大于 50 次的流水线作业；

(17) 锅炉司炉。此外，《未成年工特殊保护规定》对患有某种疾病或具有某些生理缺陷(非残疾型)的未成年工，明确了更为严格的劳动保护。

2．未成年工定期健康检查制度

《劳动法》第六十五条规定，用人单位应当对未成年工定期进行健康检查。原劳动部《未成年工特殊保护规定》对未成年工的定期健康检查制度进行了具体规定。根据该规定，用人单位应对未成年工在安排工作岗位之前、工作满 1 年以及年满 18 周岁，距前一次的体检时间已超过半年进行健康检查；而且应按《未成年工健康检查表》列出的项目进行。用人单位应根据未成年工的健康检查结果安排其从事适合的劳动，对不能胜任原劳动岗位的，应根据医务部门的证明，予以减轻劳动量或安排其他劳动。

3．未成年工的使用和特殊保护登记制度

未成年工须持未成年工登记证上岗。因此，用人单位招收使用未成年工，除符合一般用工要求外，还须向所在地的县级以上劳动行政部门办理登记。劳动行政部门根据未成年工健康检查表、"未成年工登记表"，以及《未成年工特殊保护规定》中的有关规定审核体检情况和拟安排的劳动范围，核发由国务院劳动行政部门统一印制的"未成年工登记证"。

实训与练习

实训目的：通过案例分析增强学生对劳动法相关法律知识的理解，同时提升学生运用所学法律知识分析解决问题的能力。

背景资料：2010 年初，某保险公司招聘销售人员，要求每位员工交 500 元押金，称为保证押金，待 3 个月试用期过后，公司将该押金全额返还给员工。小白参加应聘，2010 年 4 月 1 日签订劳动合同。合同规定试用期为 3 个月，试用期工资为 1800 元，试用期满后工资为 2200 元。

公司的工作制度是每月 22 天为工作日。2010 年 5 月小白加班了 3 天，在国际劳动节法定假日加班了两天。

请问：

(1) 该劳动合同是否有不合法的地方？简要说明理由。

(2) 小白 5 月可以获得多少加班工资？

(3) 如果公司不支付，小白可以得到什么救济？

(资料来源：http://www.iliyu.com/source/54802/1/)

实训方法：小组讨论法。

实训内容：根据背景资料进行小组内部讨论并形成答案、小组代表进行汇报。教师对各组表现进行点评。

复习思考题

1. 简述劳动法的特征。

2. 简述劳动合同的特征。
3. 劳动合同履行应当遵循的原则。
4. 简述用人单位不得单方解除劳动合同的情形。
5. 简述劳动合同终止的情形。
6. 简述劳动合同无效的情形。
7. 简述劳动争议的种类。

第十三章

经济仲裁与经济审判法律制度

/////////////////////////////

仲裁与诉讼是经济纠纷重要和基本的争端解决机制。仲裁以其"非诉"性、"意思自治"性和"准司法"性受到欢迎。诉讼在中国作为商业纠纷解决途径的历史并不久远，20世纪80年代以后中国各级法院开始设立经济审判庭，90年代以后，商业诉讼在法院审判业务中的地位举足轻重。

案例导入

一起涉仲裁、诉讼的典型经济纠纷案件

深圳甲公司与郑州乙公司自2005年5月10日至2006年3月23日陆续签订十二份购销合同，由郑州乙公司为深圳甲公司提供绝缘子用于深圳甲公司生产的电缆分接箱，并约定了解决合同纠纷的方式为：双方友好协商，协商不成由深圳市仲裁委员会仲裁。【涉及法律名词：仲裁协议】

2006年10月10日深圳甲公司通过深圳仲裁委员会向郑州乙公司所在地的郑州高新技术产业开发区人民法院提出仲裁程序中的财产保全，要求保全郑州乙公司银行存款70万元或查封、扣押相应价值的财产，并向法院缴纳了70万元现金作为担保。郑州高新技术产业开发区人民法院经审查，认为深圳甲公司的申请符合《中华人民共和国民事诉讼法》第92条、《中华人民共和国仲裁法》第38条的规定，遂于当日作出河南省郑州高新技术产业开发区人民法院(2006)开民保字第13号民事裁定书，裁定冻结郑州乙公司银行存款70万元或查封、扣押相应价值的财产。【涉及法律名词：财产保全】为了郑州乙公司正常的业务往来，郑州乙公司于2006年10月12日向郑州高新技术产业开发区人民法院提出反担保，用该公司的机器设备为70万元提供反担保。【涉及法律名词：反担保】

2006年11月22日15时00分，在深圳仲裁委员会第六仲裁庭进行开庭，郑州乙公司以深圳甲公司要求的赔偿项目及费用没有事实和法律依据，深圳甲公司所述的内容只能证明深圳甲公司产品出现问题不能证明郑州乙公司产品存在问题为由，要求驳回深圳甲公司的仲裁请求。【涉及法律名词：仲裁审理的方式、仲裁不公开原则】2007年5月8日，深圳甲公司向深圳仲裁委员会提出对郑州乙公司生产的绝缘子进行鉴定，2007年5月14日深圳仲裁委员会通知郑州乙公司和深圳甲公司，要求双方在收到通知5日内确定一家具备相应资质的鉴定机构，如未能在上述期限内共同选定，仲裁庭将指定一家鉴定机构进行质量鉴定。【涉及法律名词：专门性问题的鉴定】郑州乙公司随即提出异议，因不知道具体鉴定机构的名录，很难确定一家有鉴定资质的鉴定机构，应当由仲裁委提供具有鉴定资质的单位供其进行选择，但仲裁委并没有提供。2008年7月1日，深圳仲裁委员会委托的深圳市质量技术监督评鉴事务所作出绝缘子产品质量鉴定报告，称郑州乙公司生产的绝缘子不符合国家标准要求。2008年9月23日9时30分，在深圳仲裁委员会第六仲裁庭再次开庭，就鉴定结论听取双方意见，并由鉴定机构解析鉴定结论。深圳甲公司认为

鉴定程序合法，鉴定机构资质合法，鉴定结论正确；郑州乙公司认为鉴定机构没有资质，送检产品程序违法，结论不是事实。2008 年 11 月 21 日深圳仲裁委员会作出【2008】深仲裁字第 885 号裁决书，裁决郑州乙公司支付深圳甲公司更换绝缘子成本人民币 279140 元，更换绝缘子人工费用人民币 222954 元，检测费 10000 元，鉴定费 25685.8 元，合计人民币 537779.8 元，深圳甲公司退还郑州乙公司绝缘子 722 只；双方分担了仲裁费用。【涉及法律名词：裁决书的内容】

2009 年 1 月 13 日，郑州乙公司以深圳仲裁委员会作出的【2008】深仲裁字第 885 号裁决书鉴定程序违法，结论失实；实验机构没有鉴定资质，送检产品确认程序违法为由向深圳市中级人民法院提出撤销 2008 年 11 月 21 日深圳仲裁委员会作出的【2008】深仲裁字第 885 号裁决书的申请。深圳市中级人民法院于 2009 年 4 月 2 日 10 时 50 分开庭进行了审理，并于 2009 年 9 月 24 日作出广东省深圳市(2009)深中法民二初字第 39 号民事裁定书，裁定书认为郑州乙公司申请撤销仲裁裁决的理由不成立，驳回了郑州乙公司撤销深圳仲裁委员会作出的【2008】深仲裁字第 885 号裁决书的申请。【涉及法律名词：申请撤销仲裁裁决条件、期限、后果】

(资料来源：http://www.doc88.com/p-6901975446085.html)

📖**点拨**：一起经济纠纷案件的解决是选择仲裁还是诉讼，要看双方的意思表示，有合法有效的仲裁协议的必须先行仲裁，除非双方另有其他合意。在仲裁的过程中还有很多的法律专业知识和程序性问题，相应的程序仍需要人民法院介入。即使遵循"或裁或审原则"和"一裁终局制原则"，认为仲裁不合法，依然可通过向人民法院起诉申请撤销仲裁裁决。总之，经济法律纠纷的解决，是一个复杂的法律程序过程。通过对本章的学习，可对仲裁和诉讼两种争端解决机制有概略的了解。

学习目标 ✍

知识目标：
1. 了解仲裁的概念及仲裁机构的设置、经济审判的概念；
2. 理解《仲裁法》的基本原则，理解经济审判中的管辖制度；
3. 掌握仲裁的程序及其效力、经济审判的程序及效力。

能力目标：
1. 能解释经济仲裁与经济审判的基本程序；
2. 能应用经济仲裁与经济审判制度，处理现实经济生活出现的经济纠纷。

第一节 经 济 仲 裁

一、仲裁、仲裁法概述

(一) 仲裁和仲裁法

仲裁亦称"公断"，是指双方当事人在争议发生前或争议发生后达成协议，自愿将其争议交付第三者居中评断是非并作出裁决，双方当事人都有义务执行裁决的一种解决争议的方式。

《仲裁法》就是调整在仲裁过程中发生的各种关系的法律规范的总称。

(二) 仲裁的适用范围

平等主体的公民、法人和其他组织之间发生的合同纠纷和其他财产权益纠纷，可以仲裁。这里明确了三条原则：

(1) 发生纠纷的双方当事人必须是民事主体，包括国内外法人、自然人和其他合法的具有独立主体资格的组织；

(2) 仲裁的争议事项应当是当事人有权处分的；

(3) 仲裁范围必须是合同纠纷和其他财产权益纠纷。

根据仲裁法的规定，有两类纠纷不能仲裁：

(1) 婚姻、收养、监护、扶养、继承纠纷不能仲裁。

(2) 行政争议不能裁决。行政争议，亦称行政纠纷，行政纠纷是指国家行政机关之间，或者国家行政机关与企事业单位，社会团体以及公民之间，由于行政管理而引起的争议。我国法律规定这类纠纷应当依法通过行政复议或行政诉讼解决。

(3) 劳动争议和农村集体经济组织的内部的农村承包合同纠纷的仲裁，由国家另行规定，也就是说解决这类纠纷不适用《仲裁法》。

(三) 仲裁法的基本原则

1. 意思自治原则

《中华人民共和国仲裁法》(以下简称《仲裁法》)第4条规定"当事人采用仲裁方式解决纠纷，应当双方自愿，达成仲裁协议。"即，没有仲裁协议，一方申请仲裁的，仲裁委员会不予受理。

2. 仲裁独立原则

仲裁独立原则指的是从仲裁机构的设置到仲裁纠纷的整个过程，都具有法定的独立性。

(1) 仲裁机构独立于行政机关，与行政机关没有隶属关系，其依法独立仲裁，不受行政机关、社会团体和个人的干涉。《仲裁法》第8条、第14条对此做出了明确规定。

(2) 仲裁不实行级别管辖和地域管辖。仲裁组织体系中的仲裁协会、仲裁委员会和仲裁庭三者之间相对独立。《仲裁法》第6条规定"仲裁委员会应当由当事人协议选定。仲裁不实行级别管辖和地域管辖。"

(3) 仲裁独立于审判。《仲裁法》赋予法院审查仲裁裁决的权力，但法院对仲裁裁决的审查是事后审查，且必须基于当事人的申请，撤销仲裁裁决要基于充分的证据。撤销仲裁裁决来源于法律赋予法院的监督权，并不等于仲裁附属于审判。

3. 依法解决原则

仲裁应根据事实，依法合理解决纠纷，这是公正处理经济纠纷的根本保障，是解决当事人之间的争议所应当依据的基本准则。

(四) 仲裁法的基本制度

1. 协议仲裁制度

当事人采用仲裁方式解决纠纷，应当双方自愿达成仲裁协议。没有仲裁协议，一方申请仲裁的，仲裁委员会不予受理。

2．或裁或审制度

当事人达成仲裁协议，一方向人民法院起诉的，人民法院不予受理，但仲裁协议无效的除外。

当事人达成仲裁协议，一方向人民法院起诉未声明有仲裁协议，人民法院受理后，另一方在首次开庭前提交仲裁协议的，人民法院应当驳回起诉，但仲裁协议无效的除外；另一方在首次开庭前，未对人民法院受理该案提出异议的，视为放弃仲裁协议，人民法院应当继续审理。

如果没有仲裁协议，仲裁机构不受理，当事人可直接向人民法院起诉。

典型案例

回避仲裁，费钱误时又失信

手捧法院的裁定书，某私营业主吴某懊悔不迭，噢，当初要是听下属小田的建议直接仲裁，也不至于现在既延误时间又赔上诉讼费，真是得不偿失。原来，吴某两年前将一批轻纺原料卖给某纺织厂，双方签订了买卖合同后，为对其中一批货作降价处理，双方又协商签订补充协议，并在补充协议中约定如买卖合同发生纠纷，由××仲裁委员会仲裁。去年九月份纺织厂转制，新业主罗某不认旧账，双方发生争议，吴某准备向法院起诉，要求对方按合同支付余款，当时下属小田提醒按协议应由××仲裁委员会管辖。吴某认为自己有朋友在法院，还是向法院起诉为好，于是起诉时隐瞒了有仲裁约定的补充协议，法院开庭前，纺织厂提交了补充协议并以双方已有仲裁约定为由，提出管辖异议，法院审查认为双方已达成有效的仲裁协议，遂驳回原告吴某的起诉。

（资料来源：http://www.lawbang.com/index.php/topics-list-baikeview-id-7503.shtml）

【分析】 我国仲裁法规定，当事人达成仲裁协议，一方向人民法院起诉的，人民法院不予受理，但一方向人民法院起诉未声明有仲裁协议，人民法院受理后，另一方在首次开庭前提交仲裁协议的，人民法院应当驳回起诉。本案吴某隐藏补充协议不提交，其结果是费钱又误事，而且还落了个不守信的名声。

3．一裁终局制度

仲裁实行一裁终局的制度。

裁决作出后，当事人就同一纠纷再申请仲裁或者向人民法院起诉的，仲裁委员会或者人民法院不予受理。

裁决被人民法院依法裁定撤销或者不予执行的，当事人就该纠纷可以根据双方重新达成的仲裁协议申请仲裁，也可以向人民法院起诉。

二、仲裁协议

所谓仲裁协议，是指双方当事人在自愿、协商、平等互利的基础之上将他们之间已经发生或者可能发生的争议提交仲裁解决的书面文件，是申请仲裁的必备材料。

（一）仲裁协议的法律特征

仲裁协议作为整个仲裁活动的前提和基本依据，有着如下法律特征：

(1) 仲裁协议只能由具有利害关系的合同双方(或多方)当事人或其合格的代理人订立。否则，就不可能在有关合同发生争议时约束各方当事人。如果有关当事人在仲裁程序开始时提出证据，证明他不是仲裁条款或仲裁协议的当事人，或订立时没有权利能力或行为能力，那么仲裁协议无效，对双方均无法律约束力。

(2) 仲裁协议是当事人申请仲裁、排除法院管辖的法律依据。仲裁协议一经签订，就成为仲裁委员会受理合同争议的凭据，同时在申请法院执行时，也以它作为撤销裁决或强制执行的依据。

(3) 仲裁协议具有相对的独立性。《仲裁法》第 16 条规定"仲裁协议独立存在，合同的变更、解除、终止或者无效，不影响仲裁协议的效力。"如果是以仲裁条款的形式写入合同，那就是合同的重要组成部分，其他条款的无效不影响仲裁条款的效力。

(二) 仲裁协议的内容

1. 请求仲裁的意思表示

请求仲裁的意思表示是仲裁协议的首要内容。当事人在表达请求仲裁的意思表示需要注意四个问题:

(1) 仲裁协议中当事人请求仲裁的意思表示要明确。申请仲裁的意思表示明确，最主要是要求通过该意思表示，可以得出当事人排除司法管辖而选择仲裁解决争议的结论。

(2) 请求仲裁的意思表示必须是双方当事人共同的意思表示，而不是一方当事人的意思表示。不能证明是双方当事人的意思表示的仲裁协议是无效的。

(3) 请求仲裁的意思表示必须是双方当事人的真实意思表示，即不存在当事人被胁迫、欺诈等而订立仲裁协议的情况，否则仲裁协议无效。

(4) 请求仲裁的意思表示必须是双方当事人自己的意思表示，而不是任何其他人的意思表示。如上级主管部门不能代替当事人订立仲裁协议。

2. 仲裁事项

仲裁事项即当事人提交仲裁的具体争议事项。它解决的是"仲裁什么"的问题。仲裁事项必须"明确"、"可裁"。

(1) 争议事项具有可仲裁性。仲裁事项超出法律规定的仲裁范围的，仲裁协议无效。

(2) 仲裁事项具有明确性。仲裁机构只解决仲裁事项范围内的争议。所以仲裁事项必须具体明确。即将什么争议提交仲裁解决应该明确，如在供货合同中，是将因产品质量问题引起的争议，还是因产品数量问题引起的争议，或是因整个供货合同引起的争议提交仲裁解决，应在仲裁协议中明确。如当事人约定"就产品质量问题引起的争议提交仲裁"，这一约定就排斥了对因货物数量问题引起的争议进行仲裁的可能性。在具体约定时，对于已经发生的争议事项，其具体范围比较明确和具体，因而较容易约定;对于未来可能性争议事项要提交仲裁，应尽量避免在仲裁协议中作限制性规定，包括争议性质上的限制、金额上的限制以及其他具体事项的限制，采用宽泛的约定，如可以笼统地约定"因本合同引起的争议"。这样有利于仲裁机构全面迅速地审理纠纷，充分保护当事人的合法权益。

3. 选定的仲裁委员会

仲裁协议对仲裁事项或者仲裁委员会没有约定或者约定不明确的，当事人可以补充协议；达不成补充协议的，仲裁协议无效。

典型案例

约定不明，仲裁意愿难实现

某金属厂常与外地发现业务关系，但总担心发了货拿不到钱，到被告所在地打官司又怕地方保护主义，一次偶然的机会听说仲裁不实行地域管辖和级别管辖，可以选择在本地仲裁，而且仲裁和诉讼具有同等法律效力。于是在许多购销合同中写上争议解决方式为仲裁，但没有明确由哪一方仲裁委员会仲裁。不久，广西一客户拒付货款，双方关系恶化，金属厂遂向自己所在地仲裁委员会申请仲裁，仲裁机构审查后认为该仲裁条款仅有仲裁意思表示，未明确约定仲裁机构，事后双方又达不成补充协议，仲裁条款无效，因此作出不予受理的决定。

（资料来源：http://china.findlaw.cn/falvchangshi/zhongcai/jingji/minshi/15672.html）

【分析】 我国《仲裁法》规定，当事人采用仲裁方式解决纠纷，应达成仲裁协议。仲裁协议包括合同中订立的仲裁条款和以其他书面形式在纠纷发生前或者纠纷发生后达成的请求仲裁的协议。协议应当具有下列内容：请求仲裁的意思表达；仲裁事项；选定的仲裁委员会。仲裁协议对仲裁事项未约定，如属合同条款，当视为履行合同的一切纠纷，无须补充。但对仲裁委员会没有约定或者约定不明确的，当事人就必须补充协议；达不成补充协议的，仲裁协议无效。仲裁不实行级别管辖和地域管辖，受理案件的仲裁机构要由双方在协议中选定。本案金属厂因未选定具体的仲裁机构导致仲裁愿望落空，只好再另行向广西当地法院起诉。

（三）仲裁协议的形式

从书面仲裁协议的存在形式看，仲裁协议有三种类型：仲裁条款、仲裁协议书和其他文件中包含的仲裁协议。

在民事经济活动中，当事人除了订立合同之外，还可能在相互之间有信函、电报、传真、电子数据交换、电子邮件或其他书面材料的往来。这些往来文件中如果包含有双方当事人同意将他们之间已经发生或可能发生的争议提交仲裁的内容，那么，有关文件即是仲裁协议。

仲裁协议书和其他形式的仲裁协议既可以是在争议发生之前订立，也可以是在争议发生之后订立。当事人应尽可能在争议发生之前订立仲裁协议。因为争议发生后，由于当事人的利害关系明显，争议双方往往不容易达成仲裁协议。

（四）仲裁协议的效力

仲裁协议的法律效力即仲裁协议所具有的法律约束力。一项有效的仲裁协议的法律效力包括对双方当事人的约束力、对法院的约束力和对仲裁机构的约束力。

1．对双方当事人的法律效力

仲裁协议对当事人的法律效力表现为：约束双方当事人对纠纷解决方式的选择权。仲裁协议一经有效成立，发生纠纷后，当事人只能通过向仲裁协议中所确定的仲裁机构申请仲裁的方式解决该纠纷，而丧失了就该纠纷向法院提起诉讼的权利。如果一方当事人违背仲裁协议，就仲裁协议规定范围内的争议事项向法院起诉，另一方当事人有权在首次开庭前依据仲裁协议要求法院停止诉讼程序，法院也应当驳回当事人的起诉。

2．对法院的法律效力

仲裁协议对法院的法律效力表现为：仲裁协议排除法院的司法管辖权。我国《仲裁法》明确规定，当事人达成仲裁协议，一方向人民法院起诉的，人民法院不予受理，但仲裁协议无效的除外。当事人达成仲裁协议，一方向人民法院起诉未声明有仲裁协议的，人民法院受理后，另一方在首次开庭前提交仲裁协议的，人民法院应当驳回起诉，但仲裁协议无效的除外。当然如果另一方在首次开庭前未对人民法院受理该案提出异议的，视为放弃仲裁协议，人民法院应当继续审理。当事人在首次开庭前未对人民法院受理该案提出异议的，推定当事人默示司法管辖。

3．对仲裁机构的法律效力

仲裁协议对仲裁机构的法律效力表现为：授予仲裁机构仲裁管辖权并限定仲裁的范围。我国《仲裁法》第4条规定，没有仲裁协议，一方申请仲裁的，仲裁委员会不予受理。同时，仲裁机构的管辖权又受到仲裁协议的严格限制，即仲裁庭只能对当事人在仲裁协议中约定的争议事项进行仲裁，而对仲裁协议约定范围以外的其他争议无权仲裁。

（五）仲裁协议无效与失效

1．仲裁协议的无效

《仲裁法》第17条对仲裁协议的无效进行了规定。有下列情形之一的，仲裁协议无效：

(1) 约定的仲裁事项超出法律规定的仲裁范围的；

(2) 无民事行为能力人或者限制民事行为能力人订立的仲裁协议；

(3) 一方采取胁迫手段，迫使对方订立仲裁协议的；

(4) 口头订立仲裁协议；

(5) 仲裁协议对仲裁委员会没有约定或者约定不明确，当事人又达不成补充决议的。

2．仲裁协议的失效

仲裁协议的失效是指一项有效的仲裁协议因特定事由的发生而丧失其原有的法律效力。仲裁协议在下列情形下失效：

(1) 仲裁庭作出的仲裁裁决被当事人自觉履行或者被法院强制执行，即仲裁协议约定的提交仲裁的争议事项得到最终解决，该仲裁协议因此而失效。

(2) 因当事人协议放弃已签订的仲裁协议，而使该仲裁协议失效。

(3) 附终止期限的仲裁协议因期限届满而失效。

(4) 仲裁庭作出的仲裁裁决被法院裁定撤销或不予执行，该仲裁协议失效。我国《仲裁法》第9条规定，裁决被人民法院依法裁定撤销或者不予执行的，当事人就该纠纷可以根据双方重新达成的仲裁协议申请仲裁，也可以向人民法院起诉。

当事人对仲裁协议的效力有异议，应当在仲裁庭首次开庭前提出。

当事人对仲裁协议的效力有异议的，可以请求仲裁委员会作出决定或者请求人民法院作出裁定。一方请求仲裁委员会作出决定，另一方请求人民法院作出裁定的，由人民法院裁定。

3. 仲裁协议无效、失效的法律后果

对当事人来说，当事人之间的纠纷既可以通过向法院提起诉讼的方式解决，也可以重新达成仲裁协议通过仲裁方式解决。对法院来说，由于排斥司法管辖权的原因已经消失，法院对于当事人之间的纠纷具有管辖权；于仲裁机构来说，因其没有行使仲裁权而不能对当事人之间的纠纷进行审理并作出裁决。

三、仲裁委员会和仲裁协会

（一）仲裁委员会

仲裁委员会可以在直辖市和省、自治区人民政府所在地的市设立，也可以根据需要在其他设区的市设立，不按行政区划层层设立。

仲裁委员会由前述规定的市的人民政府组织有关部门和商会统一组建。设立仲裁委员会，应当经省、自治区、直辖市的司法行政部门登记。仲裁委员会应当具备下列条件。

(1) 有自己的名称、住所和章程；

(2) 有必要的财产；

(3) 有该委员会的组成人员；

(4) 有聘任的仲裁员。

仲裁委员会的章程应当依照《仲裁法》制定。

仲裁委员会由主任1人、副主任2至4人和委员7至11人组成。仲裁委员会的主任、副主任和委员由法律、经济贸易专家和有实际工作经验的人员担任。仲裁委员会的组成人员中，法律、经济贸易专家不得少于2/3。

仲裁委员会应当从公道正派的人员中聘任仲裁员。仲裁员应当符合下列条件之一：

(1) 从事仲裁工作满8年的；

(2) 从事律师工作满8年的；

(3) 曾任审判员满8年的；

(4) 从事法律研究、教学工作并具有高级职称的；

(5) 具有法律知识、从事经济贸易等专业工作并具有高级职称或者具有同等专业水平的。

仲裁委员会按照不同专业设仲裁员名册。

（二）仲裁协会

《仲裁法》第15条第二款规定"中国仲裁协会是仲裁委员会的自律性组织，根据章程对仲裁委员会及其组成人员、仲裁员的违纪行为进行监督。"据此规定，中国仲裁协会的性质是社会团体法人，其职责一是对仲裁委员会及其组成人员、仲裁员的违纪行为进行监督；二是依照仲裁法和民事诉讼法的有关规定制定仲裁规则。

中国仲裁协会是仲裁委员会的自律性组织。仲裁委员会是中国仲裁协会的会员。

中国仲裁协会的章程由全国会员大会制定。

四、仲裁程序

（一）申请和受理

1. 仲裁申请

仲裁申请是指平等主体的公民、法人和其他组织就他们之间发生的合同纠纷和其他财产权益纠纷，根据双方当事人之间自愿达成的仲裁协议，提请仲裁协议中选定的仲裁委员会通过仲裁方式解决争议的行为。

当事人申请仲裁应当符合下列条件：

（1）有仲裁协议；

（2）有具体的仲裁请求和事实、理由；

（3）属于仲裁委员会的受理范围。

当事人申请仲裁，应当向仲裁委员会递交仲裁协议、仲裁申请书及副本。

2. 仲裁的受理

仲裁委员会收到仲裁申请书之日起 5 日内，认为符合受理条件的，应当受理，并通知当事人；认为不符合受理条件的，应当书面通知当事人不予受理，并说明理由。

仲裁委员会受理仲裁申请后，应当在仲裁规则规定的期限内将仲裁规则和仲裁员名册送达申请人，并将仲裁申请书副本和仲裁规则、仲裁员名册送达被申请人。

被申请人收到仲裁申请书副本后，应当在仲裁规则规定的期限内向仲裁委员会提交答辩书。仲裁委员会收到答辩书后，应当在仲裁规则规定的期限内将答辩书副本送达申请人。被申请人未提交答辩书的，不影响仲裁程序的进行。

知识拓展 📖

仲裁当事人的权利

当事人根据《仲裁法》享有的权利，通过仲裁程序得到充分体现。具体表现为：

（1）当事人提请仲裁权。申请人有放弃或变更仲裁请求权，被申请人享有被申请人可以承认或者反驳仲裁请求，有权提出反请求；

（2）提出仲裁协议效力异议权；

（3）当事人有约定仲裁庭的组成形式和选择仲裁员的权利；

（4）申请仲裁员回避权；

（5）委托代理人代为进行仲裁活动权。当事人、法定代理人可以委托律师和其他代理人进行仲裁活动；

（6）申请证据保全和财产保全的权利。一方当事人因另一方当事人的行为或者其他原因，可能使裁决不能执行或者难以执行的，可以申请财产保全。当事人申请财产保全的，仲裁委员会应当将当事人的申请依照民事诉讼法的有关规定提交人民法院。申请有错误的，申请人应当赔偿被申请人因财产保全所遭受的损失；

（7）辩论的权利；

（8）查阅庭审材料的权利；

（9）请求调解和自行和解权；

(10) 申请人民法院撤销仲裁裁决权；

(11) 请求补正仲裁裁决书错误权；

(12) 为实现合法权益向人民法院申请执行权；

(13) 其他法律、法规规定的权利。

(二) 组成仲裁庭

1．仲裁庭的组成

我国《仲裁法》规定，仲裁庭可以是由 3 名仲裁员组成的合议仲裁庭或者 1 名仲裁员的独任仲裁庭。由 3 名仲裁员组成的，设首席仲裁员。在我国，仲裁庭的组成形式的确定首先采取了当事人意思自治的原则，即由双方当事人自行确定。

(1) 合议仲裁庭。

合议仲裁庭一般由两名仲裁员和一名首席仲裁员组成。其产生办法为由双方当事人各选一名仲裁员，第三名仲裁员是首席仲裁员。首席仲裁员由当事人共同选定或共同委托仲裁委员会主任指定，首席仲裁员是合议仲裁庭的主持者，与仲裁员享有同等的权利。

(2) 独任仲裁庭。

独任仲裁庭即仲裁庭由一人组成，独任审理。独任仲裁员的产生，可由双方共同协商指定，也可由共同委托仲裁机构代为指定。

当事人没有在仲裁规则规定的期限内约定仲裁庭的组成方式或者选定仲裁员的，由仲裁委员会主任指定。

仲裁庭组成后，仲裁委员会应当将仲裁庭的组成情况书面通知当事人。

2．仲裁员的回避

(1) 提出回避的事由规定。《仲裁法》第 34 条规定，仲裁员有下列情形之一的，必须回避，当事人也有权提出回避申请：

① 是本案当事人或者当事人、代理人的近亲属；

② 与本案有利害关系；

③ 与本案当事人、代理人有其他关系，可能影响公正仲裁的；

④ 私自会见当事人、代理人，或者接受当事人、代理人的请客送礼的。

(2) 提出回避的时间规定。当事人提出回避申请，应当说明理由，在首次开庭前提出。在首次开庭后知道回避事由的，可以在最后一次开庭终结前提出。

(3) 回避的决定。仲裁员是否回避，由仲裁委员会主任决定；仲裁委员会主任担任仲裁员时，由仲裁委员会集体决定。

仲裁员因回避或者其他原因不能履行职责的，应当依照本法规定重新选定或者指定仲裁员。

因回避而重新选定或者指定仲裁员后，当事人可以请求已进行的仲裁程序重新进行，是否准许，由仲裁庭决定；仲裁庭也可以自行决定已进行的仲裁程序是否重新进行。

《仲裁法》第 38 条规定，仲裁员私自会见当事人、代理人，或者接受当事人、代理人的请客送礼，情节严重的，或者当事人提出证据证明仲裁员在仲裁该案时有索贿，徇私舞弊，枉法裁决行为的，应当依法承担法律责任，仲裁委员会应当将其除名。

典型案例

申请仲裁员回避案

四力机械厂与天鹏研究所签订了一份技术转让合同,合同中规定:"有关合同发生的一切争议应提交天鹏研究所所在地 A 市的仲裁委员会仲裁。"合同履行过程中,四力机械厂认为该项技术存在缺陷,不符合双方当事人在合同中的约定,双方发生争议。四力机械厂向 A 市仲裁委员会申请仲裁。双方共同委托仲裁委员会主任指定了仲裁员甲、乙、丙三人组成仲裁庭,甲为首席仲裁员,双方对此均未提出异议。但在首次开庭后的一段时间内,四力机械厂曾两次在 A 市见到仲裁员丙和天鹏研究所的人一起吃饭,于是向仲裁委员会主任提出要求仲裁员丙回避。仲裁委员会主任认为他们是朋友关系,私下一块吃饭未尝不可,便驳回了四力机械厂的回避申请。在作出仲裁裁决时,乙、丙意见互相对立,甲遂按照自己的意见作出裁决,乙对此拒绝签名。仲裁裁决作出后,天鹏研究所向仲裁委员会所在地 A 市中级人民法院申请执行,四力机械厂随后也向该人民法院提出申请要求撤销该仲裁裁决。理由是丙没有回避,违反了有关法律,同时仲裁裁决是按甲一人的意见作出的,并不符合多数原则,且乙没有在裁决上签名。

(资料来源:http://www.5haoxue.net/sifa/fudao-moni/20121126/21681.html)

【问题】

(1) 四力机械厂提出要求仲裁员丙应该回避是否合法?为什么?

(2) 仲裁员甲一人的意见能作为裁决依据吗?原因何在?

(3) 四力机械厂认为乙没有在裁决书上签名的行为不合法,这是否正确?为什么?

(4) 法院应该如何处理双方的两个申请?法律依据何在?

【分析】　本题的考点是仲裁员回避的事由、仲裁员意见不一致时仲裁裁决作出的依据、仲裁裁决书的签名、同时存在执行仲裁裁决申请和撤销仲裁裁决申请的处理。这主要是对法律条文本身的理解和应用,详细规定如下:

(1) 合法,仲裁员丙应该回避。丙既与一方当事人是朋友,又在仲裁期间私自会见当事人,依据《仲裁法》的规定,丙应当回避。

(2) 能。本案中三名仲裁员无法形成多数意见,首席仲裁员甲依照自己的意见作出裁决是符合法律规定的。根据《仲裁法》第 53 条的规定,裁决应当按照多数仲裁员的意见作出,少数仲裁员的不同意见可以记入笔录。仲裁庭不能形成多数意见时,裁决应当按照首席仲裁员的意见作出。

(3) 四力机械厂认为仲裁员乙不在仲裁裁决书上签名的行为不合法,这种看法是不正确的。根据《仲裁法》的规定,本案中乙对裁决有不同意见,可以不签名。

根据《仲裁法》第 54 条的规定,裁决书应当写明仲裁请求、争议事实、裁决理由、裁决结果、仲裁费用的负担和裁决日期。当事人协议不愿写明争议事实和裁决理由的,可以不写。裁决书由仲裁员签名,加盖仲裁委员会印章。对裁决持不同意见的仲裁员,可以签名,也可以不签名。

(4) 法院应分两步处理:第一,法院应裁定不予受理执行申请。第二,如果人民法院认为可以由仲裁庭重新仲裁的,通知仲裁庭在一定期限内重新仲裁,并裁定中止撤销程序。仲裁庭拒绝重新仲裁的,人民法院应当裁定恢复撤销程序。如果人民法院认为不能由仲裁庭重新仲裁,应当裁定撤销仲裁裁决。

根据《民事诉讼法》第 201 条第二款的规定,法律规定由人民法院执行的其他法律文书,由被执行人住所地或者被执行的财产所在地人民法院执行。天鹏研究所没有向被执行人住所地或者被执行财产所在地人民法院申请执行,而是向仲裁委员会所在地 A 市中级人民法院申请执行,该中级人民法院对该案件的执行没有管辖权，所以应当裁定不予受理执行申请。

依据《仲裁法》第58条规定，本案丙应当回避而未回避，属于《仲裁法》第58条第3项规定的"仲裁的程序违反法定程序"的情形，故法院可以作出撤销仲裁裁决的裁定。同时，根据《仲裁法》第61条的规定，人民法院受理撤销裁决的申请后，认为可以由仲裁庭重新仲裁的，通知仲裁庭在一定期限内重新仲裁，并裁定中止撤销程序。仲裁庭拒绝重新仲裁的，人民法院应当裁定恢复撤销程序。所以人民法院也可以通知仲裁庭重新仲裁。

(三) 开庭和裁决

1. 开庭

(1) 仲裁应当开庭。当事人协议不开庭的，仲裁庭可以根据仲裁申请书、答辩书以及其他材料作出裁决。

(2) 仲裁不公开进行。当事人协议公开的，可以公开进行，但涉及国家秘密的除外。

(3) 延期开庭。仲裁委员会应当在仲裁规则规定的期限内将开庭日期通知双方当事人。当事人有正当理由的，可以在仲裁规则规定的期限内请求延期开庭。是否延期，由仲裁庭决定。

(4) 申请人无正当理由不到庭、未经许可中途退庭的法律规定。申请人经书面通知，无正当理由不到庭或者未经仲裁庭许可中途退庭的，可以视为撤回仲裁申请。

(5) 被申请人无正当理由不到庭、未经许可中途退庭的法律规定。被申请人经书面通知，无正当理由不到庭或者未经仲裁庭许可中途退庭的，可以缺席裁决。

(6) 证据的提供。按照"谁主张谁举证"的原则，当事人应当对自己的主张提供证据。仲裁庭认为有必要收集的证据，可以自行收集。

证据应当在开庭时出示，当事人可以质证。

(7) 专门性问题鉴定的法律规定。《仲裁法》第44条规定，仲裁庭对专门性问题认为需要鉴定的，可以交由当事人约定的鉴定部门鉴定，也可以由仲裁庭指定的鉴定部门鉴定。

根据当事人的请求或者仲裁庭的要求，鉴定部门应当派鉴定人参加开庭。当事人经仲裁庭许可，可以向鉴定人提问。

(8) 证据保全。在证据可能灭失或者以后难以取得的情况下，当事人可以申请证据保全。当事人申请证据保全的，仲裁委员会应当将当事人的申请提交证据所在地的基层人民法院。

(9) 辩论权。当事人在仲裁过程中有权进行辩论。辩论终结时，首席仲裁员或者独任仲裁员应当征询当事人的最后意见。

(10) 仲裁笔录的规定。仲裁庭应当将开庭情况记入笔录。当事人和其他仲裁参与人认为对自己陈述的记录有遗漏或者差错的，有权申请补正。如果不予补正，应当记录该申请。

笔录由仲裁员、记录人员、当事人和其他仲裁参与人签名或者盖章。

(11) 自行和解的规定。当事人申请仲裁后，可以自行和解。达成和解协议的，可以请求仲裁庭根据和解协议作出裁决书，也可以撤回仲裁申请。

当事人达成和解协议，撤回仲裁申请后反悔的，可以根据仲裁协议申请仲裁。

2. 裁决

(1) 先行调解的法律规定。仲裁庭在作出裁决前，可以先行调解。当事人自愿调解的，仲裁庭应当调解。调解不成的，应当及时作出裁决。

调解达成协议的，仲裁庭应当制作调解书或者根据协议的结果制作裁决书。调解书与裁决书具有同等法律效力。

调解书应当写明仲裁请求和当事人协议的结果。调解书由仲裁员签名，加盖仲裁委员会印章，送达双方当事人。

调解书经双方当事人签收后，即产生法律效力。

在调解书签收前当事人反悔的，仲裁庭应当及时作出裁决。

(2) 裁决规则与裁决书。裁决应当按照多数仲裁员的意见作出，少数仲裁员的不同意见可以记入笔录。

仲裁庭不能形成多数意见时，裁决应当按照首席仲裁员的意见作出。

裁决书应当写明仲裁请求、争议事实、裁决理由、裁决结果、仲裁费用的负担和裁决日期。当事人协议不愿写明争议事实和裁决理由的，可以不写。

裁决书由仲裁员签名，加盖仲裁委员会印章。

对裁决持不同意见的仲裁员，可以签名，也可以不签名。

仲裁庭仲裁纠纷时，其中一部分事实已经清楚，可以就该部分先行裁决。

(3) 裁决书的补正与生效。对裁决书中的文字、计算错误或者仲裁庭已经裁决但在裁决书中遗漏的事项，仲裁庭应当补正；当事人自收到裁决书之日起 30 日内，可以请求仲裁庭补正。

裁决书自作出之日起发生法律效力。

五、申请撤销仲裁裁决

(一) 申请撤销仲裁裁决的事由

《仲裁法》第 58 条规定，当事人提出证据证明裁决有下列情形之一的，可以向仲裁委员会所在地的中级人民法院申请撤销裁决：

(1) 没有仲裁协议的；

(2) 裁决的事项不属于仲裁协议的范围或者仲裁委员会无权仲裁的；

(3) 仲裁庭的组成或者仲裁的程序违反法定程序的；

(4) 裁决所根据的证据是伪造的；

(5) 对方当事人隐瞒了足以影响公正裁决的证据的；

(6) 仲裁员在仲裁该案时有索贿受贿，徇私舞弊，枉法裁决行为的。

人民法院经组成合议庭审查核实裁决有前款规定情形之一的，应当撤销裁定。

人民法院认定该裁决违背社会公共利益的，应当裁定撤销。

当事人申请撤销裁决的，应当自收到裁决书之日起 6 个月内提出。

(二) 人民法院撤销仲裁裁决的程序

人民法院受理撤销裁决的申请后，认为可以由仲裁庭重新仲裁的，通知仲裁庭在一定期限内重新仲裁，并裁定中止撤销程序。

仲裁庭拒绝重新仲裁的，人民法院应当裁定恢复撤销程序。

对当事人撤销仲裁裁决的申请，人民法院应当组成合议庭审查核实。如果确有《仲裁法》规定的可以撤销仲裁裁决的情形，应当裁定撤销。人民法院认定仲裁裁决违背社会公共利益的，应当裁定撤销。

人民法院应当在受理撤销裁决申请之日起 2 个月内作出撤销裁决或者驳回申请的裁定。

六、仲裁裁决的执行

当事人应当履行裁决。一方当事人不履行的，另一方当事人可以依照民事诉讼法的有关规定向人民法院申请执行。受申请的人民法院应当执行。

被申请人提出证据证明仲裁裁决有《民事诉讼法》第 237 条第二款(与《仲裁法》第 58 条第一款规定基本相同)规定的情形之一的，经人民法院组成合议庭审查核实，裁定不予执行。

仲裁裁决被人民法院裁定不予执行的，当事人可以根据双方达成的书面仲裁协议重新申请仲裁，也可以向人民法院起诉。

一方当事人申请执行裁决，另一方当事人申请撤销裁决的，人民法院应当裁定中止执行。人民法院裁定撤销裁决的，应当裁定终结执行。撤销裁决的申请被裁定驳回的，人民法院应当裁定恢复执行。

七、涉外仲裁的特别规定

涉外仲裁委员会可以由中国国际商会组织设立。涉外仲裁委员会由主任一人、副主任若干人和委员若干人组成。涉外仲裁委员会的主任、副主任和委员可以由中国国际商会聘任。

涉外仲裁委员会可以从具有法律、经济贸易、科学技术等专门知识的外籍人士中聘任仲裁员。

涉外仲裁的当事人申请证据保全的，涉外仲裁委员会应当将当事人的申请提交证据所在地的中级人民法院。

涉外仲裁的仲裁庭可以将开庭情况记入笔录。或者作出笔录要点，笔录要点可以由当事人和其他仲裁参与人签字或者盖章。

当事人提出证据证明涉外仲裁裁决有《民事诉讼法》第 274 条第一款规定的情形之一的，经人民法院组成合议庭审查核实，裁定撤销。

被申请人提出证据证明涉外仲裁裁决有《民事诉讼法》第 274 条第一款规定的情形之一的，经人民法院组成合议庭审查核实，裁定不予执行。

涉外仲裁委员会作出的发生法律效力的仲裁裁决，当事人请求执行的，如果被执行人或者其财产不在中华人民共和国领域内，应当由当事人直接向有管辖权的外国法院申请承认和执行。

涉外仲裁规则可以由中国国际商会依照本法《仲裁法》和民事诉讼法的有关规定制定。

实训与练习 ✍

实训目的：通过案例分析增强学生对经济仲裁相关法律规定的理解与掌握，同时提升学生运用所学法律知识分析解决问题的能力。

背景资料：

1. 2001 年，胶州某建筑装潢公司与青岛某饭店签订了装饰装修合同。合同履行后，饭店以装修质量低劣为由拒绝付款。在多次协商未果的情况下，装潢公司依据合同约定，向青岛仲裁委员会提请仲裁。青岛仲裁委员会受理此案后，依据《仲裁规则》和当事人双方的约定，组成了合议庭审理此案。开庭后，装潢公司发现仲裁庭的一名仲裁员与饭店的代理人曾经是同事，认为这可能影响本案的公正裁决。为此，装潢公司向青岛仲裁委员会提出了仲裁员回避申请。请根据相关法律规定，分析此回避申请能否被批准？请说明理由。

（资料来源：找法网 http://china.findlaw.cn/）

2. 某实业公司与某商场签订了一份合同，合同中约定双方如因合同发生纠纷，由市仲裁委员会仲裁解决。后该合同被人民法院确认为无效合同，某实业公司请求仲裁委员会裁决某商场赔偿其损失。而某商场则认为整个合同无效，因此该仲裁协议也无效，拒不赔偿。请根据相关法律规定，分析某商场的理由是否合法？请说明理由。

3. 江河化工厂与太阳百货商场签订了一份购销化工产品的合同。双方订立了仲裁协议，后因合同发生纠纷，双方便向约定的市仲裁委员会提出仲裁，仲裁委员会决定受理。江河化工厂在仲裁过程中提出公开进行仲裁，经太阳百货商场同意，仲裁委员会进行了公开仲裁。仲裁庭在裁决前征求了双方的意见，进行了调解，但是没有调解成功，仲裁庭继续审理，做出化工厂违约，承担法律责任的裁决。请根据相关法律规定，分析仲裁委员会的做法是否正确？请说明理由。

（资料来源：http://www.docin.com/p-714822210.html）

实训方法：小组讨论法。

实训内容：根据背景资料进行小组内部讨论并形成答案、小组代表进行汇报。教师对各组表现进行点评。

第二节　经济审判

一、经济审判的概念

经济审判是经济司法的重要组成部分。经济司法包括经济审判制度和经济检察制度两个方面。经济审判是指人民法院依法对国内经济纠纷案件和涉外经济纠纷案件进行审判的活动。经济司法是指人民法院、人民检察院依法对经济纠纷案件、涉外经济案件和经济犯罪案件进行审判和检察的活动。

二、经济审判机构及其收案范围

(一) 审判机构

审判机关就是依照法律规定代表国家独立行使审判权的国家机关。在我国，人民法院是国家审判机关。中华人民共和国设立最高人民法院、地方各级人民法院、军事法院、各铁路运输中级法院和基层法院设立的经济审判庭、海事法院设立的海事审判庭和海商审判庭等。各省、自治区、直辖市设有高级人民法院，以下设有中级人民法院和基层人民法院。

审判机关审理案件，除法律规定的特别情况外，一律公开进行。被告人有权进行辩护。人民法院依照法律规定独立行使审判权，不受任何行政机关、社会团体和个人的干涉。

(二) 人民法院经济审判庭的收案范围

(1) 经济合同纠纷案件；

(2) 技术合同纠纷案件；

(3) 涉外和涉港、澳、台经济纠纷案件；

(4) 农村承包合同纠纷案件；

(5) 经济损害赔偿纠纷案件；

(6) 工业产权纠纷案件；

(7) 企业破产案件；

(8) 企业联营、承包经营、租赁经营合同纠纷案件；

(9) 其他经济纠纷案件。

三、经济审判的案件管辖

经济审判的案件管辖是指规定上下级人民法院之间、同级人民法院之间受理第一审经济纠纷案件的分工和权限，可分为级别管辖、地域管辖、移送管辖和指定管辖 4 种。

(一) 级别管辖

级别管辖是指上、下级法院之间即最高人民法院和地方各级人民法院之间在审判第一审案件上的权限分工。此处，对最高人民法院、高级人民法院、中级人民法院、基层人民法院对民事案件、刑事案件、行政案件三类案件的管辖进行了归类。具体见表 13-1。

根据法律规定，当事人不服第一审人民法院的判决、裁定，可向其上一级人民法院提起上诉。

由铁路运输中级法院和海事法院进行第一审的，当事人不服判决、裁定的，可向其所在地的高级人民法院提起上诉。

最高人民法院管理辖的第一审案件所作出的判决、裁定是终审的判决、裁定，一旦送达当事人即发生法律效力。

表 13-1　级别管辖归类

	一审案件受案范围		
	民事案件	刑事案件	行政案件
最高人民法院	1. 在全国有重大影响的案件； 2. 认为应当由本院审理的案件	全国性的重大刑事案件	全国范围内重大、复杂的第一审行政案件
高级人民法院	在本辖区有重大影响的第一审民事案件。	全省(自治区、直辖市)性的重大刑事案件	本辖区内重大、复杂的第一审行政案件
中级人民法院	1. 重大涉外案件(指争议标的额大，或者案情复杂，或者居住在国外的当事人人数众多的涉外案件)； 2. 在本辖区有重大影响的案件； 3. 专利纠纷案件等最高人民法院确定由中级人民法院管辖的案件	1. 危害国家安全案件； 2. 可能判处无期徒刑、死刑的普通刑事案件； 3. 外国人犯罪的刑事案件	确认发明专利权的案件、海关处理的案件；对国务院各部门或者省、自治区、直辖市人民政府所作的具体行政行为提起诉讼的案件；本辖区内重大、复杂的案件(例如被告为县级以上人民政府，且基层人民法院不适宜审理的案件；社会影响重大的共同诉讼、集团诉讼案件；重大涉外或者涉及香港特别行政区、澳门特别行政区、台湾地区的案件；其他重大、复杂案件等)
基层人民法院	上级人民法院受理之外的，第一审民事案件，但法律另有规定的除外。	上级人民法院受理之外的，第一审普通刑事案件，但是依法由上级人民法院管辖的除外	上级人民法院受理之外的，第一审行政案件

知识拓展 📖

裁定和判决之间的区别

(1) 判决中解决案件的实体问题，而裁定既解决实体问题，也解决程序问题。适用裁定解决的实体问题，如在执行期间依法减刑、假释等；解决的程序问题，如驳回自诉，撤销原判，发回原审人民法院重新审判以及当事人耽误期限，人民法院对其提出的继续进行应当在期满以前完成的诉讼活动的申请是否准许时，可以适用裁定处理。

(2) 在一个案件中，发生法律效力并被执行的判决只有一个，而发生法律效力的裁定可以有若干个。

(3) 判决必须用书面形式表现出来，而裁定既可用书面形式，又可用口头形式。口头裁定作出后，记入笔录即可。

(4) 上诉、抗诉期限不同。不服第一审刑事判决的上诉、抗诉期限为 10 日，而不服第一审裁定的上诉、抗诉期限为 5 日。

裁定书是裁定的书面形式。其格式、写法和署名与判决书基本相同，只是内容相对简单。

（二）地域管辖

地域管辖是指根据当事人以及标的物与地域之间的关系，确定同级人民法院之间受理第一审经济纠纷案件的分工和权限。具体分为：

1．一般地域管辖

一般地域管辖即普通管辖，依当事人所在地为标准而确定的管辖。通常按照"原告就被告"的原则确定受诉人民法院，即被告住所地的人民法院为诉讼管辖法院。

当被告的住所地和经常居住地不一致时，则以经常居住地的人民法院为管辖法院。对被监禁的人提起诉讼时，依法律规定，以原告住所地的人民法院为诉讼管辖法院。

知识拓展 📖

住所地与经常居住地

住所地。最高人民法院关于适用《中华人民共和国民事诉讼法》若干问题的意见第 4 条规定：公民的住所地是指公民的户籍所在地，法人的住所地是指法人的主要营业地或者主要办事机构所在地。

经常居住地。根据最高人民法院关于适用《中华人民共和国民事诉讼法》若干问题的意见第 5 条规定：公民的经常居住地是指公民离开住所地至起诉时已连续居住一年以上的地方。但公民住院就医的地方除外。公民由其户籍所在地迁出后至迁入另一地之前，无经常居住地的，仍以其原户籍所在地为住所。如果是住院治病，则不构成变更经常居住地的条件。

2．特殊地域管辖

特殊地域管辖是相对于一般管辖而言的，就是不同于民事诉讼法中"原告就被告"原则的管辖。特殊地域管辖包括：

(1) 因合同纠纷提起的诉讼，由被告住所地或者合同履行地人民法院管辖；

(2) 因保险合同纠纷提起的诉讼，由被告住所地或者保险标的物所在地人民法院管辖；

(3) 因票据纠纷提起的诉讼，由票据支付地或者被告住所地人民法院管辖；

(4) 因铁路、公路、水上、航空运输和联合运输合同纠纷提起的诉讼，由运输始发地、目的地或者被告住所地人民法院管辖；

(5) 因侵权行为提起的诉讼，由侵权行为地或者被告住所地人民法院管辖；

(6) 因铁路、公路、水上和航空事故请求损害赔偿提起的诉讼，由事故发生地或者车辆、船舶最先到达地、航空器最先降落地或者被告住所地人民法院管辖；

(7) 因船舶碰撞或者其他海事损害事故请求损害赔偿的诉讼，由碰撞发生地、碰撞船舶最先到达地、加害船舶被扣留地或者被告住所地人民法院管辖；

(8) 因海难救助费用提起的诉讼、由救助地或者被救助船舶最先到达地人民法院管辖；

(9) 因共同海损提起的诉讼，由船舶最先到达地、共同海损理算地或者航程终止地人民法院管辖。

3. 协议地域管辖

协议地域管辖指当事人在争议发生之前或发生之后，用书面协议的方式，选择管辖法院。但在选择法院管辖时，不得违背级别管辖和专属管辖的规定。

4. 专属地域管辖

专属地域管辖指基于法律规定，某些案件必须由特定的人民法院管辖，其他法院无权管辖，也不准许当事人协议变更管辖。

专属管辖具有强制性和排他性。属于专属管辖的有以下 3 种情况：

一是因不动产纠纷提起的诉讼，由不动产所在地人民法院管辖；

二是因港口作业发生纠纷提起的诉讼，由港口所在地人民法院管辖；

三是因继承遗产纠纷提起的诉讼，由被继承人死亡时住所地或者主要遗产所在地人民法院管辖。

5. 共同地域管辖

共同管辖是指依照法律规定，就同一诉讼，两个或两个以上人民法院都有管辖权。

在存在共同管辖时，则允许当事人选择管辖，原告可以向其中任何一个人民法院起诉。如果原告同时向两个以上有管辖权的人民法院起诉，则由最先立案的法院管辖。

（三）移送管辖

移送管辖是指人民法院受理某一案件后，发现自己对此案并无管辖权，移送给有管辖权的人民法院审理，或者在特定情况下，下级人民法院将自己有管辖权的案件，报请上级人民法院审理，或者上级人民法院将自己有管辖权的案件，交给下级人民法院审理。移送管辖在实践中有 2 种情况：

(1) 同级人民法院之间的移送。

(2) 上下级人民法院之间的移送。

移送法院对移送管辖要作出裁定。移送裁定对接受移送的人民法院具有约束力，接受移送的人民法院不能再自行移送。就是说，既不能退回移送的人民法院，也不能自行转送其他人民法庭。

如果确是移送错误或者审理有困难的，应说明理由，报请上级人民法院指定管辖。经上级人民法院作出指定管辖裁定后移送的案件，不属"自行移送"。

（四）指定管辖

指定管辖是指人民法院之间因管辖权发生争议，或者有管辖权的人民法院由于特殊原因不能行使审判权，由它们的共同上级人民法院指定某一人民法院管辖。

四、经济审判程序

（一）第一审程序

第一审程序是指人民法审理当事人起诉案件所适用的程序。其通常包括如下几个阶段：

1．起诉和受理

起诉。起诉是当事人请求人民法院保护其合法权益,要求人民法院依法审理案件的行为。人民法院对民事案件实行"不告不理"的原则。因此，起诉才可能引起诉讼程序，使诉讼活动开始。起诉是当事人的一项重要诉讼权利，只有有效地行使起诉权，才可能使人民法院启动诉讼程序。起诉应当具备的条件是：

(1) 原告是与本案有直接利害关系的公民，法人和其他组织；

(2) 有明确的被告；

(3) 有具体的诉讼请求和事实理由；

(4) 属于人民法院受理民事诉讼的范围和受诉人民法院管辖。

受理。受理是人民法院接到原告的起诉后，决定接受原告的起诉并开始诉讼程序的行为。人民法院经过审查，认为原告的起诉符合法律规定的条件，必须受理案件；对不符合法律规定条件的起诉裁定不予受理。人民法院经审查后，认为符合上述起诉条件的，应在7日内立案。

2．审理前的准备

人民法院受理案件后应当进行审理前的准备。包括：在立案之日起5日内将起诉状副本发送被告，被告应在收到之日起15日内提出答辩状；告知当事人有关的诉讼权利义务；组成合议庭并在3日内告知当事人；核对诉讼材料或进行必要的调查，收集必要的证据。

3．庭前调解

人民法院审核诉讼材料，调查搜集证据，根据当事人自愿的原则，在事实清楚的基础上，分清是非，进行调解。

调解达成协议，必须双方自愿，调解协议的内容不得违反法律规定。对调解达成协议的，人民法院应当制作调解书。调解书经双方当事人签收后，即具有法律效力。

对调解未达成协议或调解书送达前一方反悔的，人民法院应当及时判决。

4．开庭审理

人民法院审理民事案件，应当在开庭3日前通知当事人和其他诉讼参与人，审判一般应当公开进行。人民法院适用普通程序审理的案件，应当在立案之日起6个月内审结；有特殊情况需要延长的，经本院院长批准，可以延长6个月；还需要延长的，报上级人民法院批准。

凡公开审理的，应公告当事人姓名、案由和开庭的时间、地点。

开庭前，书记员应查明当事人和其他诉讼参与人是否到庭，宣布法庭纪律；审判长宣布案由，宣布审判人员、书记员名单，告知当事人有关的诉讼权利义务，询问当事人是否申请回避。

法庭调查。法庭调查按下列顺序进行：当事人陈述；证人作证，宣读未到庭的证人证言；出示书证、物证和视听资料；宣读鉴定结论；宣读勘验。

如原告增加诉讼请求或被告提出反诉，可以合并审理。

法庭辩论。在法庭辩论中，原、被告依次发言、答辩，再互相辩论。

最后陈述。辩论终结，由审判长按原、被告先后顺序征询双方最后意见。

5．判决和裁定

法庭辩论终结后，人民法院应当依法作出判决。判决前能够调解的，还可以进行调解，调解不成的，应当及时判决，判决一律公开宣告。判决书应当写明：

(1) 案由、诉讼请求、争议的事实和理由；

(2) 判决认定的事实、理由和适用的法律依据；

(3) 判决结果和诉讼费用的负担；

(4) 上诉期间和上诉的法院。

判决书由审判人员、书记员署名，加盖人民法院印章。

最高人民法院的判决、裁定，以及依法不准上诉或上诉期满没有上诉的判决、裁定，是发生法律效力的判决、裁定。

(二) 第二审程序

第二审程序指当事人不服地方各级人民法院和专门法院的第一审判决、裁定而上诉至上一级人民法院进行审理所适用的程序。

1．上诉时效

判决的上诉期限为 15 日，裁定的上诉期限为 10 日。

民商事案件当事人不服地方各级人民法院第一审判决，有权在判决书送达之日起 15 日内向上一级人民法院提起上诉；不服地方各级人民法院第一审裁定的，有权在裁定书送达之日起 10 日内向上一级人民法院提起上诉。

2．上诉状

上诉应当递交上诉状，并按被上诉人的人数提出上诉状副本。上诉状的内容，应当包括当事人的姓名，法人的名称及其法定代表人的姓名或者其他组织的名称及其主要负责人的姓名；原审人民法院名称、案件的编号和案由;上诉的请求和理由。

当事人直接向第二审人民法院上诉的，第二审人民法院应当在 5 日内将上诉状移交原审人民法院。

原审人民法院接到上诉状后 5 日内将上诉状副本送达对方当事人，对方当事人在收到之日起 15 日内提出答辩状，人民法院应当在收到答辩状之日起 5 日内将副本送达上诉人，对方当事人不提出答辩状的，不影响人民法院审理。

3．上诉案件的诉讼费用

上诉案件的诉讼费由上诉人向人民法院提交上诉状时预交，上诉人未提出缓交申请，或者缓交申请法院没有批准，应在接到人民法院预交诉讼费用通知的 7 日内到人民法院指定的农业银行交纳，逾期未预交的，按自动撤回上诉处理。

4．第二审人民法院对上诉案件进行审理后作出如下处理

第二审人民法院应当对上诉请求的有关事实和适用法律进行审查。

第二审人民法院对上诉案件，应当组成合议庭，开庭审理。经过阅卷和调查，询问当事人，在事实核对清楚后，合议庭认为不需要开庭审理的，也可以进行判决、裁定。

第二审人民法院对上诉案件，经过审理，按照下列情形分别处理：

(1) 原判决认定事实清楚，适用法律正确的，判决驳回上诉，维持原判决；

(2) 原判决适用法律错误的，依法改判；

(3) 原判决认定事实错误或者原判决认定事实不清，证据不足，裁定撤销原判决，发回原审人民法院重审，或者查清事实后改判；

(4) 原判决违反法定程序，可能影响案件正确判决的，裁定撤销原判决，发回原审人民法院重审。

第二审人民法院的判决、裁定，当事人不得再上诉。

当事人对重审案件的判决、裁定，可以上诉。对发回原审人民法院重审的案件，由于适用第一审程序，当事人对其判决，裁定不服，仍可以上诉。

人民法院审理对判决的上诉案件，应当在第二审立案之日起三个月内审结。有特殊情况需要延长的，由本院院长批准。人民法院审理涉外民事案件的期间，不受此限制。

（三）审判监督程序

审判监督程序是指人民法院对已经发生法律效力的判决、裁定发现确有错误，依法进行再审予以纠正的一种特殊程序。

1. 再审程序的提起

再审程序的提起，通常有 4 种路径：

(1) 各级人民法院院长对本院已经发生法律效力的判决、裁定，发现确有错误，认为需要再审的，应当提交审判委员会讨论决定。

(2) 最高人民法院对地方各级人民法院已经发生法律效力的判决、裁定，上级人民法院对下级人民法院已经发生法律效力的判决、裁定，发现确有错误的，有权提审或者指令下级人民法院再审。

(3) 最高人民检察院对各级人民法院已经发生法律效力的判决、裁定，上级人民检察院对下级人民法院已经发生法律效力的判决、裁定，发现有下列情形之一的应当按照审判监督程序提出抗诉：

① 原判决、裁定认定事实的主要证据不足的；

② 原判决、裁定适用法律确有错误的；

③ 人民法院违反法定程序，可能影响案件正确判决、裁定的；

④ 审判人员在审理该案件时有贪污受贿、徇私舞弊、枉法裁判行为的。

地方各级人民检察院对同级人民法院已经发生法律效力的判决、裁定，发现有前款规定情形之一的，应当提请上级人民检察院按照审判监督程序提出抗诉。

人民检察院提出抗诉的案件，人民法院应当再审。

(4) 当事人对已经发生法律效力的判决、裁定，认为有错误的可以向原审人民法院或者上一级人民法院申请再审，但不停止判决、裁定的执行。

当事人的申请符合下列情形之一的，人民法院应当再审：

① 有新的证据，足以推翻原判决、裁定的；

② 原判决、裁定认定事实的主要证据不足的；

③ 原判决、裁定适用法律确有错误的；

④ 人民法院违反法定程序，可能影响案件正确判决、裁定的；

⑤ 审判人员在审理该案件时有贪污受贿，徇私舞弊，枉法裁判行为的。

当事人对已经发生法律效力的调解书，提出证据证明调解违反自愿原则或者调解协议的内容违反法律的，可以申请再审。经人民法院审查属实的，应当再审。

2．当事人申请再审的期限

当事人申请再审，应当在判决、裁定发生法律效力后两年内提出。

3．再审案件的审理

人民法院按照审判监督程序再审的案件，发生法律效力的判决，裁定是由第一审法院作出的，按照第一审程序审理，所作的判决、裁定、当事人可以上诉；发生法律效力的判决、裁定是由第二审法院作出的，按照第二审程序审理，所作的判决、裁定是发生法律效力的判决、裁定；上级人民法院按照审判监督程序提审的，按照第二审程序审理，所作的判决、裁定是发生法律效力的判决、裁定。

（四）执 行 程 序

所谓执行程序，就是人民法院依法强制经济纠纷案件的义务人履行义务的特殊程序。

1．执行的申请

对已经发生法律效力的判决、裁定和调解书，义务人应自动执行。如拒不执行，权利人可以在法定期限内向人民法院申请执行。

调解书和其他应当由人民法院执行的法律文书，当事人必须履行。一方拒绝履行的，对方当事人可以向人民法院申请执行。

2．执行的组织

人民法院作出的发生法律效力的民事判决、裁定，以及刑事判决、裁定中的财产部分，由第一审人民法院执行。

法律规定由人民法院执行的其他法律文书，由被执行人住所地或者被执行的财产所在地人民法院执行。

3．执行的措施

被执行人未按执行通知履行法律文书确定的义务，人民法院有权向银行、信用合作社和其他有储蓄业务的单位查询被执行人的存款情况，有权冻结、划拨被执行人的存款，但查询、冻结、划拨存款不得超出被执行人应当履行义务的范围。

人民法院决定冻结、划拨存款、应当作出裁定，并发出协助执行通知书，银行、信用合作社和其他有储蓄业务的单位必须办理。

被执行人未按执行通知履行法律文书确定的义务，人民法院有权查封，扣押，冻结，拍卖，变卖被执行人应当履行义务部分的财产。

财产被查封、扣押后，执行员应当责令被执行人在指定期间履行法律文书确定的义务。被执行人逾期不履行的，人民法院可以按照规定交有关单位拍卖或者变卖被查封、扣押的财产。国家禁止自由买卖的物品，交有关单位按照国家规定的价格收购。

4．申请执行的期限

申请执行的期限，双方或者一方当事人是公民的为 1 年，双方是法人或者其他组织的为 6 个月。

申请执行期限的规定，从法律文书规定履行期间的最后 1 日起开始计算；法律文书规定分期履行的，从规定的每次履行期间的最后 1 日起计算。对于人民法院发出的协助执行通知书，有关单位和个人必须办理。

实训与练习 📄

实训目的： 通过模拟法庭训练，增强学生对经济诉讼相关法律知识的理解，同时提升学生运用所学法律知识分析解决问题的能力。

背景资料： 背景资料由学生自行收集或教师提供。资料类型为经典的经济审判实例案件。资料尽量详尽，包括起诉状、答辩状、证据等。

实训方法： 模拟法庭。将全体学生分成原告、被告、人民法院审判庭、证人及其他等四个小组。各组学生按照收集的经济审判实例资料，进行分角色模拟和审判程序的情景再现。

实训内容： 教师对各组表现进行点评。

复习思考题

1. 仲裁的适用范围？
2. 仲裁的基本制度与基本原则？
3. 有效的仲裁协议应该包括哪些内容？
4. 简述仲裁协议的效力？
5. 简述仲裁程序？
6. 法律规定仲裁员回避有哪些规定？
7. 如何申请撤销仲裁裁决？
8. 简述仲裁裁决的执行？
9. 简述经济审判的案件管辖？
10. 简述经济审判一审、二审、审判监督程序？

参 考 文 献

[1]　曲振涛. 经济法(第五版)[M]. 北京：高等教育出版社，2014.

[2]　百度文库 http://wenku.baidu.com/

[3]　找法网 http://china.findlaw.cn/